"十三五" 国家重点出版物出版规划项目
现代机械工程系列精品教材
普通高等教育 "十三五" 汽车类规划教材

新能源汽车技术概论

李玉忠　李全民　编著

U0656303

机械工业出版社

本书是"十三五"国家重点出版物出版规划项目之一。

本书比较全面系统地论述了新能源汽车技术所涉及的各个方面,并反映了近年来国家最新出台的各种新能源汽车相关标准,对新能源汽车的相关关键技术也有所讨论。

本书共9章,主要内容包括绪论(主要介绍新能源汽车的发展历史、定义、分类及性能指标等,并对新能源汽车电力电子技术基础和智能网联汽车也有所介绍)、新能源汽车动力蓄电池系统、新能源汽车驱动电机及其控制、纯电动汽车、混合动力电动汽车、燃料电池电动汽车、增程式电动汽车、新能源汽车制动能量回收系统、新能源汽车的充电原理和装置等。

本书内容丰富,理论讲解透彻,实用性强,可作为汽车类本科、高职高专相关专业的教材,也可作为新能源汽车相关领域的技术人员、管理人员和科研人员的参考书和培训教材。

本书配有 PPT 课件,采用本书作为教材的教师,可以登录www.cmpedu.com 注册下载,或向编辑(tian.lee9913@163.com)索取。

图书在版编目(CIP)数据

新能源汽车技术概论/李玉忠,李全民编著. —北京:机械工业出版社,2019.12(2024.12 重印)

"十三五"国家重点出版物出版规划项目　现代机械工程系列精品教材
普通高等教育"十三五"汽车类规划教材

ISBN 978-7-111-64160-5

Ⅰ.①新… Ⅱ.①李… ②李… Ⅲ.①新能源-汽车-高等学校-教材 Ⅳ.①U469.7

中国版本图书馆 CIP 数据核字(2019)第 251640 号

机械工业出版社(北京市百万庄大街22号　邮政编码100037)
策划编辑:宋学敏　责任编辑:宋学敏
责任校对:肖　琳　封面设计:张　静
责任印制:邓　博
北京盛通数码印刷有限公司印刷
2024 年 12 月第 1 版第 9 次印刷
184mm×260mm · 15.75 印张 · 385 千字
标准书号:ISBN 978-7-111-64160-5
定价:40.00 元

电话服务　　　　　　　　　网络服务
客服电话:010-88361066　机 工 官 网:www.cmpbook.com
　　　　　010-88379833　机 工 官 博:weibo.com/cmp1952
　　　　　010-68326294　金 书 网:www.golden-book.com
封底无防伪标均为盗版　机工教育服务网:www.cmpedu.com

前　言

　　能源和环境问题是全人类所面临的共同难题和挑战，而新能源汽车就是迎接挑战和解决难题的一把钥匙。作为我国的战略性新兴产业，新能源汽车得到了中央和各地方政府的大力支持，相继出台了一系列政策来支持新能源汽车的发展，并被确定为"中国制造2025"十大重点推动领域之一。目前我国新能源汽车正在蓬勃发展，特别是在城市公共交通方面，各种新能源汽车的使用日益广泛；家用乘用车也有了相当的数量，发展迅猛。并且国家也将新能源汽车技术作为引领该领域新技术的突破点。相信新能源汽车将是汽车行业发展的一个热点和转折点，因此，高等工科类院校中汽车类专业的学生应当掌握新能源汽车技术的相关知识，以满足不断增长的社会需求。

　　本书具有四个特点：一是由浅入深、循序渐进，特别注意基础知识的介绍（如第1章介绍的新能源汽车电力电子技术基础知识），每章开始几乎都有概述，用来介绍基本概念和术语；二是内容比较全面，使学生对新能源汽车技术的各个方面都有所了解，除了通常介绍的动力蓄电池、驱动电机、整车结构原理以外，还介绍了电源及热管理、再生制动甚至充电原理和设施装备建设等；三是本书反映了新能源汽车技术的最新研究成果，也包含了国家近几年出台的新能源汽车相关最新标准；四是在论述动力系统设计和参数匹配时，尽量与传统燃油汽车的知识相衔接，把传统的整车理论知识应用到新能源汽车技术的论述中来。

　　本书由李玉忠和李全民编写，在编写过程中参阅了大量相关资料，作为一般教材，由于各方面的限制，参考的文献内容未能及时与原作者联系，在此表示歉意，并向相关技术资料的作者致以诚挚的谢意。

　　由于近年来新能源汽车发展较快，一些关键技术还处在研究发展之中，再加上作者水平及资料有限，书中难免有疏漏和不当之处，敬请广大读者批评指正！

编著者

目 录

前　言

　　能源和环境问题是全人类所面临的共同难题和挑战，而新能源汽车就是迎接挑战和解决难题的一把钥匙。作为我国的战略性新兴产业，新能源汽车得到了中央和各地方政府的大力支持，相继出台了一系列政策来支持新能源汽车的发展，并被确定为"中国制造2025"十大重点推动领域之一。目前我国新能源汽车正在蓬勃发展，特别是在城市公共交通方面，各种新能源汽车的使用日益广泛；家用乘用车也有了相当的数量，发展迅猛。并且国家也将新能源汽车技术作为引领该领域新技术的突破点。相信新能源汽车将是汽车行业发展的一个热点和转折点，因此，高等工科类院校中汽车类专业的学生应当掌握新能源汽车技术的相关知识，以满足不断增长的社会需求。

　　本书具有四个特点：一是由浅入深、循序渐进，特别注意基础知识的介绍（如第1章介绍的新能源汽车电力电子技术基础知识），每章开始几乎都有概述，用来介绍基本概念和术语；二是内容比较全面，使学生对新能源汽车技术的各个方面都有所了解，除了通常介绍的动力蓄电池、驱动电机、整车结构原理以外，还介绍了电源及热管理、再生制动甚至充电原理和设施装备建设等；三是本书反映了新能源汽车技术的最新研究成果，也包含了国家近几年出台的新能源汽车相关最新标准；四是在论述动力系统设计和参数匹配时，尽量与传统燃油汽车的知识相衔接，把传统的整车理论知识应用到新能源汽车技术的论述中来。

　　本书由李玉忠和李全民编写，在编写过程中参阅了大量相关资料，作为一般教材，由于各方面的限制，参考的文献内容未能及时与原作者联系，在此表示歉意，并向相关技术资料的作者致以诚挚的谢意。

　　由于近年来新能源汽车发展较快，一些关键技术还处在研究发展之中，再加上作者水平及资料有限，书中难免有疏漏和不当之处，敬请广大读者批评指正！

编著者

目　录

第1章

绪 论

1.1 新能源汽车概述

汽车在国民生产、生活及交通中扮演着重要的角色，汽车工业已成为国民经济的重要支柱产业。但是，汽车在给人们提供便捷、舒适的同时也带来了很多负面影响，如能源危机、环境污染等。为缓解资源与环境的双重压力，各国相继出台了一系列政策来支持新能源汽车的发展，新能源汽车已成为当今汽车技术的研究热点和汽车工业的发展方向。

1.1.1 新能源汽车的定义和分类

1. 新能源汽车定义

根据我国汽车产业发展政策，工业和信息化部于 2016 年 10 月 20 日发布了《新能源汽车生产企业及产品准入管理规定》（以下简称《规定》），自 2017 年 7 月 1 日起施行。该《规定》对新能源汽车给出了明确的定义：新能源汽车是指采用新型动力系统，完全或者主要依靠新型能源驱动的汽车，包括插电式混合动力（含增程式）汽车、纯电动汽车和燃料电池汽车等。

从以上的定义可以看出三层意思，首先是新能源汽车必须采用新型的动力系统，驱动电机和动力传动系统都必须与传统的燃油汽车有一定的区别；其次在驱动能源方面，必须是完全或主要依靠新型能源来驱动汽车，不用燃油或极少用燃油；最后，新能源汽车行业重点推进的是插电式混合动力电动汽车、增程式电动汽车、纯电动汽车和燃料电池电动汽车等。

新能源汽车和电动汽车的关系：电动汽车是指以车载电源或其他能源为动力，用电动机驱动车轮行驶，符合道路交通安全法规各项要求的车辆。电动汽车的关键特征是车轮全部或部分由电动机驱动。新能源汽车和电动汽车的定义虽然不同，但由于绝大多数新能源汽车都是通过电动机驱动车轮的，电动汽车涵盖了大部分新能源汽车的类型。不过应该注意到，电动汽车只是新能源汽车的细分类型，新能源汽车所包含的范畴大于电动汽车。本书主要讨论电动汽车，在无特指情况下，本书中的新能源汽车就是指电动汽车。

2. 新能源汽车的分类

按照《规定》中的划分方法，新能源汽车主要分为插电式混合动力电动汽车、增程式电动汽车、纯电动汽车和燃料电池电动汽车。当然新能源汽车还包括氢发动机汽车、天然气汽车以及其他新能源（如高效储能器、二甲醚）汽车等不同类别产品。

（1）**混合动力电动汽车** 混合动力电动汽车是指由多于一种的能量转换器提供驱动动力的混合型电动汽车，即使用蓄电池和副能量单元的电动汽车，其副能量单元实际上是一部

燃烧某种燃料的原动机或动力发电机组。目前，混合动力电动汽车多采用传统燃料的燃油发动机与电力混合。按照获取能源的方式不同，混合动力电动汽车可以分为可外接充电式混合动力电动汽车和不可外接充电式混合动力电动汽车；按照动力系统结构的不同，混合动力电动汽车可以分为串联式混合动力电动汽车、并联式混合动力电动汽车和混联式混合动力电动汽车；按照燃料种类的不同，又可以分为汽油混合动力和柴油混合动力两种。目前在国内市场上，混合动力电动汽车的主流是汽油混合动力，而国际市场上柴油混合动力车型发展较快。

混合动力电动汽车是传统内燃机汽车与电动汽车相结合的产物，其关键技术是混合动力系统，它的性能直接关系到混合动力电动汽车的整车性能。混合动力电动汽车最突出的优势就是其燃油经济性，可以按平均需用的功率确定内燃机的最大功率，使内燃机处于油耗低、污染少的最优工况下工作，一般比传统燃料汽车节约燃油 30%~50%，而且也可以显著降低排放；而且电池可以方便地回收制动等工况时的能量；从普及推广的角度可以利用现有的加油站设施，无须新的投资。但是混合动力电动汽车也存在着价格高、长距离高速行驶基本不能省油等问题。目前，我国混合动力电动汽车技术发展较快，部分车型已处于技术成熟期。

图 1-1 所示为奥迪 Q5 Hybrid 混合动力电动汽车。

（2）**增程式电动汽车** 根据 GB/T 19596—2017《电动汽车术语》规定，增程式电动汽车是一种在纯电动模式下可以达到其所有动力性能，而当车载可充电储能系统无法满足续驶里程要求时，打开车载辅助供电装置为动力系统提供电能，以延长续驶里程的电动汽车，且该车载辅助供电装置与驱动系统没有传动轴（带）等传动连接。

图 1-1 奥迪 Q5 Hybrid 混合动力电动汽车

（3）**纯电动汽车** 纯电动汽车是指以车载电源为动力，用电动机驱动车轮行驶，符合道路交通安全法规各项要求的车辆。纯电动汽车完全采用可充电式电池驱动，其基本结构并不复杂，发电机和车载电池是关键部件，其中又以电池最为关键，其难点在于电力存储技术。

由于电力可以从多种一次能源获得，不必担心能源的枯竭，因此纯电动汽车具有广阔的使用前景，同时纯电动汽车所具有的无污染、低噪声、高能效等优点也使电动汽车的研究和应用成为汽车工业的一个"热点"。目前蓄电池单位质量存储的能量太少，充电后行驶里程不理想；高储量的电池使用寿命较短，由于没形成经济规模导致使用成本高，难以实现商业化运营。

对于电动汽车产业化进程而言，目前最大的障碍就是基础设施建设以及价格。与混合动力电动汽车相比，纯电动汽车更需要基础设施的配套，而这需要政府投入以及相关企业合作共建，才有可能大规模普及推广。近年来在我国，继铅酸蓄电池类的纯电动汽车技术发展较为成熟之后，其他蓄电池也有了长足的发展。

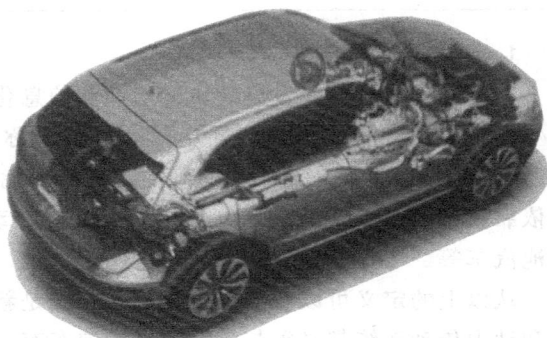

图 1-2 所示为奥迪 e-tron quattro 纯电动汽车。

（4）燃料电池电动汽车　燃料电池电动汽车是利用燃料电池，将燃料中的化学能直接转化为电能进行动力驱动的新型汽车，如图 1-3 所示。与混合动力电动汽车相比，燃料电池电动汽车完全不进行燃料的燃烧过程，而是通过电池直接将化学能转化为电能，依靠电动机驱动。与纯电动汽车相比，燃料电池电动汽车的动力源主要是燃料电池，而不是蓄电池。燃料电池的能量转换效率比内燃机要高 2~3 倍，燃料电池化学反应过程不会产生有害物，噪声低。因此从能源利用和环境保护方面来看，燃料电池电动汽车是一种理想车辆，代表着清洁汽车未来的发展方向。

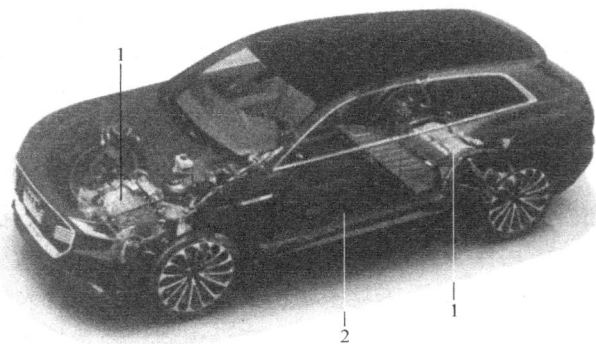

图 1-2　奥迪 e-tron quattro 纯电动汽车
1—电动机　2—动力蓄电池

燃料电池电动汽车使用的燃料包括氢、甲醇、汽油及柴油等，国际上普遍采用的是高能量密度的液态氢。近些年，虽然国际上在燃料电池技术方面已经取得了重大进展，但在燃料电池汽车开发中仍然存在着一些技术性挑战，如燃料电池组的一体化、整车集成、产业化、商业化等。我国在燃料电池电动汽车领域的研究水平与发达国家相差无几，有关专家指出，我国完全有能力在这一领域赶超世界先进水平。

图 1-3　燃料电池电动汽车
1—燃料电池　2—氢气储气罐

（5）其他新能源汽车　现阶段，除电动汽车外，还有诸如氢发动机汽车、天然气汽车、乙醇汽车、二甲醚汽车等以其他能源作为动力源的汽车，部分示例如图 1-4 所示。

a)　　　　　　　　　　　　　　　　　b)

图 1-4　其他新能源汽车示例
a) 氢发动机汽车　b) 天然气汽车

氢发动机汽车是在现有发动机基础上加以改造，用氢气（或其他辅助燃料）和空气混

仑燃烧产生能量从而获得动力的汽车。氢发动机汽车除了具备无污染、低排放等优点外，还具有一些特殊的优势，如对氢的要求较低、燃烧性能高、内燃机技术成熟等。但是氢发动机汽车面临氢的制取和液态氢的存储两大难题，能否有效解决这两大难题将决定氢发动机汽车的发展前景。

天然气汽车是以天然气作为燃料的汽车，又称为"蓝色动力"汽车。按照天然气的化学成分和形态，分为压缩天然气汽车（CNG）、液化天然气汽车（LNG）和液化石油气汽车（LPG）三种。天然气汽车由于采用天然气为燃料，具有低污染、低成本、安全性高的特点，但动力性能较低，不易携带，而且一旦大规模投入使用，必须建立相应的加气站及为加气站输送天然气的管道，涉及城市建设规划、经费投入和环境安全等诸多因素，成本很高。我国天然气资源丰富，且天然气汽车技术发展较快，在天然气资源丰富的地区天然气汽车较为普及。

乙醇汽车用的燃料是乙醇汽油，乙醇汽车技术已经相对成熟，对传统内燃机进行改动即可适应不同的乙醇汽油燃料。乙醇汽车在美国、巴西等乙醇资源丰富的国家发展较快，而在我国还处于起步阶段。

二甲醚汽车是用二甲醚作为压燃式发动机的燃料，使用方式有两种：一是将二甲醚作为点火促进物质；二是将纯液态二甲醚进行直接燃烧。我国二甲醚汽车技术开发已经取得了重要进展，如上汽集团已经成功开发出二甲醚城市公交客车，并已开始试运行。

1.1.2 新能源汽车的发展历史

由新能源汽车的定义可知，电动汽车是新能源汽车的一种。新能源汽车的种类从最初的纯电动汽车发展到今天的多种类型，经历了漫长的过程。在世界汽车发展史上，电动汽车的发明比内燃机汽车还要早。新能源汽车的发展主要经历了以下不同阶段。

1. 19 世纪 30 年代~50 年代——电动汽车的崛起

事实上，电动汽车的历史比内燃机汽车要长。历史上用于车辆的电机出现甚至比奥托循环发动机（柴油机）和奔驰发动机（汽油机）还要早。早在 1835 年，荷兰的 Sibrandus Stratngh 教授就设计了第一款小型电动车。但更具实用价值的电动车是由美国人托马斯·达文波特和苏格兰人罗伯特·戴维森于 1842 年研制的，他们首次使用的是不可充电电池。

2. 19 世纪 60 年代~20 世纪 20 年代——电动汽车的发展

随着电池性能、容量等关键技术的不断进步，法国发明家 Gustave Trouve 在 1881 年巴黎举行的国际电力博览会上演示了三轮电动车。紧接着在 1884 年，托马斯·帕克将电动车实现量产。之后，美国费城电车公司于 1897 年研制的纽约电动出租车实现了电动车的商用化。20 世纪初，安东尼电气、贝克、底特律电气、爱迪生、Studebaker 和其他公司相继推出电动汽车，电动汽车的销量全面超越汽油动力汽车。在当时的汽车消费市场上，电动汽车具有无气味、振动小、无噪声、不用换档和价格低廉等一系列内燃机驱动的车辆所不具备的优势，因此，电动汽车在当时的汽车发展中占据着重要位置。据统计，到 1890 年，在全世界 4200 辆汽车中，有 38% 为电动汽车，40% 为蒸汽车，22% 为内燃机汽车。

图 1-5 所示为 1882 年德国西门子公司制造的无轨电车，图 1-6 所示为 1899 年突破 100km/h 的 La Jamais Contente 电动车，图 1-7 所示为爱迪生于 1914 年制造的底特律电动汽车。

图 1-5　1882 年德国西门子公司制造的无轨电车

图 1-6　1899 年突破 100km/h 的 La Jamais
　　　　Contente 电动车

图 1-7　爱迪生于 1914 年制造的底特律电动汽车

3. 20 世纪 30 年代~20 世纪末——电动汽车停滞期

随着石油的大量开采和内燃机技术的不断提高，在 1920 年之后，与内燃机汽车相比，电动汽车逐渐失去了其竞争优势。相应地，汽车市场也逐渐被内燃机驱动的汽车所取代。电动汽车逐渐退居到有轨电车、无轨电车以及高尔夫球场电瓶车等领域之后，随着全球石油资源的不断开发和利用，以及内燃机驱动汽车技术的不断成熟，电动汽车逐渐淡出了人们的视线。电动汽车的发展从此开始停滞了大半个世纪。与电动汽车相关的电机驱动、电池材料、动力蓄电池组、电池管理等关键技术也进入了停滞状态。

4. 20 世纪末至今——电动汽车的复苏及创新期

20 世纪末，随着全球石油资源日益减少、环境问题日趋严重，在节能环保车辆的需求越来越迫切的大环境下，人们重新认识到了电动汽车的重要性。到了 20 世纪 90 年代，各个主要的汽车生产商开始关注电动汽车的未来发展，并且开始不断投入资金和技术到电动汽车领域。新能源汽车的概念应运而生，在日趋激烈的竞争中，新能源汽车的类型不断丰富起来。

1.1.3 新能源汽车的现状与发展趋势

1. 我国新能源汽车现状

从 21 世纪初开始，我国自主品牌汽车企业的新能源汽车研发和生产也进入一个蓬勃发展的阶段。国内汽车企业纷纷涉足新能源汽车的研发与生产，参与新能源汽车的示范运行及其产业化进程。比亚迪、奇瑞、东风、长安、上汽集团、一汽集团等是主要的参与者，目前已经成功研发多款轿车、客车及客车底盘。

近年来，新能源汽车产业成为我国战略性新兴产业的重要组成部分，为把握全球能源变革发展趋势和我国产业绿色转型发展要求，国家大幅提升新能源汽车的应用比例，推动新能源汽车等成为支柱产业。国家不断发布新能源汽车产业相关政策，促进新能源汽车产业的健康发展。2018 年 11 月 9 日，国家发展和改革委员会、国家能源局、工业和信息化部及财政部联合发布《提升新能源汽车充电保障能力行动计划》，提出力争用 3 年时间大幅提升充电技术水平，提高充电设施产品质量，加快完善充电标准体系，全面优化充电设施布局，显著增强充电网络互联互通能力，快速升级充电运营服务品质，进一步优化充电基础设施发展环境和产业格局。2018 年 12 月 10 日，国家发展和改革委员会颁布《汽车产业投资管理规定》，自 2019 年 1 月 10 日起施行。对比之前的规定，新规严格控制燃油车新增产能，将不再批准新建独立的燃油车企业。同时，引导企业围绕优化产能布局，突破核心技术，推动产业转型升级。严格控制新增传统燃油汽车产能，进一步提高新建纯电动汽车企业项目条件，积极引导新能源汽车健康有序发展。

2018 年，我国新能源汽车产销量分别达到 127 万辆和 125.6 万辆，比上年同期分别增长 59.9% 和 61.7%。2019 年 2 月，我国新能源汽车产销量分别达到 5.92 万辆和 5.29 万辆，同比增长 50.9% 和 53.6%。在汽车总产销量已近 3000 万辆的中国，新能源汽车突破百万辆，正好印证了我国新能源汽车行业发展迅猛的事实。图 1-8 所示为目前新能源汽车市场上的部分品牌。

2. 新能源汽车技术的发展趋势

（1）电动汽车传统"三大件"——电池、电机、电机控制器方面 随着新能源电动汽车的发展，整车的功能系统逐渐向着集成化、模块化发展，逐步衍生出新的电动汽车"三大件"——电池系统、动力总成、高压电控。

1）高压器件的集成化：成本降低，节省空间，高压线束减少，可靠性增强。

2）驱动系统的集成化：结构紧凑，可靠性高，成本低，效率高。

3）新能源高压系统总集成：成本降低，集成度高，电效率高，简化生产工艺。

4）电池系统性能的提升：安全、能量密度提高，功率密度提升，SOC 精度提升，循环寿命提升。

5）无人驾驶充电技术：可调控无线充电技术、可调控充电方向，降低未对准时的损耗，减小体积、降低成本，在偏心状态下保持充电功率的稳定性。

（2）新能源汽车智能化方面

1）智能网联汽车。详细内容将在 1.2 节中讲述。

2）大数据应用。产品设计中的应用：根据大数据优化整车的设计目标参数，确定续驶

宇通公交车

奔驰　　　　　　　　　　大众　　　　　　　　　　宝马

三菱　　　　　　　　　　比亚迪　　　　　　　　　奇瑞

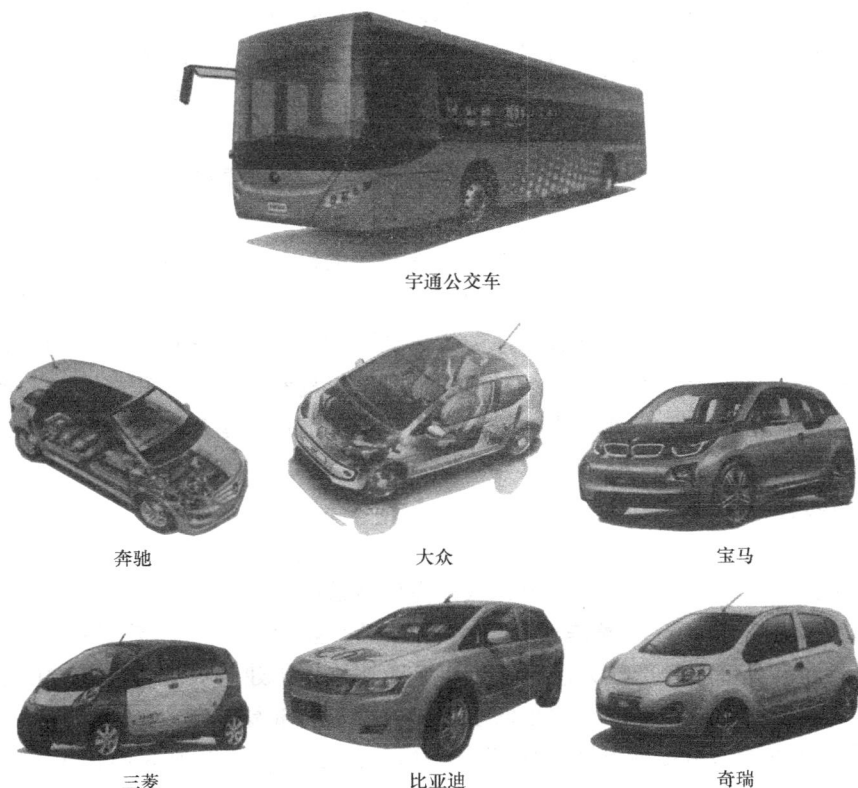

图 1-8　目前新能源汽车市场上的部分品牌

里程的最佳选择，优化整车控制策略，获取电芯数据，为电芯及电池系统的设计提供优化方向。运营中的应用：优化行车路线，确定充电时间，布置物流运力，获取城市区间的消费能力和频次。

3）无人驾驶。能量监测系统、超声波雷达、毫米波雷达、激光雷达、摄像头、高精度地图、信息的有机融合。

1.1.4　我国新能源汽车产业规划与布局

新能源汽车产业规划与布局是指针对采用新型动力系统、依靠新型能源驱动的汽车所提出的发展愿景。新能源汽车主要包括纯电动汽车、插电式混合动力电动汽车及燃料电池电动汽车。发展新能源汽车，其目的在于减少尾气排放，改善大气环境，促进汽车产业技术进步和优化升级。

1. 主要任务

（1）加强新能源汽车关键核心技术研究　大力推进动力蓄电池技术创新，重点开展动力蓄电池系统安全性、可靠性的研究和轻量化设计，加快研制动力蓄电池正负极、隔膜、电解质等关键材料及其生产、控制与检测等设备，开发新型超级电容器及其与蓄电池组合系统，推进动力蓄电池及相关零配件、组合件的标准化和系列化；在动力蓄电池重大基础和前沿技术领域超前部署，重点开展高比能动力蓄电池新材料、新体系以及新结构、新工艺等的

研究，集中力量突破一批支撑长远发展的关键共性技术。加强新能源汽车关键零部件的研发，重点支持驱动电机系统及核心材料和电动空调、电动转向、电动制动器等电动化附件的研发。开展燃料电池电堆、发动机及其关键材料核心技术研究。把握世界新能源汽车发展动向，对其他类型的新能源汽车技术加大研究力度。

（2）**加快建立新能源汽车研发体系**　引导企业加大新能源汽车研发投入，鼓励建立跨行业的新能源汽车技术发展联盟，加快建设共性技术平台。重点开展纯电动乘用车、插电式混合动力乘用车、混合动力商用车、燃料电池汽车等关键核心技术的研发工作；建立相关行业共享的测试平台、产品开发数据库和专利数据库，实现资源共享；整合现有科技资源，建设若干国家级整车及零部件研究试验基地，构建完善的技术创新基础平台；建设若干具有国际先进水平的工程化平台，发展一批企业主导、科研机构和高等院校积极参与的产业技术创新联盟。推动企业实施商标品牌战略，加强知识产权的创造、运用、保护和管理，构建全产业链的专利体系，提升产业竞争能力。

2. **科学规划产业布局**

我国已建设形成完整的汽车产业体系，发展新能源汽车既要利用好现有产业基础，也要充分发挥市场机制作用，加强规划引导，以提高发展效率。

（1）**统筹发展新能源汽车整车生产能力**　根据产业发展的实际需要和产业政策要求，合理发展新能源汽车整车生产能力。现有汽车企业实施改扩建时要统筹考虑建设新能源汽车产能。在产业发展过程中，要注意防止低水平盲目投资和重复建设。

（2）**重点建设动力蓄电池产业聚集区域**　积极推进动力蓄电池规模化生产，加快培育和发展一批具有持续创新能力的动力蓄电池生产企业，力争形成 2~3 家产销规模超过百亿瓦时、具有关键材料研发生产能力的龙头企业，并在正负极、隔膜、电解质等关键材料领域分别形成 2~3 家骨干生产企业。

（3）**增强关键零部件研发生产能力**　鼓励有关市场主体积极参与、加大投入力度，发展一批符合产业链聚集要求、具有较强技术创新能力的关键零部件企业，在驱动电机、高效变速器等领域分别培育 2~3 家骨干企业，支持发展整车企业参股、具有较强国际竞争力的专业化汽车电子企业。

3. **加快推广应用和试点示范**

新能源汽车现阶段虽然发展比较迅速，但仍处于产业化初期，需要加大政策支持力度，积极开展推广试点示范，加快培育市场，推动技术进步和产业发展。

（1）**扎实推进新能源汽车试点示范**　在大中型城市扩大公共服务领域新能源汽车示范推广范围，开展个人购买新能源汽车补贴试点，重点在国家确定的试点城市集中开展新能源汽车产品性能验证及生产使用、售后服务、电池回收利用的综合评价。探索具有商业可行性的市场推广模式，协调发展充电设施，形成试点带动技术进步和产业发展的有效机制。探索新能源汽车及电池租赁、充换电服务等多种商业模式，形成一批优质的新能源汽车服务企业。继续开展燃料电池汽车运行示范，提高燃料电池系统的可靠性和耐久性，带动氢的制备、储运和加注技术发展。

（2）**因地制宜发展替代燃料汽车**　发展替代燃料汽车是减少车用燃油消耗的必要补充。积极开展车用替代燃料制造技术的研发和应用，鼓励天然气（包括液化天然气）、生物燃料

等资源丰富的地区发展替代燃料汽车。探索其他替代燃料汽车技术应用途径，促进车用能源多元化发展。

4. 积极推进充电设施建设

完善的充电设施是发展新能源汽车产业的重要保障。要科学规划，加强技术开发，探索有效的商业运营模式，积极推进充电设施建设，以适应新能源汽车产业化发展的需要。

（1）制定总体发展规划 研究制定新能源汽车充电设施总体发展规划，支持各类适用技术发展，根据新能源汽车产业化进程积极推进充电设施建设。在产业发展初期，重点在试点城市建设充电设施。试点城市应按集约化利用土地、标准化施工建设、满足消费者需求的原则，将充电设施纳入城市综合交通运输体系规划和城市建设相关行业规划，科学确定建设规模和选址分布，适度超前建设，积极试行个人和公共停车位分散慢充等充电技术模式。通过总结试点经验，确定符合区域实际和新能源汽车特点的充电设施发展方向。

（2）开展充电设施关键技术研究 加快制定充电设施设计、建设、运行管理规范及相关技术标准，研究开发充电设施接网、监控、计量、计费设备和技术，开展车网融合技术研究和应用，探索新能源汽车作为移动式储能单元与电网实现能量和信息双向互动的机制。

（3）探索商业运营模式 试点城市应加大政府投入力度，积极吸引社会资金参与，根据当地电力供应和土地资源状况，因地制宜建设慢速充电桩、公共快速充换电等设施。鼓励成立独立运营的充换电企业，建立分时段充电定价机制，逐步实现充电设施建设和管理市场化、社会化。

5. 加强动力蓄电池梯级利用和回收管理

制定动力蓄电池回收利用管理办法，建立动力蓄电池梯级利用和回收管理体系，明确各相关方的责任、权利和义务。引导动力蓄电池生产企业加强对废旧电池的回收利用，鼓励发展专业化的电池回收利用企业。严格设定动力蓄电池回收利用企业的准入条件，明确动力蓄电池收集、存储、运输、处理、再生利用及最终处置等各环节的技术标准和管理要求。加强监管，督促相关企业提高技术水平，严格落实各项环保规定，严防重金属污染。

1.2 智能网联汽车概述

随着现代社会网络技术和智能化技术的不断发展，新能源汽车将会与网络和智能化结合起来。因此本节简单介绍智能网联汽车的概况。

1.2.1 智能网联汽车概念

智能网联汽车（Intelligent Connected Vehicle，ICV）是车联网与智能车的有机联合，是搭载先进的车载传感器、控制器、执行器等装置，并融合现代通信与网络技术，实现车与人、车、路、后台等智能信息交换共享，实现安全、舒适、节能、高效行驶，并最终可替代人来操作的新一代汽车。

从以上概念可以看出，智能网联汽车在传统汽车概念的基础上，再加上软件和硬件两部分，硬件部分包括传感器、控制器、执行器等装置，软件部分应具有环境感知、智能决策、协同控制等功能。智能网联汽车的基本要求是安全、高效、舒适、节能，智能网联汽车的最

终目的是实现替代人工操作的新一代汽车。

发展智能网联汽车具有十分重要的划时代意义。首先，智能网联汽车是国际公认的未来发展方向；其次，智能网联汽车的初级阶段，有助于减少30%左右的交通事故，交通效率提升10%，油耗与排放均降低5%；最后，智能网联汽车的终极阶段，可完全避免交通事故，提升交通效率超30%，并最终能把人从枯燥的驾驶任务中解放出来。总之，智能网联汽车可以提供更安全、更节能、更环保、更便捷的出行方式。

1.2.2 智能网联汽车的发展背景和现状

1. 智能网联汽车发展背景

为与国际先进智能网联汽车技术水平保持同步发展，开发具有自主知识产权的智能网联汽车产品和技术，积极推进行业亟须的智能网联汽车技术规范与标准，在国家相关部委支持下，中国汽车工程学会、中国汽车工业协会联合汽车、通信、交通、互联网等领域的企业、高校、研究机构发起成立"智能网联汽车产业技术创新战略联盟"（以下简称联盟）。联盟成立后，通过协同创新和技术共享，在智能网联汽车领域完善相关的标准法规体系，搭建共性技术平台，促进形成示范试点工程，推动建设可持续发展的智能网联汽车产业发展环境，为我国智能网联汽车产业发展奠定良好基础。

北京汽车、一汽、长安、比亚迪等汽车厂商也已在无人驾驶汽车这一领域探索多年。2015年，蔚来、车和家、智车优行、小鹏汽车等一批国内互联网企业也纷纷跟进。工业和信息化部相关领导表示，将传统优势和前沿优势结合起来能加快汽车产业的发展，应鼓励非传统汽车产业的企业与当下的汽车制造商开展合作，促进创新，增强竞争。

2. 智能网联汽车现状

（1）国内现状 2016年，工业和信息化部组织行业加紧制定智能网联汽车的发展战略、技术路线图和标准体系，交通部在实行"两客一危"车辆管理方面也已经为智能交通管理积累了丰富经验。上海市经济和信息化委员会、上海市公安局和上海市交通委员会联合发布《上海市智能网联汽车道路测试管理办法（试行）》，全国首批智能网联汽车开放道路测试号牌发放。上汽集团和蔚来汽车拿到上海市第一批智能网联汽车开放道路测试号牌，之后两家公司研发的智能网联汽车从位于嘉定的国家智能网联汽车（上海）试点示范区科普体验区（E-Zone）发车，在博园路展开首次道路测试。

2018年12月，天津市交通运输委员会、天津市工业和信息化局与天津市公安局联合启动天津市智能网联汽车道路测试，天津市西青区和东丽区开放了首批智能网联汽车测试道路。同时，天津卡达克数据有限公司和北京百度网讯科技有限公司获得了天津市首批路测牌照。

（2）国外现状

1）美国：将发展智能网联汽车作为美国发展智能交通系统的一项重点工作内容，通过制定国家战略和法规，引导产业发展。2016年发布了《美国自动驾驶汽车政策指南》，引起行业广泛关注。

2）日本：较早开始研究智能交通系统，政府积极发挥跨部门协同作用，推动智能网联汽车项目实施。计划2020年在限定地区解禁无人驾驶的自动驾驶汽车，到2025年在日本国

内形成完全自动驾驶汽车市场目标。

3）欧盟：支持智能网联汽车的技术创新和成果转化，在世界保持领先优势。通过发布一系列政策，以及自动驾驶路线图等，推进智能网联汽车的研发和应用，引导各成员国智能网联汽车产业发展。

1.2.3 智能网联汽车的关键技术

智能网联汽车融合了自主式智能汽车与网联式智能汽车的技术优势，涉及汽车、信息通信、交通等诸多领域，其技术架构较为复杂，可划分为"三横两纵"式技术架构，如图1-9所示。

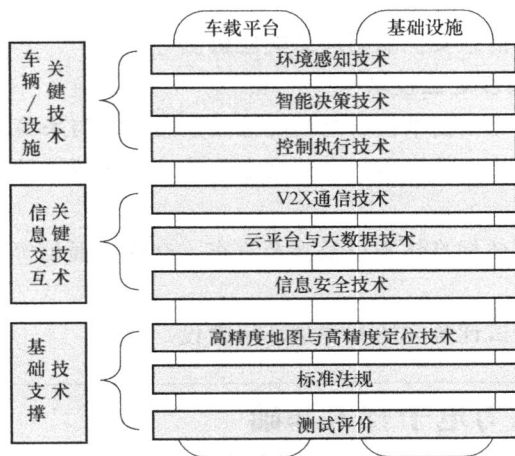

图 1-9 智能网联汽车"三横两纵"式技术架构

在图1-9中，"两纵"是指智能网联汽车主要涉及车载平台和基础设施，"三横"是指智能网联汽车主要涉及车辆、信息交互和基础支撑3个领域的技术。"三横"架构涉及的3个领域的关键技术可以细分为以下9种：

1. 环境感知技术

环境感知技术包括利用机器视觉的图像识别技术、利用雷达（激光、毫米波、超声波）的周边障碍物检测技术、多源信息融合技术以及传感器冗余设计技术等。

2. 智能决策技术

智能决策技术包括危险事态建模技术、危险预警与控制优先级划分、群体决策和协同技术、局部轨迹规划以及驾驶人多样性影响分析等。

3. 控制执行技术

控制执行技术包括面向驱动/制动的纵向运动控制、面向转向的横向运动控制、基于驱动/制动/转向/悬架的底盘一体化控制、融合车联网（V2X）通信及车载传感器的多车队列协同和车路协同控制等。

4. V2X 通信技术

V2X 通信技术包括车辆专用通信系统、实现车间信息共享与协同控制的通信保障机制、

移动自组织网络技术以及多模式通信融合技术等。长距离无线通信技术用于提供即时的互联网接入，特别是5G技术的应用，有望成为车载长距离无线通信专用技术。短距离通信技术有专用短程通信技术（DSRC）、蓝牙、WiFi等，其中DSRC重要性较高且亟待发展，它可以实现在特定区域内对高速运动中移动目标的识别和双向通信，如V2V、V2I双向通信，实时传输图像、语音和数据信息等。

5. 云平台与大数据技术

云平台与大数据技术包括智能网联汽车云平台架构与数据交互标准，云操作系统，数据高效存储和检索技术，大数据的关联分析和深度挖掘技术等。

6. 信息安全技术

信息安全技术包括汽车信息安全建模技术，数据存储、传输与应用三维度安全体系，汽车信息安全测试方法以及信息安全漏洞应急响应机制等。

7. 高精度地图与高精度定位技术

高精度地图与高精度定位技术包括高精度地图数据模型与采集式样、交换格式和物理存储的标准化技术，基于北斗地基增强的高精度定位技术，多源辅助定位技术等。

8. 标准法规

标准法规包括ICV整体标准体系以及涉及汽车、交通、通信等各领域的关键技术标准。

9. 测试评价

测试评价包括ICV测试评价方法与测试环境建设。

1.3 新能源汽车电力电子技术基础

1.3.1 常用电力电子器件

新能源汽车使用的电力电子器件与普通的二极管或晶体管类似，只不过功率更大，承受的电压和电流也更大。这些器件一般都工作在开关状态，开关频率可达几十千赫。另外，电力电子器件也可做成集成电路模块，其中不仅有主电路，还包括控制电路和保护电路。下面介绍一些常用的电力电子器件，其外形如图1-10所示。

1. 整流二极管

整流二极管（Rectifier Diode）或称电力二极管，与普通二极管一样，也具有单向导电性，表示符号也相同，不过电力二极管的正向电流和反向电压要大得多。目前这种整流二极管通过电流可达6kA，承受电压高达3kV以上。

2. 晶闸管

晶闸管（Thyristor）有三个极：阳极A、阴极K和门极G，在电路中的图形符号如图1-11a所示。当A、K之间加正向电压时，晶闸管并不能导通，只有在G与K之间再加一个正向控制电压（触发脉冲），晶闸管才能导通。一旦导通后，即使取消正向控制电压，晶闸管仍然处于导通状态。当A、K之间加反向电压时，无论有没有控制电压，晶闸管都处于关断状态。由于晶闸管可以控制导通但不能控制关断，也称为"半控型"器件。

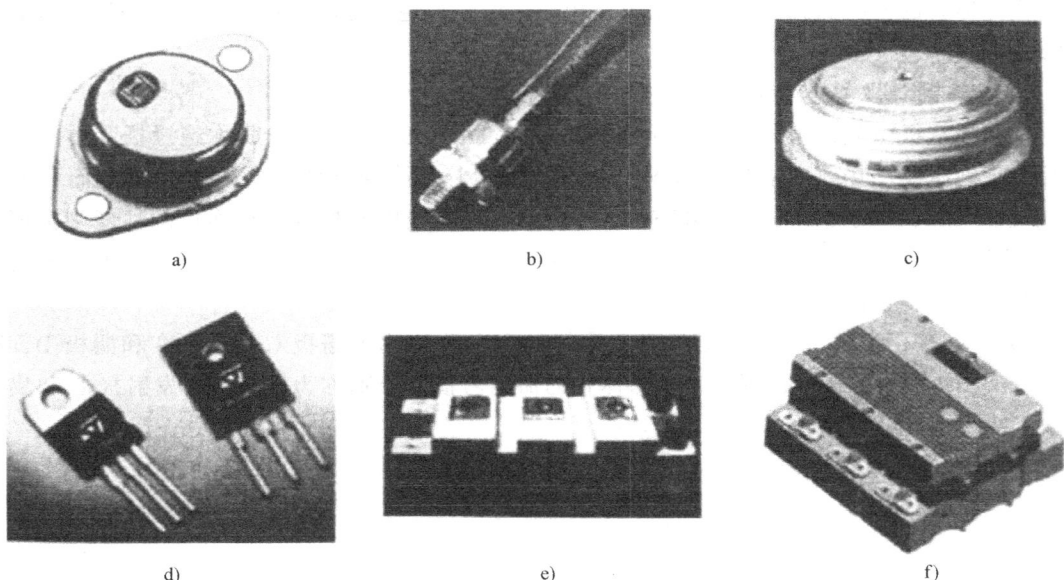

图 1-10　常用电力晶体管的外形

a) 大功率晶体管　b) 晶闸管（螺栓式）　c) 晶闸管（圆盘式）　d) MOSFET　e)、f) IGBT

3. 门极关断晶闸管

门极关断（Gate Turn-Off，GTO）晶闸管，可利用门极正脉冲使其触发导通，导通后门极就失去控制作用。欲关断已导通的 GTO 晶闸管，只需在门极上施加一个反向电压和反向脉冲电流。GTO 晶闸管属于"全控型"器件，如图 1-11b 所示。

图 1-11　晶闸管的图形符号

a) 晶闸管　b) 门极关断
（GTO）晶闸管

4. 电力晶体管

电力晶体管（Giant Transistor，GTR）就是大功率晶体管，其工作原理和符号与普通小功率晶体管相同，也有 PNP 和 NPN 两种类型，特性也类似，具有截止、放大、饱和三种工作状态。GTR 也属于"全控型"器件。

5. 场效应晶体管

场效应晶体管通常指大功率的金属-氧化物半导体场效应晶体管（Metal Oxide Semiconductor Field Effect Transistor，MOSFET）。普通晶体管是由基极电流控制集电极电流以及晶体管的工作状态，属于电流控制器件。场效应晶体管与普通晶体管的主要区别是由电压（电场）控制而不是由电流控制晶体管的工作状态，这样就可以用更小的功率控制晶体管的工作。

场效应晶体管也有三个极，分别称为栅极 G、源极 S 和漏极 D。其中栅极为控制极，相当于普通晶体管的基极。通过调节栅极电压，就可以控制源极和漏极之间的电流大小和通断。MOSFET 也属于"全控型"器件。

场效应晶体管因内部导电情况的不同，分为"N 沟道"和"P 沟道"两种类型，两种

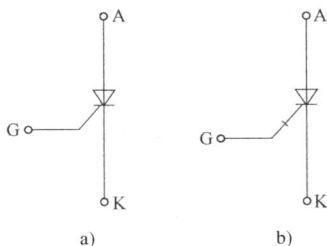

场效应晶体管的源极和漏极所接电压极性相反，增强型绝缘栅场效应晶体管的图形符号如图 1-12a、b 所示。

6. 绝缘栅双极型晶体管

绝缘栅双极型晶体管（Insulated-Gate Bipolar Transistor, IGBT）简称绝缘栅晶体管，它是综合了绝缘栅型场效应晶体管（MOSFET）和电力晶体管（GTR）的结构特点而制成的"复合型"器件。其控制方式与 MOSFET 类似，也是栅极电压控制，导通后的性能则类似于 GTR，因而具备了两种晶体管的优点，如开关速度快、功率损耗小、导通时压降低、电流大等，在电力电子控制系统中得到了广泛应用。

IGBT 也有三个极，可按照场效应晶体管的命名分别称为栅极 G、源极 S 和漏极 D，图形符号如图 1-13a 所示；也可以兼顾晶体管的命名习惯，分别称为栅极 G、发射极 E 和集电极 C，如图 1-13b 所示。

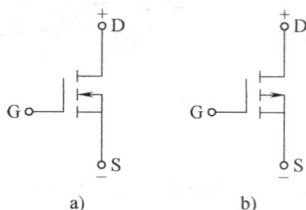

图 1-12 增强型绝缘栅场效应晶体管的图形符号
a）N 沟道 b）P 沟道

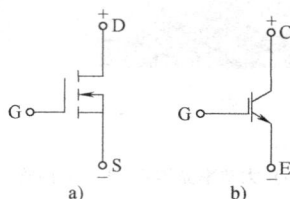

图 1-13 绝缘栅双极型晶体管的图形符号示例

1.3.2 电力电子技术基本电路

电动汽车的驱动电机需要经常工作在起动、加速、减速和制动等变化状况，可以归结为对电动机的调速控制。驱动电机中既有直流电机，又有交流电机。对于不同类型的驱动电机，有不同的调速和控制方法，所涉及的基本电路可以分成电源变换电路（或称为功率变换电路，简称主电路）和控制电路两大类。图 1-14 所示为电动汽车驱动电机相关的电路框图。

以下重点介绍常用的电源变换电路。这种变换电路按照电源的类型基本上可以分为四种：交流-直流变换、直流-交流变换、直流-直流变换以及交流-交流变换。按照功能划分，可将这些电路分为整流、逆变、斩波及变频等电路。

图 1-14 驱动电机的电路框图

1. 可控整流电路

整流就是将交流电转换为直流电，也就是交流-直流变换。整流电路有很多种，既有单相、三相之分，又有半波、全波、桥式整流等不同类型。在电力电子技术中，仍有这些基本类型，不过整流电路多为可以控制的，常采用晶闸管类器件组成可控整流电路。控制的目的是把交流电变换成直流电，同时保证直流电的电压大小可以调节。

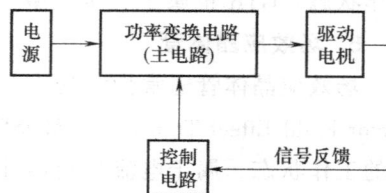

可控整流电路的原理可以用图1-15a所示电路说明。在交流电源和负载之间串联一个晶闸管，在门极G与阴极K之间接入一个可控的触发电路，能根据需要产生触发电压脉冲u_G（图中未画出）。设电源电压为u，负载上的电压为u_d，各电压波形如图1-15b所示。若无触发脉冲，由于晶闸管完全不通，负载上没有电流。若在交流电正半周内的某个时刻发出触发脉冲，使得晶闸管导通，在正半周剩余时间内负载上就有电压u_d，是不完整的部分正弦波形；负半周晶闸管不通，负载仍无电压。图中发出触发脉冲时刻对应的角度α称为触发延迟角，导通时间对应的角度θ称为导通角。可见，调节晶闸管导通的时间，就可以调节负载上得到的电压平均值。

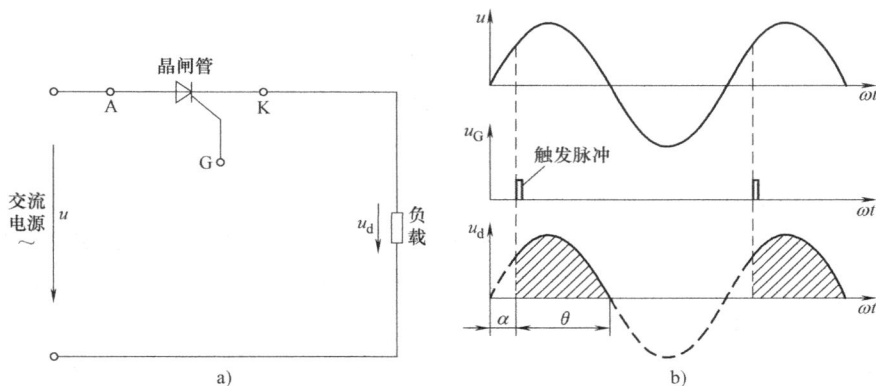

图1-15 单相半波可控整流电路及波形

a）单相半波可控整流电路 b）可控整流的波形

2. 逆变电路

"逆变"与整流正好相反，就是把直流电转换为交流电，属于直流-交流变换。电动汽车中多采用交流驱动电机，而电源系统主要是直流供电。因此逆变电路是必不可少的。带逆变功能的电路装置称为逆变器。

逆变电路需要可控电子器件，通过分别控制各器件的导通时间来实现直流电到交流电的转换。这里以三相桥式整流与逆变电路的对比来分析逆变电路的原理，可以参考汽车发电机的相关电路。汽车发电机发出的是三相交流电，通过三相桥式整流电路转换成直流电，如图1-16a所示。图中给出某个瞬间，A相电势最高，B、C两相电势最低，此时二极管VD_1、VD_5、VD_6导通，形成上正下负的直流电提供给负载。实际上三相电压是交变的，各整流二极管将根据各相电压瞬间的高低按一定顺序轮流导通。图1-16b所示的逆变电路情况则正相反，它用6个门极关断（GTO）晶闸管取代6个整流二极管，用交流电动机取代交流发电机，由直流电源给GTO晶闸管主电路供电，图中略去了GTO晶闸管的门极控制电路。6个GTO晶闸管的门极是独立可控的，可以按照与图1-16a同样的规律主动控制各晶闸管的导通。例如某瞬间让VT_1、VT_5、VT_6同时导通，那么就可以有电流从A相流入电动机，并从B、C两相流出电动机，如图1-16b所示。由此依次给A、B、C各相轮流通电，逆变电路就可以提供三相交变的电压和电流。不过因晶闸管是分时段导通的，输出的三相电压虽然交变但还不是正弦交流电。为了改善逆变电路的性能，实际逆变器电路中还需要增加一些电感、

电容等元件，使得电压或电流波形更加接近正弦形。

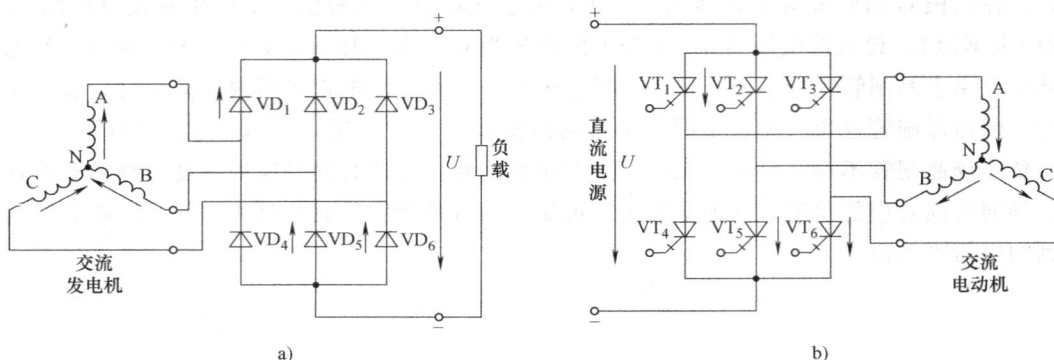

图 1-16　整流电路与逆变电路

a）整流电路　b）逆变电路

　　常用的逆变器主要有三种类型：第一种是电压型逆变器，其电路结构的特点是在直流电路中并联一个大电容，使逆变前的电压基本不变，性能特点是电压稳定，但动态性能较差；第二种是电流型逆变器，其电路结构的特点是在直流电路中串联一个大电感，相对简单，可使逆变前的电流相对稳定，性能特点是动态性能较好；第三种是"脉宽调制"型逆变器，其电路结构与前两者都不同，特点是输出电压和频率均可调的脉冲。

　　按具体电路的性能需要，也可采用晶闸管、GTO 晶闸管、MOSFET 或 IGBT 等器件作为开关器件。另外，逆变电路还需要触发控制电路控制其导通状态，因而实际电路要复杂得多。

　　实际上"逆变"功能常常是与"变频"功能相联系的。为了控制交流电动机的转速，常需在逆变的基础上控制交流电的频率。因此一般逆变器也带有变频功能。电动汽车的交流电动机就是由逆变器驱动控制的。

　　另外，有些电动汽车（主要是混合动力电动汽车）上有交流发电机，可以提供交流电源，为了控制驱动电机的运行，需要先将交流电变为直流电（整流），再由直流电变为交流电（逆变），这套设备称为交-直-交逆变器。

3. 直流斩波电路

　　直流斩波电路属于直流-直流转换，也称 DC-DC 变换器。这种电路通过电子器件的开关作用将恒定的直流电压变换为一系列脉冲，改变脉冲宽度，就可以改变平均电压和电流，成为可调的直流电源。若输出电压比输入电压低，称为降压斩波电路；反之称为升压斩波电路。带直流斩波电路的装置称为斩波器。图 1-17 所示为日本五十铃汽车直流斩波器的外形。斩波器常用于直流电机的调速控制、给蓄电池充电，或车内不同等级电压的电源间能量转换。

　　（1）降压斩波电路　图 1-18 所示为降压直流斩波电路示意图。图中开关器件 VT 采用绝缘栅双极型晶体管（IGBT），用电动机作负载，二极管 VD 用作续流二

图 1-17　直流斩波器的外形

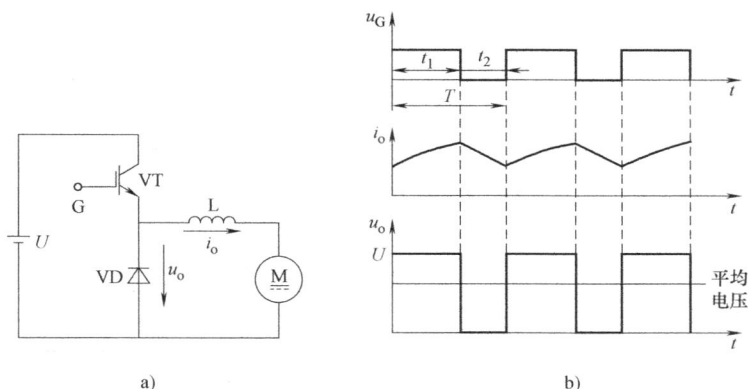

图 1-18 降压直流斩波电路示意图

a) 斩波电路原理图 b) 电压电流波形

极管。

当 IGBT 有正的控制电压 u_G（栅极 G 对发射极 E）时，IGBT 导通，电动机 M 上有电压 u_o，约等于电源电压 U。当控制电压 u_G 为零时，电动机上也没有电压。因此，若控制电压 u_G 为一系列脉冲，则输出电压 u_o 将是与控制电压 u_G 相似的一系列脉冲。由于输出电路中存在电感 L，当 VT 导通时，电流 i_o 逐渐增加，而当 VT 关断时电流 i_o 逐渐减小。电感越大，电流起伏波动就越小。若 VT 导通与关断时间分别是 t_1 与 t_2，脉冲周期 $T = t_1 + t_2$，通常将 t_1/T 称为脉冲占空比，用 a 表示，即 $a = t_1/(t_1 + t_2) = t_1/T$。占空比 a 可在 0～1（即 100%）之间变化。改变占空比 a，则输出电压 u_o 的平均值可在 0～U 之间变化。这种电路常用于直流电动机的降压调速。

（2）升压斩波电路 升压斩波电路与降压斩波电路类似，只不过元器件的位置有些变动。图 1-19 所示为电动汽车中常用的升压斩波电路示意图，用于直流发电机给蓄电池充电。图 1-19a 中的发电机 G 为电源，其电动势为 E，被充电的蓄电池作为负载，电压为 U_o。与降压斩波器类似，在作为开关元件 VT 的绝缘栅双极型晶体管的栅极 G 对地之间施加一系列脉冲 u_G，则 VT 一直处于反复开关状态。

当 VT 导通时，电感 L 上的电流 i_o 逐渐增加，并经 VT 形成回路。当 VT 关断时，电感 L 上的电流 i_o 不能立即减到 0，而是逐渐减小，并经二极管给蓄电池充电。此时 i_o 在电感 L 上产生自感电动势 e，如图 1-19a 中虚线所示，方向与电流 i_o 相同。可见输出电压 u_o 等于发电机电动势 E 与电感 L 上的电动势 e 之和，因而此电路起到升高电压的作用。图 1-19b 所示为控制电压 u_G、输出电流 i_o 和输出电压 u_o 的波形。电感越大，电流 i_o 的波动越小。

4. 交流-交流变换电路

交流-交流变换（AC-AC 变换，简称交-交变换）是将一种交流电变为另一种频率可调的交流电，中间没有直流电环节。

交-交变换系统框图如图 1-20a 所示。电路中有两组相同的全控整流电路，分别称为正（F）组和反（R）组，两组反向并联，轮流给负载供电，使负载上得到交变电流。

交-交变换电路如图 1-20b 所示。F 组与 R 组都采用全波可控整流电路，并接到同一个

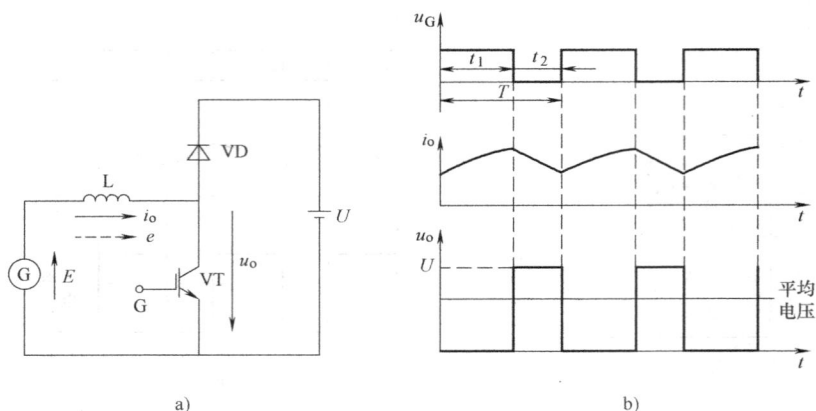

图 1-19　升压直流斩波电路示意图

a）斩波电路原理图　b）电压电流波形

三相交流电源上。在一段时间内（对应于交流电源的若干周期），由 F 组 6 个 GTO 晶闸管工作，给负载提供由上向下的电流，如图 1-20b 中实线箭头所示；在下一段相同时间内，由 R 组 6 个 GTO 晶闸管工作，给负载提供由下向上的电流，如图 1-20b 中虚线箭头所示。这样，负载可以获得方向交变的电流。为了能够给负载提供类似正弦形的交流电，需要交流电源的频率比给负载供电的频率高。这样，在 F 组工作期间，通过调节 GTO 晶闸管的触发延迟角使之先按从小到大再按从大到小的规律变化，就可以使负载得到先由低变高再由高变低的电压，这就构成正半周交流电。同样，在 R 组工作期间调节各 GTO 晶闸管的触发延迟角，给负载提供负半周交流电。从而负载得到的是频率比较低且接近正弦形的交流电压。

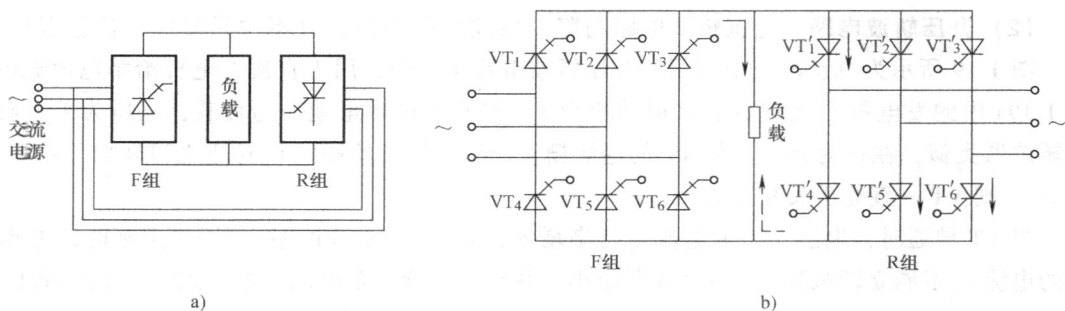

图 1-20　交-交变频器基本电路

a）交-交变换系统框图　b）交-交变换电路

交-交变换电路既可以改变输出的交流电压，又可以根据负载需要改变输出的交流电频率，因此也称为交-交变频器。在有交流发电机的电动汽车上，有时就采用这种交-交变频器驱动电机，可以省去交-直-交变频器中间的直流环节。

5. 脉宽调制技术简介

脉宽调制（Pulse Width Modulation，PWM）是指通过对脉冲系列宽度的调节来产生可控直流电或交流电的技术。

前述直流斩波电路中，如果不改变脉冲周期 T，只改变通电与断电时间的比例以产生可调直流电压，就属于脉宽调制方法。直流电压脉宽调制方法的原理如图 1-21 所示。用一个直流参考电压信号 U_r，与一个三角波信号比较，只要参考电压大于三角波电压就输出正脉冲触发信号电压 u_G，反之则不输信号。而正的触发信号 u_G 将触发大功率晶体管导通，输出电压 u_o 将形成与触发信号形状相同的脉冲系列。如果改变参考电压 U_r 的大小，就可以改变输出脉冲的宽度。图 1-21b、c 分别给出了当参考电压 U_r 大小不同时，触发电压及主电路输出电压脉冲宽度的变化。这种脉宽调制方法并不改变脉冲系列的周期或频率，只改变脉冲占空比。改变占空比，输出电压的平均值也随之改变。

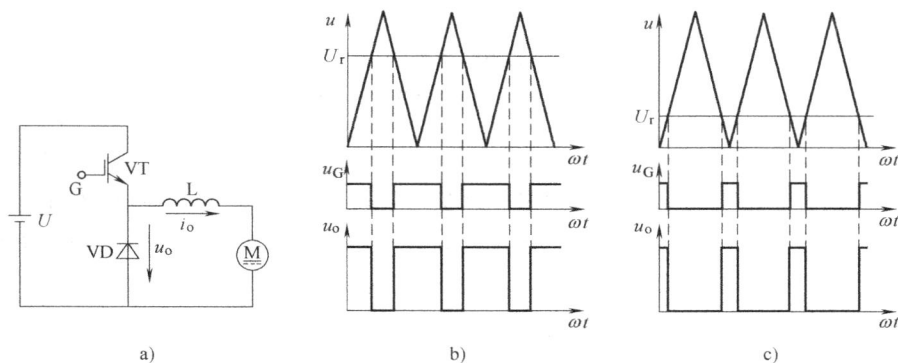

图 1-21　直流电压脉宽调制方法
a）基本电路　b）参考电压 U_r 较高　c）参考电压 U_r 较低

脉宽调制技术更多地用于交-直-交逆变电路，称为脉宽调制型逆变器。脉宽调制型逆变器的基本电路如图 1-22a 所示，在它的主电路中，整流器采用不可控整流器，电容器 C 起稳定直流电压的作用。$VT_1 \sim VT_6$ 为 6 个 MOSFET，作为功率开关器件，$VD_1 \sim VD_6$ 为反馈二极管。各功率开关的控制原理如图 1-22b 所示，图中以正弦波信号作为参考信号，用一个三角波信号与正弦波信号电压进行比较，凡是正弦波瞬时值大于三角波时就向 MOSFET 的栅极输出触发电压 u_G，反之则不输出电压，在负半周也同样处理。于是触发电压 u_G 就形成了宽度按正弦规律变化的脉冲系列，这样 MOSFET 就可以按相似的正弦规律导通，这种方法称为正弦波脉宽调制（SPWM）。若改变正弦波的幅值，也可以改变脉冲系列所有脉冲的宽度，相当于改变输出电压的大小；若改变参考正弦波的频率，就可以改变输出脉冲系列正负交变的频率。因此，这种脉冲系列就相当于电压和频率都可调节的交流电。用这样的脉冲系列去驱动电机，效果与正弦交流电相同。

这种脉宽调制型逆变器与上述一般的交-直-交逆变器类似，但由于脉宽调制型逆变器本身可调节输出电压，整流环节就不必用可控整流器而是采用不可控整流器（即普通二极管作为整流器件），从而简化了控制电路。

目前已有专用于产生 SPWM 控制信号的大规模集成电路芯片，从而使控制电路得以简化，并且既能控制交流电压，也能控制交流电的频率。

6. 控制电路

实际电动机驱动控制系统不仅包括上述各类功率转换主电路，还包括大功率开关器件的

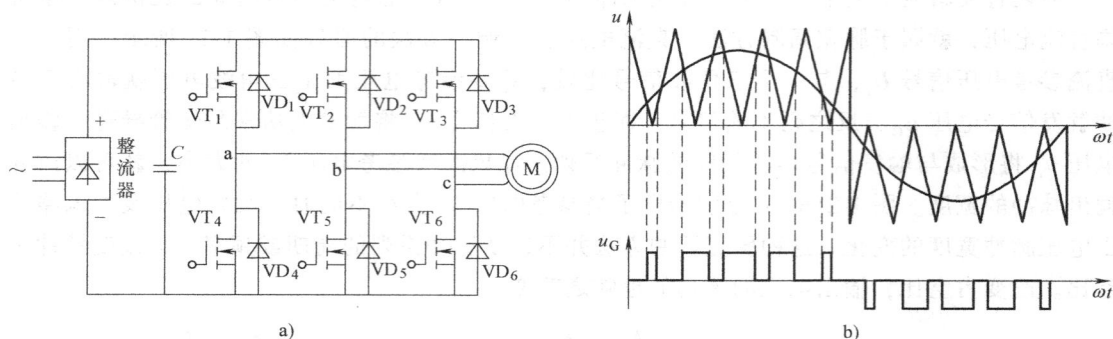

图 1-22 正弦波脉宽调制方法示意图

a）逆变器电路 b）SPWM 方法原理

控制电路。控制电路也称控制器或控制单元，通常采用以基于数字信号处理功能的 DSP 集成器件为核心的计算机控制系统，通过采集踏板位置传感器、转子位置传感器和定子电流传感器等信号，经过分析、比较、变换、运算、脉宽调制等处理后形成对主电路功率开关器件的控制信号。此外，控制电路还包括驱动和保护电路以及串行通信 CAN 总线接口电路等。控制电路内部结构相当复杂，这里不再详述。

1.4 新能源汽车基本结构

新能源汽车和传统的燃油汽车相比具有组成结构灵活的显著特点。形成这一特点有以下五方面的原因：

1）新能源汽车的主要能量传递可以通过电线进行，而电线相对于传统的联轴器、传动轴而言是柔性的，因此用电线连接的各个部件布置的灵活性很大。

2）不同的驱动系统要求有不同的布设结构，如独立的四轮驱动系统和轮毂电动机驱动系统，与传统的离合器、变速器、差速器构成的驱动系统相比具有极大的不同。

3）不同的驱动电机会导致整车的重量、尺寸和形状的差异。

4）不同的储能装置会造成整车的重量、尺寸和形状的差异，如蓄电池和燃料电池差别很大。

5）不同的能量补充装置对整车的布局也有较大影响，如蓄电池的感应式充电、接触性充电以及更换电池集中充电等。

鉴于新能源汽车结构灵活的特点，在分析新能源汽车的基本结构时，不能像对传统汽车那样分析，而是采用共性加个性的分析方法。先分析新能源汽车的功能模块构成，再区别不同的电力驱动形式和不同的储能装置，分别对各种新能源汽车的结构进行分析。

1.4.1 新能源汽车的功能模块构成

图 1-23 所示为新能源汽车（纯电动汽车）的功能模块结构框图。其功能结构由电力驱动子系统、电源系统和辅助系统组成。

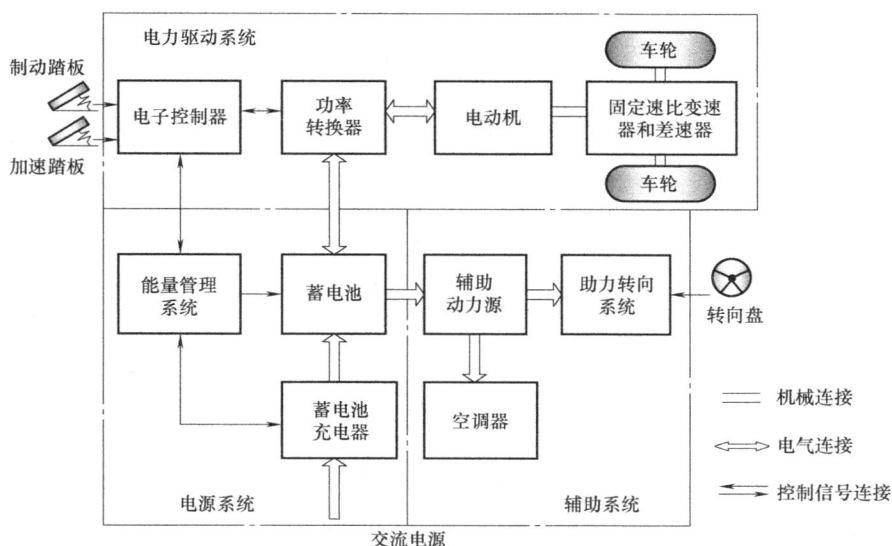

图 1-23 典型纯电动汽车的功能模块结构框图

电子驱动子系统由电机、功率转换器、电子控制单元、机械传动装置和车轮组成，其功能是根据制动踏板和加速踏板传感器传来的驾驶人动作信息，控制功率转换器将主能源子系统提供的电能输送到电机，电机按电动机状态工作，将电能转换为机械能，再通过机械传动装置将这些机械能传送给车轮，形成车辆的驱动力。

主能源子系统由主电源、充电系统和能量管理系统组成。能量管理系统负责对充电过程和用电过程进行有效管理，监测电源的使用情况。当车辆制动时，能量管理系统和电子控制单元共同控制电机转为发电机状态工作，将制动能量通过机械传动装置传输给电机，产生电流向主电源（通常含有蓄电池）充电。

辅助控制子系统由辅助动力源、助力转向单元和温度控制单元组成。辅助动力源将主电源提供的电压变换成车内各辅助系统所需的电源电压，为其提供能量支持，主要包括转向系统、空调系统和其他辅助装置。

1.4.2 不同电力驱动系统的结构形式

新能源汽车的电力驱动系统不同，所要求的整车布置结构也不同，而且具有很大的差异，图 1-24 所示为电力驱动系统 6 种不同的结构形式。

第一种结构形式如图 1-24a 所示，这种形式从燃油发动机前置前轮驱动的传统汽车发展而来。其动力传动系统由驱动电机、离合器、变速器和差速器构成。这种结构就相当于只把原前置前驱车辆的发动机换为驱动电机即可。这种结构形式的汽车由于需要在成熟车型上所做的改动最小，一般用于初始研发电动汽车的场合。

第二种结构形式是在第一种的基础上，去掉离合器和变速器，而在驱动电机和差速器之间加入一个固定速比减速器而形成，如图 1-24b 所示。这种结构形式的汽车，由于没有离合

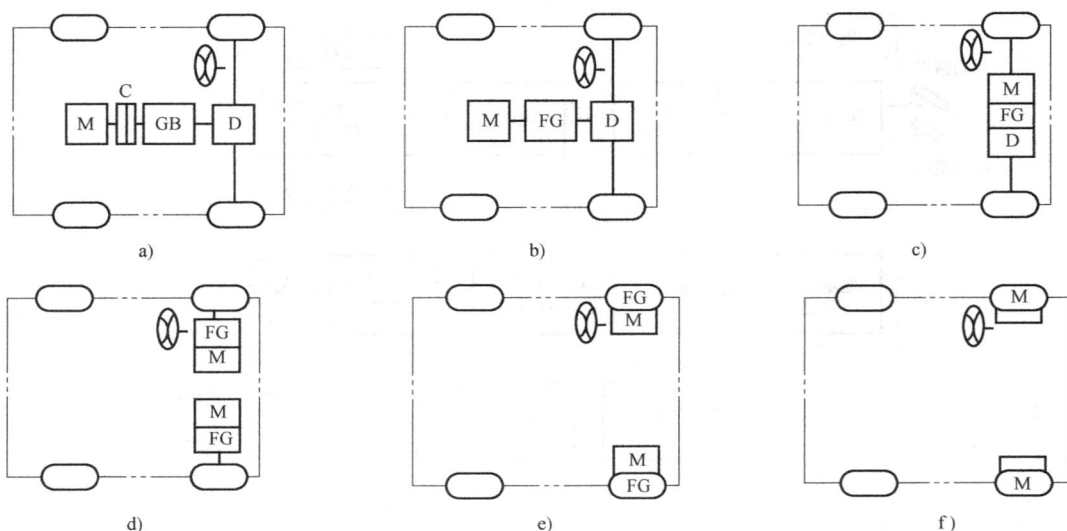

图 1-24　电力驱动系统的 6 种结构形式

C—离合器　D—差速器　FG—固定速比减速器　GB—变速器　M—驱动电机

器和变速器，无法实现理想的转速/转矩特性，因此，不适用于兼顾燃油发动机工作的混合动力新能源汽车。

第三种结构形式如图 1-24c 所示，它与发动机横向前置前轮驱动的燃油汽车的布置方式相仿，也是把驱动电机、固定速比减速器和差速器集成为一个整体，通过两根半轴连接驱动车轮，这种结构形式在小型电动汽车上应用很广泛。

第四种结构形式如图 1-24d 所示，是双电动机独立驱动结构。采用两个独立的驱动电机通过固定速比减速器分别驱动两个车轮。这种结构形式的车辆由于两个车轮的转速可以独立控制，汽车转弯时两个车轮的差速功能可以通过控制两个驱动电机，使其具有不同的转速而实现，因此可以省去机械差速器。这种结构形式的新能源汽车更方便通过程序实现对其复杂的动力学控制。

驱动电机可以装在车轮上，称为轮毂电动机。图 1-24e 所示的第五种结构形式就是在双侧车轮上采用轮毂电动机和行星齿轮固定速比变速器构成的独立的两套驱动系统。这种新能源汽车的驱动部分在整车上所占的布设空间会大大缩小，机械的动力传动系统大大简化，而且动力控制更容易实现。

图 1-24f 所示的结构形式是采用低速外转子轮毂电动机驱动的动力驱动系统。驱动电机的转子直接安装在两侧车轮的轮缘上，车轮转速完全取决于电动机转速的控制。这种动力驱动系统完全去除了机械传动系统，这给整车设计中减轻整车重量、实现复杂的动力控制提供了广阔的设计研究空间。

1.4.3　不同储能装置的结构形式

新能源汽车储能装置的不同，会对整车结构布局产生很大的影响。图 1-25 所示为 6 种

不同储能装置所构成的新能源汽车能量系统的结构形式。

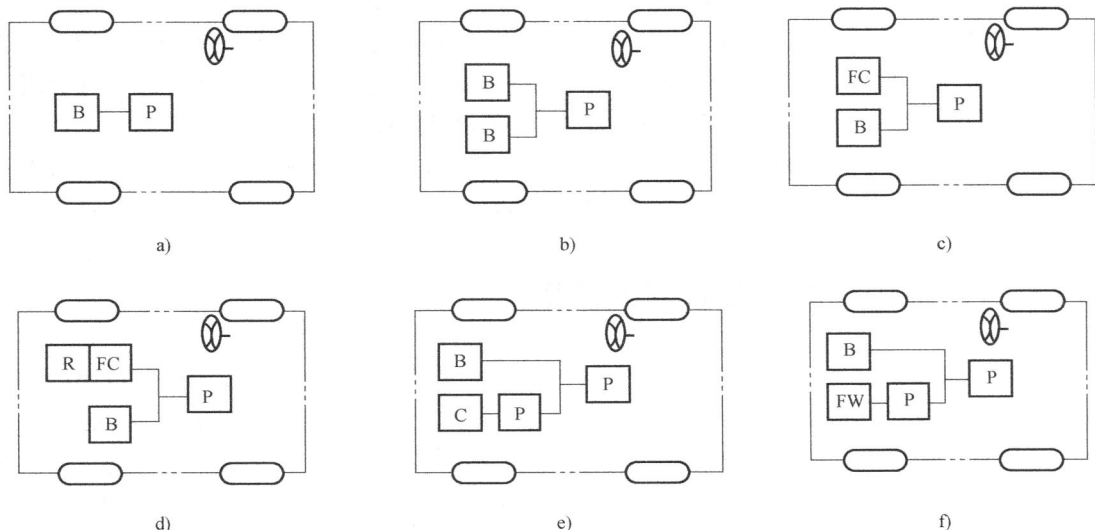

图 1-25 新能源汽车能量系统的结构形式

B—蓄电池 C—超级电容器 FC—燃料电池 FW—高速飞轮 P—功率变换器 R—重整器

图 1-25a 所示为以蓄电池作为能量源的一种能量系统结构，它是一种最简单的能量系统结构形式。蓄电池可以根据需要分布在汽车的四周，也可以集中布设在汽车的前部、后部，还可以集中布设在底盘下面。其理想的动力蓄电池应该同时具有足够高的比能量和比功率，才可以保证整车具有较长的续驶里程和较强的加速性能及爬坡能力，但是能够同时满足高的比能量和比功率的电池很少。

通常，同一种蓄电池很难同时满足对高的比功率和高的比能量的要求。为了解决这一问题，可以在电动汽车上同时装配两种不同的蓄电池，其中一种蓄电池提供高的比能量性能；另一种提供高的比功率性能。图 1-25b 所示就是这种由两种不同的蓄电池构成的混合能量源和功率变换器组成的能量系统结构。

燃料电池是一种具有高比能量的能量转化装置。大家知道，电解水可以通过消耗电能使水变成氢气和氧气，而燃料电池的工作原理与之相反，是这一过程的逆过程。通过向燃料电池提供的氢气与空气中的氧气发生反应，生成水，同时产生电能。燃料电池可以提供高的比能量，但是不能回收车辆制动和下坡过程中产生的再生能量，因此，在给新能源汽车配备燃料电池的同时，再配备一套动力蓄电池，蓄电池除了可以实现能量回收的功能外，还具有高比功率的性能。这种能量系统的结构如图 1-25c 所示。

燃料电池所需要的氢气可以采用压缩氢气、液态氢气和金属氢化物的形式存储，也可以以常温液态燃料（如甲醇和汽油）随车产生。这种利用常温液态燃料向燃料电池提供氢气的装置称为重整器。图 1-25d 所示为由重整器、燃料电池、蓄电池和功率变换器构成的能量系统结构。

图 1-25e 所示为由蓄电池和超级电容器构成的能量系统的结构图。由于超级电容器具有高的比功率，而且具有较高的制动能量回收效率，与之配套的蓄电池必须提供高的比能量性

能。同时，由于用在汽车上的超级电容器工作电压相对较低，还需要在蓄电池和超级电容器之间设置一个 DC-DC 功率变换器，完成两者之间的电压匹配。

与超级电容器类似，高速飞轮是另外一种新型的具有高比功率和高效率回收制动能量特性的储能器。图 1-25f 所示为由蓄电池和高速飞轮构成的能量系统的结构图。除了将超级电容器换为高速飞轮外，这个结构与图 1-25e 所示的结构相同。

以上 6 种电力驱动系统结构与 6 种能量系统结构进行不同的组合，就基本囊括了所有新能源汽车的结构形式。每一种新能源汽车都可以在这些组合中找到与其相对应的结构形式。

1.5 新能源汽车的主要行驶性能指标

以电力驱动为主要形式的新能源汽车与传统燃油汽车相比，其外观、车轮与地面的力学特征、转向装置、悬架装置和制动系统基本上是一样的，主要差别是采用了不同的动力系统。燃油汽车的内燃机是利用燃油混合气在气缸内燃烧做功，推动汽车前行，而电动汽车则是由蓄电池（或其他能量存储装置）提供电能，使电动机旋转产生机械能，驱动汽车前行。因此，新能源汽车的操控稳定性、平顺性及通过性与燃油汽车相同，制动性能除了增加再生制动性能外，也与燃油汽车相同，行驶性能的主要差异在于动力性和续驶里程上，而这两方面的性能与蓄电池的性能与特点直接相关。本节依据 GB/T 19596—2017《电动汽车术语》，主要讨论新能源汽车的动力性和续驶里程这两方面的性能。

1.5.1 动力性能

与传统汽车相同，新能源汽车的动力性能也可以用最高车速、加速性能和最大爬坡度等指标来描述。但是，由于电动机存在瞬时功率、小时功率和连续功率的概念，在性能指标的理解中需要考虑这一因素，例如，爬坡能力所对应的电动机驱动功率就是运用了电动机的瞬时功率。

1. 放电能量（整车）（discharged energy）

电动汽车行驶中，由储能装置释放的电能，单位为 W·h。

2. 再生制动（regeneration braking）

汽车滑行、减速或下坡时，将车辆行驶过程中的动能及势能转化或部分转化为车载可充电储能系统的能量存储起来的制动过程。

3. 再生能量（regenerated energy）

行驶中的电动汽车用再生制动回收的电能，单位为 W·h。

4. 能量消耗率（energy consumption rate）

电动汽车经过规定的试验循环后对动力蓄电池重新充电至试验前的容量，从电网上得到的电能除以行驶里程所得的值，单位为 W·h/km。

5. 最高车速（1km）[maximum speed（1km）]

电动汽车能够往返各持续行驶 1km 以上距离的最高平均车速。

6. 30min 最高车速（maximum thirty-minutes speed）

电动汽车能够持续行驶 30min 以上的最高平均车速。

7. 加速能力 v_1 至 v_2 [acceleration ability (v_1 to v_2)]

电动汽车从速度 v_1 加速到速度 v_2 所需的最短时间。

8. 坡道起步能力（hill starting ability）

电动汽车在坡道上能够起动且 1min 内向上行驶至少 10m 的最大坡度。

9. 动力系效率（power train efficiency）

在纯电动情况下，从动力系统输出的机械能除以输入动力系统的电能所得的值。

10. 爬坡车速（speed uphill）

电动汽车在给定坡度上能够持续行驶 1km 以上的最高平均车速。

11. 总功率（total power）

混合动力电动汽车在联合驱动模式下可输出的峰值功率。

1.5.2 续驶里程

续驶里程（range）这一性能指标对于传统汽车而言，并不是特别重要。因为目前加油站的布局建设已经比较合理完备，只要及时加油，传统汽车就可以持续行驶。而对于新能源汽车，除了燃料电池汽车外，其他汽车都需要充电，而充电的过程相对较长，充电站的建设布局还不完备，一旦电量用完，就必须回到特定的充电站，用较长的时间进行充电后才可以继续行驶。因此，续驶里程这一指标对于新能源汽车显得尤为重要。

续驶里程是指电动汽车在动力蓄电池完全充电状态下，以一定的行驶工况，能连续行驶的最大距离，单位为 km。

对于电动汽车而言，续驶里程又分为标定续驶里程和普通工况续驶里程。标定续驶里程是指按照相关国标的规定，车辆加载规定的荷载，在无风、温度适宜的条件下，在平直无坡的硬路面上所能行驶的最大距离。标定续驶里程是国家技术主管部门用于测定电动汽车续驶性能的标准指标，这一指标的高低是判断不同型号电动汽车续驶性能优劣的标准。而电动汽车在实际使用中，由于汽车工况和所行驶的路况与标定续驶里程测试时的工况和路况相差很大，两者之间有较大差距。例如，电动汽车行驶在下坡较多的路段，其实际续驶里程要大于标定续驶里程，而在上坡占多数的路段，实际续驶里程可能要远小于标定续驶里程。

影响电动汽车续驶里程的因素主要有汽车行驶的环境状况、行驶工况、滚动阻力和空气阻力、电池的性能、电动汽车的总质量以及空调、照明等辅助装置的能量消耗等。

思 考 题

1. 论述新能源汽车的概念及类型。
2. 简述智能网联汽车的关键技术。
3. 新能源汽车常用电力电子器件有哪些？其工作原理如何？
4. 新能源汽车在电力驱动方面主要的结构形式有哪几种？
5. 新能源汽车的主要行驶性能指标有哪些？

第2章

新能源汽车动力蓄电池系统

2.1 汽车动力蓄电池编码规则

下面根据 GB/T 34014—2017《汽车动力蓄电池编码规则》重点介绍汽车动力蓄电池的编码规则。

2.1.1 动力蓄电池代码结构

按照国标规定，汽车动力蓄电池编码由 26 个数字或字母组成，具体见表 2-1。

表 2-1 代码结构

基本结构	扩展结构	含义
X1 X2 X3		厂商代码
X4		产品类型代码
X5		电池类型代码
X6 X7		规格代码
	X8 X9 X10 X11 X12 X13 X14	追溯信息代码
X15 X16 X17		生产日期代码
X18 X19 X10 X21 X22 X23 X24		序列号
	X25 X26	梯级利用代码

2.1.2 代码结构表示方法

1. 厂商代码

厂商包括生产厂商、梯级利用厂商、进口商，厂商代码由三位英文大写字母、数字 0~9 或字母与数字组合表示，由行业管理部门统一分配。

2. 产品类型代码

分别用大写字母 P、M、C 表示动力蓄电池包、蓄电池模块及单体蓄电池。

3. 电池类型代码

以电池材料类别代表电池类型，电池类型代码由一位英文大写字母表示，见表 2-2。对于多组分混合材料体系，采用含量最大的材料组分编写代码，存在两种或两种以上相同含量的材料组分，以安全性较差的材料组分编写代码。

表2-2　电池类型代码

电池类型	代码
镍氢蓄电池	A
磷酸铁锂电池	B
锰酸锂电池	C
钴酸锂电池	D
三元材料电池	E
超级电容器	F
钛酸锂电池	G
其他	Z

4. 规格代码

规格代码由两位英文大写字母、数字0~9或字母与数字组合表示，由企业自行定义，指代不同的产品规格型号。企业需对自定义规格代码进行备案说明。

5. 追溯信息代码

追溯信息代码由七位英文大写字母、数字0~9或字母与数字组合表示，由企业自行定义。对于新的动力蓄电池产品，需加入追溯信息代码。梯级利用动力蓄电池产品，无追溯信息代码。企业需对自定义追溯信息代码进行备案说明，不建议使用容易和数字混淆的字母，如O、I、Q、S、Z等字母。

6. 生产日期代码

生产日期由三位英文大写字母和数字表示，第一位表示年份，年份代码按照表2-3规定使用（30年循环一次）；第二位表示月份，以十六进制数值表示；第三位表示自然日，按照表2-4规定使用。

表2-3　生产年份代码

年份	代码	年份	代码	年份	代码	年份	代码
2011	1	2021	B	2031	M	2041	1
2012	2	2022	C	2032	N	2042	2
2013	3	2023	D	2033	P	2043	3
2014	4	2024	E	2034	R	2044	4
2015	5	2025	F	2035	S	2045	5
2016	6	2026	G	2036	T	2046	6
2017	7	2027	H	2037	V	2047	7
2018	8	2028	J	2038	W	2048	8
2019	9	2029	K	2039	X	2049	9
2020	A	2030	L	2040	Y	2050	A

表 2-4　生产日期代码

日期	代码	日期	代码	日期	代码
1	1	12	C	23	P
2	2	13	D	24	R
3	3	14	E	25	S
4	4	15	F	26	T
5	5	16	G	27	V
6	6	17	H	28	W
7	7	18	J	29	X
8	8	19	K	30	Y
9	9	20	L	31	0
10	A	21	M		
11	B	22	N		

7. 序列号

序列号代码由七位十进制数值表示，数值范围为 0000000～9999999，是在指定生产线生产动力蓄电池包、模块、单体产品的当日顺序号。

8. 梯级利用代码

梯级利用代码适用于梯级利用产品，由两位大写英文字母表示，见表 2-5。非梯级利用产品，不需标识。对于梯级利用动力蓄电池产品需要重新按照编码规则进行编码，原动力蓄电池产品的编码需要保留。

表 2-5　梯级利用代码

梯级利用产品形式	代码
动力蓄电池包直接梯级利用	RP
蓄电池模块直接梯级利用	RM
单体蓄电池梯级利用	RC

2.1.3　示例

1. 101PE052011A117AA0000100

其中，101（厂商代码）——某动力蓄电池包生产厂商的统一分配编码；

P（产品类型代码）——动力蓄电池包；

E（电池类型代码）——动力蓄电池包中电池的正极活性材料主体为三元材料；

05（规格代码）——备案的企业自定义动力蓄电池包规格代码；

2011A11（扩展结构 1 代码）——备案的企业自定义动力蓄电池包的追溯信息代码；

7AA（生产日期代码）——动力蓄电池包的生产日期为 2017 年 10 月 10 日；

0000100（序列号）——当日生产的同一规格动力蓄电池包的序列号。

2. 201MC038800002000RM

其中，201（厂商代码）——某动力蓄电池模块梯级利用生产厂商的统一分配编码；

M（产品类型代码）——梯级利用动力蓄电池模块编码；

C（电池类型代码）——梯级利用动力蓄电池模块中电池的正极活性材料主体为锰酸锂材料；

03（规格代码）——备案的企业自定义梯级利用动力蓄电池模块规格代码；

880（生产日期代码）——梯级利用动力蓄电池模块生产日期为 2018 年 8 月 31 日；

0002000（序列号）——当日生产的同一规格梯级利用动力蓄电池模块的序列号；

RM（扩展结构 2）——蓄电池模块直接梯级利用。

2.2 新能源汽车动力蓄电池概述

2.2.1 电池基本知识

1. 电池的放电

电池放电是指将电池内储存的化学能以电能方式释放出来的过程，即电池向外电路输送电流。蓄电池的放电特性主要由放电深度、放电率和连续放电时间等参数来描述。放电深度是指电池当前的放电状态，用实际放电容量与额定容量的百分比来表示。放电率是指放电的速率，常用时率或倍率表示。时率是指以一定的放电电流放完额定容量所需的小时数，倍率是指规定时间内放出其额定容量时所输出电流的数值与额定值的比率。连续放电时间是指蓄电池从开始不间断地放电到电池电压降至终止电压这一过程所用的时间。放电的方式又分为工况放电、倍率放电、深度放电、恒流放电和恒功率放电等。

2. 电池的充电

电池充电是将外部电源的电能输入电池，在电池内将电能转换为化学能储存起来的过程。蓄电池的充电参数主要有充电特性、完全充电和充电率。充电特性是指充电时蓄电池的电流、电压和时间之间的关系。完全充电是蓄电池内所有可利用的活性物质都已转变成完全荷电的状态。充电率是指充电时的速率，也用时率和倍率来表示。时率是指在一定电流下充到额定容量所需的小时数，倍率是指在规定时间内充到额定容量所需要的电流数值与额定值的倍数。蓄电池的荷电状态是指蓄电池当前容量与全荷电容量的百分比。充电方式又分为恒压充电、恒流充电、涓流充电和浮充电等。

3. 电池的极化

极化是电池在静止状态（对外电路的电流 $I=0$）时，出现的电池电压和电极电位变化的现象。电压与电流的乘积等于功率，再乘以电池运行时间即为输出电能，因此极化现象反映了在静止状态能量损失的大小，极化损失越小越好。

极化现象也可理解为对平衡现象的偏离。热力学平衡过程与可逆现象紧密相连。可逆过程或平衡过程的变化率是很小的，但实际过程必须有一定的速率，有时还要求有很高的速率，如电动汽车驱动时要求有大电流放电，即要求反应速率很大，这样必然产生偏离平衡值的现象，即极化现象。常见的极化现象有阳极极化、阴极极化、欧姆极化（电阻极化）、浓差极化和电化学极化等。阳（阴）极极化是指电池进入工作状态后阳（阴）极电位出现偏离平衡值的现象。电池的电阻有电解质的电阻、电极材料的电阻，甚至还有由于反应物的附

着（如氢氧化物沉淀在电极上）造成的电阻等。浓差极化是电化学反应进行时，作用物浓度的变化造成电极电位对平衡值的偏差。任何极化过程均包括一个或几个反应活性物质接收电子或失去电子的过程，由这一过程引起的极化称为电化学极化。

4. 记忆效应

记忆效应是指电池在没有完全放电之前就重新充电，电池会储存这一放电平台并在下次循环中将其作为放电的终点，尽管电池本身的容量可以使电池放电到更低的平台上，但在以后的放电过程中，电池只记得这一容量。同样在每一次使用中，任何一次不完全的放电都将加深这一效应，使电池容量逐渐变低，这主要表现在镍镉蓄电池中。对于其他蓄电池该效应较小或不存在。造成记忆效应的原因是电池内部枝晶的生长，通过深度充放电虽可缓解，但会损坏电池，比较好的方法是采用脉冲充电法，不仅可抑制枝晶的生长，还有可能使一些生长的枝晶得到溶解。

5. 电池的组合

动力蓄电池作为汽车的动力源，一般要求有较高的电压和电流，因此需要将若干单体蓄电池通过串联、并联或混联的方式组合成蓄电池组使用。蓄电池组合中对单体蓄电池的性能有严格要求，在同一组蓄电池中必须选择同一系列、同一规格、性能尽可能一致的单体蓄电池。

2.2.2 电池的分类

电池的种类有很多，划分种类的方法也有多种。

1. 按工作原理分类

按工作原理划分，主要可分为生物电池、物理电池和化学电池三大类。

生物电池是利用生物（如生物酶、微生物或叶绿素等）分解反应过程中表现出来的带电现象所进行的能量转换，有酶电池、微生物电池和生物太阳能电池等。它主要有体积小、无污染、寿命长、可在常温常压下使用等优点。随着全球能源危机的提出，目前对生物电池的研究日趋深入。

物理电池是指利用物理原理制成的电池，其特点是能在一定条件下实现直接的能量转换，主要有太阳能电池、飞轮电池、核能电池和温差电池。太阳能电池是利用光电效应，将光能转化为电能，然后输出直流电存储于电池之中。飞轮电池是将电能转换为飞轮的旋转动能，飞轮以高速旋转来储存动能，而后再利用发电机将动能转变成电能输出。核能电池是利用放射性物质衰变会释放能量的原理制成的。温差电池是一种直接将热能转换成电能的电池。

化学电池是将化学反应产生的能量直接转换为电能的装置，也称为化学电源，它是生活中使用较多的一种电池。此外还有超级电容器，它是一种介于传统电解质电容器和电化学电池之间的新型储能元件。

2. 按电解液种类分类

（1）**碱性电池** 电解质主要以氢氧化钾水溶液为主的电池，如碱性锌锰电池（俗称碱锰电池或碱性电池）、镉镍电池、氢镍电池等。

（2）**酸性电池** 主要以硫酸水溶液为介质的电池，如铅酸蓄电池。

（3）**中性电池**　以盐溶液为介质的电池，如锌锰干电池、海水激活电池等。

（4）**有机电解液电池**　主要以有机溶液为介质的电池，如锂离子电池等。

3. 按工作性质和储存方式分类

（1）**一次电池**　它又称为原电池，即不能再充电使用的电池，如锌锰干电池、锂原电池等。

（2）**二次电池**　即可充电电池，如铅酸电池、镍镉电池、镍氢电池、锂离子电池等。

（3）**燃料电池**　活性材料在电池工作时才连续不断地从外部加入电池，如氢氧燃料电池、金属燃料电池等。

（4）**储备电池**　电池储存时电极板不直接接触电解液，直到电池使用时才进入电解液，如镁-氯化银电池，又称海水激活电池。

4. 按电池所用正、负极材料分类

（1）**锌系列电池**　如锌锰电池、锌银电池等。

（2）**镍系列电池**　如镍镉电池、镍氢电池等。

（3）**铅系列电池**　如铅酸电池。

（4）**锂系列电池**　如锂离子电池、锂聚合物电池和锂硫电池等。

（5）**二氧化锰系列电池**　如锌锰电池、碱锰电池等。

（6）**空气（氧气）系列电池**　如锌空气电池、铝空气电池等。

2.2.3　新能源汽车动力蓄电池的性能指标

自电动汽车诞生以来，提高动力蓄电池的功率密度、能量密度、使用寿命以及降低成本一直是电动汽车动力蓄电池技术研发的核心。下面重点介绍动力蓄电池的一些基本指标。

1. 端电压和电动势

（1）**端电压**　动力蓄电池正极和负极之间的电位差称为端电压。动力蓄电池在没有负载情况下的端电压称为开路电压。动力蓄电池接上负载后处于放电状态，此时的电池电压称为负载电压，又称为工作电压。电池充放电结束时的电压称为终止电压，分为充电终止电压和放电终止电压。图 2-1 所示为电池充电及放电电压变化曲线，由图可知，电池无论充电还是放电，在结束时都有一个电压极限值，充电时的电压极限值就是充电终止电压；放电时的电压极限值就是放电终止电压。

（2）**电动势**　电池上两个电极的平衡电极电位之差称为电动势。

2. 容量

容量是指电池在一定的放电条件下所能放出的电量，用符号 C 表示，单位常用 $A \cdot h$ 或 $mA \cdot h$ 表示。

（1）**理论容量**　假定电池中的活性物质全部参加电池的成流反应所能提供的电量即为理论容量，它是电

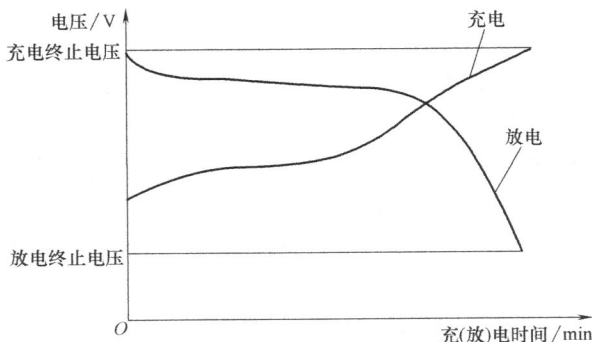

图 2-1　电池充电及放电电压变化曲线

池容量的最大极限值。理论容量可根据电池反应式中电极活性物质的用量，按法拉第电解定律计算的活性物质的电化学当量精确求出。

法拉第电解定律：电流通过电解质溶液时，在电极上发生化学反应的物质的质量与通过的电量成正比。其表达式可以写为

$$Q = \frac{zmF}{M} \tag{2-1}$$

式中　Q——电极反应中通过的电量（A·h）；

　　　z——电极反应式中的电子计量系数；

　　　m——发生反应的活性物质的质量（g）；

　　　M——活性物质的摩尔质量（g/mol）；

　　　F——法拉第常数，约 96500g/mol 或 26.8A·h。

（2）**额定容量**　又称为标称容量，是指按国家或有关部门规定的标准，保证电池在一定放电条件（如温度、放电率、终止电压等）下应该放出的最低限度的容量。额定容量是制造厂标明的安时容量，是电池的一个重要参数。

（3）**实际容量**　电池在实际应用工作情况下放出的电量即为实际容量。充满电的电池在一定条件下所能输出的电量，等于放电电流与放电时间的积分。实际容量的计算方法如下：

恒电流放电时

$$C = IT \tag{2-2}$$

变电流放电时

$$C = \int_0^T I(t)\,\mathrm{d}t \tag{2-3}$$

式中　I——放电电流，是放电时间 t 的函数；

　　　T——放电至终止电压的时间。

电池的实际容量除与其本身的结构与制造工艺有关外，主要受其放电制度的影响。

3. 内阻

电流通过电池内部时受到阻力，使电池的工作电压降低，该阻力称为电池内阻。由于电池内阻的作用，电池放电时的端电压低于电动势和开路电压，充电时充电的端电压高于电动势和开路电压。电池内阻是化学电源一个极为重要的参数，它直接影响电池的工作电压、工作电流、输出能量与功率等，对于一个实用的化学电源，其内阻越小越好。

电池内阻不是常数，在放电过程中随着活性物质组成、电解液浓度和电池温度的变化以及放电时间而变化。电池内阻包括欧姆内阻和极化内阻两部分。

欧姆内阻主要由电极材料、电解液、隔膜的内阻及各部分零件的接触电阻组成。

极化内阻是指化学电源的正极与负极在电化学反应进行时由于极化所引起的内阻，它是电化学极化和浓差极化所引起的电阻之和。极化内阻与活性物质的本性、电极的结构、电池的制造工艺以及电池的工作条件有关，电池工作条件对电池内阻的影响尤为突出，放电电流和温度对其影响很大。

4. 能量与能量密度

能量是指电池在一定放电制度下所能释放出的电能，单位常用 W·h 或 kW·h 表示。

电池的能量分为理论能量和实际能量。

（1）**理论能量** 它是电池的理论容量与其电动势的乘积，即

$$W_0 = C_0 E \tag{2-4}$$

（2）**实际能量** 它是电池放电时实际输出的能量，在数值上等于电池实际放电电压、放电电流与放电时间的积分，即

$$W = \int V(t) I(t) \, dt \tag{2-5}$$

一般用电池组额定容量与电池放电平均电压的乘积来估算。

能量密度是指单位质量或单位体积的电池所能输出的能量，相应地称为质量能量密度（W·h/kg）或体积能量密度（W·h/L），也称为质量比能量或体积比能量。在电动汽车应用方面，电池的质量比能量影响电动汽车的整车质量和续驶里程，而体积比能量影响电池的布置空间。

5. 功率与功率密度

功率是指在一定的放电制度下，单位时间内电池输出的能量，单位为 W 或 kW。

功率密度又称为比功率，是单位质量或单位体积电池输出的功率，单位为 W/kg 或 W/L。比功率是评价动力蓄电池及动力蓄电池包是否满足电动汽车加速和爬坡能力的重要指标。

6. 荷电状态

荷电状态（State of Charge，SOC）描述了电池的剩余电量，其值为电池在一定放电倍率下，剩余电量与相同条件下额定容量的比值。荷电状态值是个相对量，一般用百分比的方式表示，SOC 的取值为 $0 \leqslant \text{SOC} \leqslant 100\%$。

7. 放电深度

放电深度（Depth of Discharge，DOD）是放电容量与额定容量之比的百分数，与 SOC 之间存在以下关系：

$$\text{DOD} = 100\% - \text{SOC} \tag{2-6}$$

8. 循环使用寿命

循环使用寿命（Cycle Life）是指以电池充电和放电一次为一个循环，按一定测试标准，在电池容量降到某一规定值（一般规定为额定值的 80%）以前，电池经历的充放电循环总次数。循环使用寿命是评价电池寿命性能的一项重要指标。

9. 自放电率

自放电率是指电池在存放时间内，在没有负荷的条件下自身放电，使得电池容量损失的速度，用单位时间（月或年）内电池容量下降的百分数表示。

10. 输出效率

电池实际上是一个能量存储器，充电时把电能转变为化学能储存起来，放电时再把化学能转变为电能释放出来，供用电装置使用。电池的输出效率通常用容量效率和能量效率来表示。电池的容量效率是指电池放电时输出的容量与充电时输入的容量之比，电池的能量效率是指电池放电时输出的能量与充电时输入的能量之比。通常，电池的能量效率为 55%~85%，容量效率为 65%~95%。对电动汽车而言，能量效率是比容量效率更重要的一个评价指标。

11. 抗滥用能力

抗滥用能力是指电池对短路、过充电、过放电、机械振动、撞击、挤压以及遭受高温和着火等非正常使用情况的容忍程度。

12. 成本

电池的成本与电池的技术含量、材料、制作方法和生产规模有关，目前新开发的高比能量、高比功率动力蓄电池，如锂离子蓄电池，成本较高，使得电动汽车的造价也高。开发和研制高效、低成本的动力蓄电池是电动汽车发展的关键。

电池成本一般以电池单位容量或能量的成本进行表示，单位为元/（A·h）或元/（W·h）。对于不同类型或同类型不同生产厂家、不同型号的电池可以进行比较。

13. 放电制度

放电制度是电池放电时所规定的各种条件，主要包括放电电流（速率）、放电终止电压和温度等。

（1）放电电流 放电电流是指电池放电时电流的大小。放电电流的大小直接影响电池的各项性能指标，因此，介绍电池的容量或能量时，必须说明放电电流的大小，指出放电的条件。放电电流通常用放电率表示，放电率是指电池放电时的速率，有时率和倍率两种表示形式。

时率是以放电时间表示的放电速率，即以一定的放电电流放完额定容量所需要的时间，常用 C/n 来表示，其中，C 为额定容量，n 为一定的放电电流。放电率所表示的时间越短，所用的放电电流越大；放电率所表示的时间越长，所用的放电电流越小。

倍率实际上是指电池在规定时间内放出其额定容量所输出的电流值与额定值的比率。其放电电流在数值上等于额定容量的倍数。例如，3倍率（3C）放电，其表示放电电流的数值是额定容量数值的3倍。若电池的容量为15A·h，那么放电电流应为（3×15）A＝45A。

（2）放电终止电压 电池放电时，电压下降到不宜再继续放电的最低工作电压称为放电终止电压，其值与电池材料直接相关，并受到电池结构、放电率、环境温度等多种因素影响。

2.2.4 新能源汽车对动力蓄电池的要求

1. 比能量高

为了提高电动汽车的续驶里程，要求电动汽车上的动力蓄电池尽可储存多的能量，但电动汽车又不能太重，其安装电池的空间也有限，这就要求动力蓄电池具有高的比能量。

2. 比功率大

为了使电动汽车在加速行驶、爬坡能力及负载行驶等方面能与燃油汽车竞争，就要求动力蓄电池的比功率大。

3. 循环寿命长

循环寿命越长，则动力蓄电池在正常使用周期内支持电动汽车行驶的距离就越远，有助于降低车辆使用期内的运行成本。

4. 均匀一致性好

对于电动汽车而言，动力蓄电池组的工作电压大多达到数百伏，这就要求至少有几十到

上百个蓄电池串联。为达到设计容量要求,有时甚至需要更多的单体蓄电池并联。由于蓄电池组的使用性能会受到性能最差的某些单体蓄电池的制约,设计上要求各单体蓄电池在容量、内阻、功率特性和循环特性等方面具有高度的均匀一致性。

5. 高低温性能好、环境适应性强

电动汽车作为一种交通工具,要求动力蓄电池既能在北方冬天极冷的气温下,又能在南方夏天炎热的环境中长期稳定地工作。在最恶劣的气候条件下,电池的工作温度可能要从-40℃到60℃,甚至80℃。因此,要求动力蓄电池应当具有良好的高低温特性。

6. 安全性好

动力蓄电池应当能够有效避免因泄漏、短路、撞击、颠簸等引起的起火或爆炸等危险事故的发生,确保汽车在正常行驶或非正常行驶过程中的安全。

7. 价格低廉

应当做到材料来源丰富,电池制造成本低,从而降低整车价格,提高电动汽车的市场竞争力。

8. 绿色、环保

要求蓄电池制作的材料与环境友好、无二次污染,并可再生利用。

2.2.5 各种动力蓄电池的性能比较

电动汽车的未来发展很大程度上取决于动力蓄电池的各项性能,因此需要了解不同车用动力蓄电池的性能及其优、缺点,见表2-6。

表2-6 不同车用动力蓄电池的性能及其优、缺点

蓄电池类别	单体蓄电池电压/V	比能量/(W·h/kg)	比功率/(W/kg)	寿命/次	优点	缺点
铅酸蓄电池	2.0	35~40	50	400~1000	技术成熟、原料丰富、价格低、温度特性良好	比能量和比功率较低、寿命短、铅有污染
锂离子蓄电池	3.6	110	300	>1000	比能量高、寿命长	成本高
锂聚合物电池	3.8	150	315	>300	比能量高、电压高	成本高
磷酸铁锂电池	3.2	100	—	2000	寿命长、安全性好	体积大
镍氢蓄电池	1.2	55~70	160~500	600	放电倍率高	自放电高、单体电压低
钠硫蓄电池	约2.4	109	150	1000	比能量高、转换效率高、寿命长	工作温度高、性能不够稳定、使用不安全
钠氯化镍蓄电池	约2.58	100	150	1000	优点同钠硫蓄电池,比钠硫蓄电池更安全	工作温度较高
锌空气电池	—	180~230	小	短	比能量高	比功率小
铝空气电池	—	350	小	短	比能量高、成本低	比功率小

（续）

蓄电池类别	单体蓄电池 电压/V	比能量/ （W·h/kg）	比功率/ （W/kg）	寿命 /次	优点	缺点
超级电容器	—	小	1000	>10000	比功率大、寿命超长	比能量低
飞轮电池	—	小	大	长	比功率大、寿命长	比能量低
燃料电池	—	—	—	—	寿命长、效率高、污染小、噪声低、可快速补充能源和连续工作	存在制氢、储氢的成本和安全等问题

2.3 铅酸蓄电池

2.3.1 铅酸蓄电池的特点与种类

铅酸蓄电池的应用历史最长，也是最成熟、成本售价最低廉的蓄电池。它已实现大批量生产，但比能量低，所占的质量和体积也大，且一次充电行驶里程较短，自放电率高，循环寿命低，不适合现代电动汽车发展的需要。近年来，随着铅酸蓄电池技术的发展，适合电动汽车使用的各种新型铅酸蓄电池不断出现，其性能不断提高。尤其是第三代阀控式密封铅酸蓄电池，比能量达到 50W·h/kg，比功率达到 500W/kg，循环寿命大于 9000 次。

1. 铅酸蓄电池的特点

（1）铅酸蓄电池的优点

1）除锂离子蓄电池外，在常用蓄电池中，铅酸蓄电池的电压较高，为 2.0V。

2）价格低廉。

3）可制成小至 1A·h 大至几千安时的各种尺寸和结构的蓄电池。

4）高倍率放电性能良好，可用于发动机起动。

5）高低温性能良好，可在 -40~60℃ 条件下工作。

6）能量效率高达 80%。

7）易于浮充使用，没有"记忆"效应。

8）易于识别荷电状态。

（2）铅酸蓄电池的缺点

1）比能量低，在电动汽车中所占的质量和体积较大，一次充电行驶里程短。

2）使用寿命短，使用成本高。

3）充电时间长。

4）铅是重金属，存在污染。

2. 铅酸蓄电池的种类与现状

（1）开口式铅酸蓄电池 这种电池大多是在起动型蓄电池的基础上进行局部改进而成的，属于传统的老式铅酸蓄电池。国产电动汽车用 12V/150A·h 的蓄电池，其 C5 放电比能量达到 40W·h/kg。开口式铅酸蓄电池多用于行驶距离短的电瓶车、巡逻车、游览车和居民小区内的小交通车等。

（2）阀控式密封铅酸蓄电池 阀控式密封铅酸（Valve Regulated Lead Acid，VRLA）蓄电池是全密封的，不会漏酸，并且在充、放电时不会像老式铅酸蓄电池那样有酸雾放出而腐蚀设备，污染环境，根据结构特性 VRLA 蓄电池属于密封铅酸蓄电池。由于从结构上来看，VRLA 蓄电池不仅是全密封的，还有一个可以控制电池内部气体压力的阀，因此该种蓄电池才会称为"阀控式密闭铅酸蓄电池"。VRLA 蓄电池现已广泛应用于各种电动助力车。

铅酸蓄电池密封的难点就是充电时水的电解。当充电达到一定电压时（一般在 2.30V/单体以上），开始有电解水的副反应产生，在蓄电池的正极放出氧气，负极放出氢气。一方面释放气体带出酸雾污染环境，另一方面电解液中的水分减少，必须隔一段时间进行补水维护。阀控式铅酸蓄电池为了克服上述缺点采取以下技术措施：

1）采用多元优质板栅合金，提高气体释放的过电位。即普通蓄电池板栅合金在 2.30V/单体（25℃）以上时会释放气体，而采用优质多元合金，可在 2.35V/单体（25℃）以上时释放气体，从而相对减少了气体释放量。

2）让负极有多余的容量，即比正极多出 10% 的容量。充电后期正极释放的氧气与负极接触，发生反应，先生成氧化铅（PbO），然后氧化铅与硫酸生成硫酸铅和水。负极由于氧气的作用处于欠充电状态，因而很少产生氢气。因此在充电后期，蓄电池很少向外释放氢气和氧气。同时这种反应还能生成水，也可以大大减少对水的补充。即

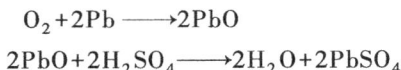

$$O_2+2Pb \longrightarrow 2PbO$$
$$2PbO+2H_2SO_4 \longrightarrow 2H_2O+2PbSO_4$$

3）为了让正极释放的氧气尽快到达负极，必须采用与普通铅酸蓄电池所采用的微孔橡胶隔板不同的新型超细玻璃纤维隔板。其孔率由橡胶隔板的 50% 提高到 90% 以上，从而使氧气易于到达负极，再化合成水。另外，超细玻璃纤维隔板具有吸附硫酸电解液的功能，因此即使电池倾倒，也无电解液溢出。

4）采用密封式阀控滤酸结构，使酸雾不能逸出，达到安全、保护环境的目的。

在上述阴极吸收过程中，由于产生的水在密封情况下不能溢出，阀控式密封铅酸蓄电池可免除补水维护，这也是阀控式密封铅酸蓄电池称为免维护电池的原因。

（3）双极性密封铅酸蓄电池 双极性铅酸蓄电池就是由双极性板、正、负单极性板和隔板及电解液组成的电池。双极性是指一块基板的两面分别涂抹正极膏和负极膏形成的两个极性。铅酸蓄电池最小单体电压是 2V，双极性电池最小单体由一个双极性板加两个单极性板构成 4V 电池。制作 12V 电池，单极性要 6 个单体 12 块板，双极性只需 5 个双极性配两边对应 2 个单极性板共 7 块即可。可见双极性明显的优点就是减少了板栅个数及隔板等零件的重量。双极性密封铅酸蓄电池的内部结构如图 2-2 所示。

双极性铅酸蓄电池与传统蓄电池相比，铅耗量减少 40% 左右，重量减少 40%，体积减小 40%，质量比能量提高约 50%，循环寿命延长 1 倍以上。由于双极性单体间自然形成串联关系，电流路径短，内阻小，充放电效率高，较好地满足了大电流放电、短时间充能、深循环寿命长的动力蓄电池的要求。

（4）卷绕式密封铅酸蓄电池 将正、负极板做成软性条状，中间和两侧均夹有纤维隔板，然后紧卷起来装入圆柱形电池壳内，焊接好极柱，加盖密封，组成电池，就形成了卷绕

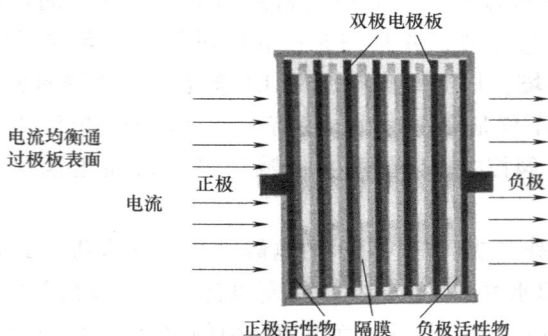

图 2-2　双极性密封铅酸蓄电池的内部结构示意图

式密封铅酸蓄电池。其外形结构如图 2-3 所示。

卷绕式密封铅酸蓄电池已经实现商品化，其
主要优点如下：

1）内阻低，输出电压比较平稳。

2）比功率高，适合高功率密度放电。

3）循环寿命长。

4）低温性能好。

5）快速充电性能好。

6）放电速度小。

3. 铅酸蓄电池的应用

图 2-3　卷绕式密封铅酸蓄电池的外形结构

铅酸蓄电池已经经历了一个多世纪的发展，
具有许多显著的优点：技术可靠，生产工艺成熟，成本低，单体电池电压高（高于其他液
体电解液电池），具有适合电动汽车使用的良好的大电流输出特性，良好的高温和低温性
能，较高的能量效率（75%~80%）以及多种多样的型号和尺寸。目前，性能得到改进的多
种类型的铅酸蓄电池主要应用在速度不高、线路固定、充电站设立容易规划的电动车辆上。

但铅酸蓄电池也具有一些明显的缺点，如铅酸蓄电池的质量比能量和体积比能量都比较
低（分别为 $35W \cdot h/kg$ 和 $70W \cdot h/L$），自放电率较高（25℃环境每天降低 1%），循环寿命
相对较低（<1000 次），硫酸腐蚀电极不便于长期储存等。以上缺点仍需要进一步改进和完
善，并且还需要在容量、密封、板栅合金、极板以及装配管理等方面加以改进。

2.3.2　铅酸蓄电池的工作原理与结构

1. 铅酸蓄电池的工作原理

蓄电池的工作过程就是化学能与电能的相互转换。当蓄电池将化学能转换为电能而向外
供电时，称为放电过程；当蓄电池与外界直流电源相连而将电能转换为化学能储存起来时，
称为充电过程。

当蓄电池充足电时，正极板上的活性物质是二氧化铅（PbO_2），负极板上的活性物质是
纯铅（Pb）。

（1）放电过程 放电前，正极板上的 PbO_2 电离为 Pb^{4+} 和 O^{2-}，铅离子附着在正极板上，氧离子进入电解液中，使正极板具有 2.0V 的正电位。负极板上的 Pb 电离为 Pb^{2+} 和两个电子（$2e^-$），铅离子进入电解液中，电子留在负极，使负极板具有 -0.1V 的负电位。这样正、负极板之间就有了电位差，这个电位差为 2.1V。

放电时，负极板上的电子经负载进入正极板，形成电流。正极板上的 Pb^{4+} 与电子结合生成 Pb^{2+}，进入电解液再与 SO_4^{2-} 结合生成 $PbSO_4$（附着在正极上）；负极板上的 Pb^{2+} 也同 SO_4^{2-} 结合生成 $PbSO_4$（附着在负极板上）。电解液中的硫酸因 H^+ 和 SO_4^{2-} 的迁移而被消耗，生成了水。因此，放电后电解液的密度是逐渐下降的。

（2）充电过程 如果把放电后的蓄电池接一直流电源，使蓄电池正极接直流电源的正极，蓄电池的负极接直流电源的负极。当外加电源电压高于蓄电池电动势时，电流将以放电电流相反的方向流过蓄电池，使蓄电池正、负极发生与放电相反的化学反应。

充电时，正极板处外加电流将两个电子经外电路输送到负极板，正极板上原 Pb^{2+} 因失去两个电子而成为 Pb^{4+}，再与水反应生成 PbO_2（附着在正极板上）。而在负极板上，由于得到两个电子，与原 Pb^{2+} 结合生成 Pb（附着在负极板上），与此同时从正、负极上电离出来的 SO_4^{2-} 则与水中的 H^+ 结合生成硫酸。因此充电时是水被消耗，硫酸增多，电解液密度上升。在充电过程中，上述化学反应不断进行。当充电进行到极板上的物质和电解液完全恢复到放电前的状态时，蓄电池即充电完毕。综上所述，蓄电池充、放电过程中的化学反应是可逆的，总的反应式如下：

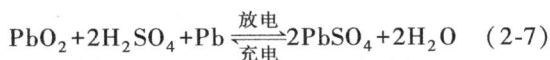

$$PbO_2 + 2H_2SO_4 + Pb \underset{\text{充电}}{\overset{\text{放电}}{\rightleftharpoons}} 2PbSO_4 + 2H_2O \quad (2\text{-}7)$$

2. 铅酸蓄电池的结构

铅酸蓄电池的基本结构如图 2-4 所示。它由正负极板、隔板、电解液、溢气阀及外壳等部分组成。极板是铅酸蓄电池的核心部件，正极板上的活性物质是二氧化铅，负极板上的活性物质为海绵状纯铅。隔板用于隔离正、负极板，防止短路；作为电解液的载体，能够吸收大量的电解液，起到促进离子良好扩散的作用；它还是正极板产生的氧气到达负极板的"通道"，以顺利建立氧循环，减少水的损失。电解液由蒸馏水和纯硫酸按一定比例配制而成。主要作用是参与电化学反应，是铅酸蓄电池的活性物质之一。

图 2-4 铅酸蓄电池的基本结构
1—盖 2—溢气阀 3—汇流导体 4—单体
5—壳体 6—间隔 7—负极板
8—含电解液的多孔物质
9—正极板

电池槽中注入一定密度的电解液后，由于电化学反应，正、负极板间会产生约 2.1V 的电动势。溢气阀位于电池顶部，起到安全、密封、防爆等作用。

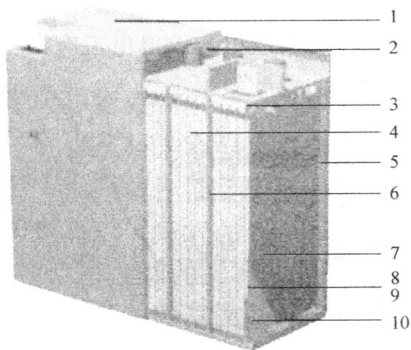

2.3.3 铅酸蓄电池的充放电特性

1. 铅酸蓄电池的放电特性

在铅酸蓄电池不放电的情况下，蓄电池中的活性物质微孔中的电解液 H_2SO_4 的密度与极板外的电解液密度相同。铅酸蓄电池开始放电，活性物质表面的电解液密度立即下降，而

极板外的电解液是缓慢地向活性物质表面扩散，不能立即补偿活性物质表面电解液的密度，随着放电过程的进行，活性物质表面的电解液密度继续下降，结果导致蓄电池的端电压下降，如图 2-5 中 AB 段所示。

蓄电池继续放电，在活性物质表面的电解液密度下降的同时，极板外的电解液向活性物质表面扩散，补充了活性物质表面的电解液密度并保持在一定值，活性物质表面的电解液密度变化缓慢，使蓄电池的端电压也随即保持稳定，如图 2-5 中 BC 段所示。蓄电池继续放电，极板外的整体的电解液密度也逐渐降低，在活性物质表面的电解液密度也随之降低。又由于电解液和活性物质均被消耗，其作用面积也不断减小，结果是蓄电池的端电压也随之下降，如图 2-5 中 CD 段所示。

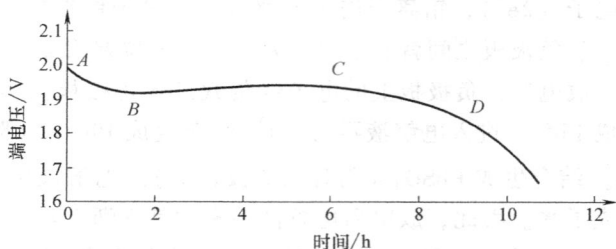

图 2-5　铅酸蓄电池的放电曲线

在放电末尾阶段，正、负电极上的活性物质逐渐转变为 $PbSO_4$，$PbSO_4$ 的生成使活性物质孔隙率降低，致使活性物质与 H_2SO_4 的接触更加困难，并且由于 $PbSO_4$ 使不良导体蓄电池的内阻增加，当蓄电池的端电压达到 D 点后开始急剧下降，直至达到所规定的终止电压。

蓄电池的放电与放电电流有密切关系，大电流放电时，蓄电池的电压下降明显，平缓部分缩短，曲线的斜率也很大，放电时间缩短；随着放电电流的减小，蓄电池的电压下降趋缓，曲线也较平缓，放电时间延长。这种放电特性对蓄电池的正确使用有重要的意义。

2. 铅酸蓄电池的充电特性

在蓄电池充电开始后，首先活性物质表面的 $PbSO_4$ 转换为 Pb，并在活性物质表面附近生成 H_2SO_4，蓄电池的端电压迅速上升，如图 2-6 中 AB 段

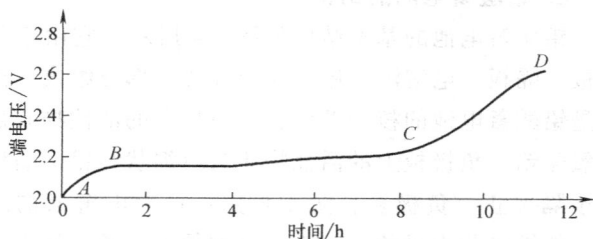

图 2-6　铅酸蓄电池的充电曲线

所示。当达到 B 点以后，活性物质表面和微孔内的 H_2SO_4 浓度平缓增加，蓄电池的端电压上升也比较缓慢，如图 2-6 中 BC 段所示。随着充电过程继续进行，达到充电量 90% 左右，反应的极化增加，蓄电池的端电压明显地再次上升，如图 2-6 中 CD 段所示，这时蓄电池的端电压达到 D 点，蓄电池的两极开始大量析出气体。超过 D 点以后进行的是电解过程，蓄电池的端电压又达到一个新的稳定值。

2.3.4　铅酸蓄电池的 SOC 估计

蓄电池剩余容量的多少一般用蓄电池荷电状态（SOC）来描述。蓄电池荷电状态是量纲为一的量，既可以反映蓄电池剩余的电量，也可以反映蓄电池消耗的电量。蓄电池荷电状态估算是蓄电池管理系统的核心部分，也是蓄电池管理技术的难点之一。电动汽车蓄电池在使

用过程中表现为高度非线性，这使得准确估算蓄电池的荷电状态具有很大难度。

目前国内外蓄电池常用的荷电状态估计方法主要有放电实验法、安时计量法、开路电压法、负载电压法、电化学阻抗频谱法、内阻法、线性模型法、神经网络法和卡尔曼滤波法等。

2.4　锂离子蓄电池

锂离子蓄电池是 1990 年由日本索尼公司首先推向市场的新型高能蓄电池，是目前世界最新一代的充电电池。与其他蓄电池相比，锂离子蓄电池具有电压高、比能量高、充放电寿命长、无记忆效应、无污染、快速充电、自放电率低、工作温度范围宽和安全可靠等优点，它已成为未来电动汽车较为理想的动力电源。

近年来，由于各国的支持与推动，锂离子蓄电池技术迅速发展，其产业化也正在向前推进。目前，作为纯电动汽车独立驱动电源，锂离子蓄电池的比能量还需要进一步提高；而作为混合动力电动汽车的辅助电源，锂离子蓄电池在性能、寿命、安全性等方面基本符合要求。

2.4.1　锂离子蓄电池的分类与结构

1. 锂离子蓄电池的分类

（1）按照锂离子蓄电池外形形状分类　锂离子蓄电池可以分为：

1）方形锂离子蓄电池。

2）圆柱形锂离子蓄电池。

（2）按照锂离子蓄电池正极材料的不同分类　汽车用锂离子蓄电池主要分为：

1）锰酸锂离子蓄电池。

2）磷酸铁锂离子蓄电池。

3）镍钴锂离子蓄电池或镍钴锰锂离子蓄电池。

2. 锂离子蓄电池的结构

锂离子蓄电池由正极、负极、隔板、电解液和安全阀等组成。圆柱形锂离子蓄电池的结构如图 2-7 所示。

（1）正极　正极物质在锰酸锂离子蓄电池中以锰酸锂为主要原料，在磷酸铁锂离子蓄电池中以磷酸铁锂为主要原料，在镍钴锂离子蓄电池中以镍钴锂为主要材料，在镍钴锰锂离子蓄电池中以镍钴锰锂为主要材料。在正极活性物质中再加入导电剂、树脂黏合剂，并涂覆在铝基体上，呈细薄层分布。

（2）负极　负极活性物质是由碳材料与黏合剂的混合物再加上有机溶剂调和制成糊状，并涂覆在铜基上，呈薄层状分布。

（3）隔板　隔板的功能是关闭或阻断通道，一般使用聚乙烯或聚丙烯材料的微多孔膜。所谓关闭或阻断功能是在电池出现异常温度上升时，阻塞或阻断作为离子通道的细孔，使蓄电池停止充放电反应。隔板可以有效防止因外部短路等引起的过大电流而使电池产生异常发热的现象。这种现象即使产生一次，电池就不能正常使用。

（4）**电解液** 电解液是以混合溶剂为主体的有机电解液。为了使主要电解质成分的锂盐溶解，必须具有高电容率，并且具有与锂离子相容性好的溶剂，即不阻碍离子移动的低黏度的有机溶液为宜，而且在锂离子蓄电池的工作温度范围内，必须呈液体状态，凝固点低，沸点高。电解液对于活性物质具有化学稳定性，必须良好适应充放电反应过程中发生的剧烈的氧化还原反应。又由于使用单一溶剂很难满足上述严格条件，电解液一般混合不同性质的几种溶剂使用。

（5）**安全阀** 为了保证锂离子蓄电池的使用安全性，一般通过对外部电路的控制或者在蓄电池内部设有异常电流切断的安全装置。即使这样，在使用过程中也有可能因其他原因引起蓄电池内压异常上升，此时，安全阀释放气体，以防止蓄电池破裂。安全阀实际上是一次性非修复式的破裂膜，一旦进入工作状态，便会保护蓄电池使其停止工作，因此是蓄电池的最后保护手段。

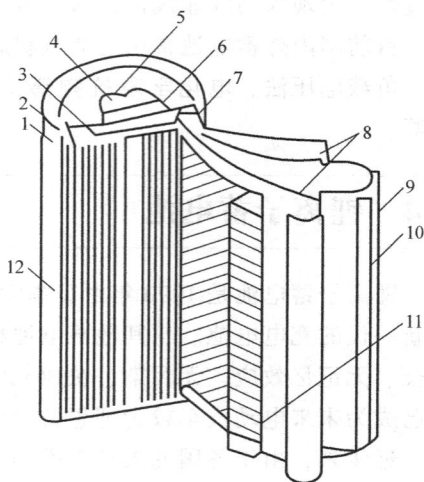

图 2-7　圆柱形锂离子蓄电池的结构示意图

1—绝缘体　2—垫圈　3—PTC 元件
4—正极端子　5—排气孔　6—防爆阀
7—正极引线　8—隔板　9—负极
10—负极引线　11—正极　12—外壳

2.4.2　锂离子蓄电池的特点

1. 锂离子蓄电池的优点

锂离子蓄电池有许多显著特点，它的优点主要体现在以下方面：

1）工作电压高。锂离子蓄电池的工作电压为 3.6V，是镍氢和镍镉蓄电池工作电压的 3 倍。

2）比能量高。锂离子蓄电池比能量可达到 150W·h/kg，是镍镉蓄电池的 3 倍、镍氢蓄电池的 1.5 倍。

3）循环寿命长。目前锂离子蓄电池循环寿命已达 1000 次以上，在低放电深度下可达几万次，超过了其他几种二次电池。

4）自放电率低。锂离子蓄电池月自放电率仅为 6%～8%，远低于镍镉蓄电池（25%～30%）和镍氢蓄电池（15%～20%）。

5）无记忆性。可以根据要求随时充电，而不会降低电池性能。

6）对环境无污染。锂离子蓄电池中不存在有害物质，是名副其实的"绿色电池"。

7）能够制造成任意形状。

2. 锂离子蓄电池的缺点

锂离子蓄电池也有一些不足，主要表现在以下方面：

1）成本高。主要是正极材料 $LiCoO_2$ 的价格高，但按单位瓦时的价格来计算，已经低于镍氢蓄电池，与镍镉蓄电池持平，但高于铅酸蓄电池。

2）必须有特殊的保护电路，以防止过充。

2.4.3　锂离子蓄电池的工作原理

锂离子蓄电池的正极材料采用锂化合物 $LiCoO_2$、$LiNiO_2$ 或 $LiMn_2O_4$，负极则采用 Li-C 层间化合物 Li_xC_6，电解质采用 $LiPF_6$ 的乙烯碳酸酯（EC）和低黏度二乙基碳酸酯（DEC）等烷基碳酸酯搭配的混合溶剂体系。典型的电池体系为

$$(-)Li_xC_6 | LiPF_6—EC+DEC | LiCoO_2(+)$$

图 2-8 所示为锂离子蓄电池的工作原理。电池在充电时，锂离子从正极材料的晶格中脱出，通过电解质溶液和隔膜，嵌入到负极中；放电时，锂离子从负极脱出，通过电解质溶液和隔膜，嵌入到正极材料晶格中。在整个充放电过程中，锂离子往返于正、负极之间。

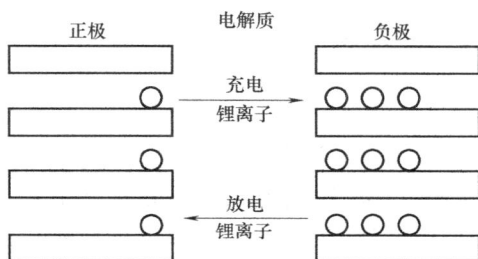

图 2-8　锂离子蓄电池的工作原理

以 $LiCoO_2$ 为正极材料，石墨为负极材料的锂离子蓄电池，其正、负极的电化学反应如下：

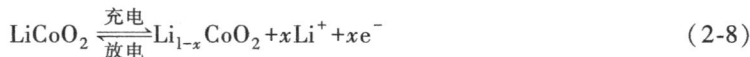

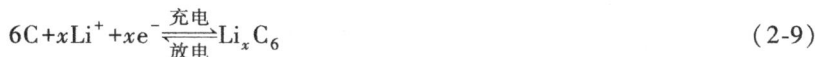

$$LiCoO_2 \underset{放电}{\overset{充电}{\rightleftharpoons}} Li_{1-x}CoO_2 + xLi^+ + xe^- \tag{2-8}$$

$$6C + xLi^+ + xe^- \underset{放电}{\overset{充电}{\rightleftharpoons}} Li_xC_6 \tag{2-9}$$

总反应为

$$LiCoO_2 + 6C \underset{放电}{\overset{充电}{\rightleftharpoons}} Li_{1-x}CoO_2 + Li_xC_6 \tag{2-10}$$

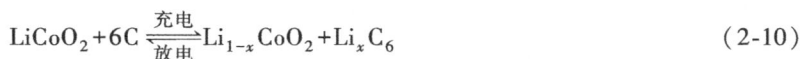

由于锂离子蓄电池只涉及锂离子而不涉及金属锂的充放电过程，从根本上解决了由于锂枝晶的产生而带来的电池循环性和安全性的问题。

2.4.4　锂离子蓄电池的充放电特性

在充电电压方面，锂离子蓄电池对充电终止电压的精度要求很高，一般误差不能超过额定值的1%。终止电压过高，会影响锂离子蓄电池的寿命，甚至造成过充电现象，对电池造成永久性的损坏；终止电压过低，又会使充电不完全，电池的可使用时间变短。在充电电流方面，锂离子蓄电池的充电率（充电电流）应根据电池生产厂的建议选用。虽然某些电池充电率可达 $2C$，但常用的充电率为 $(0.5\sim1)C$。在采用大电流对锂离子蓄电池充电时，因充电过程中电池内部的电化学反应会产生热量，故有一定的能量损失，同时必须检测电池的温度以防过热损坏电池或产生爆炸。此外，对锂离子蓄电池充电，若全部用恒定电流充电，虽然可以在一定程度上缩短充电时间，但很难保证电池充满，如果对充电结束控制不当还会造成过充现象。

在放电方面，锂离子蓄电池的最大放电电流一般被限制在（2~3）C 左右。更大的放电电流会使电池发热严重，对电池的组成物质造成损坏，影响电池的使用寿命。同时，由于大电流放电时，电池的部分能量转变成热能，电池的放电容量将会降低。在造成过放电（低于 3.0V）时，还会造成电池的失效。对于过放电的锂离子蓄电池，在充电前需要进行预处理，即使用小电流充电，使电池内部被过放电的单元被激活。在电池电压达到 3.0V 后再按正常方式充电，通常将这一阶段的充电称为预充电。

锂离子蓄电池的充电温度一般应该被限制在 0~60℃ 范围。电池温度过高会损坏电池并可能引起爆炸；温度过低虽不会造成安全方面的问题，但很难将电池充满。由于充电过程中，电池内部将有一部分热能产生，在大电流充电时，还需要对电池进行温度检测，并且在超过设定充电温度时停止充电以保证安全。

2.4.5　锂离子蓄电池的充电方法

锂离子蓄电池可以采用不同的充电方法，其中最简单的充电方法是恒压充电。采用恒压充电时，电池电压保持不变，而充电电流将逐渐降低。当充电电流降到低于 0.1C 时，就认为电池被充分充电了。为了防止有缺陷的电池无休止地进行充电，采用一个备用定时器来终止充电周期。恒压充电是一个相对节省成本的方法，但是这种方法却需要很长的电池充电时间。由于在电池充电期间充电电压保持恒定，充电电流降低很快，因而充电速率也降低很快。这样，电池就只能在比其能够接受的低得多的电流强度下进行充电。

兼顾充电过程的安全性、快速性和电池使用的高效性，锂离子蓄电池通常都采用恒流恒压充电方法，其充电过程可分为预充电、恒流充电、恒压充电三个阶段，如图 2-9 所示。

1. 预充电阶段

在该状态下，首先检测单体锂离子蓄电池的电压是否较低（<3.0V），如果是则采用涓流充电（又称为维护充电，用来弥补电池在充满电后由于自放电而造成的容量损失，一般采用脉冲电流充电，使蓄电池保持在近似完全充电状态的连续小电流充电。电信装置、信号系统等的直流电源系统的蓄电池，在完全充电后多处于涓流充电状态，以备放电时使用），否则可省略该阶段，这也是最普遍的情况。因为预充电主要是完成对过放电的锂离子蓄电池进行修复。

图 2-9　锂离子蓄电池充电特性曲线

2. 恒流充电阶段

涓流充电后，充电器转入恒流充电状态。在该状态下，充电电流保持不变的较大值，电池的最大充电电流决定于电池的容量。

在恒流充电和预充电状态下，通过连续监控电池的电压和温度，可以采用以下两种恒流充电终止法，终止恒流充电。

（1）电池最高电压终止法　当单体锂离子蓄电池的电压达到 4.2V 时，恒流充电状态应立即终止。

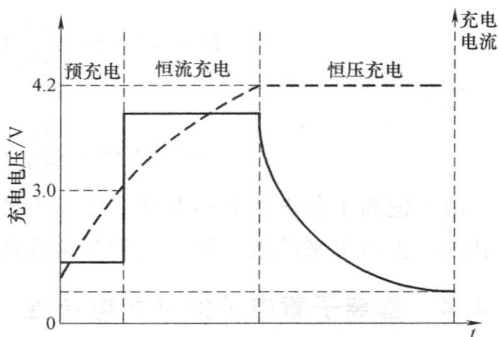

（2）**电池最高温度终止法** 在恒流充电过程中，当锂离子蓄电池的温度达到 60℃ 时，恒流充电状态应立即终止。

3. 恒压充电阶段

恒流充电结束后，即转入恒压充电状态。在该状态下，充电电压保持恒定。由于锂离子蓄电池对充电电压精度的要求比较高，单体电池恒压充电电压应在规定值的 ±1% 之间变化，须严格控制锂离子蓄电池的充电电压。在恒压充电过程中，充电器连续监控电池的电压、温度、充电电流和充电时间。

常用的恒压充电终止方法有以下四种：

（1）**电池最高电压** 当单体锂离子蓄电池的电压达到 4.25V 时，恒压充电状态自动终止。

（2）**电池最高温度** 当锂离子蓄电池的最高温度达到 60℃ 时，恒压充电状态自动终止。

（3）**最长充电时间** 为了确保锂离子蓄电池安全充电，除了设定最高电压和最高温度外，还应设置最长恒压充电时间，在温度和电压检测失效的情况下，可以保证锂离子蓄电池安全充电。

（4）**最小充电电流** 在恒压充电过程中，锂离子蓄电池的充电电流逐渐减小，当充电电流下降到一定数值（通常为恒流充电电流的 1/10）时，恒压充电状态自动终止。

此外，电池充足电后，若仍插在充电器上，电池会由于自放电而损失电量，此时充电器应对电池进行涓流充电。

2.5 燃料电池

早在 1839 年，英国人 William Grove 首次提出了氢和氧反应发电的原理，建立了氢燃料电池的概念。氢燃料电池的基本工作原理非常简单，实验装置如图 2-10a、b 所示。

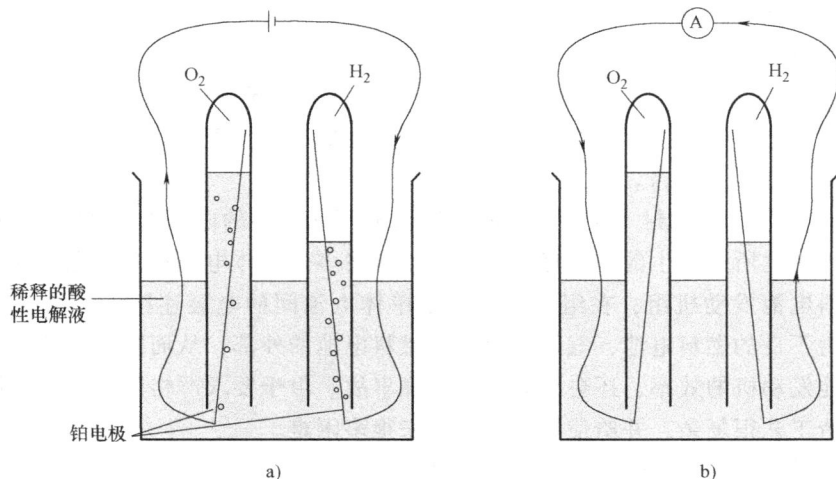

图 2-10 Willian Grove 的实验装置

a）电解水示意图（水被电流电解成氢气和氧气）

b）微小的电流产生示意图（氧气和氢气重新结合）

在图 2-10a 中，水被电解成氢气和氧气。在图 2-10b 中，电源被电流表取代，产生了微小的电流，电解过程发生逆转，氢气和氧气重新结合，从而产生电流。实际上，为了获得比较大的电流和方便搬运，电动汽车上用的燃料电池结构很复杂。

燃料电池是一种通过电化学反应的方式将燃料和氧化剂的化学能直接转化为电能的装置。虽然也称为电池，但燃料电池无论是原理、结构还是管理方式都与其他电池有着本质的区别。实际使用的燃料电池具有非常复杂的系统，其活性物质储存在电池外的容器中。燃料电池放电时，电极本身是不发生变化的，只要供给燃料和氧化剂，燃料电池就可以像传统的柴油机、汽油机一样连续工作，而常规蓄电池必须充电后才能使用。

2.5.1 燃料电池的特点

1. 燃料电池的优势

（1）**能量转换效率高** 燃料电池是将储存在燃料和氧化剂中的化学能通过电极反应直接转化为电能，其反应过程不涉及燃烧和热机做功，因此能量转换效率不受"卡诺循环"的限制，理论上燃料电池的化学能转换效率可达 100%，实际能量转换效率也已高达 60%~80%，是普通内燃机热效率的 2~3 倍。

（2）**环境相容性好** 燃料电池是真正意义上的高效清洁能源。燃料电池排放的水量少，而且非常干净，不存在水污染问题。由于没有运动的机械部件，其噪声也很小。

（3）**使用寿命长** 只要燃料和催化剂能从外部源源不断地供给，燃料电池即可持续不断地发出电能，无需充电。因此其使用寿命远高于其他电池。

（4）**能源补充快** 燃料电池所需的燃料主要是氢，充气或更换氢气瓶一般只要几分钟，比纯电动汽车的蓄电池充电时间或更换电池的时间要短得多。

（5）**燃料的来源广泛** 氢燃料可以从甲烷、天然气、石油气以及其他能分解出氢的烃类化合物获得，来源广泛。

2. 存在的问题

（1）**燃料种类单一** 目前，无论是液态氢、气态氢，还是碳水化合物经过重整后转换的氢，它们均是燃料电池的唯一燃料。氢气的产生、储存、保管、运输和灌装或重整，都比较复杂，对安全性要求很高。

（2）**要求高质量的密封** 燃料电池的单体电池所能产生的电压约为 1V，不同种类的燃料电池的单体电池所能产生的电压略有不同。通常将多个单体电池按使用电压和电流的要求组合成为燃料电池发动机组，在组合时，对于单体电池间的电极连接，必须要有严格的密封，因为密封不良的燃料电池，氢气会泄漏到燃料电池的外部，从而降低氢的利用率并严重影响燃料电池发动机的效率，还会引起氢气燃烧事故。由于要求严格的密封，使得燃料电池发动机的制造工艺很复杂，并给使用和维护带来很多困难。

（3）**价格高** 制造成本高，电池价格昂贵。

（4）**需要配备辅助电池系统** 燃料电池可以持续发电，但不能储存电能和回收燃料电池汽车再生制动的反馈能量。通常在燃料电池汽车上还要增加辅助电池，用来储存燃料电池富裕的电能和在燃料电池汽车减速时接受再生制动时的能量。

总之，由于燃料电池同时具备效率高、污染小、寿命长等优点，被认为是今后替代传统

内燃机的最理想的汽车动力装置，并将在国防、通信和民用电力等更多领域发挥其重要作用，燃料电池已被列入新经济和 21 世纪可持续发展的三大技术之一，与信息技术、生物技术并驾齐驱。但目前存在制氢、储氢等的问题，还有待通过技术上的进一步探索提高来解决。

2.5.2 燃料电池的分类

燃料电池通常可按照电解质、工作温度、燃料种类等进行分类。表 2-7 给出了按电解质类型划分的燃料电池的特性，从中可以看出，汽车驱动用的燃料电池主要是质子交换膜燃料电池。

表 2-7 按电解质类型划分的燃料电池的特性

电池种类	质子交换膜燃料电池	碱性燃料电池	磷酸燃料电池	固体氧化物燃料电池	熔融碳酸盐燃料电池
电解质	PEM	KOH	H_3PO_4	$Y_2O_3-ZrO_2$	$Li_2CO_3-K_2CO_3$
燃料	氢气	氢气	天然气、甲醇	天然气、甲醇、石油	天然气、甲醇、汽油
导电离子	H^+	OH^-	H^+	O_2	CO_3^{2-}
操作温度/℃	室温~90	65~220	180~200	500~1000	650
质量比功率/（W/kg）	300~1000	35~105	100~220	15~20	30~40
寿命/h	5000	10000	15000	7000	15000
优点	空气作为氧化剂，固体电解质，室温工作起动快	起动快，常温常压下工作	成本相对较低	可用空气作为氧化剂，可用天然气或甲烷作为燃料	可用空气作为氧化剂，可用天然气或甲烷作为燃料
缺点	对 CO 敏感，反应物需要加湿	需要纯氧，成本高	对 CO 敏感，起动慢	工作温度较高	工作温度较高
应用情况	汽车	航天	工业用 200kW 电池	100kW 实验电厂	280kW~2MW 实验电厂

1. 按燃料电池的运行机理分类

1）酸性燃料电池。

2）碱性燃料电池。

2. 按电解质分类

1）质子交换膜燃料电池（PEMFC），这类主要用于汽车驱动的燃料电池。

2）碱性燃料电池（AFC）。

3）磷酸燃料电池（PAFC）。

4）熔融碳酸盐燃料电池（MCFC）。

5）固体氧化物燃料电池（SOFC）。

6）直接甲醇燃料电池（DMFC）。

7）再生型燃料电池（RFC）。

8）锌空气燃料电池（ZAFC）。

9）质子陶瓷燃料电池（PCFC）。

3. 按燃料使用类型分类

1）直接型燃料电池。

2）间接型燃料电池。

3）再生型燃料电池。

4. 按燃料种类分类

1）氢燃料电池。

2）甲醇燃料电池。

3）乙醇燃料电池等。

5. 按工作温度分类

1）低温型（温度低于200℃）。

2）中温型（温度为200～750℃）。

3）高温型（温度为750～1000℃）。

4）超高温型（温度高于1000℃）。

6. 按燃料状态分类

1）液体型燃料电池。

2）气体型燃料电池。

2.5.3 质子交换膜燃料电池的工作原理

图2-11所示为质子交换膜燃料电池（Proton Exchange Membrane Fuel Cell，PEMFC）的原理结构图。由图2-11可见，PEMFC由三种基本组件构成：质子交换膜（两个表面上敷有催化剂Pt）、电极（兼气体扩散区）和双极板。质子交换膜将阳极和阴极隔开，质子交换膜中安装有固态酸电解质，电解质内含有自由氢离子H^+。

质子交换膜内部的固态酸电解质中充满液态的水，使得游离的H^+可以从阳极到阴极自由通过，而电子不能通过。由于氢原子由一个质子和一个电子构成，H^+是氢原子失去电子后的产物，只有一个质子，因此H^+可以通过进行交换的膜称为质子交换膜（Proton Exchange Membrane，PEM）。

下面分步骤介绍PEMFC的工作过程。

图2-11 PEMFC原理结构图

1）从图2-11左侧双极板送来的氢气经过阳极的气体扩散层，与阳极表面的催化剂Pt接触，氢分子被分裂，并键合在Pt的表面，形成弱的H—Pt键。

2）氢分子被分裂的过程就是氧化反应的过程，一个氢原子分裂后，释放出自己的电

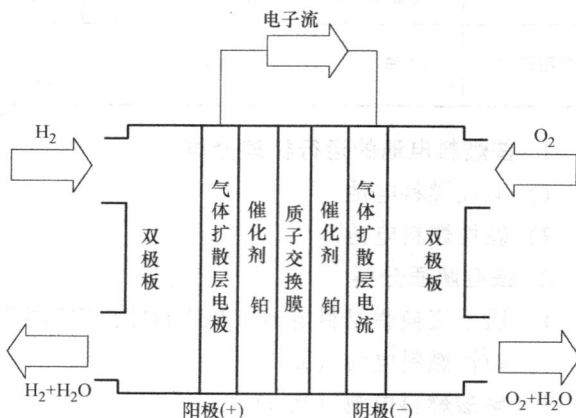

子，沿着阳极通过外电路奔向阴极。同时，氢原子失去电子后，变成氢离子 H^+，很快从 H—Pt 键中挣脱，黏附在膜表面的水分子上，形成水合氢离子，进入电解质内，穿过质子交换膜，向阴极扩散。反应式为

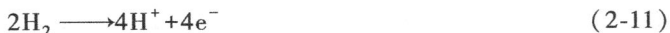

$$2H_2 \longrightarrow 4H^+ + 4e^- \tag{2-11}$$

3）从图 2-11 右侧双极板送来的氧气经过阴极的气体扩散层，与阴极表面的催化剂 Pt 接触，氧分子被分裂，并键合在 Pt 的表面，形成弱的 O—Pt 键。

4）氧分子被分裂的过程就是还原反应的过程，一个氧原子分裂后，在阴极吸收从阳极通道外电路送来的两个电子，并与阳极通过质子交换膜在电解质中送来的两个 H^+ 结合，生成水。反应式为

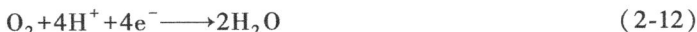

$$O_2 + 4H^+ + 4e^- \longrightarrow 2H_2O \tag{2-12}$$

氢原子和氧原子分别在阳极和阴极同时发生了两个"半反应"：氢原子在阳极发生氧化反应，失去了电子，变成氢离子；氧原子在阴极发生还原反应，得到了电子，与氢离子生成了水。这两个反应构成了一个完整的氧化还原反应，氢气与氧气反应生成水。总的发应式为

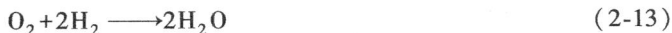

$$O_2 + 2H_2 \longrightarrow 2H_2O \tag{2-13}$$

图 2-12 所示为反映这一过程的单体 PEMFC 的工作原理示意图。

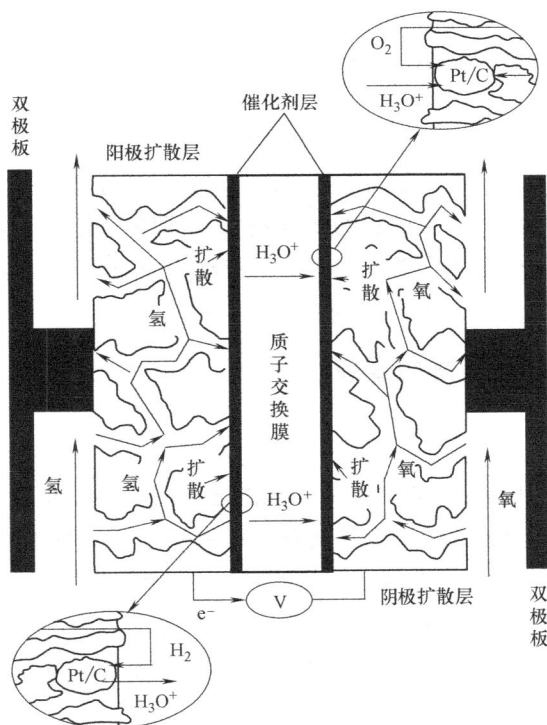

图 2-12　单体 PEMFC 的工作原理示意图

2.5.4　PEMFC 的双极板结构技术

单体 PEMFC 所产生的电压只有 0.7V，要想得到足够高的工作电压，就必须把多个单体

串联起来，形成燃料电池堆。图 2-13a 所示为实现串联的最简单的方法，即利用导线将相邻两个单体的电极进行连接。这种连接的问题是电流要流经所有的电极面和所有的连接导线，也就是说，把所有的电极电阻和连接导线电阻串联起来，作为燃料电池堆的内阻。由于内阻太大对电池的比功率影响非常大，这种方案并不适用。

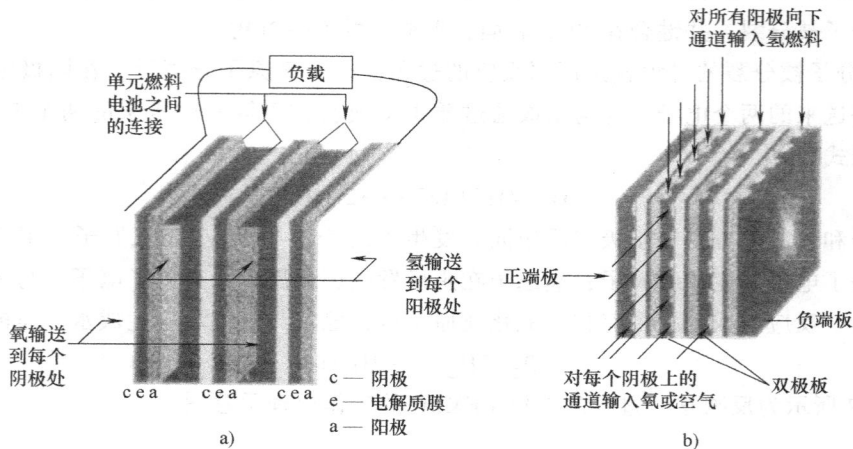

图 2-13 燃料电池单体连接的两种方法

采用双极板技术是实现燃料电池堆内部连接的最好办法。双极板技术曾在铅酸蓄电池一节中有过介绍。如图 2-13b 所示，双极板的两个侧面分别与相邻燃料电池的阴极和阳极接触，同时双极板还为阳极的氢气和阴极的氧气提供了通路。由图可见，采用双极板技术后，电池堆内部的电流是通过横穿两个单体之间的面流动，因而内部电阻大幅度减小。此外，双极板也对电极进行了牢固支撑，使整个结构更加坚固。

2.5.5 燃料电池的水管理与热管理

1. 水管理的意义

膜电极是 PEMFC 的核心部件之一，对电池的输出功率、能量密度及工作寿命有着决定性的影响。提高膜电极性能的关键是在催化粒子的周围形成良好的质子、电子和气体通道，使膜具有一定的含水量，以保证质子的传导性。否则膜会脱水皱缩，甚至破裂，而严重阻碍质子传导。同时水也不能太多，膜的含水量过多，会造成阴极水淹没。水堵塞了氧气的通路，会使电池性能大大下降。可见，对 PEMFC 内部的水进行有效管理是非常重要的。

2. PEMFC 内部水平衡的影响因素

膜电极中的水含量取决于膜的水平衡，水分子在膜中的分布受以下因素的影响：

1）电渗力的拖动作用。质子从阳极迁移到阴极时，会携带一部分水分子，以水合质子 $H(H_2O)_n^+$ $(n=1\sim2.5)$ 的形式到达阴极。电池的工作电流越大，带过去的水就越多。

2）电池工作时，还原反应在阴极生成水，生成水的多少与电流大小成正比。

3）由于氢气和氧气进来是要加湿的，会带进来水分。

4) 阴极向阳极的反扩散作用。由于以上第1)、2)项原因，膜电极的阴极侧水含量大于阳极侧时，阴极侧的水会向阳极侧扩散。

3. 燃料电池水管理的方法

通常采用调节氢气和氧气湿度、改进电池构造、改建膜电极结构、优化电池内部传导过程、改进流场分布以及强化传导等方法，实施有效的水管理。

（1）调节反应气体的湿度 调节反应气体的湿度是最常用的方法。反应气体的增湿有两种方法：外增湿法和内增湿法。

外增湿法是指反应气体在进入燃料电池系统前，先通过外部附加装置进行加湿。通常所应用的外部增湿技术有升温增湿、蒸汽注射增湿、循环增湿和直接液态水注射增湿四种。外部增湿技术适用于低气流流量的燃料电池，对于功率大的燃料电池，由于所需的气流量大，不能运用这种技术。

内增湿法是指采用渗透膜的方式对反应气体进行加湿，即膜的一侧通入热水，另一侧通入将要被增湿的气体，利用膜的阻气特性和水在膜内的浓差扩散效应实现对气体的增湿。还有一种内增湿法是采用新型的双极板，置于阴、阳两极的两侧，利用反应气体的压力所构成的势能，进行加湿。内增湿法是利用电池反应本身生成的热量来加热水的，不必单独设置加热装置，减少了系统的外部辅助设备。

（2）改进电池的内部结构 通过改进电池的内部结构进行增湿的技术主要集中在新型极板的设计和膜电极结构的优化两方面。

目前新型结构极板设计按两个方向进行。一是采用多孔的炭极板代替传统的刻有导流槽的极板。这种炭极板具有很高的孔隙率，分布着很多微孔，反应生成的水可以留在微孔内，用于质子交换膜的增湿；二是采用封闭式流道，反应气体靠强制性对流到达催化层，流道中的水分渗透到膜电极中，用于膜的加湿。

膜电极结构的优化目前按两个方向进行。一是采用较薄的膜，以减少阴极侧向阳极侧水分子扩散的距离，增加扩散的水量；二是设计自增湿膜，如将纳米级的 Pt 微粒散布在质子交换膜中，使从催化层漏到膜中的氢气和氧气在膜中生成水，对膜进行加湿。

4. 燃料电池的热管理

燃料电池中有 40% ~ 50% 的能量耗散是以热能的形式表现出来的。热能使电池温度升高，如果不加以管理，温度过高，会使电解质膜脱水、收缩甚至破裂。

1) 燃料电池中的热量来源主要有四个，分别是：①化学反应产生的热量；②欧姆极化产生的焦耳热量；③加湿气体带来的热量；④吸收环境辐射的热量。

其中，化学反应产生的热量占转化化学能的 60% 左右，是热量的主要来源。

2) 对于这些热量，通常按照不同情况，分别采取不同的处理方式。

① 自然冷却：对于功率在 200W 以下的燃料电池，利用供给阴极的空气来散热，一般不需要进行专门的热设计。

② 风冷：对于功率为 250W ~ 2.5kW 的燃料电池，也可以采用利用空气散热的方式，但是，双极板上必须要设计有专用的风冷通道。

③ 水冷：对于功率为 2.5kW 以上的燃料电池，一般都采用水冷方式散热。

无论是风冷还是水冷，都应该是具有强制循环功能的系统，只有这样，才能达到有效散

热的目的。

2.5.6 增压式燃料电池与常压式燃料电池

根据能斯特方程，在反应生成物水处于常压的前提下，提高反应气体氢气和氧气的分压，可使电压提高。也就是说，燃料电池系统可以通过提高反应气体压力的方法增加其功率密度，这种燃料电池系统称为增压式燃料电池系统。而反应气体压力约为1个大气压的燃料电池系统称为常压式燃料电池系统。

1. 增压式燃料电池

图 2-14 所示为一种增压式燃料电池的系统构成示意图。图中，质子交换膜燃料电池堆有两个进口和两个出口，分别与氢气回路（阳极）和空气回路（阴极）相连接。来自储氢罐的氢气经过调压阀、射流泵进入阳极入口 In1，图中系统对氢气采取过量供应，从阳极出口 Out1 排出的氢气又回到射流泵中，实现氢气的循环回收。

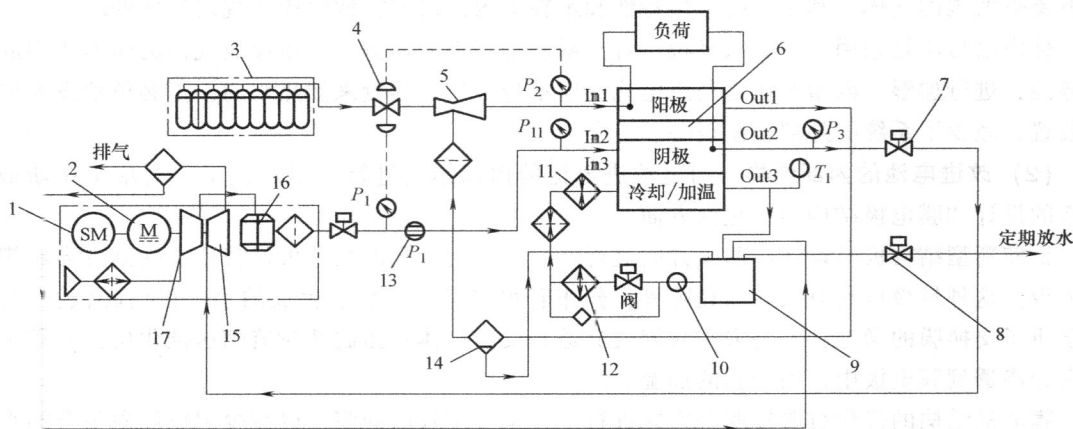

图 2-14 增压式燃料电池的系统构成示意图

1—电动机1 2—电动机2 3—储氢罐 4—氢压力调节器 5—射流泵 6—质子交换膜 7—压力调节阀1
8—压力调节阀2 9—水箱 10—水泵 11—加热器 12—散热器 13—流量计 14—气水分离器
15—膨胀机 16—稳压罐 17—压缩机

压缩机与膨胀机安装在同一根传动轴上，燃料电池起动时，压缩机由电动机1驱动（电动机1由蓄电池供电），压缩机将空气经稳压罐压入阴极入口 In2。燃料电池起动后，压缩机改由电动机2驱动，电动机2由燃料电池驱动，而且该电动机功率大，电压高。通过控制电动机2的转速来调节空气流量，以满足空气过量系数和功率的要求。

膨胀机的作用是回收阴极出口 Out2 排出的剩余压缩气体的能量，助力压缩机工作，以减少压缩机所消耗的电能。

增压式燃料电池虽然增加了燃料电池的功率密度，却为了维持反应气体的压力，需要为压缩机等辅助设施消耗很多电能，也就是说，增加功率的相当一部分（约占总功率的20%）用于自身消耗（这部分功率称为寄生功率），造成整个系统效率较低的问题。针对这一缺点，美国 UTC 公司开发了一种常压式燃料电池系统，这种系统的寄生功率很小，只有5%左

右。图 2-15 所示为两种燃料电池的结构对比图。

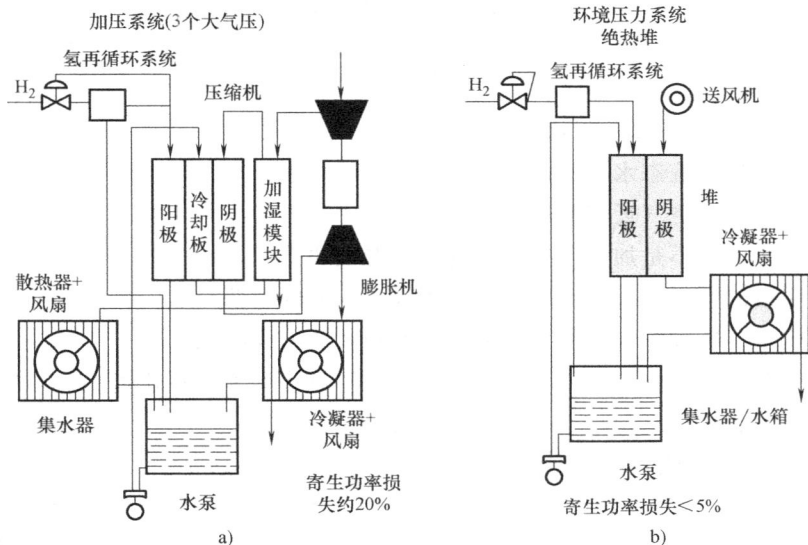

图 2-15　增压式与常压式燃料电池结构对比图

2. 常压式燃料电池

常压式燃料电池的基本结构如图 2-16 所示。系统中的膜片式水泵将水送到阳极的水道

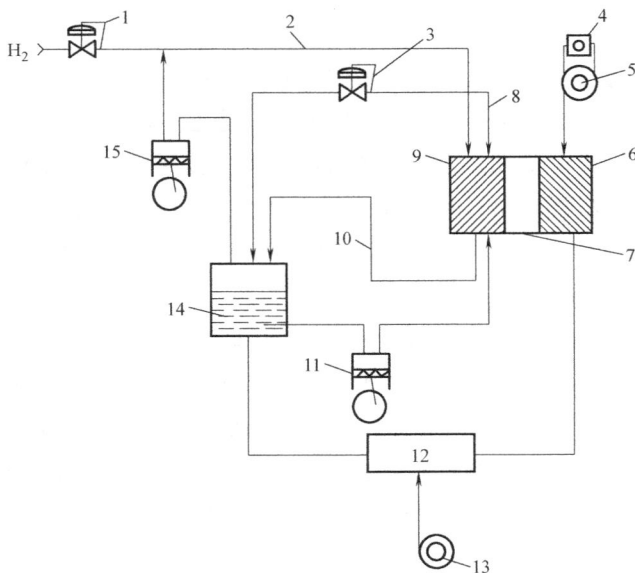

图 2-16　常压式燃料电池的基本结构

1—压力调节器　2—供氢管路　3—压力调节器　4—控制器

5—风机　6—阴极　7—燃料电池堆　8—排水管路

9—阳极　10—氢循环通道　11—水泵　12—冷

凝器　13—风扇　14—水箱　15—氢泵

里，以便对电解质膜直接用液态水加湿，为了防止氢气窜到水道中来，在水管路上设置一个背压阀，时刻保持电池堆内的水压力大于氢气管路中的压力。从图中可以看出，有一条氢气的循环通路，氢气从电池堆出来后，首先要经过水箱，然后再通过膜片式泵，送回阳极入口。

常压式燃料电池具有以下特点：

1）阳极上直接用液态水对膜加湿，保证电解膜含水充足。

2）由于阴极供应空气近似常压，寄生功率小。

3）给阴极供应的不是加湿空气，不需要加湿模块。

4）供给阴极的空气量很大，可以清除阴极上生成的大部分水。

5）通过蒸发，反应气体中的水冷却，使冷却系统大为简化。

6）由于是低压系统，电池堆与系统的密封、管道接头等容易处理。

2.6 其他新能源汽车驱动电池

除了前面提及的铅酸蓄电池、锂离子蓄电池和燃料电池以外，新能源汽车还可使用其他动力蓄电池，如镍氢蓄电池、钠硫蓄电池、太阳能电池、超级电容器、超高速飞轮及空气电池等。

2.6.1 镍氢蓄电池和钠硫蓄电池

1. 镍氢蓄电池

镍氢蓄电池是 20 世纪 90 年代发展起来的一种新型蓄电池。它的正极活性物质主要由镍制成，负极活性物质主要由储氢合金制成，镍氢蓄电池是一种碱性蓄电池。

镍氢蓄电池按照工作电压可分为高压和低压两类；按照其外形可分为方形和圆形两类。高压镍氢蓄电池单体采用镍（Ni）为正极，氢（H_2）为负极，因此高压镍氢蓄电池也称为 $Ni-H_2$ 电池。$Ni-H_2$ 电池的氢电极与镍电极之间夹有一层吸饱氢氧化钾（KOH）电解质溶液（标准工作温度为 20℃，密度为 1.3 g/cm^3）的石棉膜。氢电极是用活性炭作载体的聚四氟乙烯（PTFE）黏结式多孔气体扩散电极，它由含铂催化剂的催化层、拉伸镍网导电层和多孔聚四氟乙烯防水层组成。镍电极可以用压制的 $Ni(OH)_2$ 电极，也可用烧结的 $Ni(OH)_2$ 电极。高压 $Ni-H_2$ 电池具有比能量高、寿命长、耐过充放电，以及可以通过氢压来指示电池荷电状态的优点。其主要缺点是：容器需要耐高氢压，一般充电后氢压达到 3～5MPa，这就需要较重的耐压容器，降低了电池的体积比能量及质量比能量；自放电较多；不能漏气，否则电池容量减小，并且容易发生爆炸事故；成本高。因此目前研制的高压镍氢蓄电池主要应用于空间技术。

低压镍氢蓄电池又分为两种，一种是在镍氢蓄电池中放入具有可逆吸放氢的储氢合金，以降低氢压；另一种低压镍氢蓄电池则是以储氢合金（MH）为负极，氢氧化镍 $Ni(OH)_2$ 为正极，氢氧化钾（KOH）溶液为电解质。这种镍-金属氢化物（Ni-MH）蓄电池（简称镍氢蓄电池）与镍镉蓄电池相比，二者的结构相同，只是所使用的负极材料不同，镍镉蓄电

池使用海绵状的镉为负极，而 Ni-MH 蓄电池使用储氢合金为负极。Ni-MH 蓄电池有许多独特的优点，如能量密度高，可快速充电，低温性能好，可密封，耐过放电能力强，无毒、无环境污染，不使用贵金属，无记忆效应。Ni-MH 蓄电池被称为环保绿色电池。

2. 钠硫蓄电池

钠硫蓄电池也是一种具有发展潜力的车用动力蓄电池，美国福特汽车公司的 Mnivan 牌电动汽车使用的就是这种电池。钠硫蓄电池曾被美国先进电池联合体（USABC）列为重点研究开发的高能电池之一。

钠硫蓄电池的结构如图 2-17 所示。采用熔融状的硫（也可添加石墨）作为正极活性物质，金属钠作为负极活性物质。以三氧化二铝和氧化钠形成陶瓷固态电解质。钠硫蓄电池工作时，需保持 350~380℃ 的高温使硫熔融，才能使金属钠形成活性物质 Na^+，并发生电化学反应释放出电子。电池放电后期生成物为多硫化钠（Na_2S_x）。其化学反应方程式如下：

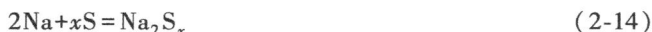

$$2Na + xS = Na_2S_x \tag{2-14}$$

钠硫蓄电池在工作时，硫必须处于熔融状态，才能确保钠硫蓄电池发生化学反应。因此在新的钠硫蓄电池充电前，要采用电加热的方法将电池加热到 300~350℃，使硫完全熔化后再充电。其充电过程十分复杂。钠硫蓄电池在暂时停用时，也需要用电加热的方法使硫保持熔融状态，这给钠硫蓄电池的使用带来了很大的不便。而当液态硫温度达到沸点（440℃）时，钠硫蓄电池的压力会突然升高，这十分危险。因此必须采用一套温度控制系统来保证其温度低于沸点，另外还需要采用一套通风装置来降温。一旦钠硫蓄电池中的液态物质溢出，所产生的 Na_2S 受到碰撞时会引起燃烧。为了确

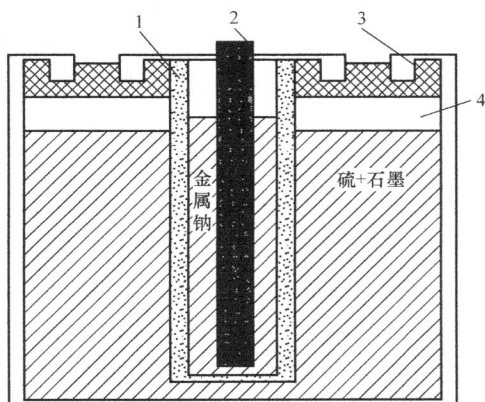

图 2-17 钠硫蓄电池的结构
1—电解质 2—负极 3—正极（容器） 4—氧化铝

保钠硫蓄电池的安全，要求电池具有十分坚固的壳体。

钠硫蓄电池的主要优点有质量比能量高（理论上可达 $640W \cdot h/kg$）、转换效率高（接近 100%）、循环寿命长、无污染及原材料资源丰富等。钠硫蓄电池的不足之处是由于使用温度高，存在高温腐蚀、性能不稳定及安全性差等问题。

2.6.2 太阳能电池

太阳能电池是利用光和材料相关作用直接产生电能的，是对环境无污染的可再生能源，它的应用可以解决人类社会发展在能源需求方面的问题。同时，太阳能是一种储量极其丰富的洁净能源，太阳每年向地面输送的能量高达 $3 \times 10^{24}J$，相当于世界年耗能量的 1.5 万倍。因此太阳能电池作为人们利用的可持续资源，是解决世界范围内的能源危机和环境问题的一条重要途径。

1. 太阳能电池的分类

（1）太阳能电池按照材料的不同分类 主要分为硅系列太阳能电池和化合物系列太阳

能电池。

1）硅系列太阳能电池。硅系列太阳能电池是以硅材料为基体的太阳能电池，分为单晶硅太阳能电池、多晶硅薄膜太阳能电池和非晶硅薄膜太阳能电池等。

2）化合物系列太阳能电池。多元化合物薄膜太阳能电池的材料为无机盐，其主要包括砷化镓、硫化镉、碲化镉及铜铟硒薄膜电池等。

（2）太阳能电池按照结构的不同分类　可以分为同质结电池、异质结电池、肖特基结电池和光电化学电池等。

1）同质结电池。由同一种半导体材料构成一个或多个 PN 结的太阳能电池，如硅太阳能电池、砷化镓太阳能电池等。

2）异质结电池。用两种不同的半导体材料，在相接的界面上构成一个异质结的太阳能电池，如氧化铟锡/硅电池、硫化亚铜/硫化镉电池等。如果两种异质材料晶格结构相近，界面处的晶格匹配较好，则称为异质面电池，如砷化铝镓/砷化镓电池。

3）肖特基结电池。用金属和半导体接触组成一个"肖特基势垒"的电池，也称为 MS 电池。目前已发展成金属-氧化物-半导体电池（IOS）和金属-绝缘体-半导体电池（MIS），这些又总称为导体-绝缘体-半导体电池。

4）光电化学电池。其是用浸于电解质中的半导体电极构成的电池，又称为液结电池。

2. 太阳能电池的工作原理

太阳能电池的工作原理是基于半导体的光生伏特效应将太阳辐射能直接转换为电能。在晶体中电子的数目总是与核电荷数一致，因此 P 型硅和 N 型硅是电中性的。如果将 P 型硅或 N 型硅放在阳光下照射，光的能量使电子从化学键中被释放，由此产生电子-空穴对，但在很短的时间内（在微秒范围内）电子又被捕获，即电子和空穴"复合"。

当 P 型和 N 型半导体结合在一起时，由于 P 型半导体多空穴，N 型半导体多自由电子，出现了浓度差。N 区的电子会扩散到 P 区，P 区的空穴会扩散到 N 区，一旦扩散就形成了一个由 N 指向 P 的"内电场"，从而阻止扩散进行。达到平衡后，就形成了这样一个特殊的薄层形成电势差，这就是 PN 结，界面的 P 型一侧带负电，N 型一侧带正电，如图 2-18 所示。当晶片受光后，在 PN 结中，N 型区的空穴向 P 型区移动，而 P 型区的电子向 N 型区移动，从而形成从 N 型区到 P 型区的电流，之后在 PN 结中形成电势差，便形成了电源。

3. 太阳能电池的特点

单晶硅太阳能电池因为转换效率（转换效率为 15% ~ 17%）最高，技术也最为成熟，在大规模应用和工业生产中仍占据主导地位。但由于单晶硅成本价格高，大幅度降低其成本很困难，为了节省硅材料，发展了多晶硅薄膜和非晶硅薄膜太阳能电池作为单晶硅太阳能电池的替代产品。

图 2-18　PN 结

多晶硅薄膜太阳能电池与单晶硅相比，成本低廉，而效率高于非晶硅薄膜太阳能电池，其转换效率为 12% ~ 14%。因此，多晶硅薄膜太阳能电池将会在太阳能电池市场上占据主导地位。

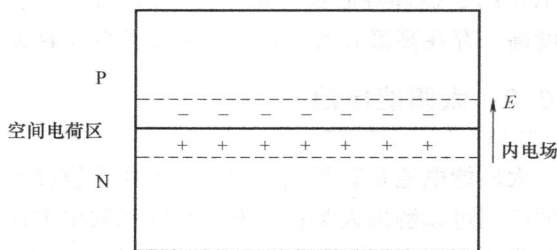

非晶硅薄膜太阳能电池成本低，重量轻，转换效率为 6%～10%，便于大规模生产，具有极大的潜力。但受制于其材料引发的光电效率衰退效应，稳定性不高，直接影响了它的实际应用。如果能进一步解决稳定性问题及提高转换效率问题，那么非晶硅薄膜太阳能电池无疑是太阳能电池的主要发展产品之一。

硫化镉/碲化镉多晶薄膜太阳能电池的转换效率较非晶硅薄膜太阳能电池的高，成本较单晶硅太阳能电池的低，并且也易于大规模生产，但由于镉有剧毒，会对环境造成严重污染，因此，并不是晶体硅太阳能电池最理想的替代产品。

2.6.3　超级电容器

超级电容器，又称为双电层电容器（Electrical Double-Layer Capacitor）、电化学电容器（Electrochemical Capacitor，EC）、黄金电容及法拉电容等。

超级电容器储能机理在 1879 年由 Helmholz 发现，1947 年，Grahame 等人首先开始了汞的电毛细管现象方面的研究。1957 年，Becker 首先提出了可以将较小的电容器用作储能器件，该种器件具有接近于电池的能量密度。随后，标准石油公司（SOHIO）在燃料电池的研究开发中认识到了石墨电极表面双电层电容的巨大利用价值，并于 1962 年生产了一种工作电压为 6V、以碳材料作为电极的电容器，大小和汽车蓄电池的大小差不多。该电容器可以驱动小舟在湖面上行驶 10min 左右。稍后，标准石油公司的该项技术被转让给日本 NEC 电气公司，NEC 公司从 1979 年开始生产 "Super Capacitor" 品牌的大容量电容器，这也就是 "超级电容器" 名称的由来，并将该技术应用于电动汽车的电池起动系统，开始了超级电容器的大规模商业化应用。此外，NEC 还将超级电容器技术应用于电动汽车的电池起动系统，试图开发电化学电容的大规模商业化应用。与此同时，日本松下公司设计了以活性炭为电极材料，以有机溶液为电解质的 "Gold Capacitor"，这也就是 "黄金电容" 名称的由来。

超级电容器比同体积的电解电容器容量大 2000～6000 倍，功率密度比电池高 10～100 倍，可以大电流充放电，充放电效率高，充放电循环次数可达 100000 次以上，并且免维护。超级电容器的出现填补了传统的静电电容器和化学电源之间的空白，并以其优越的性能及广阔的应用前景受到了各个国家的重视。

2.6.4　超高速飞轮

将能量存储于旋转的飞轮，即以机械能的形式存储能量是一种很古老的储能思想，它作为一种简单的机械储能元件，已被人类利用了数千年。从古代陶工的制坯机械、古老的纺车，到工业革命时期发明的蒸汽机以及后来的汽车发动机都用到了飞轮。

但是这些大大小小的飞轮有的是以匀速为目的，有的是满足即时储能的需要，储存的能量少，时间短，因而还不能称为真正现代意义上的储能飞轮。真正以大容量、长时间储能为目的的现代飞轮储能系统出现于 20 世纪 50 年代，但是限于当时的技术条件，储能飞轮并未取得很大的进展。直到 20 世纪 90 年代，主要由于以下几个方面技术的突破性进展，给飞轮储能技术带来了新的活力和契机。

高强度的各种复合材料的出现，如碳素纤维和玻璃纤维的出现使得飞轮允许线速度可达

500～1000m/s，大大增加了飞轮的储能密度，也就是单位质量的动能储量。

磁悬浮技术的发展，配合真空技术、高温超导技术以及高磁能级的永磁材料的出现，极大地降低了飞轮支撑系统的机械摩擦和风阻，提高了飞轮转速。

各种电力电子元器件和高转速电机的出现，为飞轮电池的电能变换和控制提供了极大的灵活性。

而在上述各种技术中，磁悬浮技术的发展是推动储能飞轮研究和发展的重要因素。早期的飞轮大多数采用机械轴承，机械轴承因为摩擦损耗大，所以能量损失严重。将磁悬浮轴承应用于现代高性能飞轮电池，使人们利用高速旋转的飞轮转子获得大容量、长时间存储能量的想法成为可能。

超高速飞轮，又称为飞轮储能器或飞轮电池，它利用超高速旋转的飞轮储存能量，并通过机电能量转换装置实现机械能和电能的相互转换。基于其比能量高、比功率大、电能和机械能之间的转化效率高、能快速充电、可实现免维护和具有良好的性价比等特点，超高速飞轮在电动汽车、航空、航天、电网调峰、风力发电系统的不间断供电及军事等领域有着广泛的应用前景。研究证明，质量为2200kg的汽车，以维持200～250km的行程和10～96km/h的10s加速过程，大约需要78kW·h储能量以及94kW的发电功率。20世纪80年代初，瑞士Oerlikon工程公司成功研制了完全由飞轮供能的第一辆公共汽车。该飞轮的直径为1.63m，质量为1.5t，在氢气环境里以3000r/min运行以降低风损。该车乘客有70名，行程约为0.8km，在每次靠站停车时，飞轮将需要充电2min。经过多年的研究与试验，美国飞轮系统公司（AFS）已经生产出了以克莱斯勒LHS轿车为原型的飞轮电池轿车AFS20，这是一种完全由飞轮电池供电的电动汽车。它由20个飞轮电池驱动，每个电池的直径为230mm，质量为13.64kg，电池用市电充电需要6h，而快速充电只需要15min，一次充电行驶里程可达560km。

2.6.5　空气电池

空气电池（Air Cell）已有近百年的历史，发展初期由于空气电极的结构落后，且没有使用合适的催化剂，只能在很低的电流密度下工作。直到20世纪60年代后期，人们在适应室温的碱性电解液方面的研究取得了突破性的进展，才使空气电池得到进一步的发展。1995年，以色列Electric Fuel公司首次将锌空气电池用于电动汽车上，其后空气电池在电动汽车领域进入了实用化阶段。目前，美国、德国、法国、瑞典、荷兰、芬兰、西班牙、葡萄牙和南非等多个国家都在电动汽车上积极推广锌空气电池。

空气电池是以空气中的氧气作为正极活性物质，以金属为负极活性物质的一类电池。空气电池的电解液常用氢氧化钾溶液。因为用作负极的金属材料可选性很多，所以空气电池的种类也较多。一般以负极材料的金属名为电池的第一个字，后加空气电池即为电池名。常见的有锌空气电池、铝空气电池和锂空气电池等。

1. 锌空气电池

如图2-19所示，锌空气电池由正极（空气电极）、负极（锌电极）、电解液、隔膜和外壳5部分组成。正极的主要材料是活性炭、疏水剂（如聚乙烯、聚四氟乙烯）、催化剂（如银），负极的主要材料是锌（汞齐化锌粉、电积锌或锌屑以及打孔的锌箔等），电解液是氢

氧化钾水溶液，隔膜采用玻璃纸、维尼龙纸等，外壳由塑料（聚苯乙烯、有机玻璃、ABS等）制成。

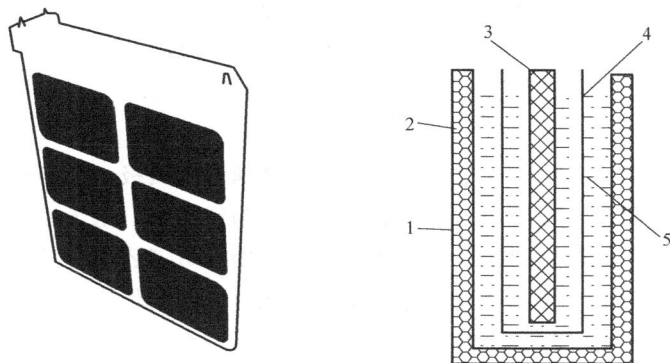

图 2-19　锌空气电池的实物与原理结构图
1—外壳　2—空气正极　3—锌负极　4—电解液　5—隔膜

锌空气电池的化学反应与普通碱性电池类似，在催化剂的催化作用下，当电池放电时，锌摄取疏松炭块内从空气中吸附的氧气，锌和氧发生化学反应生成氧化锌，其在放电时正极、负极和总反应的化学反应方程式分别如下所示。

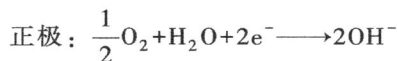

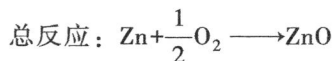

正极：$\frac{1}{2}O_2 + H_2O + 2e^- \longrightarrow 2OH^-$

负极：$Zn + 2OH^- \longrightarrow ZnO + H_2O + 2e^-$

总反应：$Zn + \frac{1}{2}O_2 \longrightarrow ZnO$

锌空气电池在放电过程中，由于其锌板或锌粒通常被氧化成氧化锌而几乎失效，使得锌空气电池充电过程十分缓慢。加快反应速度要有足够的催化剂（如铂、银）。含有催化剂的电极表面需要同时与氧及电解液接触，才能发生氧的还原反应。又由于对还原有催化作用的铂族、银族氧化剂价格很贵，一般采用直接更换锌板或锌粒和电解质的方法，使锌空气电池完全更新，因此锌金属的消耗量较大。

2. 铝空气电池的特点

铝空气电池的发展十分迅速，它在电动汽车上的应用已取得良好效果，是一种很有发展前途的空气电池。铝空气电池的化学反应与锌空气电池类似，其特点如下：

（1）**比能量大**　铝空气电池的理论比能量可达 8100W·h/kg，目前铝空气电池的实际比能量可达 350W·h/kg，但也是铅酸蓄电池的 7~8 倍、镍氢蓄电池的 5.8 倍、锂离子蓄电池的 2.3 倍。采用铝空气电池后，车辆能够明显提高续驶里程，国外有关资料介绍，在美国加利福尼亚州，对于使用铝空气电池的电动汽车，有过只更换一次铝电极的续驶里程达 1600km 的记录。

（2）**质量小**　我国目前开发和研制的牵引用动力型铅酸蓄电池的总能量为 13.5kW·h，总质量为 375kg。而同样能量的铝空气电池总质量仅为 45kg，为铅酸蓄电池质量的 12%。由于电池质量大大减小，车辆的整备质量也降低，可以提高车辆的装载能量或延长续驶里程。

（3）**铝没有毒性和危险性**　铝对人体不会造成伤害，可以回收循环使用，不污染环境。铝的原材料丰富，已具有大规模的铝冶炼厂，生产成本较低。铝回收再生方便且成本较低。而且可以采用更换铝电极的方法来解决铝空气电池充电较慢的问题。

铝空气电池所存在的缺点与锌空气电池差不多，主要是比功率较低，充电和放电速度比较缓慢，电压滞后，自放电率较大，需要采用热管理系统来防止铝空气电池工作时过热。

3. 锂空气电池

锂空气电池的原理同其他空气电池类似，它以金属锂为负极，用碳基材料组成的多孔电极为正极，在放电过程中，金属锂在负极失去电子成为锂离子，电子通过外电路到达多孔正极，电子并没有将多孔电极上的碳还原，而是将空气中的氧气还原，这一反应持续进行，电池便可以向负载提供能量。充电过程正好相反，在充电电压的作用下，放电过程中产生的放电产物首先在多孔正极被氧化，重新放出氧气，锂离子则在负极被还原成金属锂，待该过程进行完全，则电池又可重新向负载提供能量。

锂空气电池与锂离子蓄电池相似，区别在于前者的能量密度更大。目前电池的能量密度比化石能源要低很多，如果要获得与50L化石燃料相当的能量，相应地电池系统总质量大致可运1.5~2t。因此锂基电池要想达到商用要求，必须变得小型轻便，并且拥有良好的储能表现，而这正是锂空气电池具有发展潜力的优势所在。

思　考　题

---

1. 汽车动力蓄电池编码规则是什么？
2. 电动汽车用动力蓄电池有哪些类型？
3. 动力蓄电池的性能指标主要有哪些？
4. 电动汽车对动力蓄电池有哪些要求？
5. 电动汽车用蓄电池主要有哪几种？其特点是什么？
6. 燃料电池、太阳能电池和空气电池主要有哪几种？其特点是什么？

第3章

新能源汽车驱动电机及其控制

3.1 驱动电机概述

在新能源汽车中，一般情况下是用动力蓄电池和驱动电机取代常规燃油汽车中的发动机。因此，驱动电机是新能源汽车的核心部件，其主要功能是把电能转换为机械能来驱动汽车行驶。驱动电机性能的好坏直接影响电动汽车整车性能，特别是最高车速、加速性能及爬坡性能等。因此，在开发电动汽车之前，初步确定电动机类型及其参数进而对电动机进行选择是至关重要的。

3.1.1 新能源汽车对驱动电机的要求

新能源汽车对驱动电机的要求主要由以下三方面决定：驾驶性能要求、车辆的性能约束以及车载能源系统的性能。驾驶性能的要求是由包括汽车动力性、制动性能以及续驶里程等性能在内的驾驶模式决定的；车辆的性能约束主要是指车型、车重、载重及平顺舒适性等；车载能源系统的性能主要与蓄电池、燃料电池、超级电容器、飞轮等能源（详细内容见第2章）有关。同时，驱动电机系统的发展与大功率电子器件、微处理器技术以及控制策略等的发展也密切相关。

用于新能源汽车的各种驱动电机与普通工业用电机有明显区别，通常要求能够频繁起停、加减速，在低速或爬坡时要求高转矩，高速行驶时要求低转矩，并要求变速范围大；而工业驱动电动机通常优化在额定的工作点，因此新能源汽车驱动电机应单独归为一类。新能源汽车对驱动电机系统的主要要求体现在以下不同方面。

1. 低速大转矩特性及较宽范围内的恒功率特性

驱动电机的运行特性要满足电动汽车的要求，在恒转矩区，要求低速运行时具有大转矩，以满足汽车起动和爬坡的要求；在恒功率区，要求低转矩时具有高的速度，以满足电动汽车在平坦良好路面能够高速行驶的要求

2. 整个运行范围内的高效率和大比功率

新能源汽车的驱动电机要求有大比功率和优良的效率（在较宽的转速和转矩范围内都有较高的效率）。高效率可以使汽车单次充电续驶里程增长，特别是路况复杂以及行驶方式频繁改变时，低负荷运行也应具有较高的效率；大比功率能够降低车辆自重和增加车辆的加速性能。

3. 体积小、重量轻

新能源汽车的驱动电机安装在车上，受限于汽车的容积效率，应尽可能减少对有效车载

空间的占用，降低系统的总重量。驱动电机应尽可能地采用铝合金外壳以实现减重。各种电机控制装置的重量和冷却系统的重量也应尽可能轻，同时，控制装置的各元器件布置应尽可能集中，以节省空间。

4. 高转速

新能源汽车驱动电机的最高转速要求达到基速（他励直流电动机固有机械特性的基速是指在额定的电枢电压、额定的励磁电流状态下的空载转速；而永磁电动机和异步电动机的基速是指同步转速，即 2 极 3000r/min，4 极 1500r/min，6 极 1000r/min，8 极 750r/min 等，与电源频率有关）的 4~5 倍；工业驱动电动机只要求达到恒功率时基速的 2 倍。

5. 过载能力强、瞬时功率大

新能源汽车驱动电机通常需要 4~5 倍的过载以满足短时加速行驶与最大爬坡时对驱动功率的要求，而工业驱动电机一般有 2 倍的过载就可满足要求。此外，还要求驱动电机带载起动性能好、使用寿命长等。

6. 协同性能好

当有多电动机协同工作时，要求新能源汽车驱动电机可控性高、稳态精度高、动态性能好；而工业驱动电动机只需满足某一种特定的性能要求。

7. 能作为发电机使用

能在汽车减速时实现再生制动，将能量回收并给蓄电池充电，使电动汽车具有最佳的能力利用率。

8. 高可靠性

由于新能源汽车经常工作在高温、恶劣天气及底盘振动等工作条件下，要求其具有较强的耐温和耐潮湿性能，运行时噪声低。在任何情况下，驱动电机的高可靠性是汽车高安全性的保障之一。

9. 高电压

在允许的范围内尽可能地采用高电压，这样可以减小电动机的尺寸和导线等装备的尺寸，特别是可以降低逆变器的成本。

3.1.2 新能源汽车驱动电机的种类

电动机的用途非常广泛，功率差别相当大，种类也非常多。但就新能源汽车所采用的驱动电机而言，种类相对较少，功率覆盖面也很窄。新能源汽车用驱动电机的分类标准有很多，分类方法也各有不同。本节按照有无换向器分类，新能源汽车用驱动电机的基本类型如图 3-1 所示。

在图 3-1 中，新能源汽车经常采用的驱动电机有有刷直流电动机、感应电动机（交流异步电动机）、永磁同步电动机、永磁无刷直流电动机以及开关磁阻电动机等。

1. 有刷直流电动机

直流电动机最早应用于电动汽车，它具有起动加速时驱动力大、调速控制简单、技术成熟和成本低等优点。但是直流电动机的电枢电流由电刷和换向器引入，换向时产生电火花，换向器容易烧蚀，电刷容易磨损，需经常更换，维护工作量大。接触部分存在磨损，不仅使

驱动电机

有换向器 —— 无换向器

有换向器：自励、他励

自励：串励、并励

他励：激励、永磁激励

无换向器：感应电动机、同步电动机、永磁无刷直流电动机、开关磁阻电动机、永磁混合电动机

感应电动机：线绕转子、笼型转子

同步电动机：线绕转子、永磁转子、磁阻式

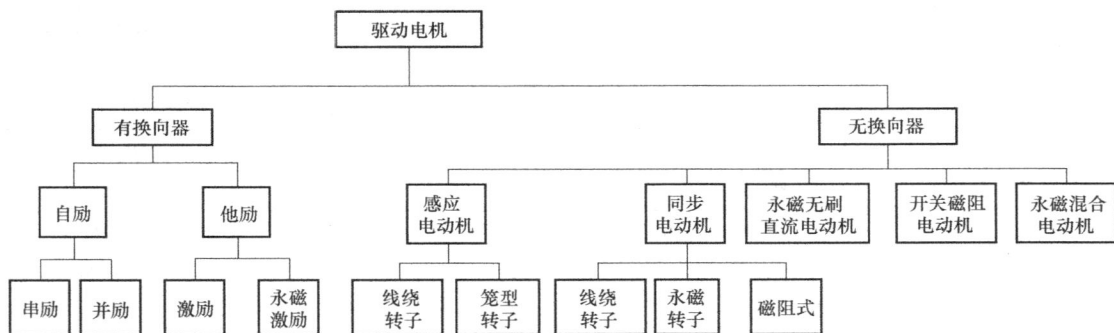

图 3-1　新能源汽车用驱动电机的基本类型

电动机效率降低，还限制了电动机的工作转速。因此，新研制的电动汽车基本不采用直流电动机。

2. 永磁无刷直流电动机

永磁无刷直流电动机是一种高性能的电动机，它既有交流电动机结构简单、运行可靠、维护方便等诸多优点，又具备运行效率高、无励磁损耗、运行成本低和调速性能好等特点。因此，它在电动汽车上的应用与日俱增。

3. 交流异步电动机

交流异步电动机在电动汽车上广泛应用，这是因为异步电动机采用变频调速，可以取消机械变速器，实现无级变速，使传动效率大为提高。另外，异步电动机很容易实现正反转，再生制动能量的回收也更加简单。当采用笼型转子时，异步电动机还具有结构简单、坚固耐用、价格便宜、工作可靠、效率高和免维护等优点。

4. 永磁同步电动机

永磁同步电动机在结构上与无刷直流电动机相似，不同之处在于它采用正弦波驱动，因而在具备无刷直流电动机优点的同时，还具有低噪声、体积小、功率密度大、转动惯量小、脉动转矩小和控制精度高等特点，特别适用于混合动力电动汽车电动机驱动系统，以达到减小系统体积、改善汽车加速性能和行驶平稳性等目的。因此，永磁同步电动机受到了全世界各大汽车生产厂商的重视。

5. 开关磁阻电动机

开关磁阻电动机是一种新型电动机，因其结构简单、坚固、工作可靠、效率高，其调速系统运行性能和经济指标比普通的交流调速系统好，具有很大的潜力，被公认是一种极有发展前途的电动汽车驱动电机。

随着电子技术和计算机技术的飞速发展，新的电动机理论与控制方式层出不穷，正推动着新的电动机驱动技术迅猛发展。高密度、高效率、轻量化、低成本、宽调速牵引电动机驱动系统已成为各国研究和开发的主要热点，如轮毂电动机、永磁式开关磁阻电动机、转子磁极分割型混合励磁结构同步电动机、永磁无刷交流电动机等。各种电动机的性能比较见表 3-1。

表 3-1　各种电动机的性能比较

项目	直流电动机	交流电动机	永磁电动机	开关磁阻电动机
转速范围/(r/min)	4000~6000	12000~20000	4000~10000	>15000
功率密度	低	中	高	较高
功率因数		82~85	90~93	60~65
峰值效率(%)	85~89	94~95	95~97	85~90
负荷效率(%)	80~87	90~92	85~97	78~86
过载能力(%)	200	300~500	300	300~500
恒功率区比例		1:5	1:2.25	1:3
电动机重量	重	中	轻	轻
电动机外形尺寸	大	中	小	小
可靠性	一般	好	优良	好
结构坚固性	差	好	一般	优良
控制操作性能	最好	好	好	好
控制器成本	低	高	高	一般

3.2　直流电动机

在 20 世纪 80 年代之前，几乎所有的车辆牵引电动机都为直流电动机。这是因为直流电动机具有起步加速牵引力大、控制性能好和控制系统较简单等优点。其缺点是在高速大负荷运行时，机械换向器表面会产生电火花，因而电动机的运转速度不能太高。由于直流电动机采用机械式电刷和换向器，其在过载能力、转速范围、体积比功率、质量比功率、系统效率和使用维护等方面均受到限制。

直流电动机大致可以分为永磁式电动机（没有励磁绕组，永磁体的磁场是不可控制的）和绕组式电动机（有励磁绕组，磁场可由直流电流控制）。在电动汽车所采用的电动机中，小功率电动机采用的是永磁式电动机，而大功率的电动机，大多采用的是像串励、并励以及复励电动机等有励磁绕组的电动机。

3.2.1　直流电动机的分类

绕组式直流电动机根据励磁方式的不同，可分为他励式、并励式、串励式和复励式 4 种类型。不同励磁方式直流电动机的电路如图 3-2 所示。

1. 他励直流电动机

如图 3-2a 所示，他励直流电动机的励磁绕组与电枢绕组无连接关系，而由其他直流电源为励磁绕组供电。因此励磁电流不受电枢端电压或电枢电流的影响，永磁直流电动机也可看成是他励直流电动机。

他励直流电动机在运行过程中励磁磁场稳定且容易控制，容易实现电动汽车的再生制动要求，但当采用永磁激励时，虽然电动机效率高、重量轻且体积较小，但由于励磁磁场固

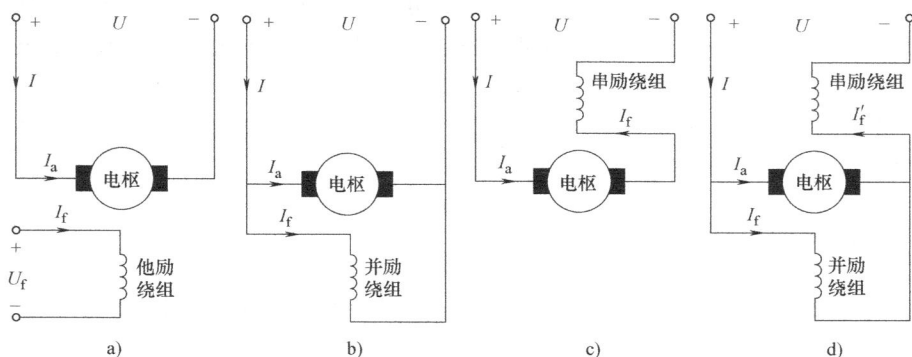

图 3-2 不同励磁方式直流电动机的电路图
a）他励式 b）并励式 c）串励式 d）复励式

定，电动机的机械特性不理想，驱动电机产生不了足够大的输出转矩来满足电动汽车起动和加速时的大转矩要求。

2. 并励直流电动机

如图 3-2b 所示，并励直流电动机的励磁绕组与电枢绕组并联，共用同一电源，性能与他励直流电动机基本相同。并励绕组两端电压就是电枢两端电压，但是励磁绕组用细导线绕成，匝数很多，因此具有较大的电阻，使得通过它的励磁电流较小。

3. 串励直流电动机

如图 3-2c 所示，串励直流电动机的励磁绕组与电枢绕组串联后，再接于直流电源，这种直流电动机的励磁电流就是电枢电流。这种电动机内磁场随着电枢电流的改变有显著变化，为了使励磁绕组中不致引起大的损耗和电压降，励磁绕组的电阻越小越好，因此串励直流电动机通常采用较粗的导线绕成，匝数较少。

串励直流电动机在低速运行时，能给电动汽车提供足够大的转矩，而在高速运行电动机电枢中的反电动势增大，与电枢串联的励磁绕组中的励磁电流减小，电动机高速运转时的弱磁调速功能易于实现，因此串励直流电动机驱动系统能较好地符合电动汽车的特性要求，但串励直流电动机由低速到高速运行时弱磁调速特性并不理想，随着电动汽车行驶速度的提高，驱动电机输出转矩快速减小，不能满足电动汽车高速行驶时由于风阻大而需要输出较大转矩的要求。串励直流电动机运行效率低；在实现电动汽车的再生制动时，由于没有稳定的励磁磁场，再生制动的稳定性差；另外由于再生制动需要加接触器切换，使得电动机控制系统的故障率较高，可靠性较差。另外，串励电动机的励磁绕组损耗大，体积和质量也较大。

4. 复励直流电动机

如图 3-2d 所示，复励直流电动机有并励和串励两个励磁绕组，电动机的磁通由两个绕组内的励磁电流产生，若串励绕组产生的磁通量与并励绕组产生的磁通量方向相同称为积复励；若两个磁通量方向相反，则称为差复励。

复励直流电动机的永磁励磁部分采用高磁性钕铁硼材料，运行效率高。由于电动机永磁励磁部分有稳定的磁场，用该类电动机构成驱动系统时易实现再生制动功能。同时，由于电

动机增加了增磁绕组，通过控制励磁绕组的励磁电流或励磁磁场的大小，能克服纯永磁他励直流电动机不能产生大输出转矩这种不足，满足了低速爬坡时的大转矩要求，而电动机的质量和体积比串励电动机的还要小。

电动汽车所使用的直流电动机主要是他励直流电动机（包括永磁直流电动机）、串励直流电动机和复励直流电动机三种。

3.2.2　直流电动机的基本构造

如图3-3所示，直流电动机主要由转子、定子、机座和电刷架等部分组成。

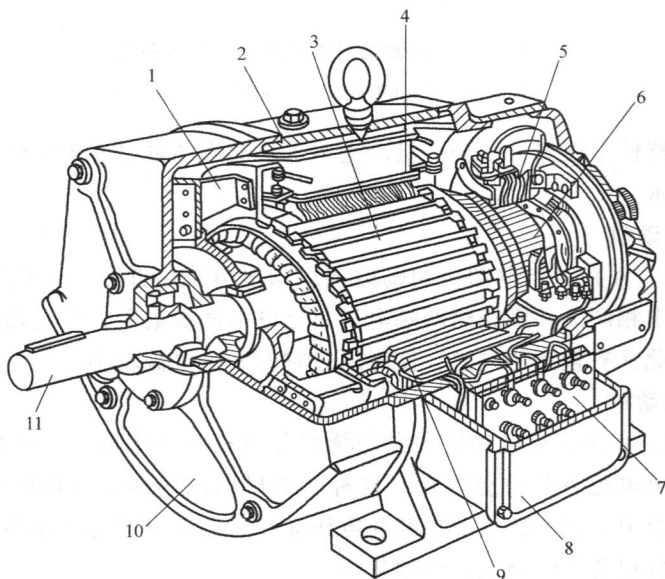

图 3-3　直流电动机的构造

1—风扇　2—机座　3—电枢　4—主磁极　5—电刷架　6—换向器　7—接线板
8—出线盒　9—换向极　10—端盖　11—轴

1. 定子部分

直流电动机的定子主要由主磁极、机座、换向极和电刷装置等组成。

（1）**主磁极**　其作用是建立主磁场，由主极铁心和套装在铁心上的励磁绕组构成。主极铁心一般由 1~1.5mm 的低碳钢板冲压成形叠装固定而成，是主磁路的一部分。励磁绕组用铜线按要求绕制而成，产生励磁电动势。

（2）**机座**　它用铸钢或厚钢板焊制而成，既是主磁路的一部分，也是电动机的结构框架。

（3）**换向极**　其作用是改善直流电动机的换向性能，使直流电动机运行时不产生有害的电火花。它由换向极铁心和套装在铁心上的换向极绕组构成。

（4）**电刷装置**　它由电刷、刷握、刷杆、汇流排等组成，用于电枢电路的引入或引出。

2. 转子部分

转子部分包括电枢铁心、电枢绕组和换向器等。

（1）**电枢铁心** 它既是主磁路的组成部分，又是电枢绕组的支撑部分。电枢绕组嵌放在电枢铁心的槽内。电枢铁心一般用0.50mm的硅钢片叠压而成。

（2）**电枢绕组** 由铜线按要求绕制而成，它是直流电动机的电路部分，也是产生电动势和电磁转矩进行机电能量转换的部分。

（3）**换向器** 由冷拉梯形铜排和绝缘材料等组成，用于电枢电流的换向。

3. 端盖

固定在基座两端，内部装有轴承以支撑电动机转子旋转。

4. 电刷架

电刷架装在端盖上并与换向器相连。

3.2.3 直流电动机的工作原理及其性能

1. 直流电动机的工作原理

直流电动机的工作原理较为简单。当一载流导线放置在磁场中时，将产生作用于导线上的磁场力。该力垂直于导线和磁场，如图3-4所示。此磁场力与导线长度L、电流大小I以及磁感应强度B成正比，即

$$F = BIL \qquad (3-1)$$

当导线形成一个线圈时，则作用于线圈两边的磁场力即产生一转矩，该转矩可表示为

$$T = BILD\cos\alpha \qquad (3-2)$$

式中 α——线圈平面与磁场之间的夹角，如图3-4所示。

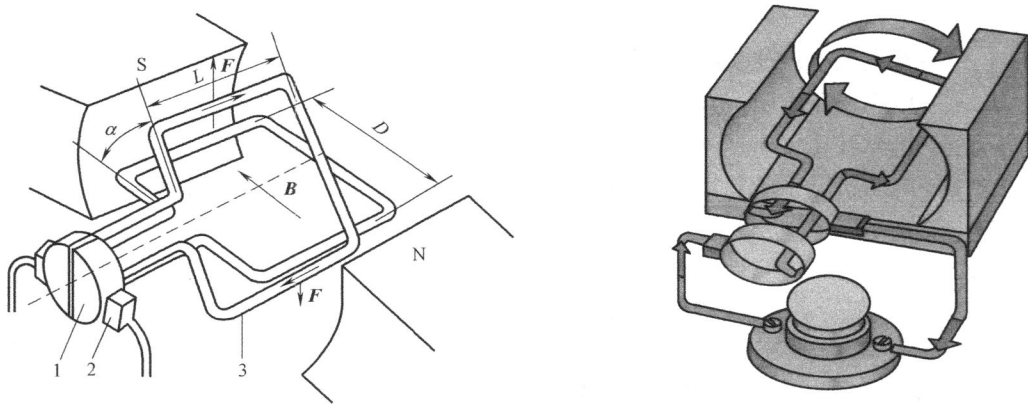

图3-4 直流电动机的工作原理
1—集电环 2—电刷 3—线圈

磁场可由一套绕组或永磁体产生。前者称为线绕式励磁直流电动机，后者称为永磁直流电动机。载流线圈称为电枢。事实上，电枢是由许多线圈构成的。为获得连续的最大转矩，集电环和电刷被用来导通每个位于$\alpha = 0$处的线圈，此时转矩最大，即直流电动机有转矩较大的特点。此外，当转子电枢旋转时，电枢绕组也切割磁力线，因此电枢本身也产生感应电动势。按照右手规则可知，该电动势的方向恰与电枢电流的方向相反，故称为反电动势，用E表示，如图3-5所示。

2. 直流电动机的性能

实际上，直流电动机的性能可通过电枢电压、反电动势和磁通予以描述。直流电动机电枢的稳态等效电路如图3-6所示。

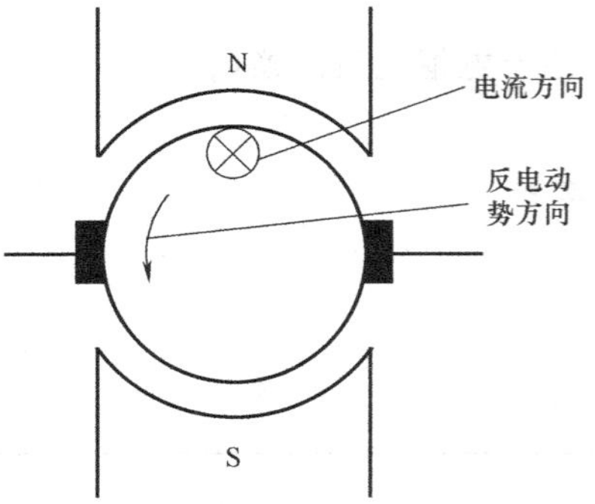

图3-5 反电动势方向示意图

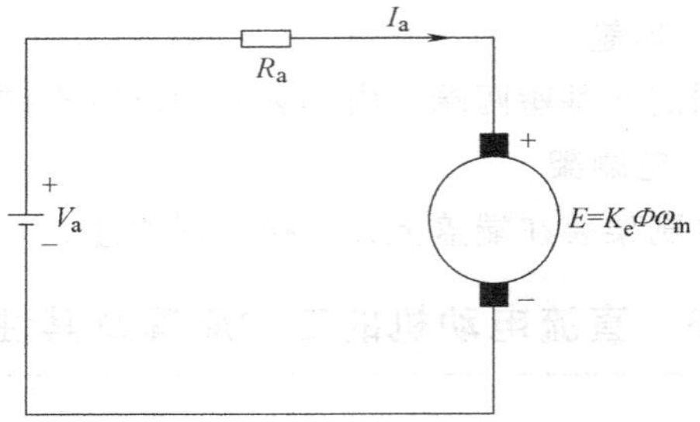

图3-6 直流电动机电枢回路的稳态等效电路
R_a—电枢回路的电阻

对于他励和并励直流电动机，R_a等于电枢绕组的电阻；对于串励和复励直流电动机，R_a为电枢绕组与串励绕组的电阻之和。直流电动机的基本方程组为

$$V_a = E + R_a I_a \tag{3-3}$$

$$E = K_e \Phi \omega_m \tag{3-4}$$

$$T = K_e \Phi I_a \tag{3-5}$$

式中 Φ——每极磁通量（Wb）；

I_a——电枢电流（A）；

V_a——蓄电池电压（V）；

R_a——电枢回路电阻（Ω）；

ω_m——电枢转速（rad/s）；

T——电动机产生的转矩（N·m）；

K_e——常数。

由式（3-3）~式（3-5）可得：

$$T = \frac{K_e \Phi}{R_a} V_a - \frac{(K_e \Phi)^2}{R_a} \omega_m \tag{3-6}$$

式（3-4）~式（3-6）适用于所有的直流电动机，即他励（或并励）直流电动机和复励直流电动机。就他励直流电动机而言，若励磁电压保持不变，则当转矩变化时，可认为磁通实际上不变。在这种情况下，他励直流电动机的转速-转矩特性为一直线，如图3-7所示。空载转速ω_m由电枢电压和励磁确定。当转速增大时，转矩减小，而转速调节取决于电枢回路的电阻。他励直流电动机用于要求调速性能好以及专供可调转速的场合。

就串励直流电动机而言，磁通随电枢电流而变化。在磁化特性的非饱和区，可假定Φ与I成正比，因此有

$$\Phi = K_f I_a \tag{3-7}$$

式中 K_f——系数。

由式（3-3）～式（3-6）可得串励式直流电动机的转矩为

$$T=\frac{K_eK_fV_a^2}{(R_a+K_eK_f\omega_m)^2}\qquad(3-8)$$

式中 R_a——电枢绕组和励磁绕组的电阻
之和。

直流电动机的转速-转矩特性如图 3-7
所示。

在串励情况下，转矩的增大伴随着电枢
电流的增加，且磁通也因此增加。由于磁通
随转矩增大而增加，为了保持感应电压与电
源电压之间的平衡，转速下降。因此，转速-
转矩特性呈现为一大幅度下降的曲线。在额
定转矩下，标准设计的串励直流电动机工作
在磁化曲线的膝点处。在大转矩（大电流）
过载运行情况下，磁路饱和，且转速-转矩特
性接近为一直线。

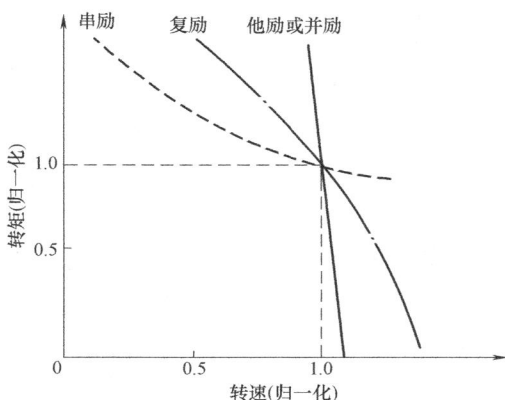

图 3-7 直流电动机的转速-转矩特性

串励直流电动机适合要求高起动转矩和大转矩过载的应用场合，如牵引。在电力电子和
微控制时代之前，仅有用作电力牵引的情况。但是，串励直流电动机用于电力牵引存在一些
缺点，如这类电动机不允许在全电源电压下空载运行，否则电动机转速将迅速上升到一个很
高的值［参见式（3-8）］；另一个缺点是难以再生制动。

如图 3-7 所示，复励直流电动机的性能方程可由式（3-3）和式（3-4）导出，其转速-
转矩特性介于串励和他励（并励）直流电动机之间。

3.2.4 组合电枢电压与励磁控制

相比于其他类型的直流电动机，电枢电压与励磁的独立性提供了更灵活的转速和转矩控
制。在电动汽车应用中，最合乎需要的转速-转矩特性是在某一转速（基速）以下为恒转矩；
而在超过基速的范围内，随着转速增加，转矩呈抛物线形下降（恒功率），如图 3-8 所示；
在低于基速的转速范围内，电枢电流和励磁电流被设定为额定值，产生额定转矩。由式（3-
3）和式（3-4）明显可见，电枢电压随转速增加成正比增加。在基速时，电枢电压达到额
定值（等于电源电压）且不能再进一步增加。因此，当转速超过基速后，为进一步提高转
速，磁场必须随转速增加而呈抛物形下降，且其输出功率保持不变。

3.2.5 直流电动机的控制

1. 直流电动机的驱动特性
电动汽车用直流电动机的驱动特性如图 3-8 所示。

在图 3-8 中，基本转速 n_b 以下为恒转矩区，基本转速 n_b 以上为恒功率区。在恒转矩

区，励磁电流保持不变，通过改变电枢电压来控制转矩。在高速恒功率区，电枢电压不变，通过改变励磁电流或弱磁来控制转矩。这种特性，很适合汽车对动力源低速高转矩、高速低转矩的使用需求，而且直流电动机结构简单，易于平滑调速，加之控制技术成熟，因而几乎所有早期的电动汽车都是采用直流电动机。

图 3-8　直流电动机的驱动特性

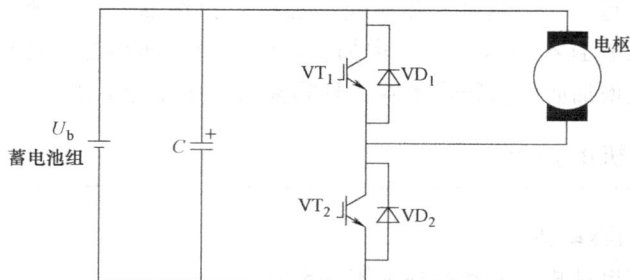

2. 电枢电压调节法

电枢电压调节法是指通过改变电枢电压来控制电动机的转速，适用于电动机基速（额定转速）以下的调速调节。

以减速为例，其基本调节方式如下：降低电枢电压，在电动机转速、阻力矩没有来得及变化时，电枢电流必然下降，电枢产生的电磁转矩下降，在阻力矩不变的情况下致使电枢转速下降。随着电枢转速的降低，电枢反电动势减小，电枢电流回升，电枢转矩增大，直到与电动机阻力矩一致时，电动机才会在比调压前低的转速下稳定运转。

斩波器脉宽调制（PWM）属于一种电枢电压调节法，直流电动机通常采用 PWM 实现调速控制。其调速控制主电路如图 3-9 所示，其中 VT_1 和 VT_2 为两个绝缘栅双极型晶体管（IGBT）。当电动机处于运行状态时，控制器控制 VT_1 关断。当 VT_2 导通处于低电位时，电动机电枢绕组通电，电枢两端加上电源电压 U_b。当 VT_2 截止处于高电位时，电动机电枢绕组断电。在一个固定周期内，增加 VT_2 导通处于低电位的时间，则可增加电枢绕组的平均电压。

当电动汽车制动，需要直流电机实现能量回收时，控制器控制 VT_2 关断。当 VT_1 导通处于低电位时，电机工作在发电状态，电枢所产生的电动势通过 VT_1 形成感应电流，将汽车的动能转化为磁场能储存于电枢绕组中。当 VT_1 截止处于高电位时，电枢因电流突然消失而产生高于蓄电池电压的自感电动势，并向蓄电池充电，实现制动能量的回收。

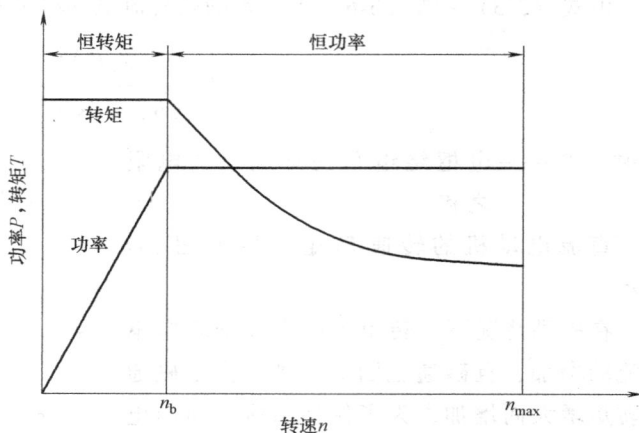

图 3-9　PWM 调速原理图

3. 磁场调节法

磁场调节法是通过调节磁极绕组励磁电流，改变磁极磁通量来调节电动机的转速。这种方法适用于电动机基速以上的转速控制。

以升速为例，其调速过程如下：减小磁通量，在机械惯性力的作用下，电枢转速还没有来得及下降，而反电动势随着磁通量的减小而下降，电枢电流随之增大，由于电枢电流增加的影响大于磁通量减小的影响，电动机的电枢电磁转矩 T 增大。如果这时电动机的阻力矩 T_L 未变，则电枢的转速 n 便会上升。随着电动机转速的上升，电枢的反电动势增大，电枢电流随之减小，直到电磁转矩与阻力矩平衡，电动机就在比减小磁通量前高的转速下稳定运转。图 3-10 所示为从 A 点到 B 点的升速调节。

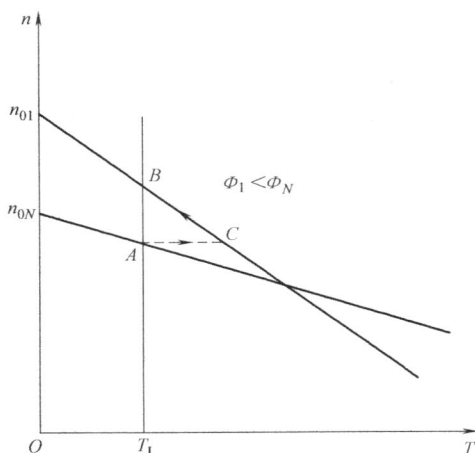

4. 电枢回路电阻调节

电枢回路电阻调节法是在磁极绕组励磁电

图 3-10　改变磁通量调速的升速特性

流不变的情况下，改变电枢回路的电阻，使电枢电流变化来实现电动机转速的调节。电枢回路电阻调节法的机械特性差，而且会使电动机运行不稳定，加之电枢回路串入电阻消耗了电能，一般很少在电动汽车上采用。

3.2.6　直流电动机在电动汽车上的应用

由于直流电动机体积和质量大，存在换向火花、电刷磨损以及电动机本身结构复杂等问题，随着交流变频调速技术的发展，交流调速电动机在电动汽车上的应用发展迅速。但是直流电动机的控制方法和结构简单，起动和加速转矩大，电磁转矩控制特性良好，调速比较方便，不用检测磁极位置，技术成熟，总体成本低，因此现在仍在很多场合使用，如城市中的无轨电车和电动叉车较多地采用直流驱动系统，很多电动观光车和电动巡逻车上也使用直流电机。

3.3　交流异步电动机

对于纯电动汽车和混合动力电动汽车的电驱动，无换向器电动机驱动呈现了优于传统有换向器直流电动机驱动的许多特点。目前，在各种无换向器电动机驱动中交流异步电动机驱动技术最为成熟，与直流电动机驱动相比，交流感应电动机驱动具有更多的优点，如重量轻、体积小、无退磁担忧、低成本和高效率。这些优点对于电动汽车的应用尤其重要。

交流异步电动机又称为感应电动机，是由气隙旋转磁场与转子绕组感应电流相互作用产生电磁转矩，从而实现电能量转换为机械能量的一种交流电动机。异步电动机的种类很多，最常见的方法是按转子结构和定子绕组相数分类。按照转子结构划分，有笼型异步电动机和绕线型异步电动机；按照定子绕组相数划分，有单相异步电动机、两相异步电动机和三相异

步电动机。异步电动机是各类电动机中应用最广、需求量最大的一种。在电动汽车中，主要使用笼型异步电动机。下面介绍的异步电动机就是指三相笼型异步电动机。

3.3.1 交流异步电动机的结构

异步电动机主要由静止的定子和旋转的转子两大部分组成，定子和转子之间存在气隙。此外，还有端盖、轴承、机座和风扇等部件，图 3-11 所示为三相交流异步电动机的典型结构。

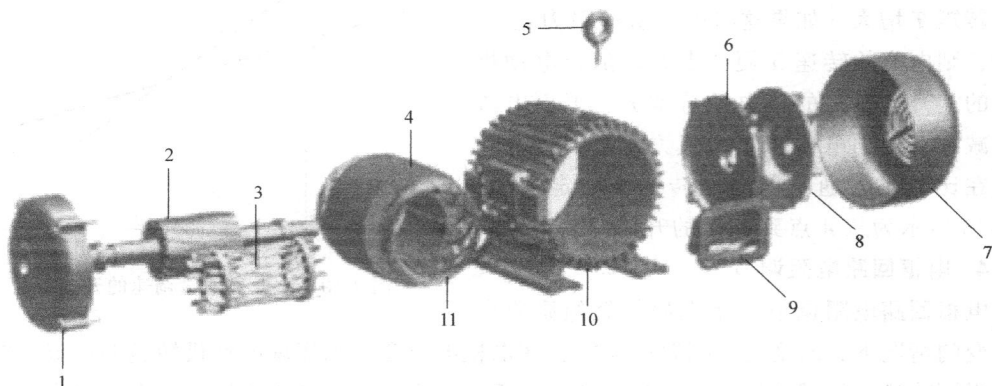

图 3-11 三相交流异步电动机典型结构

1—前端盖 2—转子铁心 3—转子绕组 4—定子铁心 5—吊环 6—后端盖
7—风罩 8—风扇 9—出线盒 10—机座 11—定子绕组

1. 定子

异步电动机的定子由定子铁心、定子绕组和机座构成。

（1）**定子铁心** 定子铁心是电动机磁路的一部分，并在其上放置定子绕组。定子铁心一般由 0.35~0.5mm 厚、表面具有绝缘层的硅钢片冲制叠压而成，在铁心的内圆冲有均匀分布的槽，用以放置定子绕组。定子铁心的槽有半闭口型槽、半开口型槽和开口型槽 3 种。

（2）**定子绕组** 定子绕组是电动机的电路部分，通入三相交流电，产生旋转磁场。定子绕组由 3 个在空间互隔 120°电角度、对称排列且结构完全相同的绕组连接而成，这些绕组的各个线圈按星形或三角形规律分别嵌放在定子各槽内。图 3-12 所示为星形排列的定子绕组。

（3）**机座** 机座主要用于固定定子铁心与前、后端盖，以支撑转子，并起防护、散热等作用。机座通常为铸铁件，大型异步电动机的机座一般用钢板焊成，微型电动机的机座采用铸铝件。封闭式电动机的机座外面有散热筋以增加散热面积，防护式电动机的机座两端端盖开有通风孔，使电动机内外的空气可直接对流，以利于散热。

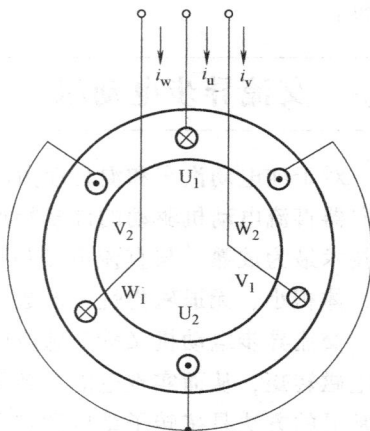

图 3-12 星形排列的定子绕组

2. 转子

异步电动机的转子由转子铁心、转子绕组和转轴组成。

（1）**转子铁心**　转子铁心也是电动机磁路的一部分，并在铁心槽内放置转子绕组。转子铁心所用材料与定子铁心一样，由 0.5mm 厚的硅钢片冲制叠压而成，硅钢片外圆冲有均匀分布的孔，用来安置转子绕组，通常用定子铁心冲落后的硅钢片内圆来冲制转子铁心。一般小型异步电动机的转子铁心直接压装在转轴上，大、中型异步电动机（转子直径为 300~400mm）的转子铁心则借助于转子支架压在转轴上。

（2）**转子绕组**　转子绕组是转子的电路部分，它的作用是切割定子旋转磁场产生感应电动势及电流，并形成电磁转矩而使电动机旋转，转子绕组分为笼型转子和绕线转子。

（3）**转轴**　转轴用于固定和支撑转子铁心，并输出机械功率。转轴一般使用中碳钢制成。

3. 气隙

异步电动机定子与转子之间有一小间隙，称为电动机气隙。气隙的大小对异步电动机的运行性能有很大影响。功率越大，转速越高，气隙尺寸越大。中、小型异步电动机的气隙一般为 0.2~2mm。

3.3.2　交流异步电动机的性能特点及应用

异步电动机的基本特点是转子绕组不需与其他电源相连，其定子电流直接取自交流电力系统。与其他电动机相比，异步电动机具有下述特点。

1. 优点

1）结构简单，制造、使用、维护方便，运行可靠性高，重量轻，成本低。以三相异步电动机为例，与同功率、同转速的直流电动机相比，前者质量只是后者的1/2，成本仅为1/3。

2）高速低转矩时运转效率高。

3）低速时有高转矩，并有宽泛的速度范围。

4）易实现转速超过 10000r/min 的高速旋转。

5）控制装置的简单化。

2. 缺点

异步电动机的局限性在于其转速与旋转磁场的同步转速有固定的转差率，因而调速性能较差，在要求有较宽泛的平滑调速范围使用场合，不如直流电动机经济、方便。此外，异步电动机运行时，从电力系统吸取无功功率以励磁，这会导致电力系统的功率因数变坏。因此，在大功率、低转速场合不如用同步电动机合理。

3. 异步交流电动机在新能源汽车上的应用

异步电动机成本低且可靠性高，逆变器即使损坏而产生短路时也不会产生反向电动势，也就不可能出现紧急制动的情况。因此，异步电动机广泛应用于大型高速的电动汽车中。三相笼型异步电动机的功率容量覆盖面很广，可以从零点几瓦到几千瓦。采用空气冷却或液体冷却方式，冷却自由度高，对环境的适应性好，并且能够实现再生制动。与同样功率的直流电动机相比，异步电动机效率较高，且重量约减轻一半。

一般情况下，作为电动汽车专用的电动机，由于安装条件受限，并且要求小型、轻量化，当电动机在 1000r/min 以上的高速运转时，大多采用一级齿轮减速器实现减速。此外，

由于振动等恶劣环境，低速状态下需要高转矩，并且要在较宽的速度范围内具有恒输出功率特性，因此电动汽车用异步电动机与一般工业用电动机有所不同，这就需要在设计上采用各种新方法，以达到电动汽车的需求。

出于对工作环境的考虑，电动机大多采用全封闭式结构，为了框架、托座等结构的轻量化，采用压铸铝方式制造，也有采用水冷却定子框架的水冷式电动机。高速运转时由于频率升高而引起铁损的增大，因此希望减少电动机的极数，一般较多采用2极或4极电动机。此外，为了减少铁损，普遍采用良好磁性的电磁钢板。

3.3.3　异步电动机的工作原理与运行性能

1. 异步电动机基本工作原理

异步电动机的工作原理可以由图3-13说明。图3-13a中三相定子绕组各只画了一个线圈A-X、B-Y和C-Z。当定子三相绕组内通以三相交流电时，各相电流瞬间大小和方向都不同，可用三个彼此互差120°的旋转电流相量表示，在如图3-13b所示的瞬间，A相电流最大，B、C两相电流都是反向的。于是三相电流可以合成一个两极磁场，磁力线的通路和方向如图3-13a中虚线所示。这样，当三相电流依次变化时，就可以形成一个旋转磁场。在转子未转时，转子表面的导体会切割旋转磁场而感应电动势，由于转子绕组（无论是笼型还是绕线型）是自行闭合的，感应电动势将产生电流，而转子导体中的电流在旋转磁场中会受到电磁力的作用，转子表面所有导体产生的电磁力形成转矩，其方向与旋转磁场方向相同，因而转子将跟随旋转磁场而转动，但转子转动速度总是比旋转磁场慢一些。设旋转磁场的转速为 n_1，转子转速为 n，总有 $n<n_1$，这是因为一旦转子转速达到了旋转磁场的转速，转子导体将不再切割磁场，也就不会产生电动势、电流以及使之转动的力矩。因此，转子的转速总是小于旋转磁场的转速，这就是异步电动机名称的由来。

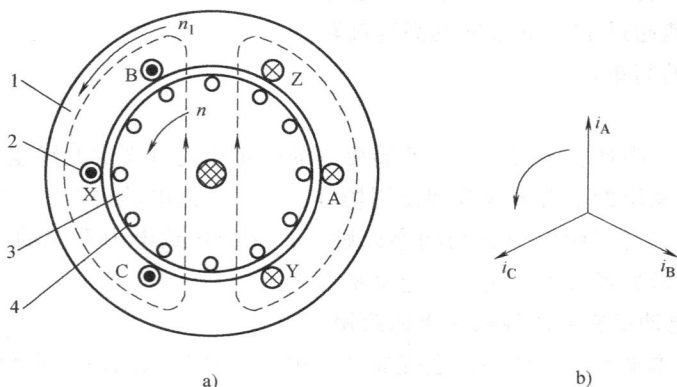

图 3-13　交流异步电动机工作原理示意图

a) 基本结构　b) 电流相量

1—定子铁心　2—定子绕组　3—转子铁心　4—转子绕组

将旋转磁场转速 n_1 称为同步转速，$\Delta n=n_1-n$ 称为转差，并将 $s=\Delta n/n_1=(n_1-n)/n_1$ 称为转差率。一般异步电动机运行时的转差率 s 为 3%～5%，并与负载有关，当负载加大时转

差率也会增加。

图 3-13 中三相绕组各自只画了一个线圈，接通三相交流电时将合成一对磁极。实际上定子三相绕组中不止有一个线圈，而且根据线圈布置情况，实际可以形成多对磁极。磁极数越多，电动机转速越低。若设磁极对数为 p，交流电频率为 f_1，则它们与同步转速 n_1 的关系为

$$n_1 = \frac{60f_1}{p} \tag{3-9}$$

表 3-2 给出了不同磁极对数的三相异步电动机在不同频率时的同步转速。

表 3-2　三相异步电动机的同步转速与频率和磁极对数的关系

磁极对数 p	各频率下的同步转速/(r/min)		
	50Hz	150Hz	200Hz
1	3000	9000	12000
2	1500	4500	6000
3	1000	3000	4000
4	750	2250	3000
5	600	1800	2400
6	500	1500	2000

2. 异步电动机的运行性能

与直流电动机相比，虽然异步电动机结构简单，但是由于电动机转子与定子之间并没有电的联系，能量完全靠电磁感应传递，这与变压器一次侧和二次侧绕组之间传递能量的情况非常相似。电动机运转时虽然转子绕组也有感应电动势和电流，但很难测量，因此只能用间接的方法分析。

（1）三相异步电动机的基本分析

1）电动机输入与输出功率。电动机运转时输入的电功率为

$$P_1 = 3U_1I_1\cos\varphi_1 \tag{3-10}$$

式中　U_1——定子相电压（V）；

　　　I_1——定子相电流（A）；

　　$\cos\varphi_1$——定子功率因数，即有功功率对视在功率的比值，φ_1 为定子交流电压与电流之间的相位差。

设电动机输出的机械功率为 P_2，则电动机效率为

$$\eta = \frac{P_2}{P_1} \times 100\% \tag{3-11}$$

通常异步电动机的效率很高，一般为 85%~90%。

2）定子、转子电路的电动势与电流。当定子通入三相交流电时，因形成旋转磁场，定子、转子两侧的绕组都会感生交流电动势，这与变压器铁心中交变磁场在一次侧、二次侧感生电动势的原理完全类似。穿过定子与转子之间的气隙，同时连接定子和转子两侧绕组的共同磁场称为主磁场，是定子与转子之间进行电磁能量传递的媒介。除了主磁场以外，定子、转子电流还在各自绕组附近产生杂散磁场，称为漏磁场。漏磁场在交流电路中形成不大的电

抗，与绕组电阻合称为漏阻抗。

设定子每相绕组电动势的有效值为 E，它与电源的电压、频率、每极磁通量等有以下关系：

$$U_1 \approx E_1 = 4.44 f_1 N_1 \Phi \tag{3-12}$$

式中　f_1——电源频率；

　　　N_1——每相定子绕组的匝数；

　　　Φ——每极磁通量。

与直流电动机类似，每相电动势大小与电压很接近，即 $E_1 \approx U_1$。

设转子绕组每相感应电动势为 E_2，E_2 与转子导体感受磁场变化的频率以及每极磁通量等的关系和定子侧类似。由于转子是自行短路的，转子电动势将在转子回路中产生电流 I_2。虽然转子电动势和电流是同频率交变的，但是由于转子绕组自身阻抗的存在，电动势和电流相位并不相同。

3）转子的转速、转差频率以及电磁转矩。如前所述，异步电动机运转时，转子转速略小于同步转速，这里先分析转子感应电动势和电流的频率。

设一台三相异步电动机为 6 极（3 对极，$p=3$），供电频率为 50Hz，根据式（3-9）可知同步转速 n_1 为 1000r/min。设电动机额定运行时的转差率 s 为 5%，则可算出转子转速为 950r/min。可以看出，转子绕组的导线切割磁场的速度为（1000−950＝50）r/min，仅为定子绕组导线切割磁场速度的 5%，此值与转差率 s 相同。因此转子导体感应电动势以及转子电流的频率 f_2 也是定子电流频率 f_1 的 5%，也就是（50×5%＝2.5）Hz。可见正常运行时转子电流的频率很低。将转子电流频率 f_2 称为转差频率，它等于 f_1 与转差率 s 的乘积，即

$$f_2 = s f_1 \tag{3-13}$$

正是转子电流在磁场中受到力的作用，形成电磁转矩，才能带动转子按照与旋转磁场相同的方向转动。电磁转矩与旋转磁场的磁通量 Φ 及转子电流 I_2 的一般关系为

$$T = C_T \Phi I_2 \cos \varphi_2 \tag{3-14}$$

式中　$\cos \varphi_2$——转子电路的功率因数，φ_2 为转子电动势与电流的相位差；

　　　C_T——与电动机结构有关的常数。

由上式可知，电磁转矩的大小与主磁通量 Φ、转子电流 I_2 以及功率因数 $\cos \varphi_2$ 有关。由式（3-12）可知，主磁通量与定子电压 U_1 有直接关系，而 I_2 和 $\cos \varphi_2$ 则与转子的阻抗参数和转差率 s 有关。

4）电动机的不同基本运行状态。电动机空载时，转子转速相对较高，转差率很低，可能小于 1%。

当负荷加大后，转子受到的阻力增大，转速降低，转差率会增加，一般为 5%～10%。此时转子导体切割磁场速度加快，感应电动势和电流都会增加，以产生更大的转矩以平衡负载。总的来看，转子从空载到重载虽然转差率可以成倍变化，但转速的变化不是很大。

如果在定子保持额定电压的情况下强行卡住转子，使之不能转动，称为"堵转"状态。此时转差率将增到 100%，转子导体以同步转速切割旋转磁场，将产生极大的电流，很容易把电动机烧毁。电动机起动时，在定子加上三相额定电压、转子还没有转动的瞬间，就相当于堵转状态。只不过由于转子绕组有阻抗和功率因数较低的原因，转子电流并不与转差率成正比，一般可达额定电流的 6～7 倍。只有小功率（几千瓦以下）异步电动机才能直接起动，功率较大的电动机起动时，要采取降低电压等措施以减小起动电流。

如果有另外的动力带动异步电动机转动（如由发动机带动或汽车下坡时），并使转子转速超过同步转速，也就是转子比磁场转得更快，此时异步电动机就切换成发电机状态，转子吸收外部机械能而转变为电能。

（2）三相异步电动机的机械特性　异步电动机运转时转子电流在磁场中受力而产生的转矩，称为电磁转矩 T。在额定电压情况下，电磁转矩与转速的关系如图 3-14 所示。图中，N 为额定工作点，即定子加上三相额定电压 U_{1N} 时，电流为额定电流 I_{1N}，转子达到额定转速 n_N 以及额定转矩 T_N。

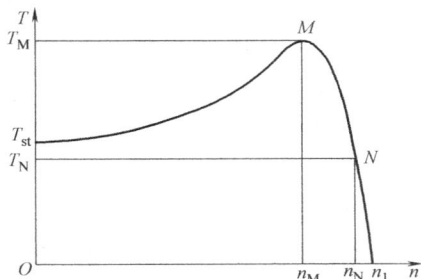

在电动机起动瞬间，转速为 0，转矩 T_{st} 为起动转矩。此时虽然起动电流很大，但由于转子电路功率因数较低，起动转矩并不是很大。在起动过程中，电磁转矩一定要大于负载转矩，电动机才能逐渐加速。在电动机加速过程中，电磁转矩也逐渐增大。曲线中有一个最大转矩点 M，对应转速 n_M 比额定转速低一些。转速超过 n_M 后，随着转速的继续增加，转矩逐渐减小，最后与负载转矩平衡，达到稳定转速。图中 n_1 为同步转速，对应电磁转矩为 0。

图 3-14　异步电动机的机械特性

实际运行时电动机工作在额定点 N 附近。若减小负载，转速将升高，但转子转速不会达到同步转速；反之若加大负载，转速将降低，只要负载转矩不超过最大转矩 T_M，电动机的电磁转矩总能与负载转矩相平衡，所以电动机转速在 n_M 与 n_1 之间是稳定的。一旦负载转矩超过了最大转矩 T_M，电动机将很快减速，减速过程中电磁转矩进一步减小，最终导致停机。因此转速低于 n_M 时电动机是不稳定状态。

一般异步电动机的最大转矩为额定转矩的 2 倍左右，这就意味着电动机有很大的过载能力。但电动机不能长时间过载运行，不然会因过热而损坏。

（3）异步电动机的起动和制动

1）异步电动机的起动。如前所述，异步电动机起动电流可达到额定电流的 6~7 倍，不过一般电动汽车中电动机起动时间很短，约为 3s，电动机起动后转速迅速升高，电流很快减小，因此并不会引起严重的发热问题。但直接起动时，过大的起动电流会对供电线路造成较大的电压降，起动转矩也会对机械系统造成冲击。为此，可根据具体情况采取降低定子电压或空载起动等方法。

2）异步电动机的制动。与直流电动机类似，异步电动机的制动方法也有三种：反接制动、能耗制动和再生制动。对电动汽车最重视的是利用再生制动回收能量的问题，也就是在某些情况下（汽车下坡或制动时），转子转速会高于旋转磁场转速，异步电动机就会切换成发电机状态，此时转子吸收机械能而转变为电能，可以用来给蓄电池充电。一般情况下，电动汽车利用再生制动回收的能量可达车辆所消耗能量的 10%~15%，这对于电动汽车的节能具有重要意义。

3.3.4　异步电动机的驱动控制系统

1. 异步电动机的基本调速方法

改变异步电动机供电电压（调压）或改变供电频率（调频），都可以改变电动机的转

速。例如在负载转矩不变的情况下，降低定子端电压，转速就会降低；提高电源频率，旋转磁场转速以及转子转速都会提高等。为了保持电动机良好的运行性能，在调速过程中，常将调压和调频两种方法同时进行，这种调速方法称为变压变频（Variable Voltage and Variable Frequency，VVVF）。

一般以额定状态（额定电压、额定频率、额定转速）为基准，将调速范围大体分为两个阶段，如图 3-15 所示。

图 3-15　异步电动机的调速特性

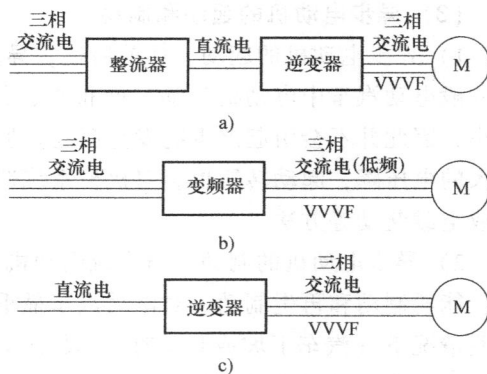

1）需要调低转速时，可以降低定子供电频率 f_1，但若电动机端电压 U_1 不变，仅降低频率时，由式（3-12）可知，为了维持电压与电动势的平衡，磁通量成反比地增大，这将导致磁场过度饱和，引起电动机功率因数下降和发热，因此还需同时降低电压，也就是使 $U_1/f_1 \approx$ 常数，以保持磁通量 Φ 基本恒定。在低于额定转速的调速范围内，磁通量 Φ、定、转子电流以及电磁转矩都基本不变，故称为恒转矩调速。

2）当需要调高转速时，可以提高供电频率 f_1，但保持定子电压 U_1 基本不变，此时磁通量 Φ 将减小，电磁转矩 T 也相应减小，而定子和转子的电流基本不变。因转速提高而转矩减小，输出机械功率基本不变，属于恒功率调速。从输入功率角度看，因电压和电流都基本不变，所以输入的电功率也基本不变。这种减小磁通的调速方式也称为弱磁调速。

在电动汽车驱动中，为了提高调速性能，希望恒功率区的转速范围尽可能宽一些。这种 VVVF 调速的频率调节范围很宽，一般为 0.5～320Hz。

2. 常用的电源变换电路

根据以上分析可知，异步电动机需要电压和频率分别可调的交流电进行驱动并控制其运行状态，需要逆变器或变频器作为驱动电源。通常用于异步电动机驱动的电源变换电路有三种基本形式，分别如图 3-16a、b、c 所示。

在装有交流发电机的混合动力电动汽车上，可以采用图 3-16a 所示的交-直-交变频系统，或图 3-16b 所示的交-交变频系统。其中，对于图 3-16a 所示的交-直-交变频系统，可有两种配置方式：用可控整流器调节电压，配合一般的电压型或电流型逆变器用以调节频率；

图 3-16　异步电动机驱动电路的三种形式

用不可控整流器，配合脉宽调制（PWM）型逆变器同时调节电压和频率。对于图 3-16b 所示的交-交变频系统，没有整流和逆变，只有变频环节，而且输出频率较低，应用较少。

图 3-16c 所示的直-交逆变器普遍用于蓄电池或燃料电池电动汽车上的交流电机驱动系统。与图 3-16a 所示逆变器一样，也可以采用电压型、电流型或脉宽调制型逆变器。

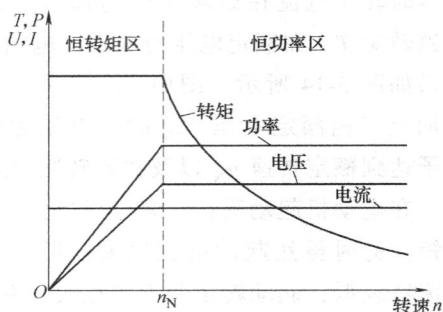

3. 逆变器的控制技术简介

由前述可知，异步电动机的调速控制，就是通过对电动机电压、频率等参数的调节控制，实现电动机的平稳起动、大范围调速以及再生制动等运行性能要求。异步电动机的控制方法有多种，最基本的控制方法就是前述的变压变频控制（即 VVVF 控制），也就是通过电压和频率的配合调节来改变电动机的转矩和转速的方法。这种方法适用于一般稳态（缓慢的）调速，但动态响应性能不够理想。现代异步电动机多采用"矢量控制"技术，使得异步电动机达到与直流电动机一样优异的调速控制性能。矢量控制技术是在对异步电动机深入理论分析的基础上发展起来的。矢量就是旋转向量（或相量），矢量控制的基本思路是通过坐标变换等方法将电动机定子电流矢量分解成产生磁场的分量与产生转矩的分量，再根据实际运行的要求形成幅值和相位可控的定子电流矢量，从而可达到控制电动机转矩和转速的目的。这种方法理论分析非常复杂，具体矢量控制技术有多种，动态控制效果非常好。

图 3-17 所示为异步电动机的一种矢量控制系统框图，主要包括以下四部分：

（1）**主电路** 包括整流器和逆变器。图中采用交-直-交变频，功率开关管用的是绝缘栅双极型晶体管（IGBT）。

（2）**控制电路** 控制器采用数字信号处理器（DSP，有专用的处理器电路模块）。

（3）**传感器部分** 包括电流传感器（或称电流检测器）和编码器等。电流检测器的作用是取得三相交流电信号，编码器用于将电动机转子转速和相位变化信号送到速度控制器。

（4）**交流异步电动机** 多采用笼型异步电动机。

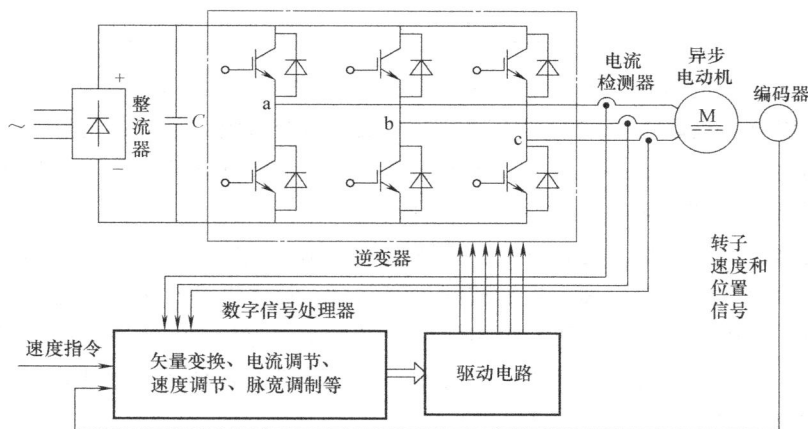

图 3-17 异步电动机的矢量控制系统框图

从电流检测器取得的三相交流电信号经 A-D 转换后给出当前电流信息，从编码器取得电动机转子转速和相位变化信号后与速度指令信号（驾驶人踏板信息）比较，产生磁场和转矩以及电流的修正信息，再经坐标变换处理后得到三相电流的矢量控制信号，然后生成相应的脉宽调制（PWM）信号，就可以送到 6 个功率开关器件 IGBT 的栅极，对电动机的电压、电流、频率和相位按新的速度指令进行调控，从而改变电动机的转矩和转速。

编码器是一种常用的转子速度和位置传感器（图 3-18），主要包括编码盘和光电检测器两部分。其中编码盘划分为若干角度区域，如图 3-18 中 A、B、C 所示，上面有一些黑白相间的色块，而每个小角度区域的黑白色块可构成二进制编码。例如若规定白色为 0，黑色为

1，则位置 A 对应的二进制编码为 001，位置 B 对应的二进制编码为 010，位置 C 对应的二进制编码为 011，依次类推即可获得更多二进制编码。电控单元通过光电检测器检测到这些二进制信号，就可以取得转子位置信号，通过信号变化的速度就可以计算转子的转速。

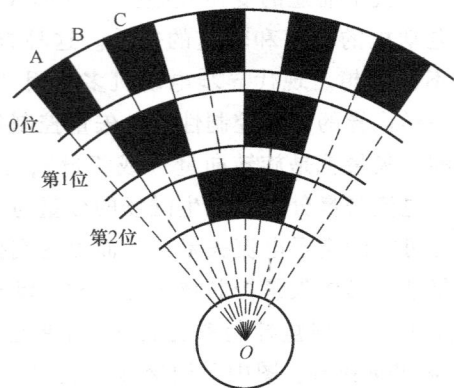

图 3-18　光电编码器原理

3.4　永磁无刷直流电动机

3.4.1　永磁电动机的分类

现有的永磁电动机基本上可分为永磁有刷直流电动机、永磁同步电动机、永磁无刷直流电动机和永磁混合式电动机四类。其中，后三类没有传统直流电动机的电刷和换向器，故统称为永磁无刷电动机。在电动汽车中，永磁无刷直流电动机和永磁同步电动机应用较多。

1. 永磁无刷直流电动机

永磁无刷直流电动机是具有直流电动机特性的无刷直流电动机，其反电动势波形和供电电流波形都是矩形波，因而又称为矩形波同步电动机。这类电动机由直流电源供电，借助位置传感器检测主转子的位置，由所检测出的信号去触发相应的电子换相线路，以实现无接触式换相。显然，这种无刷直流电动机具有有刷直流电动机的各种运行特性。

2. 永磁同步电动机

永磁同步电动机是具有交流电动机特性的无刷直流电动机，其反电动势波形和供电电流波形都是正弦波，因而又称为正弦波同步电动机。这类电动机也由直流电源供电，但通过逆变器将直流电变换成交流电，然后去驱动一般的同步电动机。因此，它具有同步电动机的各种运行特性。

本节介绍永磁无刷直流电动机，下节介绍永磁同步电动机。

3.4.2　永磁无刷直流电动机的特点及应用

1. 永磁无刷直流电动机的主要优点

（1）**高效率**　永磁无刷直流电动机在所有电动机中的效率最高，这是因为励磁材料采用

了永磁体，没有功率消耗。没有机械式换向器和电刷意味着机械摩擦损耗低，因此效率更高。

（2）**体积小** 由于高能量密度永磁体（稀土永磁体）的引入使永磁无刷直流电动机能获得非常高的磁通密度，这就相应地有可能获得高转矩，从而能使电动机体积小且重量轻。

（3）**易控制** 永磁无刷直流电动机与直流电动机一样易于控制，这是因为在电动机的全运行过程中控制变量容易获得且保持不变。

（4）**易冷却** 转子中没有环行电流，因此永磁无刷直流电动机的转子不会发热，仅在定子上有热量产生。定子比转子更易于冷却，因为定子是静止的，且位于电动机的边缘。

（5）**低廉的维护、显著的可靠性和长寿命** 没有电刷和机械式换向器就不需要相关的定期维护，并且排除了相关部件出现故障的危险。因此，电动机的寿命仅随绕组绝缘、轴承和永磁体寿命而变化。

（6）**低噪声** 由于采用电子换向器，而不是机械式换向器，不存在伴随换向器的噪声。驱动逆变器的开关频率足够高，可使谐波噪声处于听不见的范围。

2. 永磁无刷直流电动机的主要缺点

（1）**成本** 稀土永磁体比其他永磁体要昂贵，故导致电动机成本上升。

（2）**有限的恒功率范围** 大的恒功率范围对获得高的车辆效率是至关重要的。永磁无刷直流电动机不能获得大于基速两倍的最高转速。

（3）**安全性** 在电动机制造过程中，由于大型稀土永磁体可以吸引飞散的金属物体，可能有危险性。同时，万一车辆遭遇事故，若车轮自由旋转，而电动机仍然由永磁体励磁，则在电动机的接线端将出现高电压，可能会危及乘客或援救者。

（4）**磁体退磁** 永磁体可被大的反向磁动势和高温退磁。对每一种永磁材料，其临界去磁力是不同的。当冷却电动机时，特别是电动机构造紧凑的，必须非常小心。

（5）**高速性能** 永磁体采用表面安装方式的电动机不可能达到高速，这是因为受限于转子磁轭与永磁体之间装配的机械强度。

（6）**永磁无刷直流电动机驱动中的电子换向电路故障** 由于永磁体位于转子，永磁无刷直流电动机呈现的主要危险在于电子换向电路出现短路故障，导致旋转的转子总是被励磁，从而持续地在短路绕组中感生电动势，短路绕组中极大的环流和相应的大转矩将堵转转子，从而使车轮停转。对于车辆，一个或几个车轮停转的危险是不可忽视的。若后轮被堵转，前轮仍在旋转，则车辆将会失控地转动；若前轮被堵转，则驾驶人将无法对车辆进行方向控制；若只有一个车轮被堵转，将产生使车辆旋转的侧滑转矩，导致车辆难以控制。除上述车辆可能发生的危险外，还应注意电子换向电路短路引起的大电流将导致永磁体处于退磁和毁损的危险之中。

永磁无刷直流电动机驱动的开路故障不会直接危及车辆的稳定性。但是，由于开路导致的无法控制电动机将带来车辆控制方面的问题。因为永磁体总是在励磁，且未能予以控制，所以很难控制永磁无刷直流电动机，使故障最小化。当永磁无刷直流电动机运行在恒功率区时，这是一个特别重要的问题。在恒功率区中，由定子所产生的磁通与磁体产生的磁通反向，并使电动机以较高转速旋转。如果定子磁通消失，磁体产生的磁通将在绕组中感生一个大的电动势，该电动势可危及电子元器件或乘客安全。

3. 永磁无刷直流电动机在新能源汽车上的应用

通过采用高能量的永磁体作为励磁部分，永磁电动机驱动具有设计成高功率密度、高转

速和高效率电动机的潜力。这些显著优势使其在电动汽车和混合动力电动汽车中的应用令人瞩目。在永磁电动机系列中，无刷直流电动机驱动是应用于电动汽车和混合动力电动汽车最有希望的选择对象。

3.4.3 永磁无刷直流电动机的结构

永磁无刷直流电动机不能独立运行，需要与传感器和控制电路配合。因此整个永磁无刷直流电动机系统除了转子和定子以外，还包括电子换向器和转子位置传感器等。

1. 转子

位于永磁无刷直流电动机转子上的永磁体多使用钕铁硼等稀土永磁材料，结构上采用表面贴装或嵌入式，在电动机中用永久磁铁作磁极，可以省去励磁绕组，使电动机的结构得以简化。永久磁铁在转子上的安装方式大体上可以分为表面贴装式、嵌入式等类型，如图 3-19 所示。为了分析方便，将磁极轴线称为 d 轴（直轴），将相邻两磁极之间的中心线称为 q 轴（交轴）。

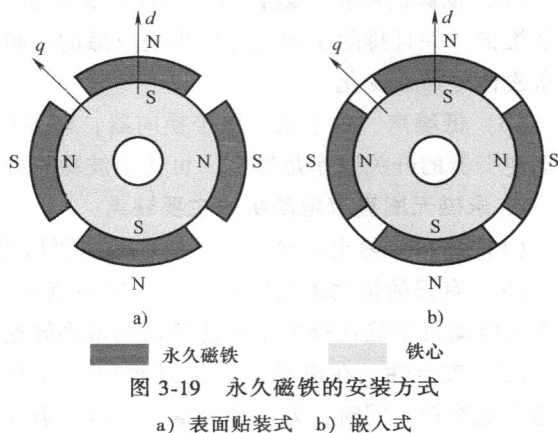

图 3-19　永久磁铁的安装方式
a）表面贴装式　b）嵌入式

表面贴装式磁极（图 3-19a）是将永久磁铁贴装在转子圆柱形铁心表面，结构比较简单。由于永久磁铁的磁导率接近空气的磁导率，d 轴与 q 轴的磁阻基本相同。将磁铁贴在转子表面，将使定子与转子铁心的间隙较大，也就是磁路的磁阻较大，不过定子电流对转子磁场的影响（称为"电枢反应"）也可降低。

嵌入式磁极（图 3-19b）是将永久磁铁嵌入转子表面以下，结构也比较简单。这种结构造成转子铁心的多齿形状，d 轴与 q 轴磁阻明显不同，d 轴磁阻大而 q 轴磁阻小，这样可以产生额外的磁阻转矩，有利于改善运行性能。

2. 定子

永磁无刷直流电动机的定子绕组与交流同步或异步电动机类似，也是多相绕组，但不一定是三相，也可以采用两相或四相等形式，其中以三相或四相绕组应用较多。

3. 电子换向电路

为了给定子绕组换向，需要接入电子换向电路。电子换向电路相当于前述功率变换电路或主电路，由若干大功率开关器件组成，开关器件的工作受转子位置传感器的控制。如图 3-20 所示，定子三相绕组分别与电子换向电路中功率开关管 VT_1、VT_2、VT_3 连接，绕组通电受开关管的控制。在电动机转轴上安装转子位置传感器。当定子绕组某一相通电时，所产生的磁场吸引转子转动一定的角度，在转动过

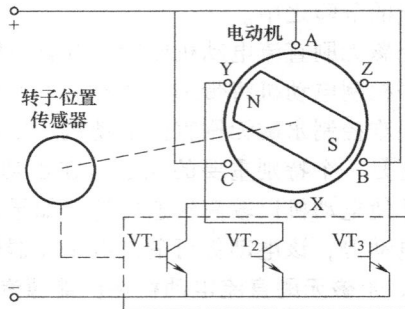

图 3-20　永磁无刷直流电动机的电子换向电路

程中，转子位置传感器随时感受转子位置的变化，及时控制换向电路的开关管接通下一相绕组，使定子各相绕组轮流通电。由于电子换向电路的各相导通顺序是与转子转角自动同步的，可以起到与机械式换向器相同的换向作用。

电子换向电路由功率变换主电路和控制电路两大部分组成，与前述逆变器电路类似。与逆变器不同的是，电子换向电路输出的频率不是独立可以调节的，而是受控于转子位置信号，因此电子换向电路不具有变频功能。

4. 转子位置传感器

转子位置传感器也称为转子位置检测器，与发动机曲轴位置传感器类似，根据工作原理的不同可分为光电式、磁感应式以及霍尔式等，具体可参考有关汽车电子控制类教材，这里不再详细介绍。

3.4.4 永磁无刷电动机的基本控制原理

永磁无刷电动机的定子电枢多采用三相或四相绕组，常用的联结形式有星形和三角形两种。电子换向开关电路也有两种，一种是半控式（半控桥），另一种是全控式（全控桥）。常用的电枢绕组连接及开关电路如图 3-21 所示。不同的绕组连接形式对应的电子换向电路控制方式也不同，对电动机的性能影响也不同。下面介绍几种简单的换向控制方法。

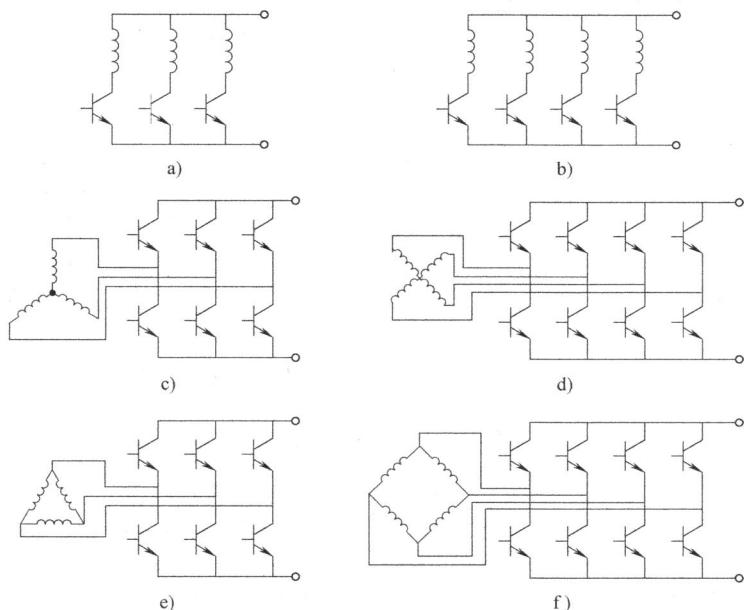

图 3-21 无刷电动机绕组连接方式

a）三相星接半控 b）四相星接半控 c）三相星接全控 d）四相星接全控

e）三相三角接全控 f）四相三角接全控

1. 三相半控电路

采用三相半控桥控制的永磁无刷电动机的工作原理如图 3-22 所示。图中转子位置传感器采用光电式，上面有三个光电元件 VP_1、VP_2、VP_3，彼此间隔 120°布置，产生的光电信

号分别用于触发三个功率开关管 VT$_1$、VT$_2$、VT$_3$。在传感器上还安装了一块遮光板，当传感器的遮光板随转子转动时，每个瞬间只能有一个光电元件受到光照，产生的电信号可触发对应的功率开关管的控制极使之导通，从而给所连接的对应相绕组通电。

与图 3-22 对应的定子磁场及转子旋转示意图如图 3-23 所示。例如某瞬间 VP$_1$ 被光照射时 VT$_1$ 导通，A 相绕组 A-X 通电，设电流方向如图 3-23a 所示，A 相电流产生的磁场方向为图中所示 F_a 方

图 3-22　三相半控桥控制电路原理图

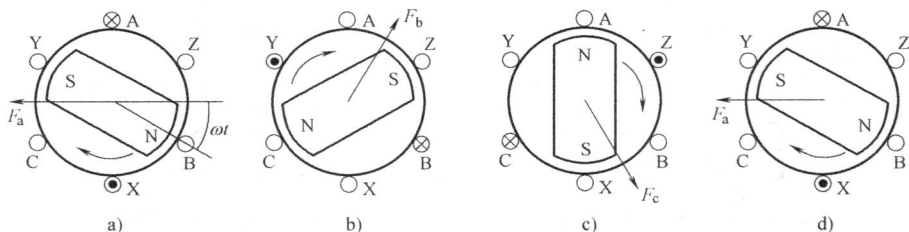

向。在 A 相磁场的作用下，转子将会沿顺时针方向转动，即转子 N 极从 A-X 连线的右侧转到 A-X 连线的左侧。当转子磁极按顺时针方向转了约120°到达图 3-23b 所示位置时，装在转子轴上的遮光板跟着同步转动并会遮住 VP$_1$，而使 VP$_2$ 受光照，从而使开关管 VT$_1$ 截止、VT$_2$ 导通，此时 B 相绕组 B-Y 通电，B 相绕组的磁场 F_b 大约领先转子 N 极120°，吸引转子磁极继续按顺时针方向转动。同理，当转子再顺时针转120°到达图 3-23c 所示位置时，遮光板也再转120°，此时 VP$_3$ 受到光照使开关管 VT$_3$ 导通，C 相绕组 C-Z 通电，C 相电流磁场 F_c 再吸引转子继续沿顺时针方向转动，直到图 3-23d 所示位置，即与图 3-23a 所示位置重合。由此可见，随着转子位置传感器遮光板依次轮流控制 A、B、C 各相通电，就可以吸引转子连续转动。

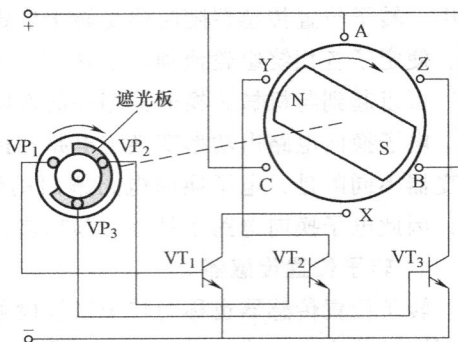

图 3-23　三相半控电路定子磁场及转子旋转示意图

下面简单分析各相电流和电磁转矩与转子转角的关系。为了便于分析，以 $-F_a$（即与 A 相电流磁场相反的方向）为角度坐标原点，转子 d 轴（即 N 极方向）与 $-F_a$ 之间的夹角 ωt 为自变量，定子各相电流及电磁转矩随角度 ωt 的变化如图 3-24 所示。值得注意的是，当某相绕组通电时，电流的大小并不改变，虽然三相绕组轮流通电，但只是轮流通直流电，各相绕组通电时间彼此相差120°电角度，并非三相正弦交流电，如图 3-24 上半部分所示，当定子各相绕组轮流通电时，所形成的定子磁场是跳跃式变动的，磁场只在三个固

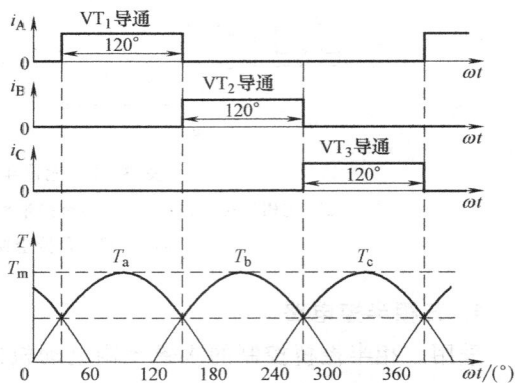

图 3-24　各相电流和电磁转矩的变化

定方向即 F_a、F_b、F_c 之间轮流变化，某相绕组通电的一段时间内磁场并不旋转，这与交流同步或异步电动机外加三相交流电时形成连续旋转的磁场不同。

定子电流与转子磁场之间的相互作用形成电磁转矩，电磁转矩的大小与定子和转子磁场轴线间的夹角 θ 的正弦 $\sin\theta$ 成比例，这与永磁同步电动机永磁转矩和功率角的关系是类似的。由图 3-24 下半部分可以看到，当某相绕组通电时，转矩随转子转过的角度而改变，当 $\omega t = 90°$ 时，即定子和转子磁场轴线互相垂直时，电磁转矩达到最大值 T_m，并且瞬时电磁转矩在 T_m 与 $T_m/2$ 之间变化。由此可知，这种采用三相半控方式的永磁无刷电动机电磁转矩的波动比较大。

2. 三相全控电路

采用三相全控电路的永磁无刷电动机的定子也是三相绕组，绕组可以是星形或三角形联结。下面以星形联结为例介绍三相全控电路的工作原理。如图 3-25 所示，当三相绕组为星形联结时，每个瞬间要有两相或三相绕组同时通电，如电流从 A 相流入，从 B、C 两相流出，或从 B 相流入，从 A、C 两相流出等。相应也就有不同的控制通电方式，常用的是每次两个绕组通电的"两两导通"方式，即每个瞬间有两个功率开关管导通，控制两相绕组通电。在图 3-26a 所示阶段，功率开关管 VT_1 与 VT_5 导通，电流从电源正极—VT_1—A 相绕组—B 相绕组—VT_5—电源负极。A、B 两相电流合成磁场方向如图 3-26a 中箭头所示，转子磁体受定子磁场吸引将沿顺时针方向转动，当转子转过 60° 后，功率开关管 VT_1、VT_6 导通，电流经 VT_1—A 相绕组—C 相绕组—VT_6，如图 3-26b 所示，定子磁场吸引转子再转 60°。以后各阶段以此类推，整个过程分为 6 个状态，每隔 60° 绕组换向一次，功率开关管的导通顺序为 VT_1 和 VT_5—VT_1 和 VT_6—VT_2 和 VT_6—VT_2 和 VT_4—VT_3 和 VT_4—VT_3 和 VT_5，定子绕组通电顺序分别为 AB—AC—BC—BA—CA—CB，定子通电及转子位置分别如图 3-26a～f 所示。可见每相绕组通电时间延续两个相邻的导电状态，即 120° 电角度。

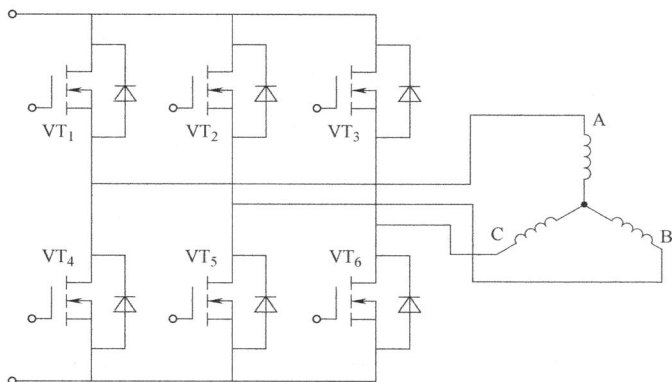

图 3-25　星形联结三相全控电路

三相星形联结全控电路各相绕组导通顺序和电磁转矩的变化如图 3-27 所示。图中各相电流坐标中同时标出了对应导通的功率开关管，角度坐标确定方法与图 3-23 相同。与三相半控电路相比，由于每个瞬间都有两相绕组通电，产生的合成磁场有所加强，相应电磁转矩约增加到 $\sqrt{3}$ 倍。并且这种两两导通方式电磁转矩的波动也比三相半控的小得多，若转矩最大值为 T_m，则瞬时转矩在 T_m 与 $0.87T_m$ 之间变化。

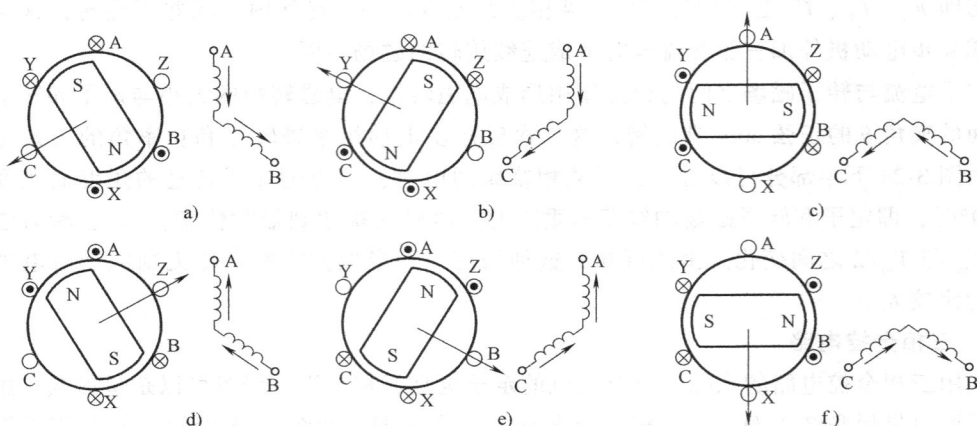

图 3-26 三相星形联结全控电路定子磁场及转子旋转示意图

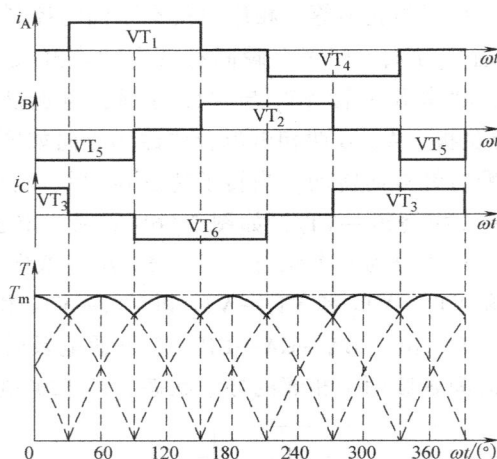

图 3-27 三相星形联结全控电路各相绕组导通顺序和电磁转矩变化

3.5 永磁同步电动机

3.5.1 永磁同步电动机的结构

永磁同步电动机的基本结构与交流异步电动机类似，也包括定子部分和转子部分，如图 3-28 所示。

三相永磁同步电动机具有三相分布着绕组的定子和永磁转子，在磁路结构和绕组分布上保证反电动势波形为正弦波，为了进行磁场定向控制，输入定子的电压和电流也为正弦波。根据永磁体在转子上的位置不同，永磁同步电动机可以分为内置式永磁同步电动机（SPM）和外置式永磁同步电动机（IPM）。

1. 内置式永磁同步电动机

内置式永磁同步电动机按永磁体磁化方向可分为径向式、切向式和混合式，在有阻尼绕

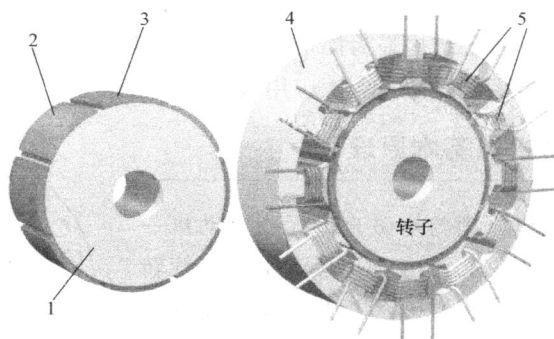

图 3-28 永磁同步电机结构

1—转子铁心 2—永磁体 S 极 3—永磁体 N 极 4—定子铁心 5—定子绕组

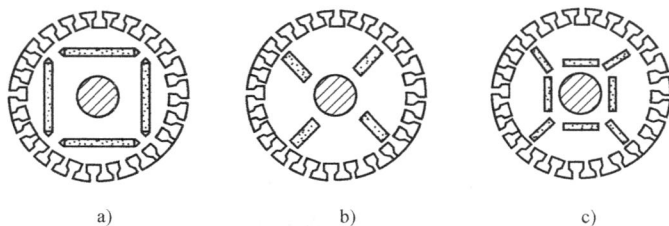

图 3-29 内置式永磁同步电动机转子结构示意图

a）径向式 b）切向式 c）混合式

组情况下如图 3-29 所示。

内置式永磁同步电动机的转子由于内部嵌入永磁体，容易导致转子机械结构上的凸极特性。

2. 外置式永磁同步电动机。

外置式永磁同步电动机根据永磁体是否嵌入转子铁心中，可以分为面贴式和插入式两种，如图 3-30 所示。

面贴式永磁同步电动机的转子永磁体一般为瓦片形，通过合成粘胶粘于转子铁心表面。在功率较大的面贴式永磁

图 3-30 外置式永磁同步电动机转子结构示意图

a）面贴式 b）插入式

1—永磁体 2—转轴

同步电动机中，永磁体与气隙之间可以通过无纬玻璃丝加以捆绑保护，防止永磁体因转子高速转动而脱落。在面贴式永磁同步电动机中，由于永磁体的相对磁导率接近真空磁导率（$\mu=1.0$），等效气隙基本均匀，交轴和直轴电感基本相等，是一种隐极式同步电动机。

插入式永磁同步电动机的永磁体嵌入转子铁心中，两个永磁体之间的铁心成为铁磁介质凸出的部分。插入式永磁同步电动机的交轴（q 轴）方向上的气隙比直轴（d 轴）的小，交轴的电感也比直轴大，是一种凸极式永磁同步电动机。相对而言，由于永磁体的存在使得面贴式永磁同步电动机定子和转子之间的有效气隙较大，因而定子的电感较小。

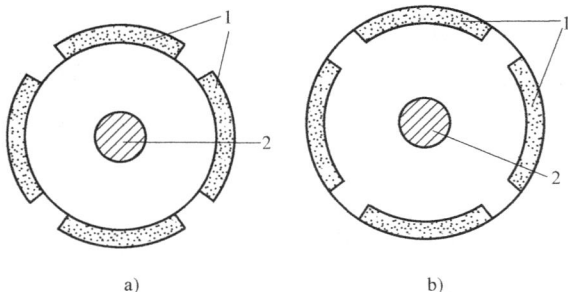

外置式永磁同步电动机的结构比内置式简单，并且制造容易，因而工业上应用较多。其中面贴式永磁同步电动机的转子结构最为简单，与插入式相比，它提高了转子表面的平均磁密，可以得到更大的电磁转矩，因而工业上应用较多。

3.5.2 永磁同步电动机的基本原理

永磁同步电动机的工作原理与永磁直流无刷电动机一样，当定子绕组输入三相正弦交流电时，会产生一个旋转磁场。该旋转磁场与转子的永磁体磁场相互作用，使转子产生电磁转矩，并随着定子的旋转磁场转动，由于转子的转动与旋转磁场同步，故称为永磁同步电动机。其绕线形式如图 3-31 所示。对于某一型号的同步电动机，转速只与电源的频率有关。

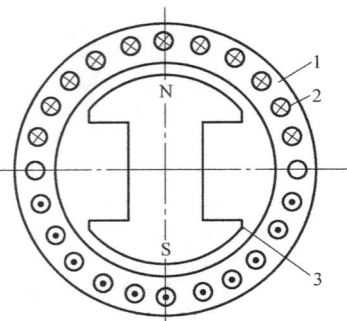

图 3-31 永磁同步电动机的绕线形式
1—定子铁心 2—定子绕组 3—转子

3.5.3 永磁同步电动机的特点

1. 优点

永磁同步电动机与其他电动机相比，具有以下优点：

1）用永磁体取代绕线式同步电动机转子中的励磁绕组，从而省去了励磁线圈、集电环和电刷，以电子换向实现无刷运行，结构简单，运行可靠。

2）永磁同步电动机的转速与电源频率间始终保持准确的同步关系，控制电源频率就能控制电动机的转速。

3）永磁同步电动机恒转矩区较宽，一般延伸到电动机最高转速的 50% 左右，因而低速动力性较好；同时电动机最高转速较高，能达到 10000r/min。

4）具有较硬的机械特性，对于因负载变化而引起的电动机转矩的扰动具有较强的承受能力，瞬间最大转矩可以达到额定转矩的 3 倍以上，适合在负载转矩变化较大的工况下运行。

5）永磁同步电动机的转子为永久磁铁，无需励磁，因此电动机可以在很低的转速下保持同步运行，调速范围宽。

6）永磁同步电动机与异步电动机相比，不需要无功励磁电流，因而功率因数高，定子电流和定子铜耗小，效率高。

7）体积小、重量轻。近年来，随着高性能永磁材料的不断应用，永磁同步电动机的功率密度得到很大提高，比起同容量的异步电动机，体积和重量都有不小的降低，使其适合应用在许多特殊场合。

2. 缺点

永磁同步电动机存在以下缺点：

1）由于永磁同步电动机的转子为永磁体，无法调节，必须通过增加定子直轴去磁电流分量来削弱磁场，这会增大定子的电流，增加电动机的铜耗。

2）永磁电动机的磁钢价格较高。

3）永磁同步电机低速效率较低。

总体而言，永磁同步电动机由于体积小、重量轻、转动惯量小且功率密度高（可达1kW/kg），适合电动汽车空间有限的特点需要；另外，它的转矩惯量比大，过载能力强，尤其低转速时输出转矩大，适合电动汽车的起动加速。因此，永磁同步电动机得到电动汽车行业的广泛重视，并且应用普遍。

3.5.4 永磁同步电动机的控制方法

目前，三相同步电动机主要有两种控制方式，一种是他控式（又称为频率开环控制），另一种是自控式（又称为频率闭环控制）。他控式主要是通过独立控制电源频率的方式来调节转子的转速，不需要知道转子的位置信息，经常采用恒压频比的开环控制方案。自控式也是通过改变外部电源的频率来调节转子的转速，与他控式不同，外部电源频率的改变是和转子的位置信息有关的，转子转速越高，定子通电频率就越高，转子的转速是通过改变定子绕组外加电压（或电流）频率的大小来调节的。由于自控式同步电动机不存在他控式同步电动机失步和振荡的问题，并且永磁同步电动机用永磁体作为转子也不存在电刷和换向器，降低了转子的体积和质量，提高了系统的响应速度和调速范围，且具有直流电动机的性能，因此本节主要讨论自控式。

1. 矢量控制

矢量控制理论的基本思想是：以转子磁链旋转空间矢量为参考坐标，将定子电流分解为相互正交的两个分量，一个与磁链同方向，代表定子电流励磁分量；另一个与磁链方向正交，代表定子电流转矩分量，分别对其进行控制，获得与直流电动机一样良好的动态特性。因其控制结构简单，控制软件较容易实现，已被广泛应用到调速系统中。

永磁同步电动机矢量控制策略与异步电动机矢量控制策略稍有不同。由于永磁同步电动机的转速和电源频率严格同步，其转子转速等于旋转磁场转速，转差恒等于零，没有转差功率，控制效果受转子参数影响小。因此，在永磁同步电动机上更容易实现矢量控制。永磁同步电动机输出电磁转矩对应多个不同的交轴、直轴电流组合，而不同组合对应着不同的系统效率、功率因素以及转矩输出能力，因此永磁同步电动机有不同的电流控制策略。

（1）$i_d = 0$ 控制　该种控制又称为磁场定向控制。目前，在永磁同步电动机伺服系统中，$i_d = 0$ 控制是主要的控制方式。通过检测转子磁极空间位置 d 轴，控制逆变器功率开关器件导通或关断，使定子合成电流位于 q 轴，此时 d 轴定子电流分量为零，永磁同步电动机电磁转矩正比于转矩电流，即正比于定子电流幅值，只需控制定子电流大小就可以很好地控制永磁同步电动机的输出电磁转矩。

（2）最大转矩/电流比控制　在电动机输出相同电磁转矩下使电动机定子电流最小的控制策略称为最大转矩/电流比控制。

最大转矩/电流比控制实质是求电流极值问题，可以通过建立辅助方程，采用牛顿迭代法求解。但是，计算量较大，在实际应用中系统实时性无法满足，只有通过离线计算出不同电磁转矩对应的交轴、直轴电流，以表格的形式存放于 DSP 中，实际运行时根据负载情况查表求得对应的主 i_d 和 i_q 进行控制。

（3）弱磁控制　永磁同步电动机弱磁控制的思路来自他励直流电动机调磁控制。对于

他励直流电动机，当其电枢端电压达到最高电压时，为使电动机能运行于更高转速，采取降低电动机励磁电流的方法，以平衡电压。在永磁同步电动机电压达到逆变器所能输出的电压极限后，要想继续提高转速，也要采取弱磁增速的办法。

永磁同步电动机励磁磁动势由永磁体产生，无法像他励直流电动机那样通过调节励磁电流实现弱磁。传统方法是通过调节定子电流 i_d 和 i_q，增加定子直轴去磁电流分量实现弱磁升速。为保证电动机电枢电流幅值不超过极限值，转矩电流分量 i_q 应随之减小，因此这种弱磁控制过程本质上就是在保持电动机端电压不变的情况下减小输出转矩的过程。永磁同步电动机直轴电枢反应比较微弱，因此需要较大的去磁电流才能起到去磁增速的作用。由于电动机工作在额定电流情况下，去磁电流的增加有限，采用这种方法所能得到的弱磁增速范围也是有限的。

图 3-32 所示为某电动汽车用永磁同步电动机矢量控制系统框图。由图可知，通过分别比较控制永磁同步电动机的电流实际值 i_d、i_q 与给定值 i_d^*、i_q^*，实现其转速和转矩控制。并且 i_d 和 i_q 独立控制，便于实现各种先进的控制策略。

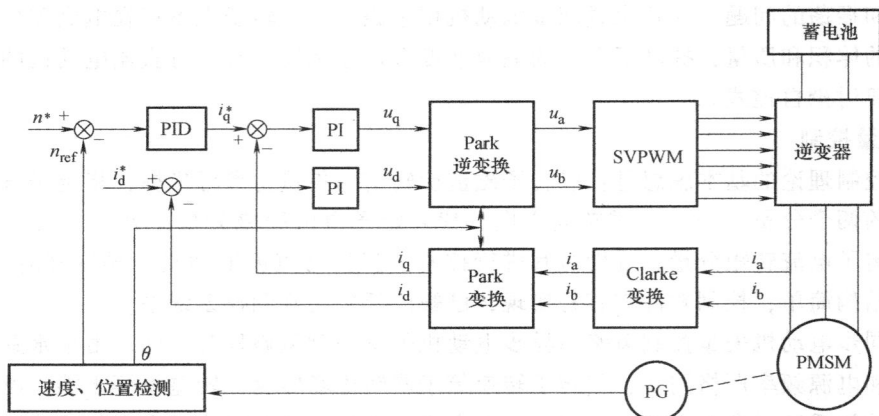

图 3-32　永磁同步电动机矢量控制系统框图

SVPWM—Space Vector Pulse Width Modulation，空间矢量脉宽调制

PMSM—Permanent Magnet Synchronous Motor，永磁同步电动机

根据永磁同步电动机具体应用的要求不同，可以采用的控制方法主要有 $i_d=0$ 控制、$\cos\varphi=1$ 控制、恒磁链控制、最大转矩/电流比控制、弱磁控制以及最大输出功率控制等。当电动汽车正常行驶时，电动机转速处于基速以下运行，在定子电流给定的情况下，$i_d=0$ 的电磁转矩 $T_e=p_n\psi_f i_q$，这样只要控制 i_q 的大小就能控制转速和转矩，实现矢量控制；当电动机转速在基速以上时，由于永磁体的励磁磁链为常数，电动机感应电动势随着电动机转速成正比增加，电动机感应电压也随之升高，但是电动机相电压和相电流的有效值的极限值受到与电动机端相连的逆变器的直流侧电压和最大输出电流的限制，因而必须进行弱磁升速。通过控制 i_d 来控制磁链，通过控制 i_q 来控制转速，从而实现矢量控制。在实际控制中，i_d 和 i_q 不能直接被检测，因此必须通过实时检测到的三相电流和电动机转子位置经坐标变换得到。

但矢量控制本身也存在一定的不足：

1）转子磁链的准确检测存在一定难度，转子磁链的计算对电动机的参数有较强依赖性，因此对参数变化较为敏感。为了克服这一问题，出现了多种参数辨识方法，但这些方法进一步增加了系统的复杂性。

2）由于需要进行解耦运算，采用了矢量旋转变换，系统计算比较复杂。

但是，PMSM 矢量控制系统能实现高精度、高动态响应性能和大范围的调速或伺服控制。随着工业领域对高性能伺服系统需求的不断增加，尤其是数控、机器人等方面技术的发展，PMSM 矢量控制系统作为一种相对比较成熟的控制策略具有广阔的应用前景。

2. 直接转矩控制

PMSM 直接转矩控制系统框图如图 3-33 所示。在实际系统中，开关信号是由转矩和定子磁链的给定值与反馈值的偏差经滞环比较得到的，而转矩和定子磁链的给定值是由电磁转矩和定子磁链估算模型计算得到的。

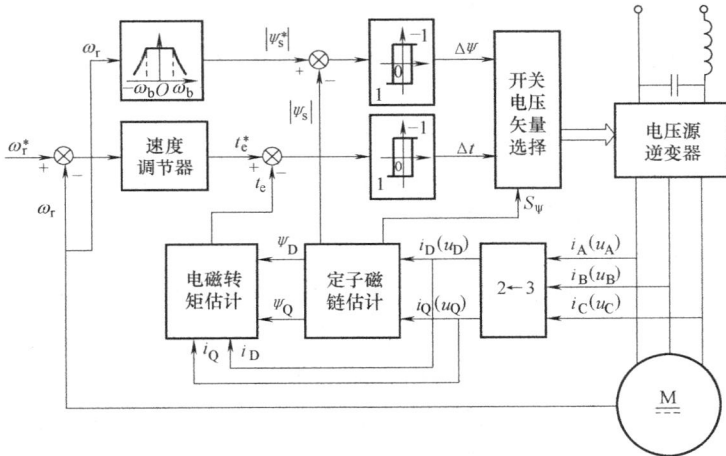

图 3-33　PMSM 直接转矩控制系统框图

根据直接转矩控制系统框图，可以得到其控制过程：对于逆变器输出的三相电流 i_A、i_B、i_c 通过 3/2 变换得到 i_D 和 i_Q；由逆变器的电压状态与逆变器的开关状态以及直流电压 U_{dc} 之间的关系，可以得到 u_D 和 u_Q。由磁链模型得到磁链在 DQ 坐标系上的分量 Ψ_D 和 Ψ_Q，再由 Ψ_D、Ψ_Q、i_D、i_Q 通过转矩模型得到转矩 t_e，与 PI 速度调节器输出的转矩给定 t_e^* 进行滞环比较，输出结果用来决定开关状态。将 Ψ_D 与 Ψ_Q 求平方和，得到的 $|\Psi_s|$ 与磁链给定值 $|\Psi_s^*|$ 进行比较，由滞环比较器输出结果。同时利用 Ψ_D 和 Ψ_Q 判断磁链所在区域，确定 θ 值，综合调节器的输出以及 θ 值，合理选择开关矢量以确定逆变器的开关状态。

直接转矩控制不需要传统矢量控制里复杂的旋转坐标变换和转子磁链定向，转矩取代电流成为受控对象，电压矢量则是控制系统唯一的输入，直接控制转矩和磁链的增加或减小，但是转矩和磁链并不解耦，对电动机模型进行简化处理，没有 PWM 信号发生器，控制结构简单，受电动机参数变化影响小，能够获得极佳的动态性能。

3. 智能控制

为了提高永磁同步电动机的控制性能和控制精度，模糊控制、神经网络控制等开始应用于同步电动机的控制。

采用智能控制的永磁同步电动机控制系统，在多环控制结构中，智能控制器处于最外环充当速度控制器，而内环电流控制、转矩控制仍采用 PI 控制、直接转矩控制等方法。这主要是因为外环是决定系统的根本因素，而内环主要的作用是改造对象特性以利于外环的控制。各种扰动给内环带来的误差可以由外环控制或抑制。

尽管在永磁同步电动机系统中应用智能控制，也不能完全摒弃传统的控制方法，必须将两者很好地结合起来，才能彼此取长补短，使系统的性能达到最优。

3.6 开关磁阻电动机

早在 1883 年就有开关磁阻电动机用于机车牵引的记载，但直到现代功率电子学和大功率计算机设备的出现，开关磁阻电动机的潜能才得以充分发挥。新能源汽车使用的开关磁阻电动机驱动系统是高性能一体化系统，主要由开关磁阻电动机、功率转换器、传感器和控制器四部分组成，如图 3-34 所示。

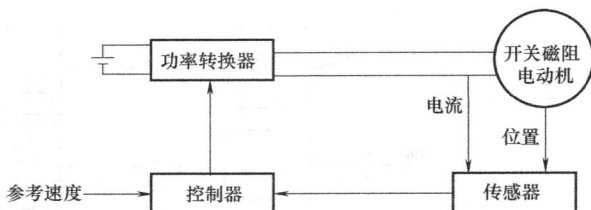

开关磁阻电动机作为驱动系统的主要组成部分，实现由电能向机械能的转换。功率转换器是连接电源和电

图 3-34　开关磁阻电动机驱动系统的基本组成

动机的开关器件，用于提供起动电动机所需的电能，功率转换器的结构形式一般与供电电压、电动机相数以及主开关器件种类有关。传感器主要用来反馈位置及电流信号，并把该信号传送给控制器。控制器是系统的中枢，起决策和指挥作用，主要是针对传感器提供的转子位置、速度和电流反馈信号以及外部输入的指令，实时分析处理，进而采取相应的控制策略，控制功率转换器中主开关器件的工作状态，实现对开关磁阻电动机运行状态的控制。

3.6.1 开关磁阻电动机的结构

开关磁阻电动机的基本组成包括转子、定子和电子开关，如图 3-35 所示。

1. 转子

开关磁阻电动机的转子由导磁性能良好的硅钢片叠压而成，转子的凸极上无绕组。开关磁阻电动机转子的作用是构成定子磁场磁通路，并在磁场力的作用下转动，产生电磁转矩。转子的凸极个数为偶数。实际应用的开关磁阻电动机的转子凸极最少有 4 个（2 对），最多有 16 个（8 对）。

2. 定子

开关磁阻电动机的定子铁心也是由硅钢片叠压而成的，成对的凸极上绕有两个串联的绕组。定子的作用是在定子绕组按顺序通电后，产生电磁力牵引转子转动。定子凸极的个数也是偶数，最少有 6 个，最多有 18 个。定子和转子的极

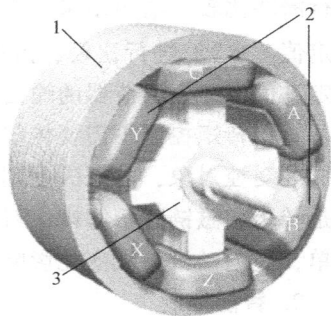

图 3-35　开关磁阻电动机的结构
1—定子铁心　2—定子绕组　3—转子

数组合见表3-3，目前应用较多的是四相8/6极结构和三相6/4极结构。

表3-3　开关磁阻电动机定子和转子的极数组合

相数	3	4	5	6	7	8	9
定子极数	6	8	10	12	14	16	18
转子极数	4	6	8	10	12	14	16
步进角/(°)	30	15	9	9	4.25	3.21	2.5

3.6.2　开关磁阻电动机的工作原理

开关磁阻电动机的工作原理示意图如图3-36所示。图中，S_1、S_2是电子开关，VD_1、VD_2是二极管，U是直流电源。图中只画出了一相绕组（A相）连接的情况。

电动机的定子和转子呈凸极形状，极数互不相等。转子由叠片构成，带有位置检测器，以提供转子位置信号。使定子绕组按一定的顺序通断，可保持电动机的连续运转。

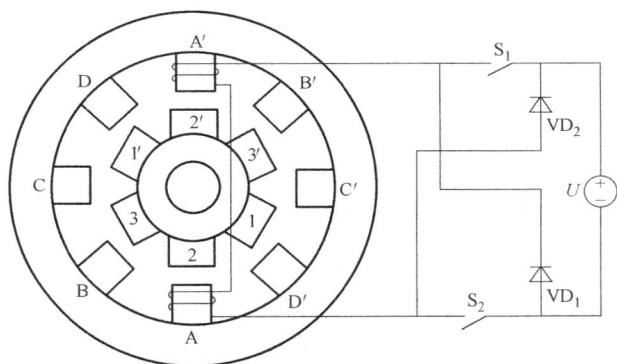

图3-36　开关磁阻电动机的工作原理示意图

开关磁阻电动机的磁阻随着转子磁极与定子磁极的中心线对准或错开而变化。因为电感与磁阻成反比，所以当转子磁极在定子磁极中心线位置时，相绕组电感最大；当转子磁极中心线与定子磁极中心线错开时，相绕组电感最小，如图3-37所示。

因为开关磁阻电动机的运行原理遵循"磁阻最小原理"——磁通

图3-37　电感、转矩与转子位置的关系曲线

总要沿着磁阻最小的路径闭合，所以具有一定形状的铁心在移动到最小磁阻位置附近时，必须使自己的主轴线与磁场的轴线重合。也就是说，当定子、转子齿中心线不重合、电感不为最大时，磁场就会产生磁拉力，形成磁阻转矩，使转子的齿中心与定子的齿中心重合，因此只有此位置磁场的电感最大、磁阻最小。由图3-36可以看出，当定子$D\text{-}D'$极励磁时，所产

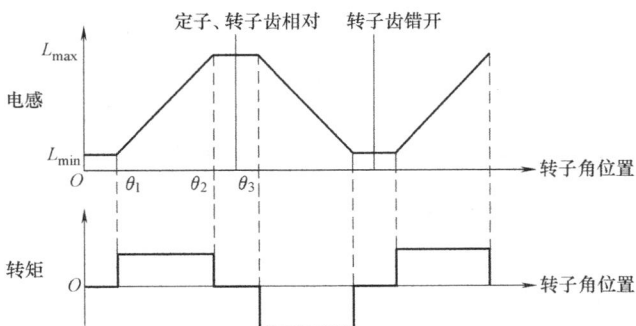

生的磁力力图使转子旋转到转子极轴线 1-1′与定子极轴线 D-D′重合的位置，并使 D 相励磁绕组的电感最大。若以图中定子、转子所处的相对位置作为起始位置，则依次给 D—C—B—A 相绕组通电，转子即会逆着励磁顺序以顺时针方向连续旋转；反之，若依次给 B—C—D—A 相通电，则转子即会沿着逆时针方向转动。因此开关磁阻电动机的转向与相绕组的电流方向无关，而仅取决于相绕组通电的顺序。相数多，有利于减少转矩脉动，但结构复杂，且主开关器件多，现今应用较多的是四相（8/6）结构和三相（6/4）结构。

3.6.3　开关磁阻电动机的运行特性

开关磁阻电动机的运行特性可分为 3 个区域：恒转矩区、恒功率区、自然特性区（串励特性区），如图 3-38 所示。

开关磁阻电动机一般运行在恒转矩区和恒功率区。在这两个区域内，电动机的实际运行特性可控。通过控制条件，可以实现在实线以下的任意实际运行特性。

在恒转矩区，电动机转速较低，电动机反电动势小，因此需采用电流斩波控制（CCC）方式。在恒功率区，旋转电动势较大，开关器件导通的时间较短，因此电流较小。当外加电压和开关角一定时，随着角速度的增加，转矩

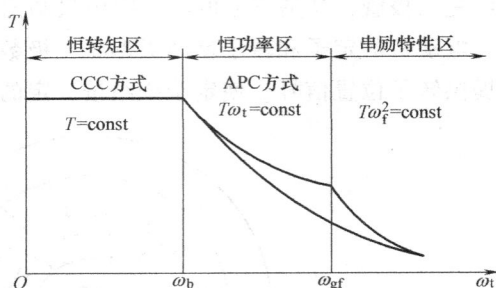

图 3-38　开关磁阻电动机的运行特性

急剧下降，此时可采用角度位置控制（APC）方式，通过按比例地增大导通角来补偿，延缓转矩的下降速度。在串励特性区，电动机的可控条件都已达极限，运行特性不再可控，呈现自然串励运行特性，因此电动机一般不运行在此区域。

电动机运行时存在着第一、第二两个临界运行点，采用不同的可控条件匹配可得到两个临界点的不同配置，从而得到各种各样所需的机械特性。临界运行点对应的转速称为临界转速，是开关磁阻电动机运行和设计时要考虑的重要参数。第一临界转速是开关磁阻电动机开始运行于恒功率特性的临界转速，定义为开关磁阻电动机的额定转速，对应的功率即为额定功率；第二临界转速是能得到额定功率的最高转速，是恒功率特性的上限，可控条件都达到了极限，当转速再增加时，输出功率将下降。

3.6.4　开关磁阻电动机的特点

1. 优点

1）调速范围宽、控制灵活，易于实现各种特殊要求的转矩-速度特性。开关磁阻电动机起动转矩大、低速性能好，无异步电动机起动时所出现的冲击电流现象。在恒转矩区，由于电动机转速较低，电动机的反电动势小，因此需要采用对电流进行斩波限幅，即电流斩波控制，也可采用调节相绕组外加电压有效值的电压 PWM 控制。在恒功率区，通过调解主开关的导通角取得恒功率的特性，即角度位置控制。

2）制造和维护方便。

3）运转效率高。由于开关磁阻控制灵活，易在很宽的转速范围内实现高效节能控制。

4）可四象限运行，具有较强的再生制动能力。

5）结构简单，成本低，制造工艺也相对简单。其转子可工作于很高的速度，定子集中绕组，嵌放容易，端部短而牢固且工作可靠，适用于各种恶劣、高温甚至强振动环境。

6）转矩方向与电流方向无关，从而减少了功率转换器的开关器件数量，降低了成本。出现故障的几率减少，控制可靠方便。

7）损耗小，损耗主要产生在定子，电动机易于冷却。电动机转子不存在励磁及转差损耗，并且由于功率变换元器件少，相应的损耗也小。

8）可控参数多、调速性能好。可控参数有主开关开通角、主开关关断角、相电流幅值和直流电源电压。

9）适于频繁起动、停止以及正反转运行。

2. 缺点

1）虽然结构简单，但电动机的数学模型比较复杂，其准确的数学模型较难建立。

2）由于电动机磁极端部的严重磁饱和以及与沟槽的边缘效应，开关磁阻电动机的控制要求高。

3）开关磁阻电动机的振动和噪声较大，特别是在负载运行的时候。

4）转矩脉动现象较大。

5）包括转子位置检测器的出线端，开关磁阻电动机的出线头相对较多。

3.6.5 开关磁阻电动机的控制

开关磁阻电动机不同于常规的感应电动机，因其自身结构特殊，既可以通过控制电动机自身参数来实现，也可以用适用于其他电动机上的控制理论，如 PID 控制、模糊控制等，对功率变换器部分进行控制，进而实现电动机的速度调节。本节主要介绍对电动机自身参数的控制。

1. 角度位置控制（APC）

角度位置控制是指当加在绕组上的电压一定时，通过改变绕组上主开关的开通角 θ_{on} 和关断角 θ_{off} 来改变绕组的通电、断电时刻，调节相电流的波形，实现转速闭环制。

根据电动势平衡方程式可知，当电动机转速较高时，旋转电动势较大，则此时电流上升率下降，各相的主开关器件的导通时间较短，电动机的相电流不易上升，电流相对较小，便于使用角度位置控制方式。

因为开通角和关断角可控，角度位置控制可分为改变开通角，改变关断角和同时改变开通角及关断角 3 种方式。改变开通角，可改变电流波形的宽度、峰值和有效值的大小，还可改变电流波形与电感波形的相对位置，从而改变电动机的转矩和转速。而关断角一般不影响电流值，但可改变电流波形的宽度及其与电感曲线的相对位置，进而改变电流的有效值。因此一般采用保持关断角、改变开通角的控制方式。

由开关磁阻电动机的转矩特性分析可知，当电流波形主要位于电感的上升区时，产生的平均电磁转矩为正，电动机运行在电动状态；当电流波形主要位于电感的下降段时，产生的

平均电磁转矩为负，电动机工作在制动状态。而通过对开通角、关断角的控制，可以使电流波形处在绕组电感波形的不同位置。因此，可以用控制开通角、关断角的方式来使电动机运行在不同的状态。

角度位置控制的优点是：转矩调节范围宽；可同时多相通电，以增加电动机的输出转矩，同时减小了转矩波动；通过角度的优化，能实现效率最优控制或转矩最优控制。

根据上面的分析可知，此法不适用于低速场合。因为在低速时，旋转电动势较小，使电流峰值增大，必须采取相应措施进行限流，故一般用于转速较高的场合。

2. 电流斩波控制（CCC）

根据电动势平衡方程式可知，电动机低速运行特别是起动时，旋转电动势引起的压降很小，电流上升快，为避免过大的电流脉冲对功率开关器件及电动机造成损坏，需要对电流值进行限定，因此，可采用电流的斩波控制，获取恒转矩的机械特性。电流斩波控制一般不会对开通角、关断角进行控制，它将直接选择在每相的特定导通位置对电流进行斩波控制。

目前常用的方案有两种，一种是对电流的上、下限进行控制；另一种是限制电流上限并控制恒定关断时间。

方案一：主开关器件在 θ_{on} 时导通，绕组电流将从零开始增加，当电流增至斩波电流的上限值时，切断绕组电流，绕组因受反压，电流迅速下降；当电流降至斩波电流的下限值时，绕组再次导通，重复上述过程，从而形成斩波电流，直至达 θ_{off} 时实现相关断，如图3-39所示。

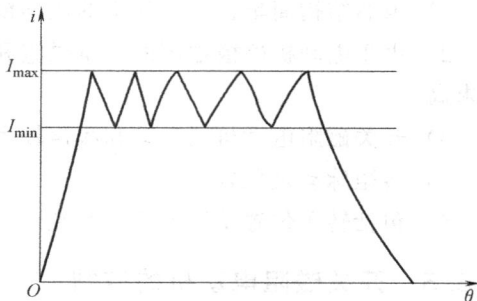

图3-39 设定电流上、下限幅值的电流斩波

方案二：与方案一的区别在于，当绕组电流达最大限定值后，将主开关关断一个固定的时间后再开通，这样，电流下降的幅度主要取决于电感量、电感变化率及转速等因素，因此方案二的关键在于合理选取关断时间的长短。

电流斩波控制的优点在于，它适用于电动机的低速调速系统，可以控制电流峰值的增长，并有好的电流调节作用，因每相电流波形会呈现出较宽的平顶状，使得产生的转矩比较平稳，转矩的波动相应地比其他控制方式要小。然而，由于电流的峰值受到了限制，当电动机转速在负载的扰动作用下发生变化时，电流的峰值无法做出相应的改变，使得系统的特性比较"软"，因此系统在负载扰动下的动态响应很慢。

3. 电压控制（VC）

电压控制（VC）是在保持开通角、关断角不变的前提下，使功率开关器件工作在脉冲宽度调制（PWM）方式。通过调节PWM波的占空比来调整加在绕组两端电压的平均值，进而改变绕组电流的大小，实现对转速的调节。若增大调制脉冲的频率，就会使电流的波形比较平滑，电动机输出增大，噪声减小，但对功率开关器件的工作频率要求就会更加严格。

按照续流方式的不同，该控制方式分为单管斩波和双管斩波方式。在单管斩波方式中，接在每相绕组中的上、下桥臂的两个开关管只有一个处于斩波状态，另一个一直导通。而在双管斩波方式中，两个开关管同时导通或关断，对电压进行斩波控制。考虑到系统效率等因素，实际应用中一般常用单管斩波方式。

电压控制的优点在于，它通过调节绕组电压的平均值进而调节电流，因此可用于低速和高速系统，且控制简单，但它的调速范围有限。

在实际的开关磁阻电动机应用中，也可以采用多种控制方式相组合的方法，如高速角度控制和低速电流斩波控制组合，变角度电压斩波控制和定角度电压斩波控制组合等。这些组合方式各有优势及不足，因此必须针对不同的应用场合和不同的性能要求，合理地选择控制方式，才能使电动机运行于最佳状态。

根据系统性能要求的不同，控制电路的具体结构形式会有很大差异，但一般均应包括以下功能：

1) 用于接收外部指令信号，如起动、转速、转向信号的操作电路。

2) 用于给定量与控制量相比较，并按规定算法计算出控制参数的调节量的调节器电路。

3) 用于决定控制电路的工作逻辑，如正反转相序逻辑、高低速控制方式的工作逻辑电路。

4) 用于检测系统中的有关物理量，如转速、角位移、电流和电压的传感器电路。

5) 用于当系统中某些物理量超过允许值时，采取相应保护措施的保护电路，如过电压保护和过电流保护。

6) 用于控制各被控量信号的输出电路，如控制功率开关器件的导通与关断。

7) 用于指示系统的工作状况和参数状态显示的电路，如指示电动机转速、指示故障保护情况的显示。

3.7 轮毂电动机

轮毂电动机技术又称为车轮内装式电动机技术，是一种将电动机、传动系统和制动系统融为一体的轮毂装置技术。从各种驱动技术的特点和发展趋势来看，采用轮毂电动机技术是电动汽车的最终驱动形式。轮毂电动机可采用永磁无刷、直流无刷、开关磁阻等电动机类型。由于电动机处于车轮轮毂内，受体积限制，要求电动机为扁形结构，即电动机短而粗。

3.7.1 轮毂电动机的结构

轮毂电动机驱动系统根据电动机的转子形式主要分为两种结构形式：内转子式和外转子式。内转子式轮毂电动机采用高速内转子电动机，配备固定传动比的减速器，电动机的转速通常高达10000r/min。外转子式轮毂电动机则采用低速外转子电动机，无减速装置，电动机的外转子与车轮的轮辋固定或者集成在一起，车轮的转速与电动机相同，电动机的最高转速为1000~1500r/min，如图3-40所示。

内转子式轮毂电动机具有比功率较高、重量轻、体积小、噪声小以及成本低等优点。其缺点是必须采用减速装置，使效率降低，非簧载质量增大，电动机的最高转速受到绕组损耗、摩擦损耗以及变速机构的承受能力等因素的限制。外转子式轮毂电动机的优点是结构简单、轴向尺寸小，能在很宽的速度范围内控制转矩，且响应速度快，没有减速机构，效率高。其缺点是要获得较大的转矩，必须增大电动机的体积和质量，因而成本高。这两种结构

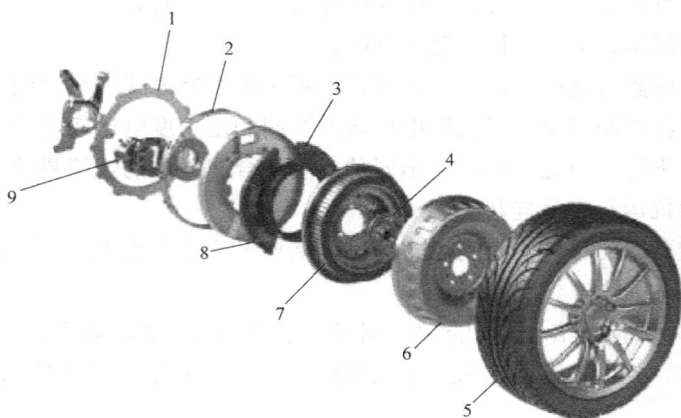

图 3-40　外转子式轮毂电动机的结构示意

1—定子托架　2—轮毂电动机转子　3—轮毂电动机定子　4—制动盘与制动钳　5—转子托架

在目前的电动汽车中都有应用，但是随着紧凑的行星齿轮变速机构的出现，高速内转子式电动机驱动系统在功率密度方面比低速外转子式更具竞争力。

3.7.2　轮毂电动机技术的特点

1. 优点

（1）更方便的底盘布置，更灵活的供电系统　由于采用了电动轮驱动的形式，汽车底盘的布置将更加灵活。省去了机械传动系统之后，汽车车厢可以获得更大的空间，底盘的设计也就具有更大的通用性。同时，电动汽车的电源供电系统也更加灵活，无论是采用燃料电池、超级电容器、蓄电池，还是它们的组合形式，都将更加灵活而不受限制，动力传动形式也由原来的机械硬连接变为只需要电缆进行供电的软连接形式。

（2）更好的汽车底盘主动控制性能　在采用轮毂电动机驱动形式的电动汽车中，汽车的电动轮是可以独立控制的，汽车底盘的主动控制通过对驱动电机的控制实现。电动机的控制响应快、精度高，并且每个驱动轮由各自的控制器控制，可以实现底盘主动控制的功能，如果能在四轮中均采用轮毂电动机，则可以实现最理想的控制效果。

（3）更快的控制响应　传统汽车的驱动控制系统结构复杂，制造成本高，且由于机械系统响应慢、电磁阀迟滞和液压管路膨胀变形等缘故，传统汽车的 ABS 和 TCS 系统的实际时间延迟为 50~100ms，但轮毂电动机驱动电动汽车只通过电动机及其控制系统来实现各驱动轮驱动力的控制，再考虑电动机的自身转矩，系统响应可达 0.2ms，可以看出轮毂电动机驱动电动汽车比传统汽车响应更快且易于控制，这对于对响应速度要求高的动力控制系统（VCD）、防抱死制动系统（ABS）、牵引力控制系统（TCS）和电子稳定功能（ESP）来说是非常重要的。

（4）最优的驱动力分配　由于驱动轮（2 个或者 4 个）的驱动力可以单独调节，通过分析各轮的转矩利用效率，可选择最经济的驱动方式。

（5）更佳的驾驶舒适性　传统汽车的动力来自于发动机，汽车行驶过程中不可避免地

会出现较大的噪声和传动系统的振动，而轮毂电动机只有少量电磁噪声和机械噪声，并且电动机转矩特性可在没有变速器的情况下实现无级变速，也没有换档冲击，行驶过程中平顺性好。

2. 缺点

1）轮毂电动机增大了非簧载质量，这会对整车的操控产生一定的不利影响。

2）虽然电子制动可以实现能量回收，但是其制动能力有限，仍需要有液压制动系统。

3）对密封有较高要求，同时在设计上也需要为轮毂电动机单独考虑散热、防水等问题。

4）目前，轮毂电动机关键核心元器件（如大功率集成模块 IGBT、IPM 等）以及控制器全部需要从国外进口，这将给我国电动汽车的技术扩展和产业化推广带来一定的制约。

3.7.3 轮毂电动机的驱动方式

轮毂电动机使用时可分为减速驱动和直接驱动两种驱动方式（图 3-41）。

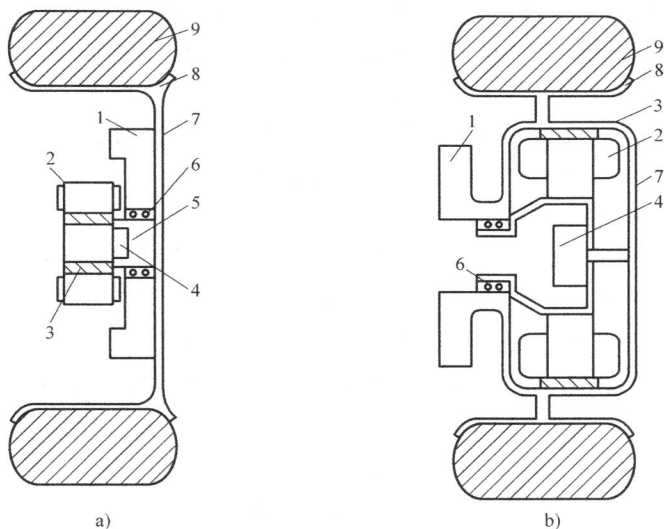

图 3-41 轮毂电动机驱动方式

a）内转子式　b）外转子式

1—制动器　2—绕组　3—磁钢　4—编码器　5—行星齿轮组　6—轴承　7—车轮　8—轮辋　9—轮胎

1. 减速驱动

电动机一般在高速下运行，选用高速内转子式电动机。减速机构放置在电动机和车轮之间，起到减速和增大转矩的作用。减速驱动具有以下优点：电动机运行在高速下，具有较高的效率，转矩大，爬坡性能好，能保证汽车在低速运行时获得较大的平稳转矩。其缺点是：难以实现液态润滑，齿轮磨损严重，使用寿命短，不易散热，噪声大。减速驱动方式适用于丘陵或山区地带，以及要求过载能力大和城区客车等需要频繁起动/停车等场合。

2. 直接驱动

直接驱动多采用外转子式电动机，为了使汽车能顺利起步，要求电动机在低速时能提供大的转矩。直接驱动的优点如下：不需要减速机构，使得整个驱动结构更加简单、紧凑，轴

向尺寸也较小，而且效率也进一步提高，响应速度也较快。其缺点是：起步、爬坡以及承载较大载荷时需要大电流，易损坏蓄电池，电动机效率峰值区域窄。直接驱动方式适用于平路或负荷较小的场合。

3.7.4 轮毂电动机应用的关键技术

1. 轮毂电动机结构优化问题

由于车轮内部空间有限，合理布置驱动电机、制动系统、减速机构、控制系统的难度增大。此外，轮毂电动机驱动的电动汽车对驱动电机的功率密度性能要求高，同时轮毂电动机工作环境恶劣，如何通过对轮毂电动机结构的优化和设计来保证其安全、高效地运行将会是轮毂电动机研究的重要方向。

2. 轮毂电动机驱动电动汽车的动力学控制问题

轮毂电动机为驱动防滑与制动防抱死控制提供了更迅速、更精确的执行器，但其对状态估计的精度和控制算法的鲁棒性要求也进一步提高。采用轮毂电动机驱动的电动汽车的直接横摆力矩控制与传统汽车的直接横摆力矩控制相比，涵盖从常规到极限的全工况范围，因此算法必须对非线性的轮胎特性有更好的自适应性。而差速、差动驱动助力转向和车身姿态等控制也尚处于起步研究阶段。此外，为解决多个动力学控制间的协调问题，集成控制也成为轮毂电动机驱动电动汽车动力学控制的一个重要发展方向。

3. 轮毂电动机整车性能匹配问题

由于轮毂电动机布置在轮毂内，在不平路面激励下的轮胎跳动、载荷不均、安装误差等都将引起电动机气隙不均匀，轮毂电动机引起的振动激励会进一步恶化，同时会引起定子、转子及相邻部件的振动，这会给车辆的平顺性和接地安全性带来不利的影响。通过研究轮毂电动机与整车性能的匹配来消除这种不利影响会成为轮毂电动机驱动电动汽车发展所要解决的关键问题之一。

思 考 题

1. 电动汽车用电动机主要有哪些？其特点是什么？
2. 电动汽车对电动机有哪些要求？
3. 直流电动机有哪些类型？其运行特性如何？
4. 直流电动机的转速控制方法有哪些？
5. 永磁无刷直流电动机的工作原理如何？其控制方法有哪些？
6. 异步电动机的工作原理如何？其控制方法有哪些？
7. 永磁同步电动机的运行原理与特性如何？
8. 开关磁阻电动机的工作原理如何？其控制方法有哪些？
9. 什么是轮毂电动机？其驱动方式有哪些？

第4章

纯电动汽车

纯电动汽车是指以车载电源为动力，用电动机驱动车轮行驶，符合道路交通安全法规各项要求的车辆。一般采用高效率充电蓄电池为动力源。纯电动汽车无需使用内燃机，因此，纯电动汽车的电动机相当于传统汽车的发动机，蓄电池相当于传统油箱，电能是二次能源，可以由风能、水能、热能、太阳能等多种能源转换获取。图 4-1 所示为某纯电动汽车的透视图。

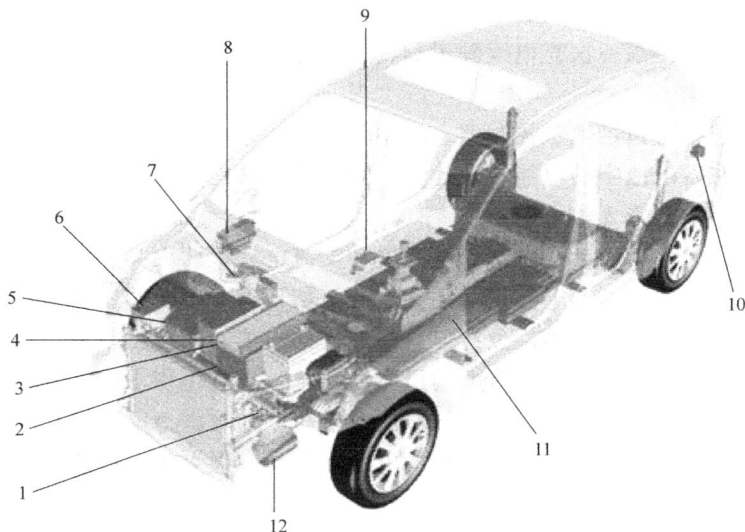

图 4-1　某纯电动汽车透视图

1—电动真空泵　2—充电机　3—DC-DC 变换器　4—高压盒　5—电机控制器　6—新增低压保险盒
7—快充口　8—整车控制器　9—数据采集终端　10—慢充口　11—动力蓄电池包　12—真空罐

4.1　概述

4.1.1　纯电动汽车的分类

1. 按用途分类

按用途不同，纯电动汽车可以分为纯电动轿车、电动货车和电动客车。

2. 按驱动形式分类

按动力驱动控制系统结构形式不同，纯电动汽车可以分为直流电动机驱动的电动汽车、

交流电动机驱动的电动汽车、双电动机驱动的电动汽车、双绕组电动机驱动的电动汽车以及轮毂电动机驱动的电动汽车。

3. 按使用的电池类型分类

按使用的电池类型不同，纯电动汽车可以分为铅酸蓄电池电动汽车、镍氢蓄电池电动汽车、锂离子蓄电池电动汽车和燃料电池电动汽车。

此外，目前研究应用的还有使用镍镉蓄电池、钠硫电池、飞轮电池、太阳能电池和超级电容器等的电动汽车。

4.1.2 纯电动汽车的组成与原理

由前可知，纯电动汽车主要由电力驱动系统、电源系统和辅助系统3部分组成，典型纯电动汽车组成框图参见图1-23。

当汽车行驶时，由蓄电池输出电能（电流）通过控制器驱动电机运转，电动机输出的转矩经传动系统带动车轮前进或后退。电动汽车续驶里程与蓄电池容量有关，蓄电池容量受诸多因素影响。若想提高一次充电续驶里程，必须尽可能地节省蓄电池的能量。

1. 电力驱动系统

电力驱动系统主要包括电子控制器、功率转换器、电动机、机械传动装置和车轮等。它的功用是将存储在蓄电池中的电能高效地转换为车轮的动能，并能够在汽车减速制动时，将车轮的动能转换为电能充入蓄电池。

电动汽车应用较多的电动机有直流电动机和交流电动机两大类。电动汽车的驱动系统采用直流电动机时，虽然在结构上有许多独到之处，如不需要离合器、变速器，并具有起步加速牵引力大，控制系统较简单等优点，但它的整个动力传动系统效率低，因而逐渐被其他类型电动机替代。电动汽车使用的交流电动机驱动系统，具有体积小、重量轻、效率高、调速范围宽和基本免维护等突出优点，但其制造成本较高。随着电力电子技术的进一步发展，成本可以逐步降低，因此采用这类驱动系统的电动汽车具有强大的发展潜力。

电动汽车控制系统主要用来控制驱动电机的转矩和转速，其性能直接影响着汽车的性能指标。该控制系统主要控制汽车在各类工况下的行驶速度、加速度和能源转换情况，它的功能与燃油汽车的加速踏板和变速器类似。控制系统包括电动机驱动器、控制器及各种传感器，其中最关键的是功率转换器，详细内容请参考1.3节。

电动机不同，控制器也有所不同。对于采用交流电动机的电动汽车，控制器将蓄电池直流电逆变成交流电后驱动交流电动机，电动机输出的转矩经传动系统驱动车轮，使电动汽车行驶。

有关电动机的具体内容参见第3章。

2. 电源系统

电源系统主要包括电源（蓄电池）、能量管理系统和充电机等。它的功用是向电动机提供驱动电能、监测电源使用情况以及控制充电机向蓄电池充电。

纯电动汽车的常用电源有铅酸蓄电池、镍镉蓄电池、镍氢蓄电池和锂离子蓄电池等。

纯电动汽车的能量管理和混合动力电动汽车不同，纯电动汽车主要是蓄电池管理系统，其主要功用是对电动汽车用电池单体及整组进行实时监控、充放电、巡检及温度监测等。

有关电池的具体内容参见第2章。

3. 辅助系统

辅助系统主要包括辅助动力源、空调器、助力转向系统、导航系统、刮水器、收音机以及照明和除霜装置等。辅助系统除辅助动力源外，其余的依据车型不同而不同。

辅助动力源主要由辅助电源和 DC-DC 变换器组成。它的功用是向助力转向系统、空调器及其他辅助设备提供动力。

4.1.3 纯电动汽车驱动系统布置形式

电动汽车的驱动形式是电动汽车的核心部分，决定着电动汽车的整车布置、各项行驶性能以及电动汽车的整车外形。纯电动汽车的驱动系统布置形式取决于电动机驱动系统的方式，可以有多种。常见的布置形式参见图 1-24，在第 1.4.2 节中已有论述，这里不再赘述。

4.1.4 纯电动汽车的特点

1. 零污染，噪声低

纯电动汽车无内燃机汽车工作时产生的废气，不产生排气污染，对环境保护和空气的洁净十分有益，具有"零污染"的特征；电动汽车产生的噪声远小于内燃机汽车。但是，使用电动汽车并非绝对无污染。例如使用铅酸蓄电池作动力源，制造、使用中要接触到铅，充电时产生酸气，会造成一定的污染；蓄电池充电所用的电力，在用煤炭作燃料时会产生 CO、SO_2、粉尘等。随着技术的发展，可以选用其他形式的电能作为纯电动汽车的电源，如水力发电、核电、太阳能电池等。

2. 能源效率高，多样化

纯电动汽车的研究表明，其能源效率已超过汽油机汽车，特别是在城市运行工况，汽车频繁起停，行驶速度不高，电动汽车更为适宜。电动汽车停车时不消耗电量，在制动过程中，电动机可自动切换为发电机，实现制动减速时能量的回收利用。

另一方面，纯电动汽车的应用可有效减少对石油资源的依赖。向蓄电池充电的电能可以由煤炭、天然气、水力、核能、太阳能、风力、潮汐等能源转换而来。除此之外，如果夜间向蓄电池充电，还可以避开用电高峰，有利于电网均衡负荷，减少费用。

3. 结构简单，使用维修方便

纯电动汽车较内燃机汽车结构简单，运转、传动部件少，维修保养工作量小。尤其是采用交流感应电动机时，电动机无需保养维护。更重要的是电动汽车易操纵。

4. 动力电源使用成本高，续驶里程短

纯电动汽车尚不如内燃机汽车那样技术完善，尤其是动力电源（蓄电池）的寿命短，使用成本高。而且蓄电池的储能量小，一次充电续驶里程也不理想。此外，电动汽车的价格也较高。但从发展的角度看，随着科技进步，投入相应的人力、物力，纯电动汽车的问题将会逐步解决，其价格和使用成本必然会降低，纯电动汽车因此而得到普及。

4.1.5 纯电动汽车的关键技术

1. 电动机及控制技术

电动汽车的驱动电机属于特种电动机，是电动汽车的关键部件。要使电动汽车有良好的

使用性能,驱动电机应具有较宽的调速范围及较高的转速、足够大的起动转矩,体积小、重量轻、效率高且有动态制动强和能量回收的性能。电动汽车所用的电动机正在向大功率、高转速、高效率和小型化方向发展。

随着电动机及驱动系统技术的发展,控制系统趋于智能化和数字化。变结构控制、模糊控制、神经网络控制、自适应控制,以及专家系统、遗传算法等非线性智能控制技术,都将应用于电动汽车的电动机控制系统,它们的应用将使系统结构简单,响应迅速,抗干扰能力强,参数变化具有鲁棒性,可大大提高整个系统的综合性能。

电动汽车再生制动控制系统可以节约能源、提高续驶里程,具有显著的经济价值和效益。再生制动还可以减少汽车制动片的磨损,降低车辆故障率及使用成本。

2. 蓄电池及管理技术

蓄电池是纯电动汽车的动力源,也是一直制约其发展的关键因素。纯电动汽车用蓄电池要求比能量高、比功率大、使用寿命长,但目前的蓄电池能量密度低,蓄电池组过重,续驶里程短,价格高,循环寿命有限。

电动汽车用动力蓄电池经过3代的发展,已取得了突破性的进展。第1代是铅酸蓄电池,由于其比能量较高、价格低且能高倍率放电,成为目前唯一能大批量生产的电动汽车用蓄电池。第2代是碱性电池,主要有镍镉、镍氢、钠硫、锂离子和锌空气等多种电池,其比能量和比功率都比铅酸蓄电池高,因此大大提高了电动汽车的动力性能和续驶里程,但其价格却比铅酸蓄电池高。只要能采用廉价材料,电动汽车用锂离子蓄电池可以获得长足的发展,目前关键是要降低批量化生产的成本,提高蓄电池的可靠性、一致性及寿命。第3代是以燃料电池为主的电池。燃料电池能量转变效率、比能量和比功率都高,并且可以控制反应过程,能量转换过程可以连续进行,因此是理想的汽车用电池。

蓄电池组性能直接影响整车的加速性能、续驶里程以及制动能量回收的效率等。蓄电池的成本和循环寿命直接影响车辆的成本和可靠性,所有影响蓄电池性能的参数应得到优化。电动汽车的蓄电池在使用中发热量很大,其温度影响蓄电池电化学系统的运行、循环寿命和充电可接受性、功率和能量、安全性和可靠性。因此,为了达到最佳的性能和寿命,需将蓄电池包的温度控制在一定范围内,减小包内不均匀的温度分布以避免模块间的不平衡,以此避免蓄电池性能下降,且可以消除相关的潜在危险。由于蓄电池包的设计既要密封、防水防尘、绝缘等,又要考虑空气流场分布、均匀散热,蓄电池包的散热通风设计成为电动汽车研究的一个重要领域。

3. 整车控制技术

新型纯电动轿车的整车控制系统是两条总线的网络结构,即驱动系统的高速 CAN 总线和车身系统的低速总线。高速 CAN 总线每个节点为各子系统的控制单元。低速总线按物理位置设置节点,基本原则是基于空间位置的区域自治实现整车网络化控制,其意义不只是解决汽车电子化中出现的线路复杂和线束增加问题,网络化实现的通信和资源共享能力成为新的电子与计算机技术在汽车上应用的一个基础,同时也为 X-by-Wire 技术提供了有力的支撑。

4. 整车轻量化技术

整车轻量化始终是汽车技术重要的研究内容。纯电动汽车由于布置了蓄电池组,整车质

量增加较多，轻量化问题更加突出。但可以采用以下措施减小整车质量：

1）通过对整车实际使用工况和使用要求的分析，对蓄电池的电压和容量、驱动电机的功率、转速和转矩以及整车性能等车辆参数整体优化，合理选择蓄电池和电动机参数。

2）通过结构优化和集成化、模块化优化设计，减轻动力总成、车载能源系统的重量。这里包括对电动机及驱动器、传动系统、冷却系统、空调和制动真空系统的集成和模块化设计，使系统得到优化；通过对蓄电池、蓄电池箱、蓄电池管理系统、车载充电机组成的车载能源系统的合理集成和分散，实现系统优化。

3）积极采用轻质材料，如蓄电池箱的结构框架、箱体封皮及车轮轮毂等采用轻质合材料。

4）利用 CAD 技术对车身承载结构件（如前、后桥，新增的边梁、横梁）进行有限元分析研究，通过计算和试验相结合的方式，实现结构最优化。

4.2 纯电动汽车动力传动系统参数设计

纯电动汽车动力传动系统的设计应该满足车辆对动力性能和续驶里程的要求。车辆行驶的动力性能可以用 4 个指标来评价：起步加速性能、最高车速稳定行驶的能力、额定车速稳定行驶的能力，最大爬坡能力。此外，纯电动汽车用动力蓄电池组的能量应该能够维持行驶一定的续驶里程。

4.2.1 电动机参数设计

电动机参数设计主要包括电动机的额定功率和峰值功率、额定转速和最高转速、最大转矩及额定电压等参数的设计。

1. 电动机的额定功率和峰值功率

电动机是驱动电动汽车行驶的关键部件之一，对整车的动力性有直接影响。所选的电动机功率越大，整车的动力性就越好，但是如果功率过大，电动机的质量和体积也会增大，且电动机的工作效率不高，这样就不能充分利用有限的车载能源，从而使续驶里程降低。因此，在设计电动机的功率参数时，通常需要参考汽车的最高车速、最大爬坡度和加速性能。

（1）根据电动汽车最高车速确定电动机功率

设计中初步选择电动机的额定功率应不小于汽车以最高车速行驶时行驶阻力消耗的功率之和，电动汽车以最高车速行驶消耗的功率为

$$P_{m1} = \frac{v_{max}}{3600\eta_t}\left(mgf + \frac{C_D A v_{max}^2}{21.15}\right) \tag{4-1}$$

式中　m——整车质量（kg）；

　　　f——滚动阻力系数；

　　　C_D——迎风阻力系数；

　　　A——迎风面积（m^2）；

　　　v_{max}——最高行驶车速（km/h）；

η_t——机械传动系统效率。

（2）根据电动汽车最大爬坡度确定电动机功率 电动汽车以某一车速爬上最大坡度所消耗的功率为

$$P_{m2} = \frac{v_p}{3600\eta_t}\left(mgf\cos\alpha_{max} + mg\sin\alpha_{min} + \frac{C_D A v_p^2}{21.15}\right) \qquad (4\text{-}2)$$

式中　v_p——电动汽车爬坡时的行驶速度（km/h）；

　　　α_{max}——最大坡度角。

（3）根据电动汽车加速性能确定电动机功率 电动汽车在水平路面上加速行驶时消耗的功率为

$$P_{m3} = \frac{v_f}{3600\eta_t}\left(mgf + \frac{C_D A v_f^2}{21.15} + \delta m\frac{dv}{dt}\right) \qquad (4\text{-}3)$$

式中　δ——汽车旋转质量换算系数；

　　　v_f——电动汽车加速后达到的速度（km/h）；

　　　$\dfrac{dv}{dt}$——加速度。

电动机额定功率应满足电动汽车对最高车速的要求，峰值功率应能同时满足电动汽车对最高车速、最大爬坡度和加速度的要求。因此电动汽车电动机的额定功率和峰值功率分别为

$$P_e \geqslant P_{m1} \qquad (4\text{-}4)$$

$$P_{emax} \geqslant \max(P_{m1}, P_{m2}, P_{m3}) \qquad (4\text{-}5)$$

电动汽车电动机的峰值功率与额定功率的关系为

$$P_{emax} = \lambda P_e \qquad (4\text{-}6)$$

式中　P_{emax}——电动机的峰值功率；

　　　P_e——电动机的额定功率；

　　　λ——电动机的过载系数。

2. 电动机的最高转速和额定转速

电动汽车最高行驶速度与电动机最高转速之间的关系为

$$n_{max} = \frac{v_{max}\sum i}{0.337r} \qquad (4\text{-}7)$$

式中　n_{max}——电动机的最高转速（r/min）；

　　　v_{max}——电动汽车的最高行驶车速（km/h）；

　　　$\sum i$——传动系统传动比，一般包括变速器传动比和主减速器传动比；

　　　r——车轮半径（m）。

电动机的额定转速为

$$n_e = \frac{n_{max}}{\beta} \qquad (4\text{-}8)$$

式中　β——电动机扩大恒功率区系数。

β值越大，转速越低，转矩增高，有利于提高车辆的加速和爬坡性能，稳定运行性能越好，但同时功率变换器尺寸也会增大，因此β值不宜过高。β通常取为2~4。

3. 电动机最大转矩

电动机最大转矩的选择需要满足汽车起动转矩和最大爬坡角的要求，同时结合传动系统最大传动比来确定，即

$$T_{max} \geqslant \frac{mg(f\cos\alpha_{max}+\sin\alpha_{max})r}{\eta_t i_{max}} \tag{4-9}$$

式中　i_{max}——传动系统最大传动比；

　　　r——驱动轮的动力半径。

4. 电动机额定电压

电动机额定电压与电动机的额定功率成正比，额定功率越大，额定电压也就越大。电动机额定电压的选择与电动汽车蓄电池组的电压有密切关系。因此，要选择合适的蓄电池组的电压和电流以满足整车能源的需要。不过最终都是由所选取的电动机的参数来决定额定电压。

4.2.2　传动系统传动比设计

在电动机输出特性一定时，传动系统的传动比如何选择，主要依赖于整车的动力性指标要求和道路情况，即在一定的路面上，电动汽车传动比的选择应满足汽车最高期望车速、最大爬坡度以及对加速时间的要求。

1. 传动系统最小传动比的确定

（1）传动系统最小传动比的上限　由电动机的最高转速和电动汽车最高行驶车速确定，即

$$\sum\nolimits_{min}i \leqslant \frac{0.377n_{max}r}{v_{max}} \tag{4-10}$$

（2）传动系统最小传动比的下限　由下面两个方面决定，取二者中较大的一个。

1）为使驱动电机在额定转速 n_N 时能工作在恒功率区，提高整车能量利用率，应满足：

$$\sum\nolimits_{min}i \geqslant \frac{0.377n_N r}{v_{max}} \tag{4-11a}$$

2）由电动机最高转速对应的输出转矩 T_{vmax} 和最高行驶车速对应的行驶阻力矩确定，即

$$\sum\nolimits_{min}i \leqslant \frac{r}{\eta_t T_{vmax}}\left(mgf+\frac{C_D Av_{max}^2}{21.15}\right) \tag{4-11b}$$

2. 传动系统最大传动比的确定

1）传动系统最大传动比的上限由驱动轮地面支撑力 F_N 以及路面附着系数 φ 等决定，确保驱动轮不打滑，即

$$\sum\nolimits_{max}i \leqslant \frac{F_N \varphi r}{\eta_t T_{vmax}} \tag{4-12a}$$

2）传动系统最大传动比的下限由电动机的最大输出转矩 T_{max} 和电动汽车最大爬坡时的行驶阻力矩确定，即

$$\sum\nolimits_{max}i \geqslant \frac{r}{\eta_t T_{max}}\left(mgf\cos\alpha_{max}+mg\sin\alpha_{max}+\frac{C_D Av_{pmax}^2}{21.15}\right) \tag{4-12b}$$

4.2.3　动力蓄电池组参数设计

动力蓄电池主要提供汽车的驱动能量，而整车所有的能量消耗则来自蓄电池组。因此所

选择的蓄电池组的类型、质量和各种技术参数都会影响电动汽车的整车性能，是电动汽车的关键部件之一。电动汽车动力蓄电池系统的参数匹配主要包括蓄电池的类型、蓄电池组的数目、蓄电池组容、蓄电池组电压等参数的选择。

1. 动力蓄电池匹配原则

动力蓄电池类型的选择要符合电动汽车的运行要求。电动汽车要求动力蓄电池具有较高的比能量和比功率，以满足汽车的续驶里程和动力性的要求，同时也希望动力蓄电池具有与汽车使用寿命相当的充放电循环寿命，拥有高效率、良好的性价比以及免维护特性。

动力蓄电池的电压等级应与电动机电压等级相一致且满足电动机电压变化的要求。同时，由于电动空调、电动真空泵和电动转向助力泵等附件也消耗一定的电能，要求蓄电池组的总电压大于电动机的额定电压。

动力蓄电池一般有能量型与功率型两种，为满足电动汽车的续驶里程的要求，一般采用能量型蓄电池。匹配时主要考查蓄电池的能量，即蓄电池应具有较大的容量，以增加车辆的续驶里程。另一方面，蓄电池容量与其功率成正比，容量越大，其输出的功率越大，因此应根据驱动电机的功率来确定蓄电池的容量和功率，同时应注意确定的蓄电池容量还须符合市场现有产品的标准，并通过对现有产品反复验证进行设计。

2. 动力蓄电池组参数匹配

（1）动力蓄电池组类型选择 目前可用于电动汽车的动力蓄电池主要有铅酸蓄电池、镍氢蓄电池、锂离子蓄电池和燃料电池。其中锂离子蓄电池的高能量和充放电速度快等优越性能得到越来越多的关注，是目前市场前景最好的一种产品。

（2）动力蓄电池组数目的确定 动力蓄电池组数目必须满足电动汽车行驶时所需的最大功率和续驶里程的要求。

满足电动汽车行驶时所需的最大功率要求的动力蓄电池组数目为

$$n_p \geq \frac{P_{emax}}{P_{bmax}\eta_e\eta_{ec}N} \tag{4-13}$$

式中 P_{emax}——电动机的峰值功率（kW）；

η_e——电动机的工作效率；

η_{ec}——电动机控制器的工作效率；

P_{bmax}——单体蓄电池最大输出功率（kW）；

N——单个蓄电池组所包含的蓄电池的数目。

满足汽车续驶里程要求的动力蓄电池组数目为

$$n_x \geq \frac{1000SW}{C_s U_s N} \tag{4-14}$$

式中 S——续驶里程；

W——电动汽车行驶 1km 所消耗的能量（kW）；

C_s——单体蓄电池的容量（A·h）；

U_s——单体蓄电池的电压（V）。

动力蓄电池组数目为

$$n = \max\{n_p, n_x\} \tag{4-15}$$

（3）蓄电池组能量 蓄电池组能量为

$$E_B = \frac{U_m C_E}{1000} \tag{4-16}$$

式中 E_B——蓄电池组能量（kW·h）；

U_m——蓄电池组电压（V）；

C_E——蓄电池组容量（A·h）。

蓄电池能量应满足以下条件：

$$E_B \geqslant \dfrac{\dfrac{mgf+C_DAv_a^2}{21.15}}{3.6 \times DOD\eta_t\eta_{mc}\eta_{dis}(1-\eta_a)} \times S \tag{4-17}$$

式中 η_{mc}——电动机效率；

$\quad\quad \eta_{dis}$——蓄电池放电效率；

$\quad\quad \eta_a$——汽车附件能量消耗比例系数；

$\quad\quad v_a$——最大续驶里程所对应的平均车速；

$\quad\quad DOD$——蓄电池放电深度。

或者蓄电池容量满足以下条件：

$$C_E \geqslant \dfrac{\dfrac{mgf+C_DAv_a^2}{21.15}}{3.6 \times DOD\eta_t\eta_{mc}\eta_{dis}(1-\eta_a)U_m} \times S \tag{4-18}$$

4.2.4 设计示例

已知某纯电动汽车的整车质量为 1350kg，滚动阻力系数为 0.0144，迎风面积为 1.9m²，迎风阻力系数为 0.3，轮胎滚动半径为 0.28m，最高车速为 100km/h，最大爬坡度为 20%，续驶里程为 150km。根据式（4-1）~式（4-18）就可以对该电动汽车动力传动系统的参数进行匹配。计算结果如下：

1. 电动机参数

电动机类型选取交流感应电动机，额定功率 $P=30$kW，峰值功率 $P_{emax}=72$kW，过载系数 $\lambda=2.4$，最高转速 $n_{max}=900$r/min。

2. 传动系统传动比

主减速器传动比为 4.3245。采用三档变速器，一档传动比为 2.0898，二档传动比为 1.4456，三档传动比为 1。

3. 蓄电池参数

蓄电池类型选择镍氢蓄电池，其容量为 250A·h，比能量为 80W·h/kg，比功率为 230W/kg，蓄电池组数目为 22。

纯电动汽车传动系统主要参数都是从汽车行驶时所消耗的能量出发推导计算得到的，理论上，它的动力性和续驶里程能够满足设计要求。

4.3 纯电动汽车续驶里程

目前，影响纯电动汽车发展的主要因素之一是续驶里程。为了尽可能提高纯电动汽车的续驶里程，有必要对其影响因素进行分析。

4.3.1 纯电动汽车续驶里程模型

根据 GB/T 19596—2017《电动汽车术语》，续驶里程是指电动汽车在动力蓄电池完全充

电状态下，以一定的行驶工况，能连续行驶的最大距离，单位为 km。它是电动汽车主要的经济指标之一。本节分为两种情况进行讨论，即等速行驶和多工况行驶的续驶里程计算。

1. 等速行驶续驶里程的计算

在水平良好路面上，电动汽车一次充电后以 v_a 等速行驶所需的电动机功率 P 为

$$P = \frac{v_a}{3600\eta_t}\left(mgf + \frac{C_D A v_a^2}{21.15}\right) \tag{4-19}$$

蓄电池携带的额定总能量为

$$W_0 = Q_m U_e = G_e q \tag{4-20}$$

式中 Q——蓄电池的额定容量（A·h）；

   U_e——蓄电池的端电压（V）；

   G_e——电动汽车携带的蓄电池总质量（kg）；

   q——蓄电池比能量（W·h/kg）。

等速行驶续驶里程为

$$S = \frac{W_0 v_a}{P}\eta_e \tag{4-21}$$

式中 η_e——蓄电池放电效率。

2. 多工况行驶续驶里程的计算

多工况续驶里程为

$$S = \sum_{i=1}^{k} S_i \tag{4-22}$$

式中 S_i——单个状态行驶距离（km）；

   k——车辆能够完成的状态总数。

4.3.2 纯电动汽车续驶里程影响因素

纯电动汽车续驶里程的影响因素较为复杂，其中最主要的因素是车载能源问题。而续驶里程还与纯电动汽车在行驶过程中所消耗的能量密切相关，其影响因素主要来自电动汽车行驶的外部条件和电动汽车本身的结构条件。

1. 滚动阻力系数对续驶里程的影响

轮胎的滚动阻力系数越小，续驶里程越长，因此降低轮胎滚动阻力系数可明显增加电动汽车的续驶里程。特别是对低速、整车质量较大的电动汽车，尤其如此。因此，采用滚动阻力系数小的子午线轮胎、增大轮胎气压等是增加电动汽车续驶里程的重要途径。

2. 空气阻力系数对续驶里程的影响

空气阻力系数越小，续驶里程越长；车速越大，空气阻力系数对电动汽车续驶里程的影响越明显。通过对电动汽车进行流线型设计，底部做成光滑表面，同时取消散热器罩等措施，可以降低空气阻力系数。

3. 机械效率对续驶里程的影响

提高电动汽车动力传动系统的机械效率，能有效增加电动汽车的续驶里程。电动汽车整车质量越小，行驶速度越低，机械效率对续驶里程的影响越大。

4. 整车质量对续驶里程的影响

整车质量越大，续驶里程越短；并且不同车速时，续驶里程也不相同。为了降低整车总质量，可通过采用轻质材料的方法实现。

5. 蓄电池参数对电动汽车续驶里程的影响

蓄电池参数包括很多，这里主要从蓄电池的放电深度、蓄电池比能量、蓄电池箱串联蓄电池数目、蓄电池箱并联蓄电池组数目以及蓄电池的自放电等方面进行分析。

（1）蓄电池的放电深度　蓄电池的放电深度越大，电动汽车的续驶里程就越长，但放电深度过大将会对蓄电池产生永久损害。同时，车速和负荷对续驶里程的影响也很明显。

（2）蓄电池比能量　当电动汽车携带的蓄电池总量一定时，蓄电池参数中蓄电池的比能量对续驶里程影响最大，比能量越大，续驶里程越长。可见提高蓄电池的比能量对提高电动汽车续驶里程意义重大。

（3）蓄电池箱串联蓄电池数量　增加每个蓄电池箱串联蓄电池的数目，电动汽车的续驶里程明显增长。主要原因是：一方面由于增加了蓄电池的数量，可以增加蓄电池组的总能量储备；另一方面由于蓄电池组的电压增高，在蓄电池放电效率相同的情况下，减小了蓄电池的放电电流，可以增加蓄电池组的有效容量。

然而，在增加蓄电池数量的同时，也增加了电动汽车的总质量，从而增加了电动汽车的能量消耗，缩短了电动汽车的续驶里程。但每个蓄电池箱蓄电池数量的增加，会增加蓄电池组的电压，电动汽车的动力性会得到提高。因此，电动汽车动力传动系统的匹配应兼顾电动汽车的续驶里程和动力性。

同时，串联蓄电池增加会引起各蓄电池的均匀性问题，增加了蓄电池管理系统的难度。

（4）蓄电池箱并联蓄电池组数量　在保持蓄电池组总电压的情况下，增加并联蓄电池箱的数量可显著增加电动汽车的续驶里程。主要原因是：一方面增加了蓄电池的数量，可增加蓄电池组的总能量储备；另一方面由于并联支路的增加，在各并联支路蓄电池箱不超过额定放电电流的情况下，可以增加蓄电池组总的放电电流，从而增加蓄电池组的额定容量。

增加蓄电池箱并联数量，可提高蓄电池组的放电功率，电动汽车的动力性会显著提高。因此，增加蓄电池箱并联数量可提高电动汽车的动力性和续驶里程。但是，随着蓄电池数量的增加，蓄电池占整车质量的比重和电动汽车的总质量也将增大，这将增加电动汽车的能量消耗，缩短电动汽车的续驶里程。

同时，并联蓄电池增加也会引起各电池的均匀性问题，增加了蓄电池管理系统的难度。

（5）自放电率　蓄电池的自放电率是指在蓄电池的存放期间容量的下降率，即蓄电池无负荷时自身放电使容量损失的速度。显然，自放电率越大，蓄电池在存放期间的容量损失就越多，能量的无用损耗也就越多，相应的电动汽车的续驶里程也就越短。

6. 续驶里程其他影响因素的分析

（1）行驶工况对续驶里程的影响　行驶工况对电动汽车的续驶里程影响很大。对于恒速行驶，所恒定的速度越高，放电电流就越大。因此，每千米消耗的电能随车速的升高而增加，而蓄电池的放电容量则随车速的升高而减小，故其续驶里程随行驶车速的升高而减少。

（2）行驶的环境状况对续驶里程的影响　在相同的车辆条件下，电动汽车行驶的道路情况与环境气候对电动汽车的续驶里程有很大影响。例如气温的高低一方面对蓄电池的有效

容量有很大影响，另一方面也会影响电动汽车的总效率（电动机效率、机械传动效率和电器元件的效率等）和通风、冷却、空调所消耗的能量。另外，风力的方向与大小、道路的种类（摩擦因数、坡度、平整性）及交通拥堵情况都会使车辆的能量消耗增加或减小，从而使电动汽车的续驶里程有显著的差别。

（3）**辅助系统和低电压系统对续驶里程的影响**　电动汽车上制动系统和转向系统的油泵需辅助电动机驱动，其他还有照明、音响、空调、通风、取暖等电器均需要消耗蓄电池的能量。辅助系统和低电压系统的功率越大，消耗的电能就越大，电动汽车的续驶里程就越短，动力性能也会受到影响。

由此可见，影响电动汽车续驶里程的因素众多，在实际设计中，应尽可能综合考虑各种因素的影响，以提高电动汽车的续驶里程。

4.4　纯电动汽车电源概况

纯电动汽车电源由高压电源、低压电源、充电系统、高压电缆、电源管理系统、高压配电系统、热管理系统和预充电系统 8 个部分组成。本节以某纯电动汽车为例说明其电源系统，其电源系统安装位置如图 4-2 所示。

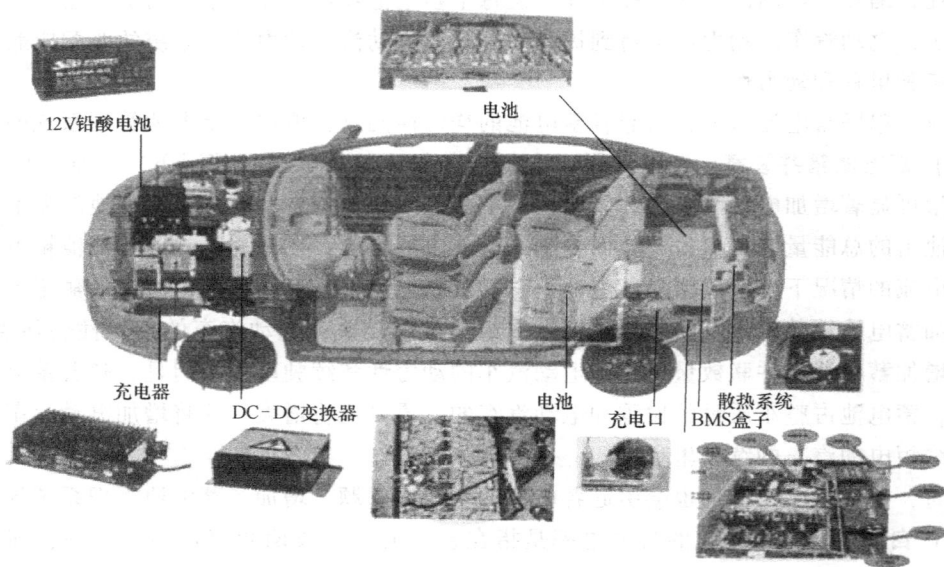

图 4-2　某纯电动汽车电源系统安装位置

4.4.1　纯电动汽车电源系统的功用

1）电动汽车起动时，电源系统向电机及其他电气设备供电。

2）当动力蓄电池电压高或低于设定的电动势时，电源管理系统会切断动力蓄电池供电，同时发出警告。

3）当动力蓄电池断路或损坏时，电源管理系统会切断动力蓄电池供电，以保护乘员的

人身安全。

4）可以吸收整车电气系统电路中出现的瞬时过电压，稳定电网电压，保护电子元件不被损坏；另外，对电子控制系统来说，电源系统也是电子控制装置内的不间断电源。

4.4.2　纯电动汽车电源系统组成

1. 高压电源

为了使电动汽车有更好的驾驶性能和更远的续驶里程，纯电动汽车的高压电源是由几十个单体磷酸铁锂电池串联而成的动力蓄电池组，其功能是储存能量和释放能量。该款纯电动汽车的高压电源由上、下两个电池组，共95个单体蓄电池组成，总电压达到313.5V（约320V），蓄电池组的容量为50A·h，蓄电池组的质量为220kg，冷却方式为强制风冷。它的单体蓄电池的技术指标见表4-1。

表 4-1　某款纯电动汽车单体蓄电池技术指标

项目	参数
规格型号	IFP1865140A
标称电压/V	3.3
额定容量/(A·h)	10
内阻/mΩ	<9
放电下限电压/V	2.50
充电上限电压/V	3.90
充电过程	恒流恒压2.0A恒流充电,3.90V后恒压充电(0.5C),直至充电电流小于0.2A
最大连续放电电流/A	20.0(2C)
尺寸/(mm×mm×mm)	18×65×140
质量/g	330+10
工作环境/℃	充电:0~45,放电:−20~45
储存温度/℃	1个月:−20~40 3个月:−20~35

2. 低压电源

低压电源是由车载12V铅酸蓄电池和DC-DC变换器并联提供的，DC-DC变换器输出电压为13.8V。其主要功能是：当主能源如主电池完全放完电或不能正常工作时，仍能为电动汽车的基本辅助子系统提供稳定的动力。现代电动汽车由许多子系统组成，如空调器、收音机、主控制器、BMS、喇叭、车灯系统、助力转向系统、电动车窗、化霜器和刮水器等。

低压负载工作电压的范围为9~16V。超出此范围低压系统就不能正常工作，会处于欠压或过压状态。

低压电源的配电方式是通过车辆点火钥匙开关将低压12V电源分配给低压负载。

DC-DC变换器的功能如下：

1）能将动力蓄电池的高压直流电转换成12V低压直流电。

2）能对12V后备电池进行充电管理。

3）通过 DC-DC 面板指示灯显示工作状态、故障码等。

4）采用密封防水形式，无风扇，自然对流冷却。

低压电源与高压电源连接线路如图 4-3 所示。

图 4-3　低压电源与高压电源连接线路

3. 充电系统

动力蓄电池充电系统是电动汽车特有的系统之一，它有慢充和快充之分。慢充系统主要是依靠车载充电机以小电流给车辆充电，充电时间长；快充系统主要是依靠充电站以大电流给车辆充电，充电时间短。电动汽车的车载充电机的功能是对动力蓄电池进行浮充/均充自动切换，并具有电池反接、输出短路、输出过载等保护功能。

（1）**过热保护**　当充电机内部温度超过 75℃ 时，充电电流自动减小，超过 85℃ 时，充电机保护性关机，温度下降时，自动恢复充电。

（2）**短路保护**　当充电机输出发生意外短路时，充电机自动关闭输出，故障排除后，延迟 10s 重新起动充电。

（3）**反接保护**　当电池反接时，充电机会切断内部电路与电池的连接，不会起动充电，故不会有任何损坏。

（4）**输入低压、过压保护**　当输入交流电压低于 85V 或高于 265V 时，充电机保护性关机，电压正常后自动恢复工作。

4. 高压电缆

高压电缆是电动汽车特用的专用电缆，它包括高压电缆线束和高压电缆专用接口。其功用是保证传送大电流、大电压，同时满足电缆散热性能、绝缘性能良好。

5. 电源管理系统

纯电动汽车电源管理系统的作用是采集动力蓄电池的电压、电流和温度，以判断动力蓄电池的漏电状态，通过控制高压配电箱内高压接触器和继电器来控制电池的充放电状态，主要由主控模块、采集模块和绝缘模块组成。

6. 热管理系统

在纯电动汽车中，动力蓄电池均是成组使用的，温度的变化势必会使电池之间存在一定的温度差异，这种温度差异主要影响电池组的整体寿命和稳定性。由于高温可以加速电解液、电极和隔板的老化速率，当电池组中温差较大时，高温部分的老化速率会明显大于低温部分。随着时间的积累，不同电池之间的物性差异将越加明显，从而破坏了电池组的一致性，造成单体蓄电池之间的性能不匹配，最终使整组电池提前失效，直接影响电动汽车的性能。同时，对于锂离子蓄电池而言，温度低于 0℃ 是不允许充电的，因为低温充电会引发锂离子还原成金属枝晶的反应，这种锂金属枝晶锐角锋利，易刺穿电池内部隔膜，引起电池内短路，存在安全隐患。因此，动力蓄电池热管理系统是电池组良好运行的保证，否则，动力蓄电池的性能将会受到很大的限制。

纯电动汽车的热管理系统主要是采用外界空气主动式冷却，装备了风机给电池进行冷

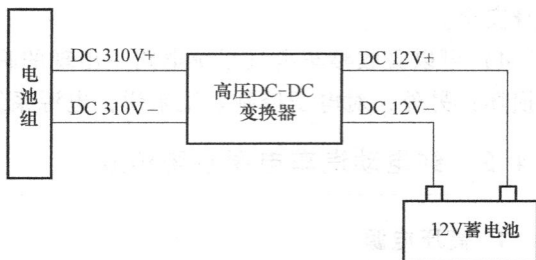

却。热管理系统风机控制结构如图 4-4
所示。

热管理系统包括电动汽车的电池箱
架、电池箱和电池控制箱、电池箱进风
口、风管、电池控制箱出风口和风机。
电动汽车的电池箱架前部为乘员舱后部，且与行李
舱相邻。电池箱前端开孔与乘员舱相连
形成电池箱进风口。电池控制箱整体呈
T 形，位于行李舱内，电池控制箱内装
有电池组和控制硬件，其 T 形尾部中间

图 4-4　热管理系统风机控制结构

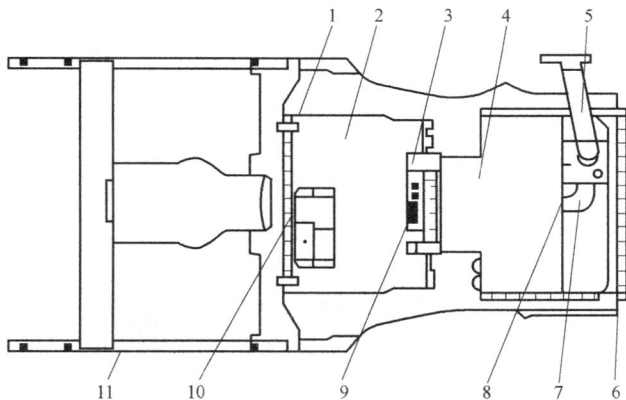

位置设有电池控制箱出风口。用风机将电池控制箱出风口与类似内燃机车辆行李舱的出风口
相连接，电池箱尾部与电池控制箱 T 形顶部两端各自开孔并用风管将其连接贯通，使电池箱
和电池控制箱内部形成气流通道。通过电池箱进风口进风，电池控制箱出风口尾部风机抽
风。风机的开启或关闭由电池控制箱内部软/硬件控制，使乘员舱内来自空调系统的冷风或
者热风流过电池箱和电池控制箱，最后经电池控制箱出风口尾部风机抽出流向车身外部。具
体布局如图 4-5 所示。

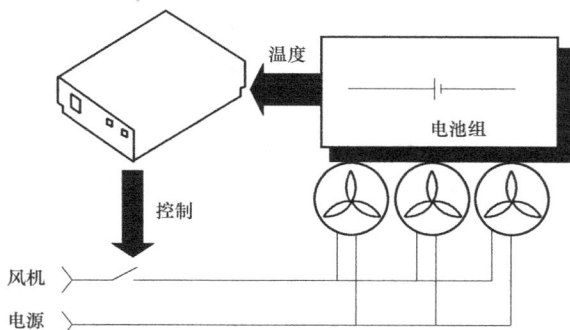

图 4-5　热管理系统的结构布局图

1—进风口　2—电池箱　3—风管　4—电池控制箱　5—行李舱出风口管　6—行李舱底板　7—风机
8—出风口　9—线束接插口　10—电池箱底板　11—车身底板

7. 安全管理和预充电系统

为了改善电动汽车的动力性和能量利用率，动力蓄电池的电压越来越高，由原来的几十
伏上升到现在的几百伏，因而需要配备专门的系统来实现高压系统的安全管理。在电动汽车
上不但需要配备专门的车载高压安全管理系统，还应该设计专门的安全测试系统来监测车载
高压安全管理系统，以进行不定期的安全状况监测。根据电动汽车和人体安全标准，在最大
交流工作电压小于 660V，最大直流工作电压小于 1000V，以及整车质量小于 3500kg 的条件
下，电动汽车的高压安全要求如下：

1）人体的安全电压低于 35V，触电电流和持续时间乘积的最大值小于 30mA·s。

2）绝缘电阻与蓄电池额定电压的比值至少应大于 100Ω/V，最好能够确保大于

$500\Omega/V$。

3）对于高于 60V 的高压系统的上电过程至少需要 100ms，在上电过程中应采用预充电来避免高压冲击。

4）在任何情况下，继电器断开时间应小于 20ms。当高压系统断开后 1s，汽车的任何导电部分和可触及部分搭铁电压的峰值应小于 42.4V（交流）或 60V（直流），储存的能量应小于 20J。

根据上述安全要求，预充电管理是电动汽车中必不可少的重要环节，其中，电动汽车预充电的主要作用是给电机控制器（即逆变器）的大电容进行充电，以减少接触器接触时火花拉弧，降低冲击，增加安全性。

预充电控制策略：分别采集车载动力蓄电池的电压、电机控制器电压，然后将两个电压值进行比较，当两处电压趋于相等时，输出预充电完成信号。当电机控制器的电压达到动力蓄电池电压的 90% 时，认为预充电完成。

8. 高压配电系统

高压配电系统的功能是由供电的动力蓄电池将电能通过继电器、熔丝等配电元器件，送到车辆的电机系统、充电系统、空调系统、PTC 加热系统、DC-DC 低压系统及电动助力转向系统等。它主要由维修开关、电源管理系统、分流器、继电器、预充电阻、接触器和熔丝等组成。纯电动汽车高压配电箱内部结构如图 4-6 所示。

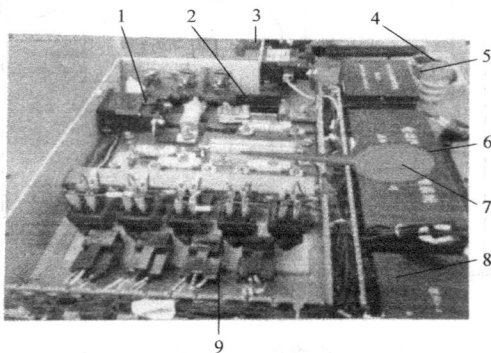

图 4-6 高压配电箱内部结构

1—大电流继电器 2—分流器 3—维修开关 4—绝缘指 5—主控制模块
6—采样模块 7—预充电电阻 8—主控模块 9—12V 继电器主控制模块

（1）接触器 接触器用来接通或断开功率较大的负载，用在（功率）主电路中，主触头可能带有连锁接头以表示主触头的开闭状态。其外形和内部结构如图 4-7 所示。

（2）继电器 继电器一般用在电器控制电路中，其主要作用是以小电流控制大电流，以便能驱动较大的负载，比如可以用继电器的触点去接通或断开接触器的线圈。一般继电器都有较多的开闭触点，通过适当的接法还可以实现某些特殊功能，如逻辑运算等。

（3）分流器 分流器是一个阻值很小的电阻，当有直流电流通过时，即产生压降，系统通过测量该压降，即可得到此刻的通过电流值，当控制单元判断通过分流器的电流大于预设电流时，则断开总正接触器，对后端的功能单元起到断电保护作用。其外形如图 4-8

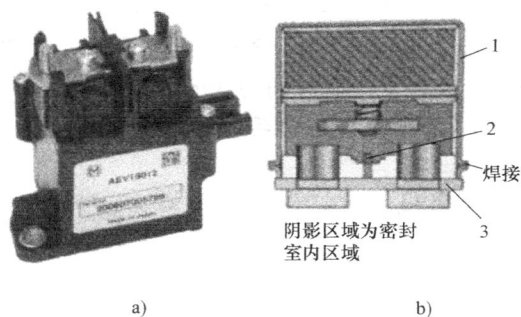

a)   b)

图 4-7　接触器外形及内部结构

（图中阴影区域为密封室内区域）

1—金属外壳　2—辅助触点　3—长寿命密封陶瓷组

所示。

（4）**熔断器**　熔断器就是在电路中连接一段低熔点的金属丝或金属片，既是导体也是过热熔断的脆弱环节，在过负荷时通过热熔效应而切断故障电流，实现对用电器的自动保护。熔断器结构简单，体积小巧，性能稳定，免维护，成本低廉，更换方便，但它只能使用一次。其外形如图 4-9 所示。

图 4-8　分流器

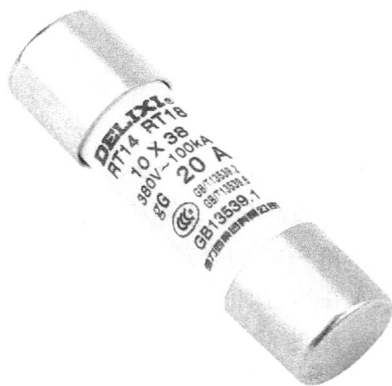

图 4-9　熔断器

（5）**紧急维修开关**

1）紧急维修开关的外形及布置位置如图 4-10 所示。

2）紧急维修开关操作要求。因涉及高压安全，故紧急维修开关的规范操作是非常重要的，不规范的操作不仅可能造成车辆故障，还有可能引起高压拉弧等危险。紧急维修开关规范操作如下：

① 紧急维修开关是在特殊情况下才使用的，如车辆维修、漏电报警等情况，在非特殊情况下不允许对紧急维修开关进行操作。

② 紧急维修开关的操作应由专业人员进行，至少操作人员应该进行过相关培训。

③ 操作时，操作人员必须穿戴必要的劳保用品，如绝缘手套、绝缘胶鞋等，其电压等级必须大于电池组的最高电压。使用前需检查其是否完好无损，确保安全。

④ 拔下紧急维修开关手柄后，必须妥善保管，直至检修完毕，避免误操作。

⑤ 拆开紧急维修开关之后，必须等待至少 10min 后方能进行维修操作，以确保高压线路的余电已释放，如果条件允许建议等待时间为 30min。推荐的操作步骤如下：

a）断开点火开关，将钥匙移开智能钥匙系统探测范围。

b）断开低压蓄电池负极端子。

c）确认绝缘手套不漏气，并穿戴。

d）断开紧急维修开关。

e）将紧急维修开关妥善保管。

f）等待 10min 或更长时间，以便高压部件总成内部电容放电。

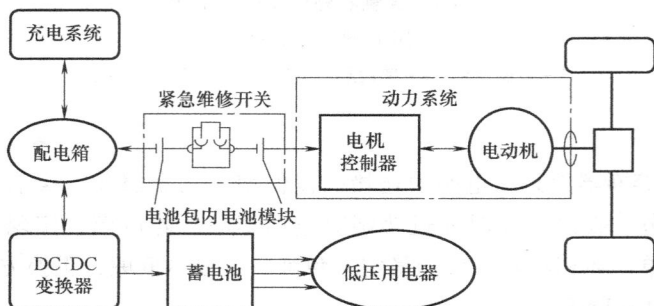

图 4-10　紧急维修开关的外形及布置位置

4.5　纯电动汽车电池管理系统

电池管理系统（BMS）是集监测、控制与管理为一体的、复杂的电气测控系统，也是电动汽车商品化、实用化的关键。电池管理的核心问题就是 SOC 的预估问题，电动汽车电池操作箱 SOC 的合理范围是 30%～70%，这对保证电池寿命和整体的能量效率至关重要。电动汽车在运行时，电池的放电和充电均为脉冲工作模式，大的电流脉冲很可能会造成电池过充电（超过 80%SOC）、深放电（小于 20%SOC）甚至过放电，因此电动汽车的控制系统一定要对电池的荷电状态敏感，并能够及时做出准确的调整，这样电池管理系统才能根据电池容量决定电池的充、放电电流，从而实施控制。同时 BMS 系统还应根据各个电池容量的不同识别电池组中各电池间的性能差异，并以此做出均衡充电控制和电池是否损坏的判断，确保电池组的整体性能良好，延长电池组的寿命。

准确、可靠地获得电池 SOC 是电池管理系统中最基本和最首要的任务，在此基础上才能对电动汽车的用电进行管理，特别是防止电池的过充电及过放电。蓄电池的电荷状态是不能直接得到的，只能通过电池特性——电压、电流、电池内阻、温度等参数来推断。而这些参数与 SOC 的关系并不是简单的一一对应关系。

4.5.1　基本构成和功能

对电池管理系统功能和用途的理解是随着电动车辆技术的发展逐步丰富起来的。最早的电池管理系统仅进行电池一次测量参数（电压、电流、温度等）的采集，之后发展到二次

参数（SOC、内阻）的测量和预测，并根据极端参数进行电池状态预警。现阶段电池管理系统除完成数据测量和预警功能外，还通过数据总线直接参与车辆状态的控制。

电池管理系统的主要工作原理可简单归纳如下：数据采集电路采集电池状态信息数据后，由电控单元（ECU）进行数据处理和分析，然后电池管理系统根据分析结果对系统内的相关功能模块发出控制指令，并向外界传递参数信息。

在功能上，电池能量管理系统主要包括数据采集、电池状态计算、能量管理、安全管理、热管理、均衡控制、通信功能和人机接口。图 4-11 所示为电池管理系统功能示意图。

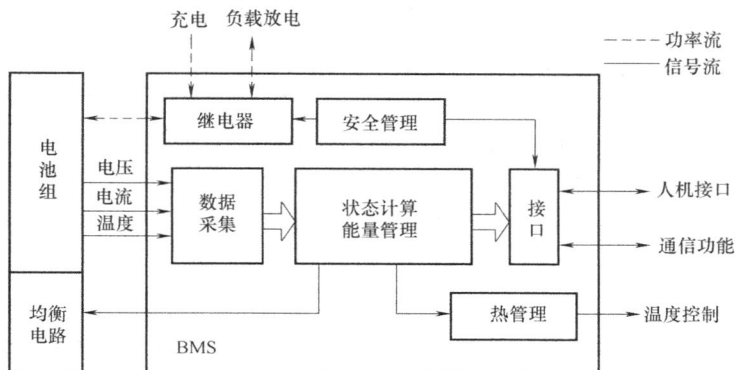

图 4-11　电池管理系统功能示意图

1. 数据采集

电池管理系统的所有算法都是以采集的动力蓄电池数据作为输入信息，采样速率、精度和前置滤波特性是影响电池系统性能的重要指标。电动汽车电池管理系统的采样频率一般要求大于 200Hz。

2. 电池状态计算

电池状态计算包括电池组电荷状态（SOC）和电池组健康（SOH）状态两方面。SOC 用来提示动力蓄电池组剩余电量，是计算和估计电动汽车续驶里程的基础。SOH 用来提示电池技术状态、预计可用寿命等健康状态参数。

3. 能量管理

能量管理主要包括以电流、电压、温度、SOC 和 SOH 为输入所进行的放电过程控制，以及以 SOC、SOH 和温度等参数为条件所进行的放电功率控制。

4. 安全管理

安全管理主要监视电池电压、电流、温度是否超过正常范围，防止电池组过充电和过放电。在对电池组进行整组监控的同时，多数电池管理系统已经发展到对极端单体电池进行过充、过放、过温等安全状态管理。

5. 热管理

热管理负责在电池工作温度超高时进行冷却，低于适宜工作温度下限时进行加热，使电池处于适宜的工作温度范围内，并在电池工作过程中总保持单体电池间温度均衡。对于大功率放电和高温条件下使用的电池，电池的热管理尤为重要。

6. 均衡控制

由于电池的一致性差异导致电池组的工作状态是由最差电池单体决定的。在电池组各个

电池之间设置均衡电路，实施均衡控制，目的是为了使各单体电池充放电的工作情况尽量一致，提高整体电池组的工作性能。

7. 通信功能

通过电池管理系统实现电池参数和信息与车载设备或非车载设备之间的通信，为充放电控制、整车控制提供数据依据是电池管理系统的重要功能之一，根据应用需要，数据交换可采用不同的通信接口，如模拟信号、PWM 信号、CAN 总线或 12C 串行接口。

8. 人机接口

根据设计的需要设置显示信息以及控制按键、旋钮等。

4.5.2 电量管理系统

电池电量管理是电池管理的核心内容之一，对于整个电池状态的控制、电动车辆续驶里程的预测和估计具有重要的意义。同时由于动力蓄电池荷电状态的非线性，并且受到多种因素的影响，导致电池电量估计和预测方法复杂，准确估计比较困难。SOC 估算精度的影响因素定性规律如下：

1. 充放电电流

相对于额定充放电工况，动力蓄电池一般表现为大电流可充放电容量低于额定容量，小电流可充放电容量大于额定容量。

2. 温度

不同温度下电池组的容量存在一定的变化，温度段的选择及校正因素直接影响电池性能和可用电量。

3. 电池容量衰减

电池的容量在循环过程中会逐渐减少，因此对电量的校正条件就需要不断的改变，这也是影响模型精度的一个重要因素。

4. 自放电

由于电池内部的化学反应，产生自放电现象，使其在放置不用时电量发生损失。自放电大小主要与环境温度成正比，需要按实验数据进行修正。

5. 一致性

电池组的建模和容量估算与单体电池有一定的区别，电池组的一致性差别对电量的估算有重要影响。电池组的电量估算是按照总体电池的电压来估算和校正的，如果电池差异较大将导致估算的精度误差很大。

4.5.3 均衡管理系统

为了平衡电池组中单体电池的容量和能量差异，提高电池组的能量利用率，在电池组的充放电过程中需要使用均衡电路。根据均衡过程中电路对能量的消耗情况，可以分为能量耗散型和能量非耗散型两大类。能量耗散型是将多余的能量全部以热量的方式消耗，能量非耗散型是将多余的能量转移或者转换到其他电池中。

1. 能量耗散型

能量耗散型通过单体电池的并联电阻进行放电分流从而实现均衡，如图 4-12 所示，这种电路结构简单，均衡过程一般在放电过程中完成，对容量低的单体电池不能补充电量，存在能量浪费和增加热管理系统负荷的问题。能量耗散型一般有两类：一是恒定分流电阻均衡放电电路，每个单体电池上都始终并联一个分流电阻。这种方式的特点是可靠性高，分流电阻的值大，通过固定分流来减小由于自放电导致的单体电池差异。其缺点在于无论电池充电还是放电，分流电阻始终消耗功率，能量损失大，一般在能够及时补充热量的场合使用。二是开关控制分流电阻均衡放

图 4-12　电阻分流式均衡原理图
（ICE 为单体电池均衡器）

电电路，分流电阻通过开关控制，在放电过程中，当单体电池电压达到截止电压时，均衡装置能阻止其过放电并将多余的能量转化成热能。这种均衡电路工作在放电期间，特点是可以对放电时单体电池电压偏高者进行分流。其缺点是由于均衡时间的限制，导致分流时产生的大量热量需要及时通过热管理系统耗散，尤其在容量比较大的电池组中更明显。例如，$10A \cdot h$ 的电池组，$100mV$ 的电压差异，最大可达 $500mA \cdot h$ 以上的容量差异，如果以 $2h$ 为均衡时间，则分流电流为 $250mA$，分流电阻值约 14Ω，产生的热量为 $2W \cdot h$ 左右。

2. 非能量耗散型

非能量耗散型电路的耗能相对于能量耗散型电路小得多，但电路结构相对复杂，可分为能量转换式均衡和能量转移式均衡两种方式。

（1）能量转换式均衡　能量转换式均衡是通过开关信号，将电池组整体能量对单体电池进行能量补充，或者将单体电池能量向整体电池组进行能量转换。其中单体能量向整体能量转换一般都是在电池组放电过程中进行，其电路如图 4-13 所示。该电路是通过检测各个单体电池的电压值，当单体电池电压达到一定值时，均衡模块开始工作，将单体电池中的放电电流进行分流从而降低放电

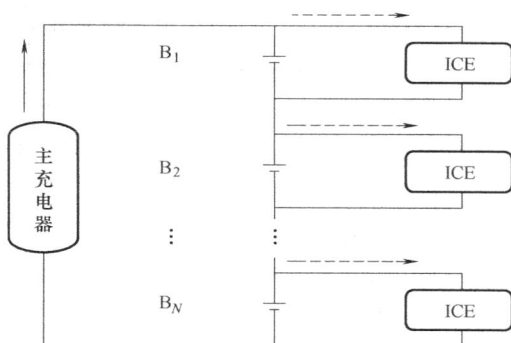

图 4-13　单体电压向整体电压转换方式

电压，分出的电流经模块转换把能量反馈给放电总线，达到均衡的目的。还有的能量转换式均衡可以通过续航电感，完成单体到电池组的能量转换。

电池组整体能量向单体转换的电路如图 4-14 所示。这种方式也称为补充式均衡，即在放电过程中首先通过主放电模块对电池组进行放电，电压检测电路对每个单体电池进行监控。当任一单体电池的电压过高时，主放电电路就会关闭，然后补充式均衡放电模块开始对电池组放电。通过优化设计，均衡模块中的放电电压经过一个独立的 DC-DC 变换器和一个同轴线圈变压器，给每个单体电池增加相同的次绕组。这样，单体电压高的电池从辅助放电

电路上得到的能量少，而单体电压低的电池从辅助放电电路上得到的能量多，从而达到均衡的目的。此方式的问题在于次绕组的一致性难以控制，即使二次边绕组匝数完全相同，考虑到变压器漏感以及二次边绕组之间的互感，单体电池也不一定获得相同的放电电压。同时，同轴线圈也存在一定的能量耗散，并且这种方式的均衡只有放电均衡，对于充电状态的不均衡无法起作用。

（2）能量转移式均衡　能量转移式均衡是利用电感或电容等储能元件，把电池组中容量高的单体电池的能量通过储能元件转移到容量比较低的电池上，如图4-15所示。该电路是通过切换电容开关传递相邻电池间的能量，将电荷从电压高的电池传送到电压低的电池，从而达到均衡的目的。另外，也可以通过电感储能的方式，在相邻电池间进行双向传递。此电路的能量损耗很小，但在均衡过程中有多次传输，均衡时间长，故不适于多串的电池组。改进的电容开关均衡方式，可通过选择最高电压单体电池与最低电压单体电池进行能量转移，从而使均衡速度增快。能量转移式均衡中能量的判断以及开关电路的实现较困难。

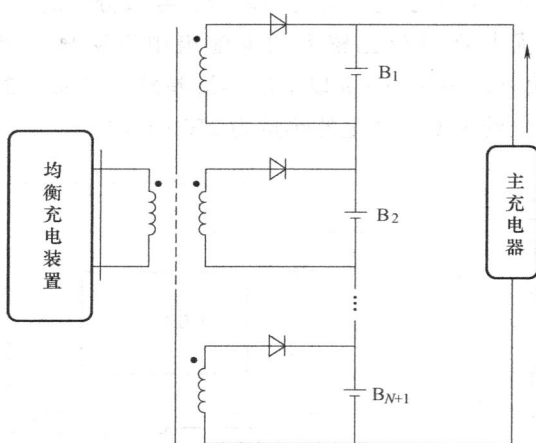

图4-14　补充式均衡示意图　　　　图4-15　电容开关均衡示意图

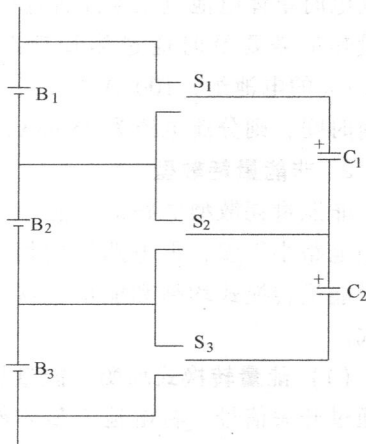

4.5.4　热管理系统

因为过高或过低的温度都将直接影响动力蓄电池的使用寿命和性能，并有可能导致电池系统的安全问题，而电池箱内温度场的长久不均匀分布也会造成各电池模块、单体间性能的不均衡，所以电池热管理系统对于电动车辆的动力蓄电池系统而言是必需的。可靠、高效的热管理系统对于电动汽车的可靠安全应用意义重大。某纯电动汽车电池箱和电池控制箱内部温度传感器的布置如图4-16所示。

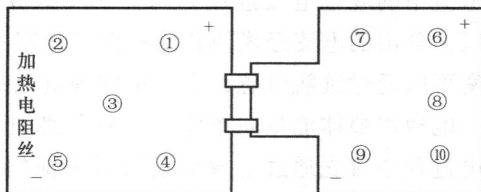

图4-16　电池箱和电池控制
箱内部温度传感器的布置
①~⑩—传感器的位置

电池组热管理系统有以下5项主要功能：

1）电池温度的准确测量和监控。

2）电池组温度过高时进行有效散热和

通风。

3）低温条件下的快速加热。

4）有害气体产生时进行有效通风。

5）保证电池组温度场的均匀分布。

下面重点讨论电池组高温放电冷却控制策略和电池组低温充电加热控制策略。

1. 电池组高温放电冷却控制策略

当电池管理系统检测到单体电池的最高温度大于 35℃ 或温差大于 6℃ 时，热管理系统风扇开启；当电池箱体最低温度大于 10℃ 时，加热电阻丝断电。如果两箱体温差不低于 3℃，热管理系统风扇依然开启，否则热管理系统风扇停止工作。

2. 电池组低温充电加热控制策略

电池管理系统检测到充电唤醒信号进入充电模式，若单体电池最低温度大于 0℃，则进入正常充电模式，否则进入充电预加热模式。

（1）充电预加热模式　电池管理系统进入充电预加热模式后，控制充电器输出功率，用于一定功率的加热器，预加热时间为 1h。同时，电阻丝开始加热，后座椅电池前端进风口风扇和行李舱电池出风口大功率风机同时工作，使加热电阻丝发出的热量在两电池箱体内部流通进行热交换，完成对低温电池组的加热过程。

1）当加热 1h 后，单体电池最低温度高于 5℃，电池管理系统进入正常充电模式。

2）当加热 1h 后，单体电池最低温度未高于 5℃，电池管理系统进入充电加热模式。

（2）充电加热模式　电池管理系统进入充电加热模式后，控制充电器正常输出功率，边加热（加热器电流为 3A 左右）边涓流充电（电池充电电流为 3A 左右）以保证电池安全，然后通过 CAN 总线开启车载充电器。

（3）正常充电模式　电池管理系统进入正常充电模式后，控制充电器正常输出功率，然后通过 CAN 总线开启车载充电器。

1）当在充电过程中检测到单体电池最低温度未超过 0℃ 时，先通过 CAN 总线关闭车载充电器，再进入充电加热模式。

2）当检测到电池充满电时，电池管理系统通过 CAN 总线关闭车载充电器，停止加热和充电。

4.5.5　电安全管理系统

电安全管理系统主要具有烟雾报警、绝缘检测、自动灭火、过电压和过电流控制、过放电控制、防止温度过高以及在发生碰撞的情况下关闭电池等功能。本节重点介绍电池系统的绝缘监测技术。

电动汽车动力蓄电池系统常用电压有 288V、336V、384V 和 544V 等，已经大大超过了人体可以承受的安全电压，因此电气绝缘性能是电安全管理的一个重要内容。绝缘性能的好坏不仅关系到电气设备和系统能否正常工作，更重要的是它关乎人的生命财产安全。现在常用的绝缘检测方法包括以下 3 种。

1. 漏电直测法

在直流系统中，这是最简单也是最实用的一种检测漏电的方法。可以将万用表转到电流档，串联在直流正极与设备壳（或者地）之间，这样就可以检测到直流负极对壳体之间的漏电流，同样也可以串联在负极与壳体之间检测直流正极对壳体之间的漏电流。

2. 电流传感法

采用霍尔式电流传感器是对高压直流系统检测的一种常见方法，将电源系统中待测的正极和负极一起同方向穿过电流传感器，当没有漏电流时，从电源正极流出的电流等于返回到电源负极的电流，因此穿过电流传感器的电流为零，电流传感器输出电压为零；当发生漏电现象时，电流传感器的输出电压不为零。根据该电压的正负可以进一步判断该漏电流是来自电源正极还是负极。但是应用这种检测方法的前提是待测电源必须处于工作状态，要有工作电流的流入和流出，它无法在电源系统空载的情况下评价电源对地的绝缘性能。

3. 绝缘电阻表测量法

用绝缘电阻表测量绝缘电阻的阻值，绝缘电阻表俗称兆欧表，它大多采用手摇发电机供电，故又称为摇表。它的刻度是以绝缘电阻为单位的，是电工常用的一种测量仪表。其工作原理如图4-17所示。该仪表的工作原理是通过一个电压激励被测装置或网络，然后测量激励所产生的电流，利用欧姆定律测量出电阻。绝缘电阻表主要由两大部分构成：一部分是手摇发电机，另一部分是磁电式比率表。通过摇动手柄，由手摇发电机产生交流高压，经二极管整流，提供测量用的直流高压，再用磁电式比率表测量电压线圈和电流线圈中的电流比值，用指针指示器指明电阻刻度。

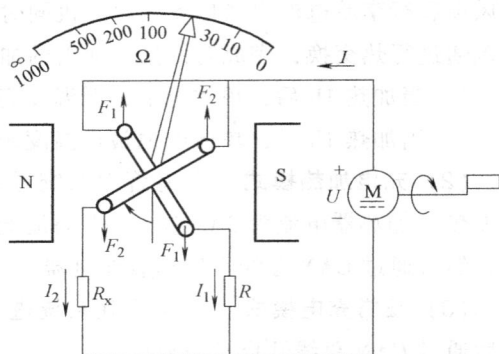

图 4-17　绝缘电阻表工作原理

4.5.6　数据通信系统

数据通信是电池管理系统的重要组成部分之一，主要涉及电池管理系统内部主控板与检测板之间的通信和电池管理系统与车载主控制器、非车载充电机等设备之间的通信等；在有参数设定功能的电池管理系统中，还有电池管理系统主控板与上位机之间的通信。CAN通信方式是现阶段电池管理系统通信应用的主流，在国内外大量产业化的电动汽车电池管理系统以及相关电池管理系统数据通信标准中均提倡采用该通信方式。RS-232、RS-485总线等方式在电池管理系统内部通信中也有应用。图4-18所示为某纯电动客车的电池管理系统，该系统的应用已经实现商业化。

车辆运行模式下的电池管理系统结构如图4-19所示。电池管理系统中央控制模块通过CAN总线将实时的、必要的电池状态传给整车控制器以及电机控制器等设备，以便采用更加合理的控制策略，既能有效地完成运营任务，又能延长电池使用寿命。

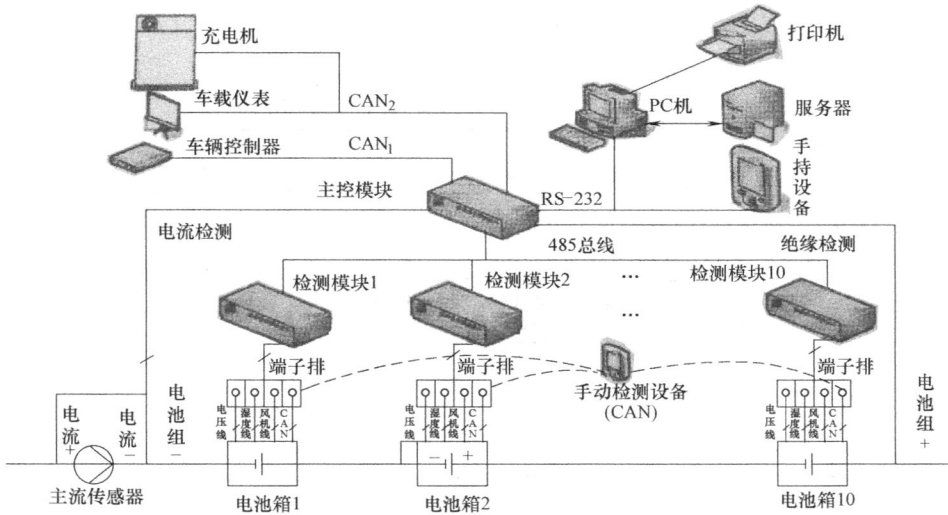

图 4-18 某纯电动客车电池管理系统的通信方式示意图

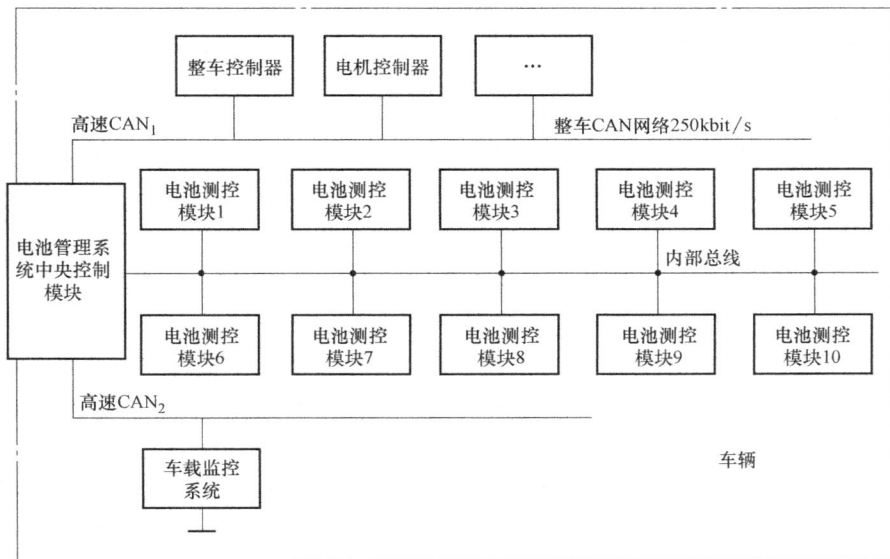

图 4-19 车辆运行模式下的电池管理系统结构

应急充电模式下的电池管理系统结构如图 4-20 所示。充电机实现与电动汽车的物理连接，在车载高速 CAN_2 中加入充电机节点，其余不变。充电机通过高速 CAN_2 了解电池的实时状态，调整充电策略，实现安全充电。

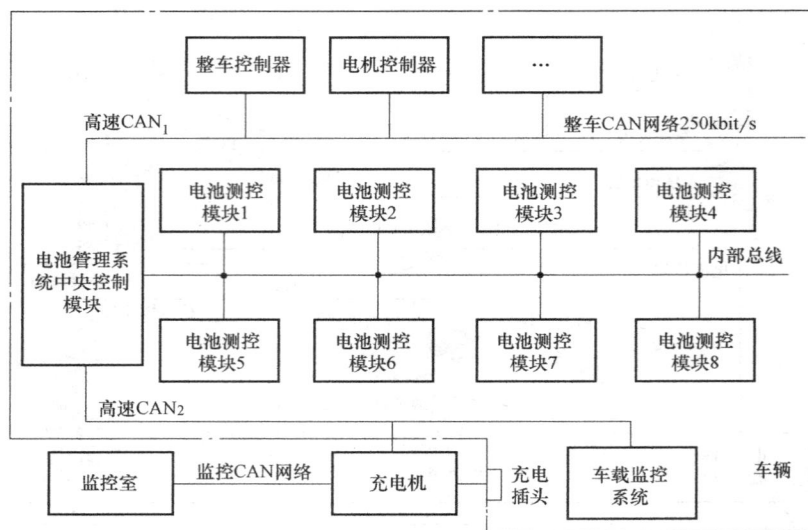

图 4-20　应急充电模式下的电池管理系统结构

4.6　纯电动汽车经济性评价指标及行驶能耗

4.6.1　纯电动汽车能耗经济性评价指标

车辆能耗经济性评价常用的指标都是以一定的车速或循环行驶工况为基础，以车辆行驶一定里程消耗的能量或一定能量可反映出的车辆行驶里程来衡量。为了使电动汽车能耗经济性评价指标具有普遍性，其应满足以下 3 个条件：

1）可以对不同类型的电动汽车的经济性进行比较。

2）指标参数数值与整车储存能量总量无关。

3）可以直接通过指标参数进行能耗经济性判断。

纯电动汽车常用经济性评价指标有续驶里程、单位里程容量消耗、单位里程能量消耗、单位容量和单位能量消耗行驶里程、等速能耗经济特性曲线以及直流比能耗和比容耗等。

1. 续驶里程

续驶里程是纯电动汽车电池组充满电后可连续行驶的最大里程，可以分为等速行驶里程和循环工况续驶里程。此项指标对于综合评价电动汽车电池组、电动机及传动效率、电动汽车实用性具有积极意义。但此指标与电动汽车电池组装车容量及电压水平有关，在不同车型和装配不同容量电池组的同种车型间不具有可比性。即使装配相同容量同种电池的同一车型，续驶里程也受到电池组状态、天气、环境因素等使用条件影响而有一定的波动。

2. 单位里程容量消耗

单位里程容量消耗是指电动汽车等速或按工况行驶单位里程消耗的电池组容量，单位为 $A \cdot h/km$。它作为经济性的评价指标在不同的电池组使用条件下存在一定的误差，在不同车型之间不具有可比性，仅适用于电压等级相同、车型相似情况下能耗经济性能的比较或同一

车型能耗水平随电池组寿命变化历程的分析。

3. 单位里程能量消耗

单位里程能量消耗可分为单位里程电网交流电消耗和电池组直流电量消耗，单位为 kW·h/km。其中交流电消耗受到不同类型充电设备的效率影响。直流电量消耗仅以车载电池组的能量状态作为标准，脱离了充电机的影响，可以比较直接地反映电动汽车的实际性能。

4. 单位容量和单位能量消耗行驶里程

这两种电动汽车能耗经济性评价指标分别是单位里程容量消耗和单位里程能量消耗的倒数，单位分别为 km/(A·h) 和 km/(kW·h)。

5. 等速能耗经济特性曲线

通常以测出速度间隔为 5km/h 或 10km/h 的等速行驶能耗为标准，在速度-能耗曲线图上连成曲线，称为等速能耗经济特性曲线。但这种评价方法不能反映汽车实际行驶中受工况变化的影响，特别是市区行驶中频繁出现的加速、减速、怠速及停车等行驶工况。

6. 直流比能耗和比容耗

不同车型的纯电动汽车总质量相差很大，因此单位里程能量消耗也有很大差别。为了进行不同车型之间的能耗水平分析和比较，引入直流比能耗的概念，即单位质量在单位里程的能耗，单位为 kW·h/(km·t)。此参数可以体现不同车型间传动系统匹配优化程度和能量利用效果。

在电压等级相同的情况下，引入比容耗的概念，即单位质量在单位里程的容量消耗，单位为 A·h/(km·t)。

4.6.2　纯电动汽车的能量利用率

车辆的动力性和能耗指标是相互矛盾的，为了增加动力性，要求车辆具有更大的后备功率，但后备功率大，必然降低动力系统的负荷率，从而使能耗经济性变差，因而不能片面追求动力性或能耗经济性，必须在车辆动力性和能耗经济性之间取得比较好的平衡。上述经济性参数都是单纯考虑能耗所得到的评价指标，综合考虑车辆的动力性，采用能量利用率作为纯电动汽车能耗经济性和动力性综合评价指标。

纯电动汽车的能量利用率 η_E 可表示为

$$\eta_E = \eta_b \eta_m \eta_t \eta_g \eta_e \eta_d \tag{4-23}$$

式中　η_b——电池组放电效率；

　　　η_m——电动机效率；

　　　η_t——传动系统效率；

　　　η_g——道路阻力利用系数；

　　　η_e——电动汽车的重力利用效率；

　　　η_d——电动汽车驱动力利用效率。

下面重点讨论后三个参数。

1. 道路阻力利用系数 η_g

道路阻力利用系数是汽车在一个行驶循环中所需的驱动功与克服实际道路阻力所做的功

之比，其表达式为

$$\eta_g = \frac{f_s}{\varphi} = \frac{f_s}{f+i} \qquad (4\text{-}24)$$

式中　f_s——车轮滚动阻力系数；

　　　φ——道路阻力系数；

　　　f——道路滚动阻力系数；

　　　i——汽车行驶的道路坡度。

2. 重力利用效率 η_e

电动汽车的重力利用效率是汽车克服载重量产生的道路阻力所做的功与克服汽车总重力产生的道路阻力所做的功之比，其表达式为

$$\eta_e = \frac{G_e}{G_t} \qquad (4\text{-}25)$$

式中　G_e——电动汽车的有效载重量；

　　　G_t——电动汽车总重力。

3. 驱动力利用效率 η_d

电动汽车驱动力利用效率是汽车克服汽车总重量产生的道路阻力所做的有用功与汽车驱动轮产生的驱动力所做的功之比。在汽车等速行驶时，其表达式可近似表示为

$$\eta_d = \frac{1}{1 + \dfrac{C_D A v^2}{21.15 \varphi G_t}} \qquad (4\text{-}26)$$

能量利用率已经把电池组、电动机、传动系统的固有特性与电动汽车实际使用条件相结合，既反映了电动汽车具有的能力，又反映了电动汽车的实际使用效果。因此用它作为电动汽车动力传动系统匹配和经济性的综合评价指标，既反映了电动汽车动力传动系统与使用工况的匹配程度，又能提示传动系统改善的潜力和途径。

4.6.3　纯电动汽车的能耗

1. 单位里程电池组直流电量消耗的计算

电动汽车采用单位里程电能消耗来评价能耗，即

$$e = \frac{E}{S} = \frac{\xi_E E_n}{S} \qquad (4\text{-}27)$$

式中　e——电动汽车单位里程能耗（kW·h/km）；

　　　E——电池组充满电时的总能量（kW·h）；

　　　S——电动汽车的续驶里程（km）；

　　　E_n——电池组标称总能量（kW·h）；

　　　ξ_E——由于行驶工况和使用环境差别引起的电池组实际可利用总能量占标称总能量的百分比。

2. 直流比能耗的计算

去除整车质量的影响，电动汽车比能耗的计算表达式为

$$e_0 = e/m \tag{4-28}$$

式中　e_0——比能耗（$W \cdot h/(km \cdot t)$）；

　　　m——整车质量（kg）。

则续驶里程为

$$S = \frac{E}{e} = \frac{E}{me_0} \tag{4-29}$$

对于电动公交车，整车质量由整备质量和载荷质量两部分组成，即

$$m = m_0 + m_1 = m_0 + n_p m_p \tag{4-30}$$

式中　m_0——整备质量（kg）；

　　　m_1——载荷质量（kg）；

　　　n_p——乘客数目；

　　　m_p——乘客的人均统计质量（kg）。

3. 市区行驶等效载荷和等效乘客数的计算

公交车在市区行驶，载荷质量和乘客数且受上下班高峰期、节假日以及沿途的商业布局、停靠站点、路况等因素的影响，是随机性很强的量，载荷质量的合理确定关系到电动公交车比能耗计算结果的准确性。

电动汽车续驶里程又可写成：

$$S = \frac{\xi_E E_n}{(m_0 + n_p m_p) e_0} \tag{4-31}$$

对从停靠站点 i（$i = 1, 2, 3, \cdots$）到停靠站点 $i+1$ 间的站间行驶，能量消耗量为

$$E_i = S_i [m_0 + (n_p)_i m_p] e_0 \tag{4-32}$$

式中　S_i——站间行驶里程（km）；

　　　E_i——站间行驶消耗能量（$kW \cdot h$）。

对公交车行驶一个单程，有

$$\sum_{i=1}^{N} E_i = \sum_{i=1}^{N} S_i m_0 e_0 + \sum_{i=1}^{N} S_i (n_p)_i m_p e_0 \tag{4-33}$$

式中　N——公交车单程停靠站点数目。

$$\sum_{i=1}^{N} E_i = S_0 m_0 \bar{e}_0 + \bar{e}_0 \sum_{i=1}^{N} S_i (n_p)_i m_p \tag{4-34}$$

式中　S_0——单程行驶总里程（km）；

　　　$\bar{e}_0$——单程行驶平均比能耗（$W \cdot h/(km \cdot t)$）。

公交车行驶一个单程消耗的能量除以总里程就等于 $\bar{e}_0 m$，即

$$\frac{\sum_{i=1}^{N} E_i}{S_0} = \bar{e}_0 \left| m_0 + \frac{\sum_{i=1}^{N} S_i (n_p)_i m_p}{S_0} \right| \tag{4-35}$$

得

$$m = m_0 + \sum_{i=1}^{N} S_i (n_p)_i m_p / S_0 = m_0 + \overline{m}_1 \tag{4-36}$$

令

$$\overline{m}_1 = \sum_{i=1}^{N} S_i (n_p)_i m_p / S_0 \tag{4-37}$$

$$\overline{n}_p = \sum_{i=1}^{N} S_i (n_p)_i / S_0 \tag{4-38}$$

式中 $\overline{m}_1$——市区行驶等效载荷（kg）；

   $\overline{n}_p$——市区行驶等效乘客数。

  公交车市区行驶等效乘客数和等效载荷从能量平衡的角度反映了公交车的平均运载量和平均有效载荷，具有重要的现实意义。若以全天或全年的行驶里程作为评价基准，则可完全反映出运营线路的平均载荷能力，有利于公交运营的经济性核算、电动公交车的比能耗计算和使用成本核算。

思　考　题

  1. 纯电动汽车如何分类？由哪几部分组成？

  2. 纯电动汽车有哪些布置形式？其特点是什么？

  3. 在纯电动汽车设计中，如何确定电动机参数、传动系统传动比和电池组容量？

  4. 纯电动汽车中的能源管理系统有哪些功能？

  5. 纯电动汽车能耗经济性评价指标有哪些？

第5章

混合动力电动汽车

随着全球汽车工业的迅猛发展、石油资源供应的日趋紧张，世界各国积极寻求代用燃料或者减少燃油的消耗量，大力开发新型节能环保汽车。在太阳能、电能等替代能源汽车积极开发、应用的同时，混合动力电动汽车因其低油耗、低排放、高性价比的优势越来越受到关注。混合动力电动汽车虽然没有实现零排放，但其在动力性、经济性和排放等综合指标方面均能满足当前越来越严格的要求，可缓解汽车需求与环境污染及石油短缺的矛盾。可以说，混合动力电动汽车因其具有的优势可在 21 世纪的运载车辆中占有重要的地位。

采用燃油发动机的动力进行发电并驱动电机，这种电动汽车就是混合动力电动汽车（HEV）。混合动力电动汽车实际上并不是新发明，早在 1905 年就有人申请了用蓄电池作为动力驱动电机来改善内燃机车辆加速能力的专利。但由于当时蓄电池、电机、电力电子及汽车结构等诸多方面的技术还没有成熟，混合动力电动汽车真正发展起来还是近年来的事情。

在国际上，混合动力电动汽车的定义多种多样，但在我国一般认为混合动力电动汽车就是既有内燃机又有电动机的车辆。因此，本书中的混合动力电动汽车均指采用内燃机和电动机的车辆。

5.1 混合动力电动汽车概述

5.1.1 混合动力电动汽车的主要组成

混合动力电动汽车主要由发动机、驱动电机、辅助电源、联轴器、耦合器等机械部分和整流器及功率转化器等控制部分组成。

1. 发动机

发动机是 HEV 的主要动力源，可以采用四冲程内燃机（包括汽油机和柴油机）、二冲程内燃机（包括汽油机和柴油机）、转子发动机、燃气轮机和斯特林发动机等。一般转子发动机和燃气轮机的燃烧效率比较高，排放也比较洁净。采用不同的发动机就可以组成不同的 HEV。

2. 驱动电机

驱动电机（本章中，在用于驱动情况时，简称电动机）是 HEV 的辅助动力源。HEV 的驱动电机可以是交流感应电动机、永磁电动机、开关磁阻电动机、直流电动机和特种电动机等。随着 HEV 的发展，直流电动机已经很少采用，多数采用感应电动机、永磁电动机和开关磁阻电动机。发动机的动力和驱动电机的"混合"是 HEV 动力"混合"的另一种形式。采用不同的电动机可以组成不同的 HEV。

3. 辅助电源

HEV 可以装备各种不同的蓄电池和超级电容器等作为"辅助电源"。只有在 HEV 电动机起动发动机或电动机辅助驱动的时候才使用。

5.1.2　混合动力电动汽车的优点

与纯电动汽车相比，HEV 具有以下优点：

1）比纯电动汽车多了内燃机提供动力，因此电池较少，降低了整车质量，有利于提高动力性。

2）由于采用辅助动力驱动，打破了纯电动汽车续驶里程的限制，其长途行驶能力可与传统汽车相媲美。

3）在 HEV 上采用高度实时和动态的优化控制策略，优化控制的结果尽量使动力系统各部件工作在最佳状态和最高效率区域，大大限制了内燃机在恶劣工况下的高燃油消耗率和大量的尾气排放，大大提高了 HEV 的燃油经济性。在排放限制严格的地区，能以纯电动方式工作，成为零排放汽车。

4）空调系统等附件由内燃机直接驱动，有充分的能源供应，保证了汽车的乘坐舒适性。

5）在控制策略的作用下，辅助动力可以向储能装置（一般为电池组）提供能量，从而保证 HEV 无需停车充电，因此可利用现有加油站，不需要进行专门充电设施的建设。

6）由于 HEV 的电池组在使用过程中是浅充浅放，可以延长电池的使用寿命。

HEV 未来可能具有优点：当电池科技进一步发展时，不需要起动内燃机就可以提供上下班距离所需的所有能量，届时可以让车辆在上下班时处于纯电动模式（夜间回车库充电），假日游玩等长途使用时才启用内燃机，车辆甚至可以在电力高峰时间提供电力给办公室（或住家）；若能普及，深夜充电需求会让电力系统负荷更平均，从而增加电厂效率并降低污染，而电力也可以使用再生能源提供。

5.1.3　混合动力电动汽车的关键技术

HEV 是集汽车、电力拖动、自动控制、新能源及新材料等高新技术于一体的集成产物。它的研究涉及多个领域，其关键技术主要有电池及电池管理、驱动电机、发动机和整车能量管理等。

1. 电池及电池管理系统

HEV 的电池与纯电动汽车的电池工作状况不同，常处于非周期性的充放电循环，这要求电池必须具有快速充放电和高效充放电的能力，即 HEV 所用电池在具有高能量密度的同时，更重要的是要具有高的功率密度，以便在加速和爬坡时能提供较大的峰值功率。

电池的性能和寿命与电池的充放电历史、电池工作温度等因素密切相关，过充电和过放电会严重影响电池性能甚至造成电池损坏。因此通过电池管理系统对电池工作过程和工作环境进行监控，提供准确的电池剩余电量预测，对充分利用电池能效、延长电池使用寿命具有非常重要的意义。

2. 驱动电机

驱动电机是 HEV 的驱动单元之一，其选用原则为性能稳定、重量轻、尺寸小、转速范围宽、效率高、电磁辐射量小及成本低等。另外，驱动电机的峰值功率要具有起动发动机能力、电驱动能力、整车加速能力和最大再生制动能力等。目前 HEV 使用的驱动电机主要有直流永磁电动机、永磁无刷同步电动机、交流异步电动机和开关磁阻电动机等。在交流电动机中，最具代表性的是交流感应电动机，而这种电动机的结构决定其功率和效率之间的矛盾很难解决，故应尽量采用具有高效率、高功率密度、结构紧凑的永磁电动机、开关磁阻电动机等先进电动机。

3. 发动机

由于 HEV 用发动机工作时会频繁起停，为满足严格的排放标准，热力发动机的设计目标从传统发动机的高功率变为追求高效率，并将功率的调峰任务交由电机承担。要实现该目标，可将当前内燃机中普遍采用的奥托循环，用大膨胀比的高效率阿特金森循环取代，或采用其他高效热机，如燃气轮机、斯特林发动机等，再利用它们各自的优势来设计混合动力系统。如丰田普锐斯的 1.5L 汽油机采用具有高效率、高膨胀比的阿特金森工作循环、紧凑型倾斜式挤气燃烧室及铝合金缸体，其主要目的是追求高效率而不是高功率。

4. 动力耦合装置

在并联和混联系统中，机械的动力耦合装置是耦合发动机和电机功率的关键部件，它不仅具有很大的机械复杂性，而且直接影响整车控制策略，因而成为混合动力系统开发的重点和难点。目前采用的动力耦合方式有转矩结合式（单轴式和双轴式）、转速结合式和驱动力结合式。

5. 驱动系统控制

对于串联式 HEV，电力驱动是唯一的驱动模式，因而控制系统比较简单，并联及混联式的驱动系统有发动机和电机两个动力源，两个动力源存在多种配合工作模式，如纯电动、发动机驱动、发动机驱动+电机辅助、发动机驱动+发电机充电等。根据汽车行驶的需要，动力系统在这些工作模式间相互切换。

驱动系统的控制策略应能通过实时分析汽车的行驶状况、发动机和电机的转矩特性及电池 SOC 大小等信息，决定 HEV 的工作模式，确定发动机与电机的合理工况点。即需要对 HEV 的驱动系统的起步、模式切换、换档等动态过程进行控制。

研制与开发 HEV 的关键技术大致可分为整车系统集成和关键零部件技术。

整车系统集成关键技术包括动力系统参数匹配，整车能量控制系统，再生制动系统，车用数据总线以及先进车辆控制技术。

关键零部件技术主要包括 HEV 用发动机，驱动电机及其控制技术，动力蓄电池及其管理系统技术以及 HEV 用自动变速器技术。

当前 HEV 所面临的主要技术问题如下：

1）要提高能量存储装置（电池）的比功率和寿命。

2）建立更先进、更有效的电子控制和检测系统。

3）电力电子器件必须减小尺寸和质量。

5.1.4 混合动力电动汽车的主要指标

1. 大规模商业化示范的插电式混合动力电动汽车的主要技术指标

我国大规模商业化示范的插电式混合动力电动汽车的主要技术指标见表5-1。

表 5-1 大规模商业化示范的插电式混合动力电动汽车的主要技术指标

指标		插电式混合动力轿车	插电式混合动力城市客车
动力蓄电池	能量密度(W·h/kg)	系统≥100	
	循环寿命/次	≥3000	
	日历寿命/年	≥10	
	目标成本[元/(W·h)]	模块≤1.5	
车用电机	成本/[元(W·h)]	≤200	≤300
	功率密度(kW/kg)	≥1.8	
	最高效率(%)	≥94	
电子控制		纯电动汽车电动化总成控制系统；先进的纯电动汽车分布式控制系统；纯电动汽车车载信息、智能充电和远程监控系统	
整车平台	最高车速	与传统汽车相当	
	纯电续驶里程/km	≥30	≥50
	附加成本/万	≤5	≤20

2. 混合动力电动汽车产业化研发主要技术指标

混合动力电动汽车产业化研发主要技术指标见表5-2。

表 5-2 混合动力电动汽车产业化研发主要技术指标

指标			轿车	城市客车
动力蓄电池	镍氢蓄电池	能量密度/(W·h/kg)	系统≥30	系统≥40
		功率密度/(W/kg)	系统≥900	系统≥700
		使用寿命	25万公里或10年	
		系统目标成本/[元/(W·h)]	<3	
	功率型锂离子蓄电池	能量密度/(W·h/kg)	≥50(系统)	
		功率密度/(W/kg)	≥1800(系统)	
		使用寿命	20万公里或10年	
		系统目标成本/[元/(W·h)]	<3	
	超级电容器	能量密度/(W·h/kg)	≥5	
		功率密度/(W/kg)	≥4000	
		使用寿命	≥40万次或10年	
		系统目标成本/[元/(W·h)]	<60	
车用电机		成本/[元/(W·h)]	200	300
		ISG发电机功率密度/(kW/kg)	>1.5	>2.7
		驱动电机功率密度	>1.2	>1.8
		系统最高效率(%)	≥94	

（续）

指标		轿车	城市客车
电子控制		满足国Ⅳ和国Ⅴ排放法规的混合动力专用发动机（油电和气电）电控关键技术；研制面向多能源动力总成技术需求的 16 位或 32 位机高性能控制器	
整车平台	节油率（%）	≥25（中混） ≥40（深混）	≥40
	附加成本/万元	≤1.5	≤15

5.2 混合动力电动汽车的分类

5.2.1 按连接方式分类

根据混合动力电动汽车零部件的种类、数量和连接关系可以将其分为串联式、并联式和混联式 3 类。图 5-1 所示为三种混合动力电动汽车的基本结构。

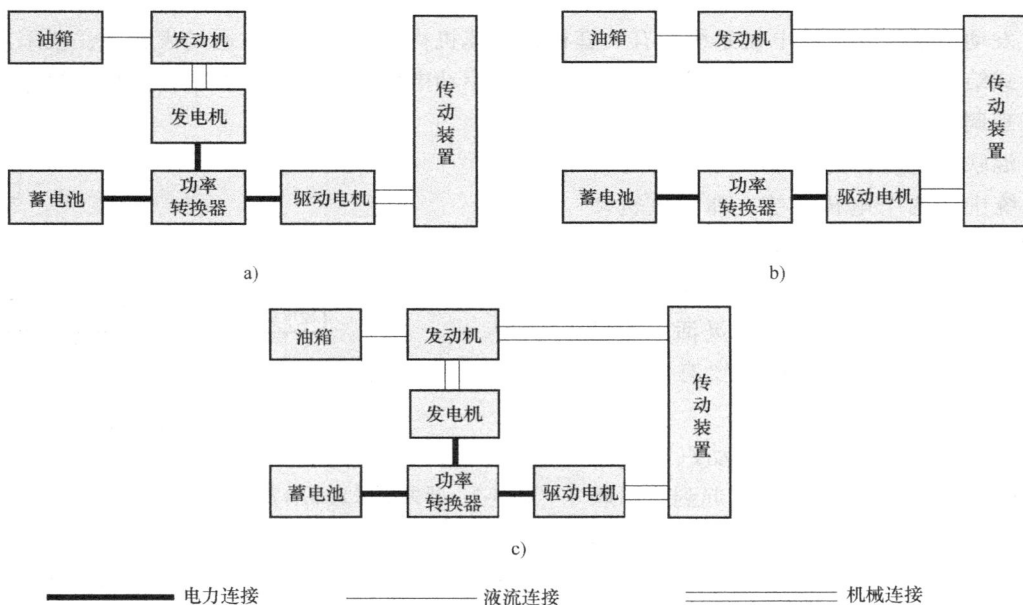

图 5-1 三种混合动力电动汽车的基本结构

a）串联式 b）并联式 c）混联式

1. 串联式混合动力电动汽车（SHEV）

由发动机直接带动发电机发电，产生的电能通过控制单元传给蓄电池，再由蓄电池传输给驱动电机转化为动能，最后通过变速机构来驱动汽车。蓄电池在发电机产生的能量和驱动电机需要的能量之间进行调节，从而保证车辆正常工作。串联式混合动力电动汽车具有下述特点：

1）载能量源环节的混合。

2）单一的动力装置。

3）车载能量源由两个以上的能量联合组成。

串联式混合动力电动汽车实现了车载能量源的多样化，可充分发挥各种能量源的优势，并通过适当的控制实现它们的最佳组合，满足汽车行驶的各种特殊要求。

2. 并联式混合动力电动汽车（PHEV）

采用发动机和驱动电机两套独立的驱动系统驱动车轮。发动机和驱动电机通常通过不同的离合器来驱动车轮，可以采用发动机单独驱动、驱动电机单独驱动或者发动机和驱动电机混合驱动三种工作模式。当发动机提供的功率大于车辆所需的驱动功率或者当车辆制动时，驱动电机工作于发电机状态，给动力蓄电池充电。与串联式混合动力相比，它需要两个驱动装置，即发动机和驱动电机。而且，在相同的驱动性能要求下，由于驱动电机系统与发动机可以同时提供动力，并联式比串联式所需的发动机和驱动电机的单机功率要小。并联式混合动力电动汽车具有下述特点：

1）机械动能的混合。

2）有两个或多个动力装置。

3）每个动力装置都有单独的车载能量源。

3. 混联式混合动力电动汽车

发动机系统和驱动电机系统各有一套机械变速机构。两套机构或通过齿轮系，或采用行星轮式结构结合在一起，可以综合调节发动机与驱动电机之间的转速关系，更加灵活地根据工况来调节发动机的功率输出和驱动电机的运转。

混联式混合动力电动汽车的动力传动系统中有两个电机系统，即发电机和驱动电机系统，兼备了串联式混合动力车载能量源的混合以及并联式混合动力机械动能的混合，驱动模式灵活，能量效率更高。在实际应用中主要有两种方案，即开关式和功率分流式。

开关混联式混合动力电动汽车的基本结构如图 5-2 所示，离合器起到了串联结构和并联结构的切换作用。若离合器打开，则该混合动力传动系统为简单的串联式结构；若离合器接合且发电机不工作，则该混合动力传动系统为简单的并联式结构；若离合器接合且发电机工作于发电模式，则该混合动力传动系统为复杂的混联式结构。

功率分流混联式混合动力电动汽车的基本结构如图 5-3 所示，它巧妙地利用了行星齿轮功率分流以及多自由度的特点，发动机、发电机和驱动轴分别与行星齿轮系的 3 个轴相连。正常工作时，发动机的

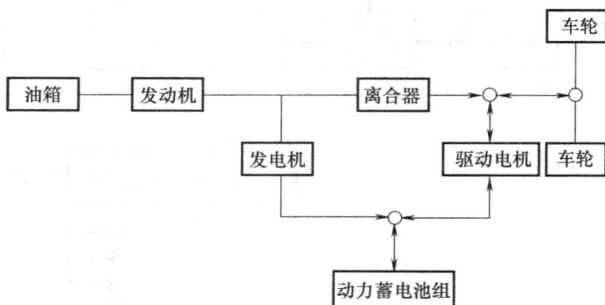

图 5-2 开关混联式混合动力电动汽车的基本结构

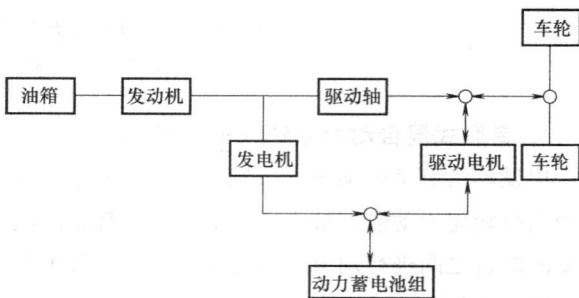

图 5-3 功率分流混联式混合动力电动汽车的基本结构

输出动力自动分流为两部分：一部分直接输出到驱动轴，与驱动电机系统输出的动力联合组成并联式结构；另一部分输出到发电机，发电机发出的电能与动力蓄电池组成串联结构。

5.2.2　按混合程度分类

按照电动机相对于燃油发动机的功率比大小可以将混合动力电动汽车分为以下 4 类。

1. 微混合型混合动力电动汽车（Micro Hybrid Electric Vehicle）

微混合，也称为"起-停混合"。在微混合动力系统中，电机仅作为发动机的起动机/发电机（Belt-alternator Starter Generator，BSG）。该电机为发电起动（Stop-Start）一体式电动机，用来控制发动机的起动和停止，从而取消发动机的怠速，降低了油耗和排放。

一般情况下，电动机的峰值功率和发动机的额定功率之比≤5%。

2. 轻度混合（弱混合）型混合动力电动汽车（Mild Hybrid Electric Vehicle）

混合动力系统采用集成起动电机（Integrated Starter Generator，ISG），车辆以发动机为主要动力来源，助动电机被安装在发动机和变速器之间。当行驶中需要更大驱动力时，它被用作电动机。当需要重新起动停止的发动机时，它被用作起动机。其能够实现以下功能：在减速和制动工况下，对部分能量进行回收；在行驶过程中，与发动机等速运转，发动机产生的能量可以在车轮的驱动需求和发电机的充电需求之间进行调节。

一般情况下，电动机的峰值功率和发动机的额定功率之比为 5%~15%。

3. 中度混合型混合动力电动汽车（Moderate Hybrid Electric Vehicle）

以发动机和/或电动机为动力源的混合动力电动汽车。

一般情况下，电动机的峰值功率和发动机的额定功率比为 15%~40%。

4. 重度混合（强混合）型混合动力电动汽车（Full Hybrid Electric Vehicle）

以发动机和/或电动机为动力源，且电动机可以独立驱动车辆行驶的混合动力电动汽车。它们普遍采用大容量电池以供给电动机做纯电动模式运行，同时还具有动力切换装置用于发动机和电动机不同动力之间的耦合和分离。

一般情况下，电动机的峰值功率和发动机的额定功率之比>40%。

5.2.3　按能否充电分类

根据混合动力电动汽车能否充电可以将其分为常规混合动力电动汽车（HEV）和插电式混合动力电动汽车（PHEV）。

其中，插电式混合动力电动汽车本身是一种混合动力电动汽车，区别在于其车载动力蓄电池组可以利用电网（包括家用电源插座）进行补充充电，具有较长的纯电动续驶里程，必要时仍然可以工作在混合动力模式。因此，与常规混合动力电动汽车相比，它具有较大容量的动力蓄电池组、较大功率的驱动电机系统以及小排量的发动机。

插电式混合动力电动汽车具有以下特点：

1）插电式混合动力电动汽车具有低噪声和低排放的优点。

2）插电式混合动力电动汽车介于常规混合动力电动汽车和纯电动汽车之间，续驶里程长（如周末郊游）时采用以发动机为主的混合动力模式，续驶里程短（如正常上下班）时

采用纯电动模式。

3）可在晚间低谷时使用外部电网对车载动力蓄电池进行充电，不仅可改善电厂发电机组效率问题，而且可以大大降低对石油的依赖；同时用电比燃油便宜，可以降低使用成本。

4）鉴于插电式混合动力电动汽车的行驶特性，动力蓄电池 SOC 会在很大的范围内波动，如深度充电和深度放电，因此循环工作寿命受到一定影响，需要动力蓄电池具备深充和深放的能力。

5.2.4　其他划分形式

1. 按照行驶模式的选择方式划分

具备行驶模式手动选择功能的混合动力电动汽车，车辆可选择的行驶模式包括热机模式、纯电动模式和混合动力模式三种。无手动选择功能的混合动力电动汽车，车辆的行驶模式根据不同工况自动切换。

2. 按照车辆用途划分

按照车辆用途划分可分为混合动力电动乘用车、混合动力电动客车和混合动力电动货车。

3. 按照与发动机混合的可再充电能量储存系统划分

按照与发动机混合的可再充电能量储存系统的不同，可分为蓄电池式混合动力电动汽车、超级电容器式混合动力电动汽车、机电飞轮式混合动力电动汽车以及动力蓄电池与超级电容器组合式混合动力电动汽车。

5.2.5　不同类型混合动力电动汽车的比较

不同类型的混合动力电动汽车在燃油经济性、排放性能和控制难易程度等方面的比较见表 5-3。

表 5-3　不同类型的混合动力电动汽车的比较（1）

项目	串联式	并联式	混联式
公路行驶燃油经济性	较优	优	优
城市行驶燃油经济性	优	较优	优
无路行驶燃油经济性	较优	优	优
低排放性能	优	较优	较优
成本	低	较低	较低
复杂程度	简单	较复杂	复杂
控制难易程度	简单	较复杂	复杂

不同类型的混合动力电动汽车在驱动模式及动力总成等方面的比较见表 5-4。

表 5-4　不同类型的混合动力电动汽车的比较（2）

结构模型	串联式	并联式	混联式
动力总成	发动机、发电机、电动机三大动力总成	发动机、电动机/发电机	发动机、电动机/发电机、电动机三大动力总成
驱动模式	电动机是唯一的驱动模式	发动机驱动模式、电动机驱动模式、发动机/电动机混合驱动模式	发动机驱动模式、电动机驱动模式、发动机/电动机混合驱动模式、电动机/发电机混合驱动模式

5.3　混合动力电动汽车的电驱动系统

由于混合动力电动汽车的组成部件、布置方式以及控制策略不同且有多种分类，下面分别介绍串联、并联以及混联三种混合动力电动汽车的电驱动系统。

5.3.1　串联式混合动力电驱动系统

串联式混合动力电驱动系统是一个由两个能源向单个动力机械（电动机）供电，以推进车辆的驱动系统。普通串联式混合动力电驱动系统的组成如图5-4所示。

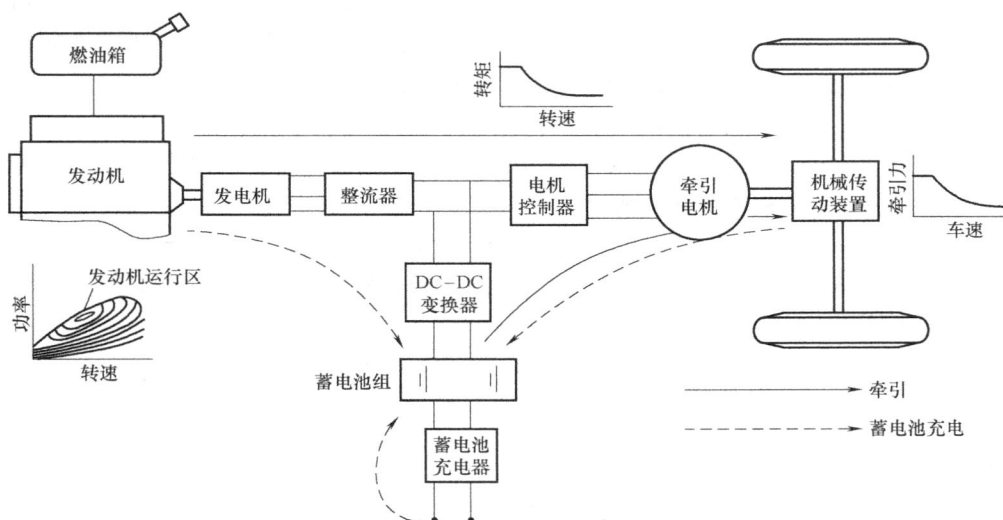

图5-4　普通串联式混合动力电驱动系统的组成

其中，单向能源为燃油箱，而单向的能量变换器为发动机和发电机的组合。发动机的输出通过电子变流器（整流器）连接电力总线。电力总线同时也连接牵引电机的控制器，从而控制牵引电机或为电动机状态，或为发电机状态，并以正向或反向运转。该电驱动系统需要一个蓄电池的充电器，以通过插座由电网向蓄电池充电。

1. 串联式混合动力电驱动系统的运行模式

（1）**纯粹的电模式**　发动机关闭，车辆仅由蓄电池组供电、驱动。

（2）**纯粹的发动机模式**　车辆牵引功率仅源于发动机-发电机组，而蓄电池组既不供电也不从驱动系统中吸收任何功率。电设备组用作从发动机到驱动轮的电传动系统。

（3）**混合模式**　牵引功率由发动机-发电机组和蓄电池组共同提供。

（4）**发动机牵引和蓄电池组充电模式**　发动机-发电机组为蓄电池组充电和驱动车辆提供所需的功率。

（5）**再生制动模式**　发动机-发电机组关闭，而牵引电机切换到发电机状态运行，所产生的电功率用于给蓄电池组充电。

（6）**蓄电池组充电模式**　牵引电机不接受功率，发动机-发电机组给蓄电池组充电。

（7）混合式蓄电池充电模式 发动机-发电机组以及运行在发电机状态下的牵引电机，两者同时给蓄电池组充电。

2．串联式混合动力电驱动系统的优点

1）当发动机与驱动轮脱开联系时，发动机是全机械构件，因此它能运行在其转速-转矩特性图上的任何运行工作点，且可能完全运行在其最大效率区。在该狭小区域内的优化可使发动机性能获得显著改进。此外，发动机从驱动轮上的机械解耦，使高转速发动机能够得到应用，但这将使其难以直接通过机械连接去带动车轮，如燃气轮机发动机或具有缓动态特性的动力机械（如斯特林发动机）。

2）由于电动机具有近乎理想的转矩-转速特性，它不需要多档的传动设置，已在第3章中有过讨论。因此，其结构大为简化且成本下降。此外，取代一个电动机和一个差速器的应用，可采用两个电动机分别带动一个车轮的结构。这就如同差速器，既形成两个车轮之间的转速解耦，也起到用于牵引控制的限制滑移的差速器作用。最终的改进将是采用四个电动机，从而可制成便宜、简单的差速器组，实现车辆的全轮式驱动。

3）由于有电传动系统提供的机械上的解耦，可应用简单的控制策略。

3．串联式混合动力电驱动系统的缺点

1）由于发动机的能量被两次转换（在发电机中，由机械能转变为电能；在牵引电机中，由电能转变为机械能），发动机和牵引电机两者的低效率相乘，损耗是显著的。

2）发动机附加了额外的重量和成本。

3）由于牵引电机是唯一的驱动车辆的动力机械，其必须按满足最大的运行性能需求定制。

5.3.2 并联式混合动力电驱动系统

如同传统内燃机车辆一样，并联式混合动力电驱动系统是一个由发动机向车轮供给机械动力的驱动系统，它由机械上与传动装置相配合的电动机予以辅助，并通过机械联轴器共同配合提供动力。

下面重点讨论，对于各种不同结构，由发动机和电动机功率的机械组合的不同应用，包括转矩耦合、转速耦合以及转矩转速耦合三种并联式混合动力电驱动系统。

1．转矩耦合的并联式混合动力电驱动系统

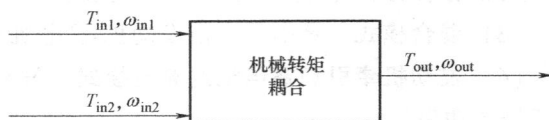

转矩耦合是将发动机和电动机的转矩相加，或将发动机转矩分解为两部分，分别用于驱动和蓄电池组充电。图5-5概念性地表明了具有两个输入转矩的机械组件耦合方案，输入之一来自发动机，另一输入来自电动机。

输出转矩和转速可以分别表示为

$$T_{out} = k_1 T_{in1} + k_2 T_{in2} \quad (5-1)$$

$$\omega_{out} = \frac{\omega_{in1}}{k_1} = \frac{\omega_{in2}}{k_2} \quad (5-2)$$

图 5-5 转矩耦合原理

T_{in1}，T_{in2}—输入转矩　ω_{in1}，ω_{in2}—输入转速
T_{out}—输出转矩　ω_{out}—输出转速

式中 k_1、k_2——耦合器的结构常数。

转矩耦合的并联式混合动力电驱动系

统又可分为两轴式、单轴式和分离轴式三种，下面分别加以讨论。

（1）**转矩耦合并联两轴式** 转矩耦合并联两轴式混合动力电驱动系统的典型结构有两种，一种如图 5-6 所示，两个传动装置前置，一个位于发动机和转矩耦合装置之间，另一个则位于电动机和转矩耦合装置之间。显然，两个多档传动装置形成了众多的牵引力-转速特性曲线。因为两个多档传动装置为发动机和电牵引系统（电设备和蓄电池组），两者运行于最佳区域，提供了更多的可能性，故此电驱动系统的性能和整体效率可超过其他类型的设计。这一设计也为发电机和电动机特性的设计提供了很大的灵活性。但是，两个多档传动装置将使电驱动系统明显复杂化，因此可以采用一个传动装置为单档，另一个传动装置为多档的结构。

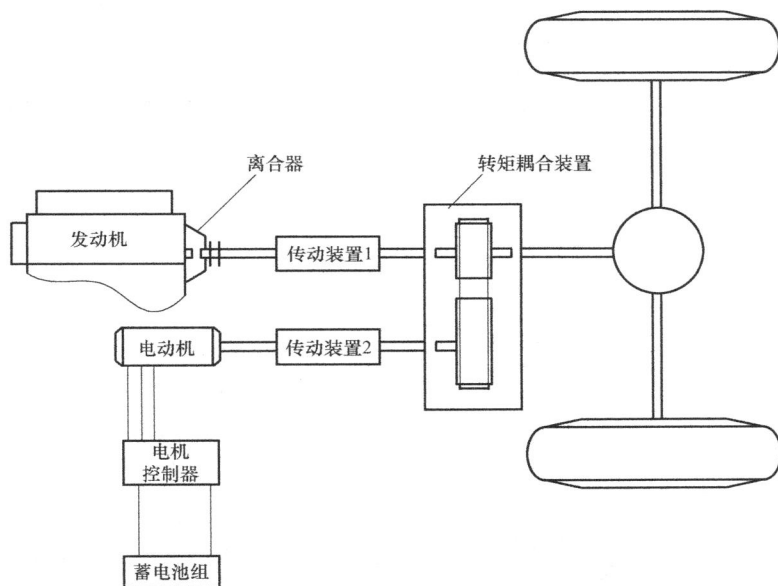

图 5-6　转矩耦合并联两轴式双传动装置前置结构

另一种转矩耦合并联两轴式混合动力电驱动系统的典型结构为单传动装置后置，如图 5-7 所示，传动装置位于转矩耦合装置和驱动轴之间。单传动装置的功能是以相同比例提高发动机和电动机两者的转矩。在转矩耦合装置中，两常数 k_1 和 k_2 的设计将使电动机能有一个不同于发动机的转速范围，因而可采用高转速电动机。这一设计只用于相对采用小型发动机和电动机的情况，同时，需应用一个多档传动装置以增大低速时的牵引力。

（2）**转矩耦合并联单轴式** 转矩耦合并联单轴式混合动力电驱动系统的结构简单且紧凑，其中，电动机的转子起到转矩耦合装置的作用。其典型的结构有两种，一种是传动装置安置在电动机的后端，该电动机通过离合器与发动机相连，这种结构称为"电动机前置"（电动机在传动装置之前，如图 5-8 所示），这种结构的发动机转矩和电动机转矩均由传动装置调节，此时，发动机和电动机必须有相同的转速范围。这一结构常用于小型电动机的情况，为轻度混合动力电驱动系统所用，其中，电动机兼具发动机的起动机、发电机、发动机的动力辅助机和再生制动的作用。

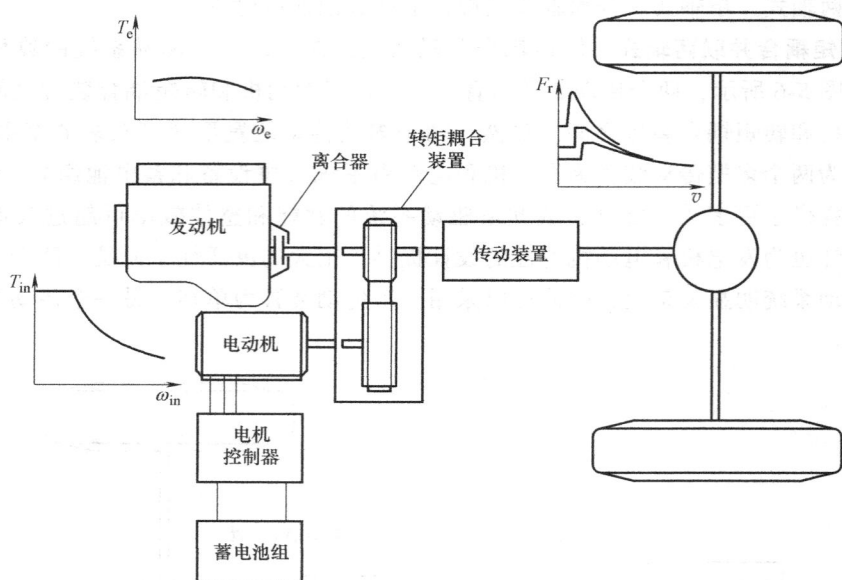

图 5-7　转矩耦合并联两轴式单传动装置后置结构

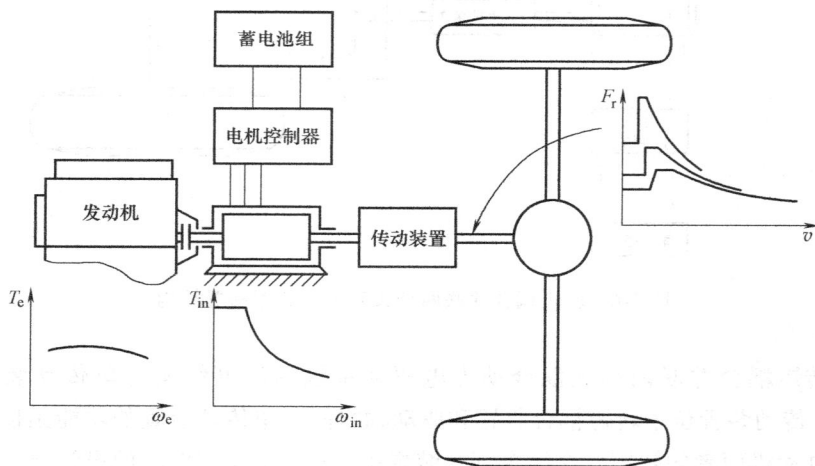

图 5-8　转矩耦合并联单轴式电动机前置结构

　　另外一种转矩耦合并联单轴式混合动力电驱动系统的结构为电动机后置（电动机在传动装置之后，如图 5-9 所示）。在这种结构中，当电动机转矩直接传递给驱动轮时，传动装置仅能调节发动机转矩。这一结构可用于有大范围恒功率区的大型电动机的电驱动系统。传动装置仅用于改变发动机的运行工作点，以改进车辆性能和发电机的运行效率。应该注意，当车辆停止，并且电动机固定连接到驱动轮时，蓄电池组不可能由发动机通过带动电动机作为发电机而充电。

　　（3）转矩耦合并联分离轴式　转矩耦合并联分离轴式混合动力电驱动系统典型结构如

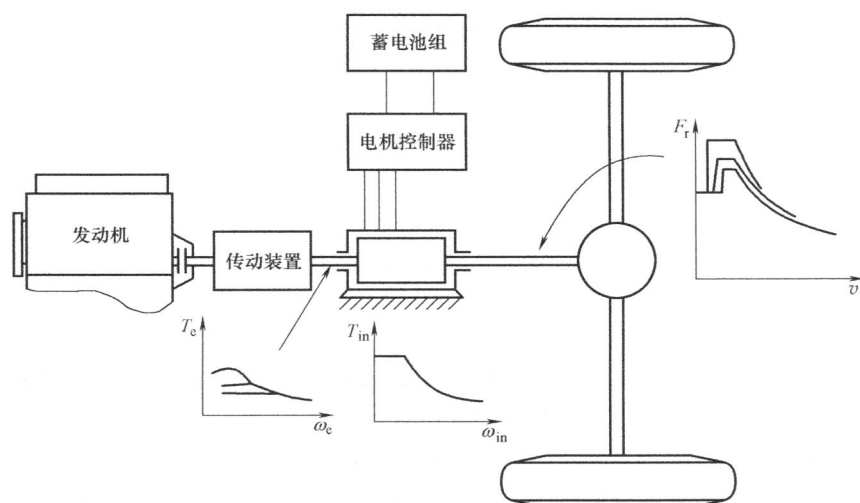

图 5-9　转矩耦合并联单轴式电动机后置结构

图 5-10 所示。其中，一个轴由发动机提供动力，而另一轴则由电动机提供动力。在这种结构中，发动机和电动机的两个传动装置可采用单档传动装置，也可采用多档传动装置。这一结构具有与图 5-8 所示相似的牵引力特性。分离轴的构造提供了某些传统车辆的优点，它保持了原始发动机和传动装置不变，并在另一轴上附加一个电牵引系统。它也有四轮驱动形式，由此可优化在光滑路面上的牵引力，并减小作用于单个轮胎上的牵引力。然而，电设备和末端差速齿轮系占有可观的空间，致使有效的乘员和行李装载空间减小。但若电动机传动装置是单档的，并以这种在两驱动轮内的两个小尺寸的电动机代替该电动机，则可以解决这一问题。应该注意，当车辆处于停止状态时，蓄电池组不可能由发动机给予充电。

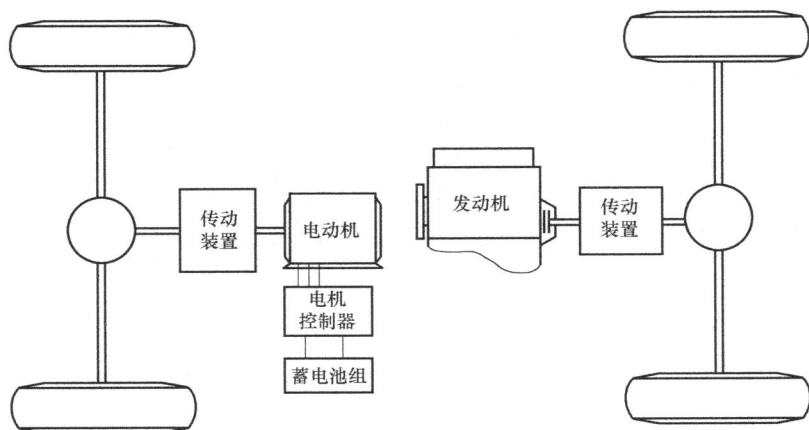

图 5-10　转矩耦合并联分离轴式典型结构

2. 转速耦合的并联式混合动力电驱动系统

源于两个动力装置的动力可通过它们的转速耦合相互关联，如图 5-11 所示。转速耦合的特性可描述为

图 5-11　转矩耦合原理

$$\omega_{out} = k_1\omega_{in1} + k_2\omega_{in2} \tag{5-3}$$

$$T_{out} = \frac{T_{in1}}{k_1} = \frac{T_{in2}}{k_2} \tag{5-4}$$

式中　k_1、k_2——耦合器的结构常数。

（1）**典型的转速耦合器件**　一般有两种典型的转速耦合器件：一种是行星齿轮机构；另一种是具有浮动定子的电动机，即所谓的传动电机，下面分别叙述。

如图 5-12 所示，行星齿轮机构具有三个端口，分别是标记为 1、2 和 3 的太阳轮、齿圈和行星架，其三端口之间的转速和转矩关系表明该组件是一个转速耦合的器件。其中，行星齿轮、太阳轮和齿圈相关联并通过行星架输出。常数 k_1 和 k_2 仅取决于太阳轮、齿圈和行星架的齿数或半径。

传动电机如图 5-13 所示，其定子通常固定在不动的车梁上，被当作一个大的输入端口，其余两个端口为转子和气隙，通过气隙电能转变为机械能。电动机转速是其转子对于定子的相对转速。由于作用与反作用的效应，在定子和转子上的转矩作用是相同的，导致常数 $k_1=1$ 和 $k_2=1$。

（2）**由行星齿轮机构转速耦合器件构成的混合动力电驱动系统**　如图 5-14 所示，发动机通过离合器和传动装置向太阳轮供给动力，传动装置用以调整发动机的转速-转矩特性，以便匹配牵引的要求；电动机通过一对齿轮向齿圈供给动力；行星架输出动力到后桥。锁定器 1、2 用来将太阳轮和齿圈锁定在静止的车梁上，以便满足不同运行模式的需求。

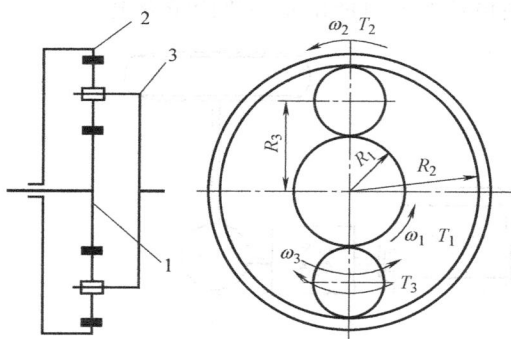

图 5-12　行星齿轮机构转速耦合件

$$\omega_3 = \frac{R_1}{2R_3}\omega_1 + \frac{R_2}{2R_3}\omega_2 \qquad k_1 = \frac{R_1}{2R_3}$$

$$T_3 = \frac{2R_3}{2R_1} \quad T_1 = \frac{2R_3}{R_2}T_2 \qquad k_2 = \frac{R_2}{2R_3}$$

其中，R_1、ω_1 和 T_1 分别为太阳轮的半径、旋转角速度和转矩；R_2、ω_2 和 T_2 分别为齿圈的半径、旋转角速度和转矩；R_3、ω_3 和 T_3 分别为行星架的长度、旋转角速度和转矩。

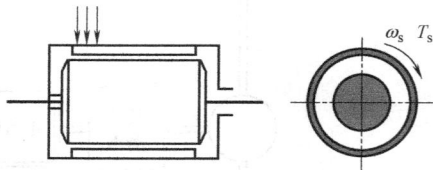

图 5-13　传动电机转速耦合条件

$$\omega_r = \omega_s + \omega_m$$

$$T_r = T_s$$

其中，ω_r 和 ω_s 分别为转子和定子的转速；T_r 和 T_s 分别为转子和定子的转矩；ω_n 为转子相对定子的旋转角速度。

1）混合牵引模式：当锁定器1、2被释放时，太阳轮和齿圈可以旋转，发动机和电动机两者都向驱动轮供给正向转速和转矩（正向动力）。

2）发动机单独牵引模式：当锁定器2将齿圈锁定在车梁上，而锁定器1被释放时，仅由发动机向驱动轮供给动力。

3）电动机单独牵引模式：当锁定器1将太阳轮锁定在车梁上，而锁定器2被释放时，仅由电动机向驱动轮供给动力。

4）再生制动模式：锁定器1置于锁定状态，发动机关闭或离合器脱开，且操纵电动机处于再生运行状态（负转矩），车辆的动能或位能可由电系统吸收。

5）发动机给蓄电池充电模式：当控制器对电动机设定负向转速时，电动机从发动机吸收能量。

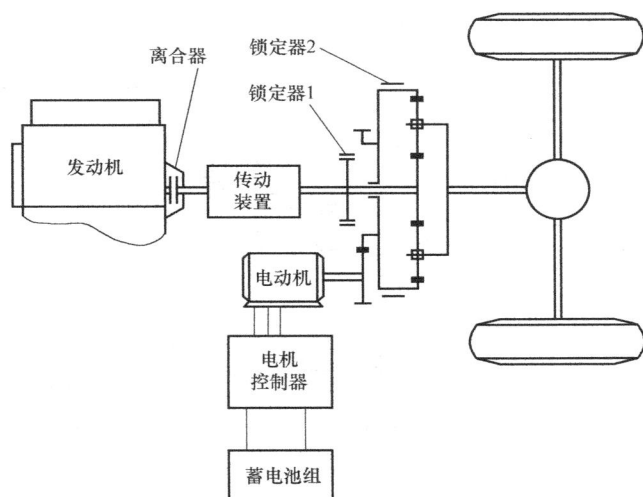

图 5-14 由行星齿轮机构转速耦合器件构成的混合动力电驱动系统

（3）由传动电机转速耦合器件构成的混合动力电驱动系统 如图 5-15 所示，该系统具有类似于图 5-14 的结构。锁定器1和2分别用于将定子锁定在车梁和转子上。该系统也可以完成上述所有的运行模式。

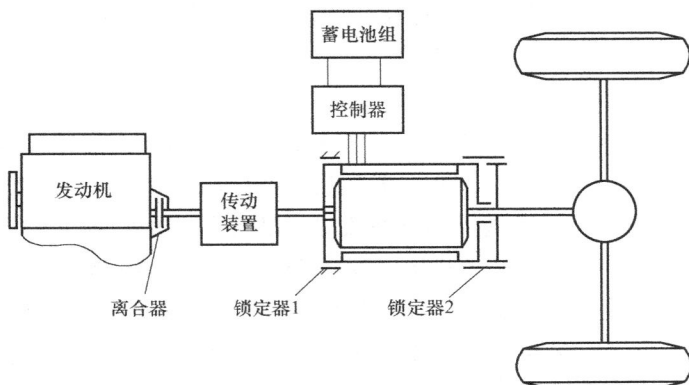

图 5-15 由传动电机转速耦合器件构成的混合动力电驱动系统

转速耦合的混合动力电驱动系统的主要优点在于两个动力装置的转速是解耦的，因而两动力装置的转速均能自由地进行选择。对于动力装置而言，这是显著的优点，如斯特林发动机和燃气轮机的效率对转速敏感，但对转矩却不太敏感。

3. 转矩耦合与转速耦合的并联式混合动力电驱动系统

将转矩耦合与转速耦合相结合，可构成一种新的混合动力电驱动系统，其中转矩耦合和转速耦合能交替地予以选择。

1）图 5-16 所示为一个配置行星齿轮机构的混合动力电驱动系统的示例：当转矩耦合运行模式选为当前模式时，锁定器 2 将行星齿轮机构的齿圈锁定在车梁上，同时离合器 1 和 3 接合，而离合器 2 脱开。于是，通过转矩相加（见式（5-1）），发动机和电动机的动力一起相加，并传递到驱动轮。在这样的情况下，发动机转矩和电动机是解耦的，但它们的转速之间存在一个固定不变的关系，见式（5-2）。

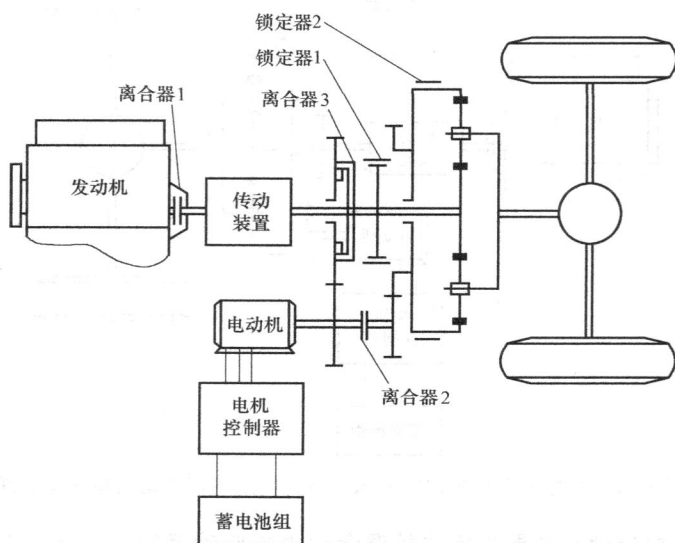

图 5-16 配置行星齿轮机构的交替转矩与转速耦合的混合动力电驱动系统

当转速耦合运行模式选为当前模式时，离合器 1 和离合器 2 接合，而离合器 3 脱开，同时，锁定器 1 和 2 释放太阳轮和齿圈。此时，连接到驱动轮的行星架的转速是发动机转速和电动机转速的组合。但是，发动机转矩、电动机转矩，以及作用于驱动轮上的转矩保持为一固定不变的关系，见式（5-4）。

随着转矩耦合与转速耦合之间的选择，动力装置将有更多的可能确定其运行方式和运行区域，以便优化其性能。例如，在低车速时，转矩耦合运行模式将适合高加速性能和爬坡能力的需求；而在高车速时，则应采用转速耦合运行模式，以保持发动机转速处于其最佳运行区。

2）如果用传动电机替代行星齿轮机构，也可以构成类似的电驱动系统，如图 5-17 所示。

当离合器 1 接合，将发动机轴与传动电机的转子轴相连接时，离合器 2 脱开，并且锁定器将传动电机的定子固定于车梁上，于是，该电驱动系统工作在转矩耦合模式。另一方面，当离合器 1 脱开，而离合器 2 接合时，同时开启锁定器，则该电驱动系统工作在转速耦合模式。

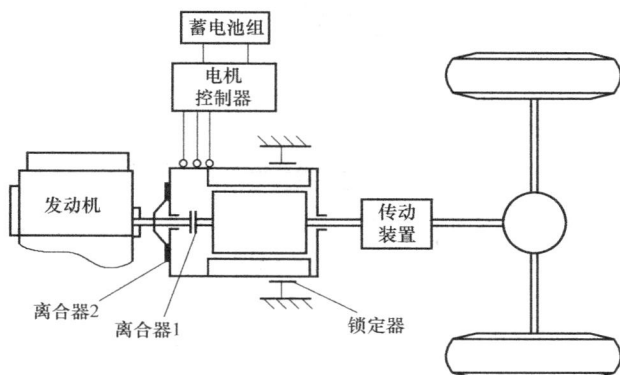

图 5-17　配置传动电机的交替转矩与转速耦合的混合动力电驱动系统

在电驱动系统中，丰田汽车公司的普锐斯混合动力电动汽车实现了既应用转矩耦合又应用转速耦合，其结构如图 5-18 所示。

在图 5-18 中，一个小型电动机或发电机（几千瓦）通过行星齿轮机构和发动机连接（转速耦合）。行星齿轮机构将发动机转速分解为两个转速（见式（5-3）），其中一个转速通过太阳轮传递输出到小型电动机；同时，另一转速由齿圈引出，经两对齿轮啮合传递给驱动轮（转矩耦合）。一个大型的牵引电动机（几千瓦到几十千瓦）也连接到该齿轮组件，构成了一个与转矩耦合平行的驱动线。在低车速时，小型电机以发电模式（正向旋转），并吸收部分发动机的功率，向蓄电池充电。当车速增加而发动机转速固定在一个给定值时，该电机转速下降为零，此时称为同步转速状态。在这一转速下，锁定器将开启同时锁定转子和定子，呈现两

图 5-18　丰田普锐斯混合动力电动汽车的电驱动系统

个平行驱动系统共同驱动的模式。当车辆行驶在高车速时，为了避免发动机转速过高，导致高油耗，小型电机将以电动机模式运行（负向旋转），以便向驱动系统传递功率。为了使发动机能运行在其最佳转速范围，当采用行星齿轮机构和小型电动机调节发动机转速时，即可望获得燃油的高经济性。

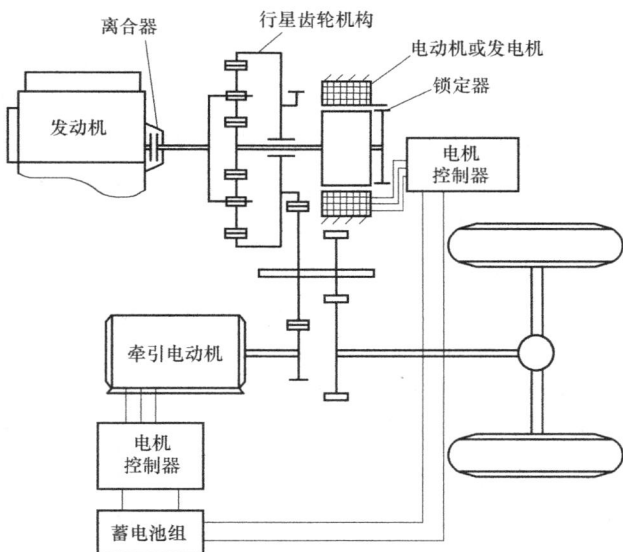

图 5-18 中的小型电动机和行星齿轮机构可由单一的传动电机予以替代，如图 5-19 所示。这一驱动系统具有类似于图 5-18 中驱动系统特性。

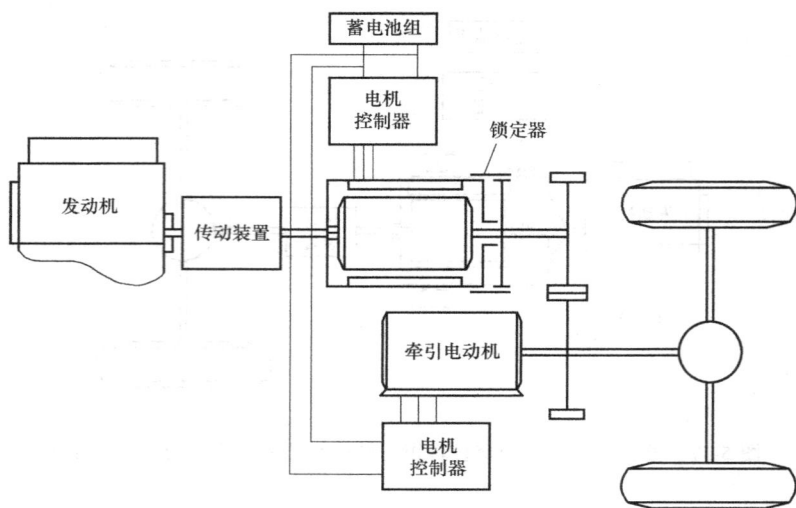

图 5-19　使用传动电机的转矩耦合与转速耦合的并联式混合动力电驱动系统

5.3.3　混联式混合动力电驱动系统

混联式混合动力电驱动系统兼具串联式和并联式混合动力电驱动系统的一些特点。在这种电驱动系统中，就转矩和转速的约束条件而论，转矩和转速的耦合使发动机和机械驱动系统不再是刚性连接，从而瞬时的发动机转矩和转速就不受车辆的负载转矩和车速制约。因此，发动机能以类似于串联式混合动力电驱动系统的方式，运行在其高效率区域。另一方面，由于部分发动机功率直接传递到驱动轮，而没有经历多形式的转换，此特点又像并联式混合动力电驱动系统。

为了实现混联式以及复合式的混合驾驶模式，发动机与发电机/电动机之间以及电动机与变速器之间必须进行机械连接，可以选择行星齿轮机构作为机械连接装置。图 5-20 所示为混联混合型动力所采用的一套行星齿轮机构，其中太阳轮与发电机相连，齿圈与传动装置相连，行星架与发动机相连，发动机的动力一部分通过行星齿轮传给齿圈，然后通过传动轴传给驱动轮，另外一部分动力传给太阳轮经发电机转换为电能。

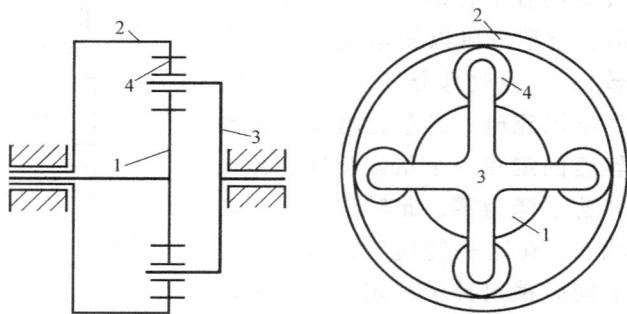

图 5-20　行星齿轮装置
1—太阳轮　2—齿圈　3—行星架　4—行星齿轮

以行星齿轮机构为转速耦合装置的混联式混合动力电驱动系统的组成，可有图 5-21 所示的多种选择方案。由于对电动机/发电机的容量要求较小，其实体尺寸和重量也可以减小，从而可以将电动机/发电机与行星齿轮机构的中心齿轮相连接，使机构更为紧凑，如图 5-21a、b 所示。

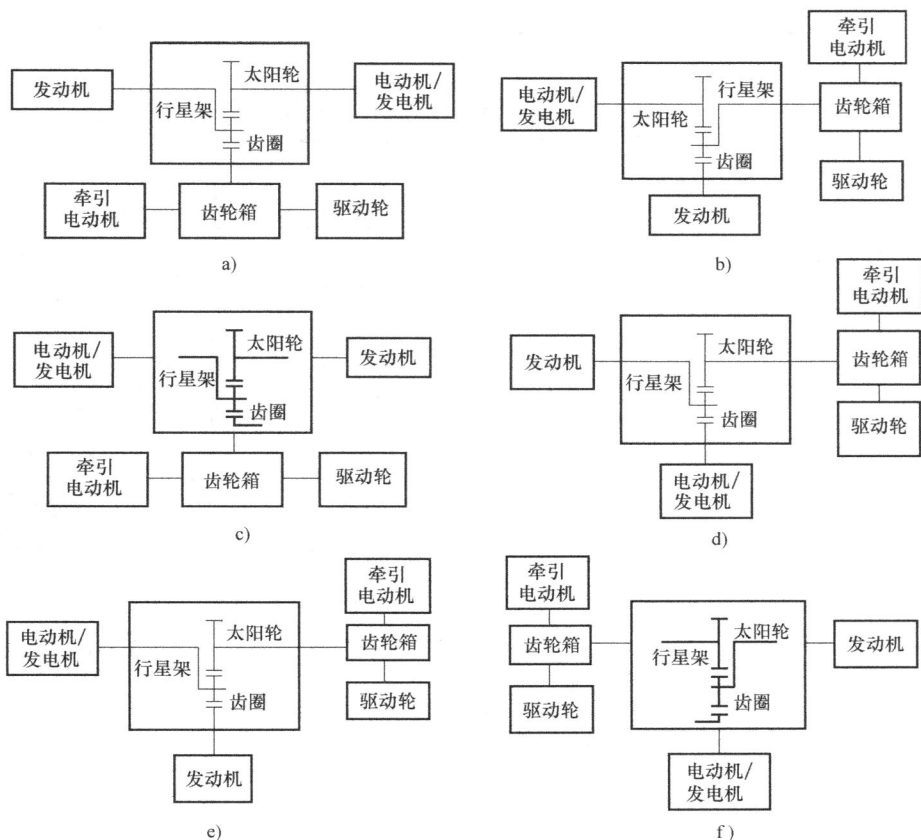

图 5-21　对应于各种连接方式的混联式混合动力电驱动系统的组成

如图 5-21a 所示，电动机/发电机连接太阳轮，驱动轮连接齿圈，发动机连接行星架；如图 5-21b 所示，电动机/发电机连接太阳轮，发动机连接齿圈，驱动轮连接行星架；如图 5-21c 所示，发动机连接太阳轮，驱动轮连接齿圈，电动机/发电机连接行星架；如图 5-21d 所示，驱动轮连接太阳轮，电动机/发电机连接齿圈，发动机连接行星架；如图 5-21e 所示，驱动轮连接太阳轮，发动机连接齿圈，电动机/发电机连接行星架；如图 5-21f 所示，发动机连接太阳轮，电动机/发电机连接齿圈，驱动轮连接行星架。

图 5-22 展示了混联式混合动力电驱动系统的具体构造。行星齿轮机构构成转速耦合装置，它将发动机和电动机/发电机连接在一起。发动机和电动机/发电机分别与行星架和太阳轮相连接，齿圈则通过齿轮 z_1、z_2、z_4、z_5 和差速器与驱动轮相连接。牵引电动机通过齿轮 z_3、z_2、z_4、z_5 和差速器与驱动轮相连接，于是差速器把齿圈的输出转矩和牵引电动机耦合在一起。在这一构造中，应用了一个离合器和两个锁定器。离合器用以将发动机和行星齿轮机构的行星架相连接或分离，锁定器 1 用以锁定或释放太阳轮和电动机/发电机轴与静态车梁之间的联系，锁定器 2 用以锁定或释放行星架与静态车梁之间的联系。

通过控制离合器、锁定器、发动机、电动机/发电机和牵引电动机，该转矩耦合和转速耦合的混联式混合动力电驱动系统可满足不同的运行模式。

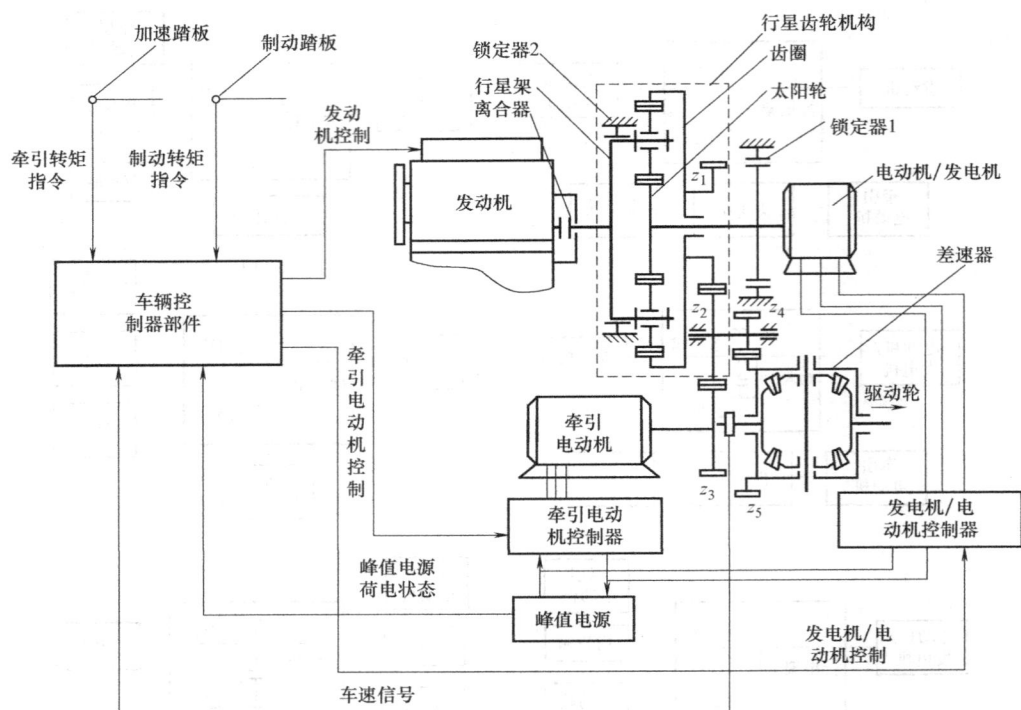

图 5-22　混联式混合动力电驱动系统的具体构造

1. 转速耦合模式

在这一模式中，牵引电动机是断开的，可有三种子模式。

(1) 单发动机牵引　离合器接合，发动机连接到行星架。锁定器 1 将太阳轮锁定在静态车梁上，而电动机/发电机则被释放。锁定器 2 释放行星架与静态车梁的固定连接。此时，发动机单独向驱动轮传递其转矩。

(2) 单电动机/发电机牵引　在这一模式中，发动机关闭，离合器接合或分离。锁定器 1 释放太阳轮和电动机/发电机轴与静态车梁之间的固定连接，锁定器 2 将行星架锁定在静态车梁上。此时，车辆由电动机/发电机单一牵引。

(3) 配置转速耦合的发动机和电动机/发电机牵引　在这一模式中，离合器接合，锁定器 1 和 2 在静态车梁上释放。

在给定的车速下，发动机转速可由电动机/发电机转速予以调节。发动机转矩、电动机/发电机转矩和作用于驱动轮的负载转矩，三者始终保持一个固定的关系。其中一个转矩的变化将引起其他两个转矩的变化，致使发动机和电动机/发电机的运行点变动。

2. 转矩耦合模式

当牵引电动机通电激励时，其转矩即增加到齿圈的输出转矩上，组成转矩耦合模式。

相应于转速耦合模式中的三种子模式，当控制牵引电机运行在电动机驱动和发电机发电状态时，可组成六种基本的运行。

(1) 单发动机牵引模式外加牵引电机的驱动　这一模式与一般的并联式混合牵引模式相同。

（2）**单发动机牵引模式外加牵引电机的发电**　这一模式与一般的混合动力电驱动系统中峰值电源由发动机充电的模式相同。

（3）**单电动机/发电机牵引模式外加牵引电机的驱动**　这一模式类似于模式（1），但发动机由电动机/发电机予以替代。

（4）**单电动机/发电机牵引模式外加牵引电机的发电**　这一模式类似于模式（2），但发动机由电动机/发电机予以替代。由于部分电动机/发电机的能量经由电动机/发电机和牵引电机，循环于峰值电源起始并最终返回峰值电源的流程之中，故此模式可能是不会被采用的。

（5）**转速耦合牵引模式外加牵引电机的驱动**　这一模式利用了转速和转矩耦合的全功能，有电动机/发电机两种运行状态：驱动和发电。电动机/发电机的驱动运行状态可用于高车速情况，此时发动机转速可限定在稍低于其中转速的范围，以免过高的发动机转速使运行效率降低；而电动机/发电机则向驱动系统提供其转速，以承载高车速需求。类似地，发电运行状态可应用于低车速情况，此时发动机可运行在稍高于其中转速的范围，以免过低的发动机转速使运行效率降低，而电动机/发电机则吸收部分发动机转速。

（6）**转速耦合牵引模式外加牵引电机的发电**　类似于模式（5），发动机和电动机/发电机运行于转速耦合模式，但牵引电机运行在发电模式。

3．再生制动

当车辆经历制动时，牵引电机、电动机/发电机或两者同时都能产生制动力矩，并回收部分制动能量向峰值电源充电。此时，随着离合器的分离，发动机关闭。

综上所述，可有一些有效应用的运行模式。在控制方案设计中，主要取决于电驱动系统的设计、行驶情况和主要组件的运行特性等，并非所有的运行模式都是真正可行的。

5.4　混合动力电动汽车的能量管理

作为一种新型的多能源交通工具，混合动力电动汽车的性能与其采用的能量管理策略密切相关，能量管理策略是传统燃油汽车与纯电动汽车完美结合的纽带，是混合动力电动汽车最终效果的决定性因素之一。能量管理策略的控制目标是根据驾驶人的操作，如踩踏加速踏板或制动踏板等情况，判断驾驶人的意图，在满足车辆动力性能的前提下，最优地分配电动机、发动机、动力蓄电池等部件的输出功率，实现能量的最优分配，提高车辆的燃油经济性和排放性能。对于非插电式混合动力电动汽车，由于电池不需要外部充电，能量管理策略还应考虑动力蓄电池的荷电状态平衡，以延长电池寿命，降低车辆维护成本。

混合动力电动汽车的结构不同，能量管理策略也不同。当前已提出的能量管理策略各有不同，下面给予简单介绍。

5.4.1　串联式混合动力电动汽车的能量管理策略

由于串联式混合动力电动汽车的发动机与汽车行驶工况没有直接联系，其能量管理策略的主要目标是使发动机在最佳效率区和排放区工作。为了优化能量、分配整体效率，还应考虑动力蓄电池、电动机和发电机等部件。以下介绍串联式混合动力电动汽车所采用的3种基

本能量管理策略。

1. 恒温器策略

当动力蓄电池 SOC 低于设定的低门限值时，发动机起动，在最低油耗或排放点按恒功率模式输出，其中一部分功率用于满足车轮驱动功率要求，另一部分功率给动力蓄电池充电。而当动力蓄电池组 SOC 上升到所设定的高门限值时，发动机关闭，由电动机驱动车辆。其优点是发动机效率高、排放低；缺点是动力蓄电池充放电频繁，加上发动机开关时的动态损耗，使得系统总体的损失功率变大，能量转换效率较低。

2. 功率跟踪式策略

由发动机全程跟踪车辆功率的需求，只有当动力蓄电池的 SOC 大于设定上限，并且仅由动力蓄电池提供的功率能满足车辆需求时，发动机才停机或怠速运转。由于动力蓄电池容量小且充放电次数减少，系统内部损失减少。但是发动机必须在从低到高的较大负荷区内运行，使得发动机效率不如恒温器策略下发动机的效率高。

3. 基本规则型策略

该策略综合了恒温器策略与功率跟踪式策略两者的优点，根据发动机负荷特性图设定高效率工作区，根据动力蓄电池的充放电特性设定动力蓄电池高效率的荷电状态范围。设定一组控制规则，根据需求功率和 SOC 进行控制，以充分利用发动机和动力蓄电池的高效率区，使其达到整体效率最高。

5.4.2 并联式混合动力电动汽车的能量管理策略

并联式混合动力电动汽车的能量管理系统普遍采用分级分布式结构。最上层为能量管理系统的决策单元，统一协调和控制各个低端控制器；中间一层包括多个低端控制器；最下层为各个执行器。能量管理系统的决策单元接收驾驶人输入的指令、各个执行器的信息和环境信息，协调各子系统的工作。

1. 并联式混合动力电动汽车在各运行模式下的能量管理策略

对同一种并联式混合动力电动汽车来说，采用不同的能量管理策略可以得到不同的燃油消耗、排放和电池的 SOC 状态值。在设计混合动力电动汽车时，主要目的是在保证汽车性能的条件下降低汽车的燃油消耗和排放，同时，还要兼顾电池的寿命问题，基于这些目标，根据不同的侧重点，可以制定出不同的能量管理策略。

并联式混合动力系统的整车能量管理策略主要解决系统运行模式切换和混合模式下功率的分配。

并联式混合动力系统有多种运行（能量流动）模式。根据不同的工况要求，以优化各部件工作点为目的，可以在这些运行模式中进行切换，主要有巡航模式、加速模式、减速模式、起步模式和驻车模式等，以适应不同的工况。

功率分配是系统能量管理策略研究的关键，通常被看成是一个以减小油耗和改善排放为目标的优化问题。功率分配决定了混合动力系统中发动机的工作区域。根据优化程度（或者说发动机工作点选择方式）的不同，采用的功率分配策略也不同，大体上可以分为恒定工作点策略、优化工作区策略、ICE 优化曲线策略、瞬时优化策略、全局优化策略及智能优化策略等。

结合模式切换和功率分配，可以得到并联式混合动力电动汽车各运行模式下的能量管理策略。

（1）**起步**　由于电动机具有低速大转矩的特性，混合动力电动汽车的起步由电动机单独完成。当蓄电池 SOC 比较低时，由发动机提供起步时的动力；如果蓄电池的剩余电量适中，即 SOC 值适中，则电动机驱动，发动机关闭；如果蓄电池的剩余电量多，即 SOC 值大，则电动机驱动，发动机关闭。

（2）**低速或城市工况**　当混合动力电动汽车在城市道路或低速行驶时，若 SOC 值较高或适中，汽车所需动力由电动机单独提供，电动机所需能量由蓄电池供给；若 SOC 值较低，汽车所需动力改由发动机提供，电动机转换为发电机为蓄电池充电。

（3）**加速**　在加速模式下，控制策略主要是基于 SOC 状态来制定的，它主要是由电能源提供给汽车附加的驱动力的状态来决定的，主要考虑以下 3 种方式。

1）当 SOC 值较高时，若汽车此时是弱加速，电动机只提供部分功率来辅助发动机驱动汽车；若此时汽车是急加速，电动机则提供最大功率来辅助发动机。

2）当 SOC 值适中时，无论汽车是弱加速还是急加速，发动机工作，而电动机提供部分功率辅助汽车的加速。

3）当 SOC 值较低时，电动机空转，发动机的节气门全开。

（4）**巡航**　当电动汽车以恒定的速度行驶时，由于汽车克服路面阻力保持恒定速度行驶时的转矩是很小的，发动机主要提供平均功率而不是峰值功率。此时，若发动机的功率大于路面行驶所需要的功率，且 SOC 值较低，电动机转换成发电机提供电能给蓄电池充电以满足下一步的使用要求。

（5）**减速**　在这种模式下，会有部分制动能量回收，通常有松开加速踏板和踩下制动踏板两种模式。在第一种模式下，电动机的反拖作用使车速缓慢下降，若 SOC 值较低或适中，部分制动能量被回收，此时发动机关闭，电动机提供部分负转矩来给蓄电池充电；在第二种模式下，车速迅速下降，若 SOC 值较低或适中，大量的制动能量被回收，电动机提供最大的负转矩来给蓄电池充电，发动机关闭。如果蓄电池的剩余电量多，即 SOC 值较高，则电动机空转，发动机关闭。

（6）**驻车**　当系统处于驻车模式时，汽车是不需要能量的，因此电动机空转，发动机关闭。若此时电池 SOC 值较低，则发动机起动驱动发电机给蓄电池充电。

2. 并联式混合动力电动汽车模糊逻辑能量管理策略

汽车在各种不同工况下的能量需求不同，电池的 SOC 状态也不同，因此混合动力电动汽车的能量管理系统是个复杂的非线性系统。而模糊控制是基于模糊推理，模仿人的思维方式，对难以建立精确数学模型的对象实施的一种控制，是模糊数学同控制理论相结合的产物。它不要求知道被控对象的精确数学模型，只需要提供现场操作人员的经验知识及操作数据即可，控制系统的鲁棒性适合解决常规控制难以解决的非线性、时变及滞后系统。它以语言变量代替常规的数学变量，具有易于构造形成专家的"知识"、控制推理采用"不精确推理"等优点。

为了改善控制性能，提高混合动力电动汽车对各种工况的适应能力，通过对混合动力系统能量管理策略的研究，将模糊控制这种智能控制技术引入整车能量管理控制系统。

模糊逻辑能量管理策略的实现基于这样一个事实，即蓄电池与电动机工作所需的电能，源于发动机的热能，在利用电驱动时，由于经过能量转换，导致能量损失一般大于发动机直接驱动的情况。但是，在某些工况下，电驱动的能量损失也可能小于发动机直接驱动的损失。例如，当汽车在低负荷行驶时，若由发动机直接驱动，其运行效率较低，总的能量利用效率即为运行效率；若为电驱动，总的能量利用效率要考虑电动机的机械效率、蓄电池的库仑效率以及蓄电池充电时发动机的运行效率等。显然，若把蓄电池充电控制在发动机运行效率较高时进行，则蓄电池充电时发动机的运行效率大于发动机直接驱动时的运行效率，从而使电驱动时总的能量利用效率有可能大于发动机直接驱动时总的能量利用效率，即在某些工况下，利用电驱动是有利的。模糊逻辑能量管理策略通过综合考虑发动机、蓄电池和电动机的工作效率，可以实现混合驱动系统的整体效率最高。

5.4.3 混联式混合动力电动汽车的能量管理策略

混联式混合动力电动汽车由于其特有的传动系统结构，如采用行星齿轮传动，除了采用传统的静态逻辑门限策略、瞬时优化能量管理策略、全局优化能量管理策略和模糊能量管理策略（与并联式混合动力电动汽车的能量管理策略原理类似）以外，还有一些特有的能量管理策略，即发动机恒定工作点策略和发动机最优工作曲线策略，下面分别进行介绍。

1. 静态逻辑门限策略

该策略通过设置车速、动力蓄电池 SOC 上下限、发动机工作转矩等一组门限参数，限定动力系统各部件的工作区域，并根据车辆实时参数及预先设定的规则调整动力系统各部件的工作状态，以提高车辆整体性能。其实现简单，应用较为广泛。但由于主要依靠工程经验设置门限参数，静态逻辑门限策略无法保证车辆燃油经济性最优，而且这些静态参数不能适应工况的动态变化，无法使整车系统达到最大效率。

2. 瞬时优化能量管理策略

针对静态逻辑门限策略的上述缺点，又提出了瞬时优化能量管理策略。该策略一般采用"等效燃油消耗最少法"或"功率损失最小法"，二者原理类似。其中等效燃油消耗最少法是将电动机的等效油耗与发动机的实际油耗之和定义为名义油耗，将电动机的能量消耗转换为等效的发动机油耗，得到一张类似于发动机万有特性图的电动机等效油耗图。在某一工况瞬时，从保证系统在每个工作时刻的名义油耗最小出发，确定电动机的工作范围（用电动机转矩表示），同时确定发动机的工作点，对每一对工作点，计算发动机的实际燃油消耗以及电动机的等效燃油消耗，最后选名义油耗最小的点作为当前的工作点，实现对发动机、电动机输出转矩的合理控制。为了兼顾排放问题，该策略还可采用多目标优化技术，采用一组权值来协调排放和燃油同时优化存在的矛盾。等效燃油消耗最少法虽然在每一步长内是最优的，但无法保证在整个运行区间内最优，而且需要大量的浮点运算和比较精确的车辆模型，计算量大，实现困难。

3. 全局最优能量管理策略

全局最优能量管理策略是应用最优方法和最优化控制理论开发出来的混合动力系统能量分配策略，目前主要有基于多目标数学规划方法的能量管理策略、基于古典变分法的能量管理策略和基于 Bellman 动态规划理论的能量管理策略 3 种。

研究最为成熟的是基于 Bellman 动态规划理论的能量管理策略。该方法首先建立空间状态方程，然后计算在约束条件下满足性能指标的最优解。为了满足电池荷电状态平衡下的约束条件，采用拉格朗日乘数法推导出的性能指标，除了包含燃油消耗，还包括荷电状态变化量。采用迭代方法计算其拉格朗日系数，可以得到满足荷电状态平衡的约束条件最优解。该方法只适用于特定的驾驶循环，即必须预先精确知道车辆的需求功率，因而不能用于在线控制。

全局优化模式实现了真正意义上的最优化，但实现这种策略的算法往往比较复杂，计算量也大，在实际车辆的实时控制中很难得到应用。通常的做法是把应用全局优化算法得到的能量管理策略作为参考，以帮助总结和提炼出能用于在线控制的能量管理策略，如与逻辑门限策略等相结合，在保证可靠性和实际可能性的前提下进行优化控制。

4. 模糊能量管理策略

该策略是基于模糊控制方法来决策混合动力系统的工作模式和功率分配，其将"专家"的知识以规则的形式输入模糊控制器中，模糊控制器将车速、电池 SOC、需求功率/转矩等输入量模糊化，基于设定的控制规则来完成决策，以实现对混合动力系统的合理控制，从而提高车辆整体性能。基于模糊逻辑的策略可以表达难以精确定量表达的规则，方便实现不同影响因素（功率需求、SOC、电机效率等）的折中，鲁棒性好。但是模糊控制器的建立主要依靠经验，无法获得全局最优。

5. 发动机恒定工作点策略

由于采用行星齿轮机构，发动机转速可以独立于车速变化，这样可使发动机工作在最优工作点，提供恒定的转矩输出，而剩余的转矩则由电动机提供。电动机负责动态部分，避免了发动机动态调节带来的损失，而且与发动机相比，电动机的控制也更为灵敏，易于实现。

6. 发动机最优工作曲线策略

发动机工作在万有特性图中最佳油耗线上，只有当发电机电流输出超出电池的接受能力或者当电动机驱动电流需求超出发电机或电池的允许限制时，才调整发动机的工作点。

5.5　混合动力电动汽车动力系统设计

在混合动力电动汽车中，动力源部件的协调工作对整车的性能影响很大，尤其是混联式混合动力电动汽车。由于动力分配装置的存在，其对动力源部件的匹配及合理控制要求更高。

混合动力电动汽车获得高的燃油经济性主要通过以下原则来实现：

1）将较小型发动机安装在汽车上并使发动机在较高负荷下工作（获取较高的效率）。

2）将制动时产生的能量转换为电能用于汽车加速或为其提供动力。

3）采用高效率的电动机将汽车从静止状态起动起来。

下面在介绍基本原理的基础上，以某款汽车为例，保持原车的外形参数不变，只对其动力系统进行重新设计，动力系统采用混联式结构。

5.5.1　发动机设计

1. 发动机设计的基本原理

发动机功率的选择对混联式混合动力传动系统的设计至关重要。发动机功率偏大，车辆

燃油经济性和排放性能变差；发动机功率偏小，后备功率就小，电动机只有提供更多的驱动功率，才能满足车辆一定的行驶性能要求，这势必引起电动机功率和电池组容量取值的增大和车辆成本的增加。另外，电池组数目增多，在车辆上布置困难，整车质量增加，仅依靠发动机的富裕功率难以维持电池组的额定电量，限制了车辆的续驶里程。

因此，设计出一个能满足原车动力性能要求的小功率发动机是降低油耗和尾气排放的关键。同普通动力传动系统相比，混合动力电动汽车的发动机可限制在某一特定区域内工作，特定区域的选择可考虑使发动机的燃油消耗和排放污染物最少，即考虑发动机燃油消耗率较小的高负荷率区。

在发动机单独驱动的情况下，汽车行驶时的功率平衡方程式为

$$P_e = \frac{1}{\eta_T}\left(\frac{Gfv_a}{3600}+\frac{Giv_a}{3600}+\frac{C_DAv_a^3}{3600}+\frac{\delta mv_a}{3600}\frac{dv}{dt}\right) \tag{5-5}$$

式中　P_e——发动机输出功率；

　　　η_T——传动系统效率；

　　　G——汽车重量；

　　　f——轮胎与地面的滚动阻力系数；

　　　i——汽车行驶路面的坡度；

　　　v_a——汽车行驶速度；

　　　C_D——空气阻力系数；

　　　A——迎风面积；

　　　δ——旋转质量换算系数；

　　　m——汽车质量。

2. 发动机设计示例

根据式（5-5），得到某汽车在匀速行驶时各种坡度 i 下行驶车速与所需功率的关系曲线（图5-23）。

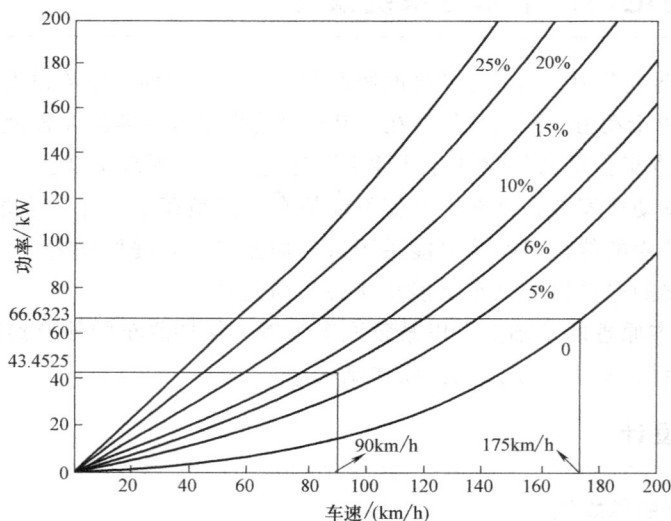

图 5-23　各种坡度下行驶车速与所需功率的关系曲线

原发动机的最大功率为 92kW，最高转速为 7500r/min。由图 5-23 可以看出，汽车达到最高车速 175km/h 时，发动机只需发出约 67kW 的功率，由汽车的功率平衡图可以知道，当汽车在城市间高速路上以常规速度（80~120km/h）行驶时，发动机具有很大的后备功率，即发动机的负荷率较低，燃油经济性较差。汽车在满载情况下，在 6% 的坡度上以 90km/h 的速度行驶时，发动机只需发出约 44kW 的功率。然而在混联式混合动力系统中，由于电动机的存在，发动机就可以减小用于加速和爬坡的后备功率，使发动机经常工作在较高的负荷率下以提高燃油经济性。当发动机发出 55kW 的功率时，汽车在水平路面上行驶时的速度可达到 164km/h，而汽车在城市间高速路上行驶时一般不会超过 140km/h，因此，设计发动机的最大功率为 55kW，这样既可以降低发动机的排量又可以提高发动机的负荷率，有利于排放和燃油经济性。

同时，发动机的最高转速设计也很关键，发动机最高转速过高会加剧部件之间的磨损，降低发动机效率，而发动机最高转速降低则可造成最高车速降低。考虑到部件磨损和最高车速的合理性，通过对现有中小功率发动机进行分析，设计发动机的最高转速为 6000r/min。

5.5.2 电动机选型与设计

电机在混联式混合动力电动汽车上具有很重要的作用，它既可以作为起动电动机使用，又可以起到串联和并联结构中电动机的作用，还可以在制动时作为发电机回收制动能量。因此，在混联式混合动力电动汽车上对以电动和发电模式工作的电机有更高的要求：恒转矩、恒功率（弱磁控制）工作，高效率的大功率输出，接近双倍功率的过载量（出现于车辆再生制动时的发电模式下，此时电机转速变化范围在每秒几转到上万转之间）。混合动力电动汽车使用的电动机（考虑主要介绍电动方面的内容，下文均称为电动机）有直流电动机、永磁无刷电动机、感应电动机和开关磁阻电动机等。研究开发体积小、重量轻、工作可靠以及动态响应好的电动机，对混合动力电动汽车进一步提高动力性和燃油经济性极为重要。

1. 逆变器/电动机控制策略

在提出电动机工作特性和设计参数之间的关系之前，首先要说明逆变器/电动机的控制策略，它是牵引驱动系统中涉及电动机选型和设计的大多数因素的基本依据。电动机在最大输出时的逆变器/电动机控制策略如图 5-24 所示。

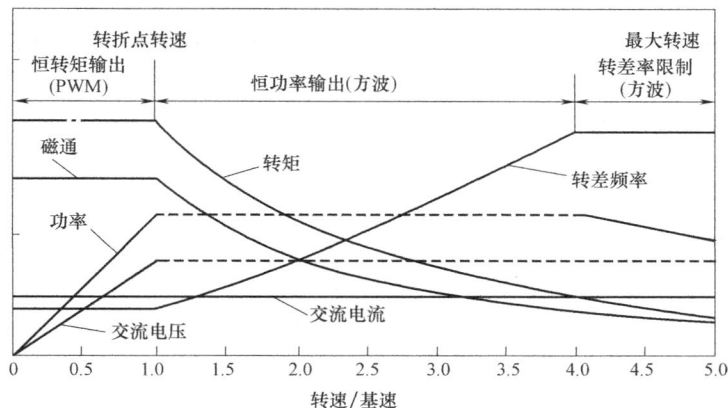

图 5-24 逆变器/电动机控制策略

电动机的转矩-速度曲线给出了牵引驱动期望的宽调速范围轮廓，它具有 3 个特征工作区：恒转矩、恒功率和转差率限制。

恒转矩区的范围是从零转速到基速。在这个区域里，逆变器在脉宽调制模式下工作，为电动机提供变化的频率和变化的电压。为了保持恒磁通，交流电压要随速度（频率）的变化而调整，因此，交流电压基本上随速度（频率）成正比增长。转子中感应电压频率（睡眠频率）保持恒定，且交流电流几乎不变，这就产生了几乎保持恒定的转矩。当然，由图 5-2 可知，由于电动机的输出功率与速度成正比，功率随速度上升到基速。这种控制方法在交流电压达到逆变器可提供的最大值之前是可行的。在恒转矩区，电动机的工作特性与单独励磁的直流电动机相同。此后，电动机从恒转矩区进入恒功率区。

恒功率区的范围是从基速到最大速度（恒功率区结束时的速度）。在这个区域里，逆变器给电动机提供可变频率，而交流电压保持不变。因此，电磁转矩与速度成反比减小，电动机输出功率几乎恒定。这种控制方法一直到电动机转差率限制以前都是可行的，这个转差率限制点是最大速度点，即恒功率区切换到转差率限制区的时刻。任何进一步提高速度都必须保证转差频率的恒定，而且交流电流减小。在转差率限制区，交流电压和磁通密度的变化与恒功率区一致，导致电磁转矩随速度平方成反比减小，同时电动机功率也减小。

转矩可以通过带有两档或多档变速器的齿轮箱传递到车轮上。低速档时，电动机工作在恒转矩区；当齿轮脱离低速齿轮（大传动比）而与高速齿轮（小传动比）啮合时，电动机在恒功率区易于操纵。车辆在市区行驶时的最大速度，如 80km/h，这仅需通过踏板调节的基本档就可以实现。当然，最好的解决办法是采用无级变速器，这样能使电动机铜损减小，也能使调整电动机参数更好地满足车辆驱动要求成为可能，但这种方法成本较高。

2. 电动机功率设计计算

通常，适用于电动车辆使用的电动机外特性如下：在额定转速以下，电动机以恒转矩模式工作；在额定转速以上，电动机以恒功率模式工作。相应参数选取包括电动机额定功率、电动机额定转速与电动机最高转速。

依据控制策略，电动机起动功率应满足汽车的最大爬坡度和加速时间要求。由于在确定发动机功率时已考虑了因发动机按照最小油耗线工作而需增加的功率余量，为简单起见，可设汽车在混合驱动工况时，以最大速比原地起步加速或爬坡，节气门全开。当发动机转速达到最高功率对应的转速时，控制发动机保持在该点工作，并控制电动机保持在该转速下工作，调整变速箱的传动比来提高车速。

由最大爬坡度要求，得

$$F_{tmax} - mgf\cos\alpha_{max} - mg\sin\alpha_{max} - \frac{C_D A v_f^2}{21.15} = 0 \tag{5-6}$$

由原地起步加速时间要求，得

$$t - \frac{1}{3.6} \int_0^v \frac{\delta m}{(F_t - F_f - F_w)} dv = 0 \tag{5-7}$$

式中　F_{tmax}——最大驱动力；

α_{max}——最大爬坡度；

v_f——最大驱动力所对应的车速；

t——0~v 的加速时间；

v——车速；

δ——旋转质量换算系数；

F_t、F_f、F_w——驱动力、滚动阻力和空气阻力。

3. 电动机设计计算示例

混合驱动的驱动力 F_t 和 F_{tmax} 都是电动机起动功率 P_m 的函数。使用 Matlab 中的函数 fzero 求解，得到满足加速时间或最大爬坡度要求的最小电动机起动功率，取两者之中较大值作为电动机起动功率，数值整数化后为 40kW。

电动机的最高转速对传动系统的尺寸、电动机的额定转矩都有影响。电动机的最高转速与额定转速的比值，也称为电动机的扩大恒功率区系数 β。在电动机功率一定时，β 值增大，转速降低；同时，对应的电动机额定功率增加，对电动机的支撑要求变高。此外，高转矩需较大的电动机电流，其增大了功率变换器的尺寸和损耗，但大 β 又是车辆起步加速和稳定行驶所必需的，因此电动机传动轴额定转矩的减小只能通过选用高速电动机来解决，但这又影响传动比，故必须协调考虑电动机的最高转速和传动系统尺寸。另一方面，增大 β 值也会使驱动轴转矩和齿轮应力增大，选择时还要考虑 β 值和齿轮应力的关系，β 值一般选择为 4~6。此处对比于原有的交流感应电动机，考虑到上面因素的影响，选取电动机的最高转速为 9000r/min，扩大恒功率区系数 $\beta=4.5$。

通过对仿真结果分析可知，当发动机、蓄电池功率不变，并且整车总质量不变时，改变电动机的功率值对整车的动力性及经济性影响微小，因此本车采用小型轻量高效的交流永磁同步电动机，功率为 12kW，质量为 33kg。

5.5.3 储能装置设计

目前，电化学蓄电池仍是多源混合驱动的一个基本组成元素，无论是在串联、并联还是混联的混合传动结构中，电化学蓄电池都被用作辅助能源。大多数混合电动车辆在再生制动时就像通常的电动车一样：牵引电机工作于发电模式；汽车的动能通过牵引电机传递给蓄电池。

混合动力电动汽车上的蓄电池，其使用状况不同于纯电动汽车，在工作中蓄电池处于非周期性的充放电循环，要求蓄电池的充放电速率和效率高，因此，混合动力电动汽车中使用的蓄电池不仅需要高能量密度，还需要高功率密度。研发高性能、低成本、寿命长的蓄电池，仍然是发展混合动力电动汽车的关键问题之一。

1. 蓄电池通用模型

蓄电池能量模型建立的基础是蓄电池的等效电路图，其等效电路图如图 5-25 所示。图中，R_{e1} 为电解液电阻，R_e 为电极电阻，U_a 为蓄电池电压，i_a 为蓄电池负载电流，E 为电动势，$R_w = R_{e1} + R_e$。

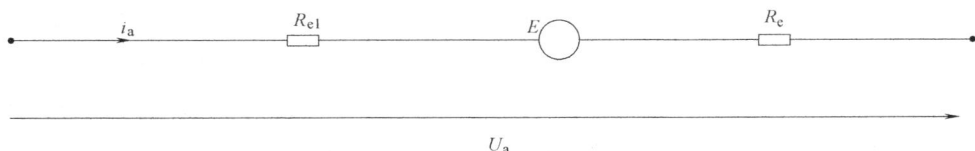

图 5-25 蓄电池的等效电路图

由蓄电池等效电路图，可计算出蓄电池两端的电压降 U_a，电压与电池的工作状态有关，即

放电时： $$U_a = E - i_a R'_w \tag{5-8}$$

充电时： $$U_a = E - i_a R''_w \tag{5-9}$$

式中　R'_w——蓄电池放电内阻；

　　　R''_w——蓄电池充电内阻。

根据蓄电池的等效电路图和以上两式，就可以得出蓄电池相关通用模型。由于通用模型的公式比较复杂，这里就不一一列出了，可查阅相关文献。

2. 蓄电池功率设计

混合动力电动汽车行驶功率的变化与蓄电池的瞬时负载电流、电压和内阻的变化，特别是与蓄电池中能量的变化密切相关。

对于给定类型的蓄电池，使用其通用模型就可计算出各种蓄电池荷电状态下的指标值。

内阻为

$$R_w(t,k) = b(k) \frac{E(k)}{i_a(t)} + \frac{l(k)}{k(t)} \tag{5-10}$$

电动势为

$$E(t) = E(k) \tag{5-11}$$

式中　i_a——蓄电池负载电流；

　　　t——时间；

　　　k——蓄电池荷电状态值；

　$E(k)$——蓄电池电动势；

　　　l——内阻计算系数；

　　　b——电池以电流 i_a 充电或放电时，电池端电压相对于在额定容量条件下的电池端电压 E 的变化系数。

在求解式（5-10）和式（5-11）所组成的方程组之前，要先确定下列函数，即

$$b(t) = b(k) \tag{5-12}$$

$$l(t) = l(k) \tag{5-13}$$

不可能采用试验的方法直接测量上面提到的各个量，也不可能在实车上实时记录各个量的值（通过测量监控），只能通过蓄电池的通用模型来估算。确定蓄电池动态的荷电状态值（k 值），对于混合电动车辆的设计和保养来说是必要的。

用迭代近似法进行计算，可以得到蓄电池电动势 E、系数 b 和 l 的特性曲线。在满足一定精度的情况下，可以用多项式来拟合蓄电池的特性。

为了保证蓄电池的寿命，通常要求蓄电池放电时的放电深度不大于 0.75。在蓄电池的放电过程中，希望蓄电池的放电电压保持恒定，为电动机提供一个稳定的工作条件。而蓄电池的电压是荷电状态的函数，混合动力电动汽车上蓄电池理想的工作区是 SOC 为 0.4~0.8。

蓄电池的容量及功率的大小会影响整车的燃油经济性，增大蓄电池的功率会使发动机的负担降低，改善经济性和排放性能，但是增大蓄电池功率的同时也会使整车的质量大大增加，又会降低动力性、经济性和排放性。在混联式驱动系统中，蓄电池和发电机可以同时供给电动机

能量，暂时忽略能量流动中的损失，理论上使得蓄电池组功率与发电机功率之和等于电动机功率。因此，设计某车型的蓄电池组的功率为 25kW（可参考前面电动机设计的相关内容）。

5.5.4 动力分配装置

在混联式混合动力传动结构中，用于实现能量分流和综合的动力分配装置是一个行星齿轮机构，其中行星架与发动机的输出轴相连，齿圈与电动机的转轴相连，同时也与输出齿轮相连，而太阳轮轴发出的动力驱动发电机发电，中间与一离合器相连，必要时锁死太阳轮，使行星齿轮机构以一定的传动比工作。发电机的转子刚性连接在发动机的输出轴上。动力分配装置如图 5-26 所示。

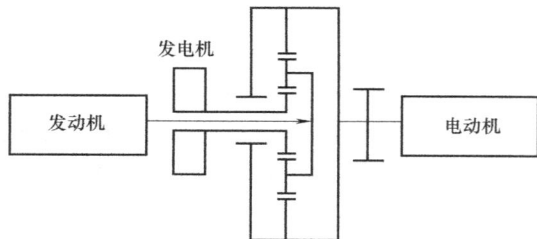

图 5-26 动力分配装置

通过对行星齿轮机构的变速比和受力分析可以得到以下方程组：

$$\omega_1 + k_p \omega_2 - (1 + k_p) \omega_3 = 0 \tag{5-14}$$

$$T_3 = \frac{(1 + k_p)}{\eta_s} T_1 = \frac{(1 + k_p)}{\eta_R k_p} T_2 \tag{5-15}$$

式中　　k_p——齿数比，$k_p = \dfrac{z_2}{z_1}$，z_1 为太阳轮齿数，z_2 为齿圈齿数；

　　　　η_s——由太阳轮到行星架的效率；

　　　　η_R——由齿圈到行星架的效率；

T_1、T_2、T_3——分别是太阳轮、齿圈和行星架的转矩；

ω_1、ω_2、ω_3——分别是太阳轮、齿圈和行星架的角速度。

作用在驱动轮上的转矩 T_t 是由发动机产生的转矩经过动力分配装置后传至车轮上的，因此驱动力为

$$F_t = \frac{T_{tq} i_0 \eta_T}{r} \tag{5-16}$$

式中　　T_{tq}——作用在齿圈上的总转矩；

　　　　i_0——主减速器速比；

　　　　η_T——传动系统效率；

　　　　r——车轮半径。

由式（5-14）～式（5-16）可知，k_p 和 i_0 的取值对整车的动力性有很大影响，与原车的动力性进行比较，改型后的汽车最高车速不小于 165km/h，0～100km/h 的加速时间不大于 13.5s，此处的动力分配机构作为变速器使用，与原车的变速器传动比进行比较，根据前面动力源的设计与此处动力性的约束设计，可设计 $k_p = 108 : 30$，$i_0 = 5.94$。

混联式混合动力系统的行星齿轮机构可以充分满足车辆用任何一种独立驱动模式或任何一种混合驱动模式，平稳有序地运转来带动车辆行驶，不会发生任何的运动干扰。用多能源动力总成控制模块，随机的转换车辆的驱动模式，使发动机和驱动电机始终保持最佳的效率状态。

5.5.5 控制策略

混联式混合动力电动汽车有以下 3 种控制方法：

1）恒工作点控制方法。由于发动机的转速可以通过调节发电机的转速来调整，发动机的转矩和转速都可以不受制于汽车复杂的工况，驱动系统的控制策略与串联式混合动力电动汽车相似。

2）总功率损失最小化原则。功率的分配可以根据总功率损失最小来定义，包括所有零部件的总效率损失。

3）维持电池的 SOC 值。在这种方法中，当车辆需要较大的加速时，发动机和电动机同时驱动车轮；当需要比较小的驱动功率时，发动机被关闭，电动机输出驱动功率；当所需功率比较适中时，发动机驱动车轮并通过发电机来给蓄电池充电，充电功率根据 SOC 值的大小而不同。

混联式混合动力系统通过行星齿轮机构实现控制方法的可操作性。此处采用以设定车速 v_{model} 和电池荷电状态 SOC 为控制信号的控制方法，通过动力分配装置的执行，灵活地选用最优的能量流动途径，其工作模式及能量流动如图 5-27 所示。

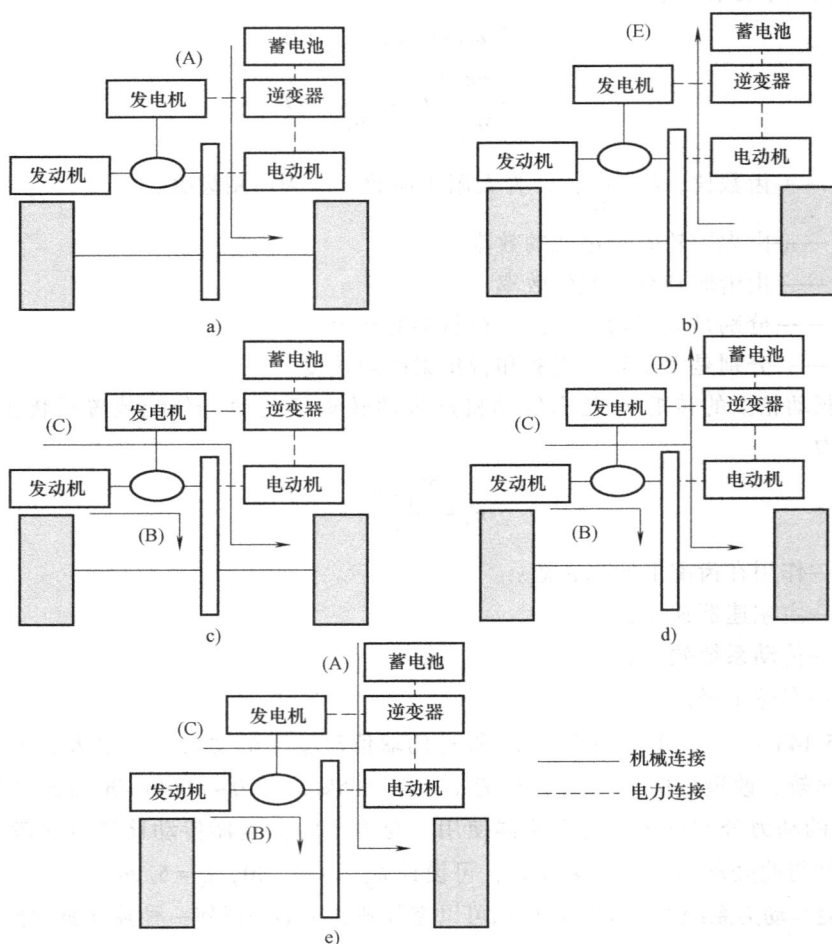

图 5-27　混联式混合动力电动汽车的工作模式

a）起步或在低速下运行　b）减速或制动　c）正常行驶　d）蓄电池充电　e）全节气门加速

图中字母所代表的能量流动方向如下：

A——蓄电池→电动机→车轮。

B——发动机→车轮。

C——发动机→发电机→电动机→车轮。

D——发动机→发电机→蓄电池。

E——车轮→电动机→蓄电池。

车辆起动或轻载工况：由于发动机不能有效地工作，关闭发动机，而由电动机单独驱动车辆。

思 考 题

1. 混合动力电动汽车有哪些类型？

2. 混合动力电动汽车的组成及特点是什么？

3. 混合动力电动汽车设计中，如何确定发动机、电动机和蓄电池的参数？

4. 混合动力电动汽车的能量管理策略有哪些？

第6章

燃料电池电动汽车

　　燃料电池电动汽车（Fuel Cell Electric Vehicle，FCEV）是利用氢气等燃料和空气中的氧在催化剂的作用下在燃料电池中经电化学反应产生电能，然后用电能通过电动机驱动车辆。燃料电池电动汽车的核心部件是燃料电池，它通过氢气和氧气的化学作用，而不是经过燃烧，直接变成电能动力，因此被称为绿色新型环保动力。FCEV 一般以质子交换膜燃料电池（PEMFC）作为车载能量源。

6.1　燃料电池电动汽车概述

　　由于燃料电池同时兼具无污染、高效率、适用广、噪声低、可快速补充能量等特点，被认为是未来可以替代传统内燃机的理想汽车动力装置。而采用燃料电池的电动汽车，与传统内燃机汽车、纯电动汽车及混合动力电动汽车相比，也具有很多不同的特点。

6.1.1　燃料电池电动汽车的特点

1. 燃料电池电动汽车的优点

　　（1）能量转换效率高　燃料电池的最大特点是反应过程不涉及燃烧和热机做功，因此能量转换效率不受卡诺循环的限制。燃料电池理论上的能量效率可接近83%，在实际使用中能量转换效率高达 60%~70%，是普通内燃机的 2 倍左右。由于传统的内燃机汽车经常工作在负荷较低的工况下，燃油效率差，而燃料电池在低负荷时的系统效率较高，这一特点更适合汽车应用。传统内燃机和燃料电池的效率曲线如图 6-1 所示。

　　（2）绿色环保　燃料电池可以使用石油燃料或有机燃料，并可使用包括再生燃料在内的几乎所有的含氢元素的燃料，氢燃料电池电动汽车以纯氢为燃料，反应生成物只有水，属于零排放，其他非纯氢燃料电池电动汽车污染物的排放均比以汽油机和柴油机驱动的汽车低 1~2 个数量级，而且 CO 的排放量降低了 40%~60%。因此从总体上讲，目前使用燃料电池作为动力源的交通工具在环境保护方面的优势是传统汽车无法达到的。

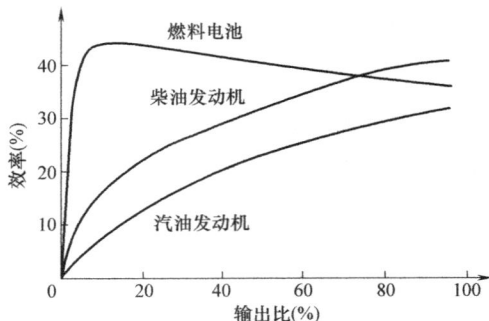

图 6-1　传统内燃机和燃料电池的效率曲线

（3）**运行噪声低**　燃料电池属于静态能量转换装置，除了空气压缩机和冷却系统外无其他部件的运动，因此运行比较平稳，无噪声和振动。

（4）**续驶里程长**　采用燃料电池系统作为能量源，克服了纯电动汽车续驶里程短的缺点，其长途行驶能力及动力性已接近传统汽车。

（5）**过载能力强**　燃料电池除了在较宽的工作范围内具有较高的工作效率以外，其短时过载能力可达额定功率的 200% 或更大。

（6）**设计灵活方便**　燃料电池电动汽车可以按照线传操控技术（X-by-Wire）的思路进行汽车设计，改变传统的汽车设计概念，可以在空间和重量等问题上进行灵活的配置。使用电控单元、电子线路和电动机来完成原先通过机械连接方式实现的功能，使汽车可以摆脱传统机械连接装置的束缚。

2. 燃料电池电动汽车的缺点

燃料电池电动汽车推出容易，但是推广难度大，在发展过程中遇到了一些困难，主要存在着以下问题需要解决。

（1）**燃料电池价格过高**　车用燃料电池基本为质子交换膜燃料电池，目前质子交换膜燃料电池的价格约为 500 美元/kW。一辆使用 50kW 质子交换膜燃料电池的燃料电池电动汽车，单纯燃料电池的成本就达到 2.5 万美元，这是市场无法接受的。只有将燃料电池生产成本降到 50 美元/kW 的水平才能为消费者所接受。也就是说，当一台 70kW 的汽车用燃料电池的成本降到 3500 美元时，才能创造巨大的市场效益。

造成燃料电池高成本的原因有 3 个方面：①质子交换膜的价格过高；②燃料电池电极催化剂贵金属铂的价格昂贵；③质子交换膜燃料电池产量过低。

（2）**燃料电池用氢的制备、储存困难**　质子交换膜燃料电池最理想的燃料是纯氢，由于氢气需要人工制取，大量高纯度氢气需要烦琐昂贵的工艺，因此，提炼高纯度液氢的高成本成为目前影响氢动力汽车推广的主要阻碍之一。FCEV 一次加氢的行驶距离应该在 500km 以上才能满足市场的需求，即每次加氢在 5kg 以上。

由于氢气比重轻，室温下呈气态，如果以压缩状态储存在高压容器中，为了获得与内燃机车辆相当的续驶里程需要很大容积的储气罐，这必然会给汽车的布置带来困难。以液态储氢可以解决续驶里程与整车布置的矛盾，但是将氢气液化会消耗相当于其液化的氢气所含的 60% 的能量，而且车载冷却装置成本昂贵。其他储氢方法如金属氢化物储氢等技术目前还尚未成熟，但有一种单位质量可以吸收 20% 氢气的、具有复杂纳米结构的石墨纤维受到了关注，具有很大的市场潜力。

（3）**辅助设施不完善、建设成本昂贵**　在以甲醇或者汽油为燃料的 FCEV 中，经重整器出来的"粗氢气"含有使催化剂"中毒"失效的少量有害气体，必须采用相应的净化装置进行处理，增加了结构和工艺的复杂性，并使系统变得笨重。

同时，氢动力汽车进行燃料补给的"加气站"建设投入大、不成体系，无法为其长时间远距离的行驶提供保障，也成为影响氢燃料电动汽车发展的因素之一。其他有待解决的问题包括提高燃料电池的功率密度、提高蓄电池的能量密度、减少铂催化剂的用量和寻找铂催化剂替代物等。

（4）**起动时间长，系统抗振能力有待提高**　采用氢气为燃料的 FCEV 起动时间一般需

要超过3min，而采用甲醇或者汽油重整技术的FCEV则长达10min，比内燃机汽车起动的时间长得多，从而影响其机动性能。此外，当FCEV受到振动或者冲击时，各种管道的连接和密封的可靠性需要进一步提高，以防止泄漏，降低效率，严重时会引发安全事故。

6.1.2 燃料电池电动汽车对燃料电池的基本要求

FCEV对燃料电池性能的基本要求有以下几方面：

1）燃料电池的比能量不低于 $150\sim200W\cdot h/kg$，比功率不低于 $300\sim400W/kg$，要求达到或超过美国先进电池联合体（USABC）所提出的电池性能和使用寿命的指标。

2）可以在-20℃的条件下起动和工作，有可靠的安全性和密封性，不会发生燃料气体的结冰和燃料气体的泄漏。

3）各种结构件有足够的强度和可靠性，可以在负荷变化情况下正常运转，并能够耐受FCEV行驶时的振动和冲击。

4）FCEV除排放达到零污染的要求外，动力性能要求基本达到或接近内燃机汽车的动力性能的水平，性能稳定可靠。

5）各种辅助技术装备的外形尺寸和质量应尽可能地减小，以符合FCEV的整车要求。

6）燃料充添方便、迅速。燃料电池能够方便地进行电极和催化剂的更换和修理。

7）所配置的辅助电源，应能满足提供起动电能和储存制动反馈电能的要求。

6.1.3 燃料电池电动汽车的关键技术

1. 燃料电池系统

燃料电池是燃料电池电动汽车发展的关键技术之一。车用燃料电池系统的核心是燃料电池堆。燃料电池堆技术发展趋势可用耐久性、低温起动温度、净输出比功率以及制造成本4个要素来评判。燃料电池堆研究正在向高性能、高效率和更高耐久性方向努力。

降低成本也是燃料电池堆研究的目标，控制成本的有效手段是减少材料（电催化剂、电解质膜、双极板等）的费用和降低（膜电极制作、双极板加工和系统装配等）加工费。但是如何在材料价格与系统性能之间实现一个平衡，依然需要继续研究。以电催化剂为例，非铂催化剂体系虽然在降低成本上有潜力，但是其性能却远远无法达到车用燃料电池系统的要求。虽然一直努力降低铂的使用量，但即便是膜电极中有高负载量（如Pt担载量[⊖]为 $1mg/cm^2$），其性能也不能满足车用功率的需求。如何更有效地利用电催化剂的活性组分，使活性组分长期保持高活性状态，延长催化剂使用寿命，是催化剂研究应该考虑的重点。

另外，作为车用燃料电池系统还需要攻克许多工程技术壁垒，包括系统启动与关闭时间、系统能量管理与变换操作、电堆水热管理模式以及低成本高性能的辅助设施（包括空气压缩机、传感器和控制系统）等。

2. 车载储氢系统

储氢技术是氢能利用走向规模化应用的关键。目前，常见的车载储氢系统有高压储氢、

⊖ 担载量，是指催化剂载体上单位面积所含的活性物质的质量。

低温储存液氢和金属氢化物储氢 3 种基本方法。对于车载储氢系统，美国能源部提出续驶里程与标准汽油车相当的燃料电池电动汽车车载储氢的目标是：质量储氢密度 6wt%[⊖]、体积储氢密度 $60kg/m^3$。纵观现有储氢方法，除了低温储存液氢技术，其他技术都不能完全达到以上指标。而低温储存氢气的成本与能耗都很大，作为车载储氢并不是最佳选择。

如何有效减小储氢系统的质量与体积，是车载储氢技术研发的重点。一个比较理想的方案是，采用储氢材料与高压储氢复合的车载储氢新模式，即在高压储氢容器中装填重量较轻的储氢材料，这种装置与纯高压储氢方式（>40MPa）相比，既可以降低储氢压力（约10MPa），又可以提高储氢能力。复合式储氢模式的技术难点是如何开发吸、放氢性能好，且成型加工性良好且重量轻的储氢材料。

3. 车载蓄电系统

车载蓄电系统包括铅酸蓄电池、镍氢蓄电池、锂离子蓄电池等蓄电池及电化学超级电容器。铅酸蓄电池作为汽车起动电源已经十分成熟，但由于其功率密度低，充电时间长，作为未来电动汽车动力系统的可能性很小；镍氢蓄电池具有高比能、大功率、快速充放电、耐用性优异等特性，是目前混合动力电动汽车和电动汽车中应用最广的绿色动力蓄电池系统；锂离子蓄电池具有比能量高、比功率大、自放电小、无记忆效应、循环特性好以及可快速放电等优点，已进入电动汽车动力电源行列。

超级电容器能在短时间内提供或吸收大的功率（为蓄电池数十倍）。其效率高、具有上万次的循环寿命和极长的储存寿命、工作温度范围宽、能使用的基础材料价格便宜，可以作为混合型动力汽车的有效蓄电系统。但其能量密度低，能否作为独立的车用动力系统大规模推广，还有待更多的运行数据佐证。

4. 电动机及其控制技术

驱动电机是燃料电池电动汽车的心脏，它正向大功率、高转速、高效率和小型化方向发展。当前驱动电机主要有感应电动机和永磁无刷电动机。永磁无刷电动机具有功率密度和效率高、体积小、惯性低和响应快等优点，在电动汽车方面有着广阔的应用前景。由感应电动机驱动的电动汽车几乎都采用矢量控制和直接转矩控制。矢量控制有最大效率控制和无速度传感器矢量控制，前者是使励磁电流随着电动机参数和负载条件的变化，从而使电动机的损耗最小、效率最大；后者是利用电动机电压、电流和电动机参数来估算出速度，不用速度传感器，从而达到简化系统、降低成本、提高可靠性的目的。直接转矩控制克服了矢量控制中需要解耦的不足，把转子磁通定向变换为定子磁通定向，通过控制定子磁链的幅值以及该矢量相对于转子磁链的夹角，从而达到控制转矩的目的。由于直接转矩控制手段直接、结构简单、控制性能优良和动态响应迅速，非常适合用于电动汽车的控制。

5. 整车布置

燃料电池电动汽车在整车布置上存在以下关键问题：燃料电池发动机及电动机的相关布置、动力蓄电池组的车身布置、氢气瓶的安全布置以及高压电安全系统的车身布置等。这些核心部件的布置，不仅要考虑布置方案的优化及零部件性能实现的便利，还要求相关方案必

⊖ 质量储氢密度，即单位储氢系统的总质量所储存的氢气质量。6wt%，即系统中存储的氢气质量与总质量的比为
6∶100。

须考虑传统汽车不具备的安全性问题。目前经过国内外几轮样车试制的过程来看，燃料电池发动机及电动机同时进前舱是一种技术趋势，动力蓄电池组沿车身主轴纵向布置好于电池组零星布置，氢气瓶的布置更多地要考虑碰撞安全性。

6. 整车热管理

燃料电池电动汽车的整车热管理有两方面特性需要关注：

1）燃料电池发动机自身的运行温度为 60~70℃，实际的散热系统工作温度大致可以控制在 60℃。这样一来与整车运行的环境温度相比，温差不大，造成燃料电池电动汽车无法像传统汽车一样依赖环境温差散热，转而必须依赖整车动力系统提供额外的冷却动力为系统散热。这样从动力系统效率角度出发是不经济的，二者之间的平衡将是在热管理开发方面必须关注的。

2）目前整车各零部件的体积留给整车布置回旋的余地很小，造成散热系统设计的改良空间不大，无法采用通用的解决方案应对，必须开发专用的零部件（如特殊构造或布置的冷凝器、高功率的冷却风扇等）。这就要求有丰富的整车散热系统的基础数据以支持相关开发设计，而这点正好是目前国内整车企业所欠缺的。

另外，与整车散热系统密切相关的车用空调系统开发也是整车企业必须关注的。由于燃料电池电动汽车没有传统的汽油发动机，传统空调的压缩机动力源发生了颠覆性变化，改用纯电动压缩机作为空调系统的动力源。这样在做整车散热系统需求分析时，空调系统性能需求作为整车散热系统的"负载"因素也成为散热系统开发的技术难点。

7. 整车与动力系统的参数选择与优化设计

燃料电池电动汽车的整车性能参数是整个燃料电池动力系统开发的信息来源，而虚拟配置的动力系统的特性参数也影响整车性能。两者之间的参数选择是一个多变量多目标的优化设计过程，并且参数选择与行驶工况和控制策略紧密相关，只有在建立准确的仿真模型的基础上，经过反复寻优计算才可能达到较好的设计结果。目前参数设计主要借助于通用的或专用的仿真软件进行离线仿真，如 ADVISOR、EASY5、PSCAD、V2ELPH、FAHRSIM 等，其优点是方便快捷，适合于在设计初期对系统性能进行宏观的预估和评价，但难以对动力系统进行深入细致的分析与设计。随着系统开发的不断深入，某些已经存在的部件或环节将会集成为仿真回路进行测试与研究。这些部件包括难建模部件、整车控制及驾驶人等。为了实现虚拟模拟与真实部件的联系，必须建立实时仿真开发环境。目前实时仿真在燃料电池电动汽车领域主要用于整车控制器的在环仿真，如采用 dSPACE 建立整车控制器的硬件在环仿真环境。而集成真实部件的动力系统实时仿真测试环境，将是整车与动力系统的参数选择与优化设计的技术升级方向。

8. 多能源动力系统的能量管理策略

能量管理策略对燃料经济性影响很大，且受到动力系统参数和行驶工况的双重影响。目前的开发方式一般是借助仿真技术建立一个虚拟开发环境，对动力系统模型进行合理简化，从理论分析的角度得到最优功率分配策略与能量源参数和工况特征之间的解析关系，并从该关系出发定量地分析功率缓冲器特性参数对最优功率分配策略的影响，为功率缓冲器的参数选择提供理论依据。最终目的是定量地分析工况特征参数与最优功率分配策略之间的映射关系，完成功率分配策略的工况适应性研究。

在完成能量管理策略的工况适应性开发后，其核心问题转变为功率分配优化，当然还必须考虑一些限制条件，如蓄电池容量的限制和各部件额定值的限制等。可用作功率分配的决策输入量有很多，如 SOC 值、总线电压、车速、驾驶人功率需求等。按照是否考虑这些变量的历史状态，可以把功率分配策略分为瞬时与非瞬时策略两大类。

作为能量管理策略中的一部分，制动能量回收是提高燃料经济性的重要措施，也是一个难点问题，必须综合考虑制动稳定性、制动效能、驾驶人感觉及蓄电池充电接受能力等限制条件。制动系统关乎生命安全，而且制动过程通常很短暂，在研究初期一般不直接进行道路试验，而是在建立系统动态模型的基础上再进行深入细致的仿真研究。

6.2 燃料电池电动汽车的类型

FCEV 按主要燃料种类可分为以纯氢气为燃料的 FCEV 和经过重整后产生的氢气为燃料的 FCEV。

FCEV 按"多电源"的配置不同，可分为纯燃料电池驱动（PFC）的 FCEV、燃料电池与辅助蓄电池联合驱动（FC+B）的 FCEV、燃料电池与超级电容器联合驱动（FC+C）的 FCEV 以及燃料电池与辅助蓄电池和超级电容器联合驱动（FC+B+C）的 FCEV。

本节按照第二类分法逐一进行介绍。

6.2.1 纯燃料电池驱动（PFC）的 FCEV

纯燃料电池电动汽车只有燃料电池一个动力源，汽车的所有功率负荷都由燃料电池承担。纯燃料电池电动汽车的动力系统结构如图 6-2 所示。

燃料电池系统将氢气与氧气反应产生的电能通过总线传给驱动电机，驱动电机将电能转换为机械能再传给传动系统，从而驱动汽车前进。

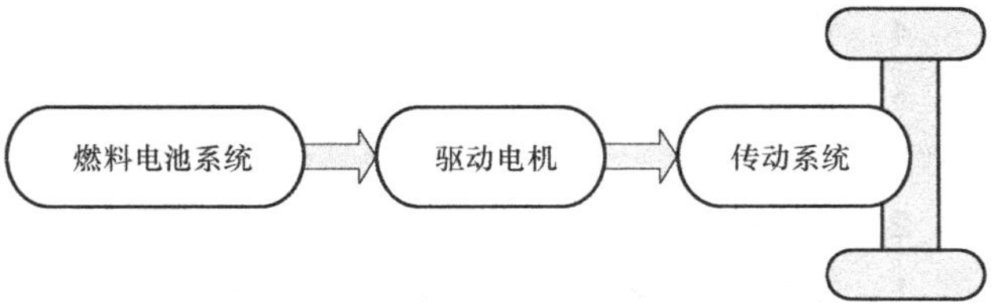

图 6-2 纯燃料电池电动汽车的动力系统结构

1. 系统的优点

1）系统结构简单，便于实现系统控制和整体布置。

2）系统部件少，有利于整车的轻量化。

3）较少的部件使得整体的能量传递效率提高，从而提高整车的燃料经济性。

2. 系统的缺点

1）燃料电池功率大，成本高。

2）对燃料电池系统的动态性能和可靠性提出了很高的要求。

3）难以进行制动能量回收。

6.2.2 燃料电池与辅助蓄电池联合驱动（FC+B）的 FCEV

为了有效地解决纯燃料电池电动汽车存在的缺点，增加了辅助能量存储系统作为燃料电

池系统的辅助动力源，与燃料电池联合工作，组成混合驱动系统共同驱动汽车。从本质上来讲，这种结构的燃料电池电动汽车采用的是混合动力结构，它与传统意义上的混合动力结构的差别仅在于发动机是燃料电池而不是内燃机。在燃料电池混合动力驱动的汽车中，燃料电池和辅助能量存储装置共同向电动机提供电能，通过变速机构来驱动汽车行驶。

燃料电池与辅助蓄电池联合驱动的 FCEV 的动力系统结构如图 6-3 所示，该结构为一典型的串联式混合动力结构。在该动力系统中，燃料电池和蓄电池一起为驱动电机提供能量，驱动电机将电能转换成机械能传给传动系统，从而驱动汽车前进。在汽车制动时，驱动电机转换成发电机状态，蓄电池储存回收的制动能量。在燃料电池和蓄电池联合供能时，燃料电池的能量输出变化

图 6-3　燃料电池与辅助蓄电池联合驱动
形式的动力系统结构

较为平缓，随时间变化波动较小，而能量需求变化的高频部分由蓄电池分担。可用于电动汽车的蓄电池包括铅酸蓄电池、镍镉蓄电池、镍锌蓄电池、锌空气电池、铝空气电池、钠硫电池、钠镍氯化物电池、锂聚合物电池和锂离子蓄电池等多种类型。

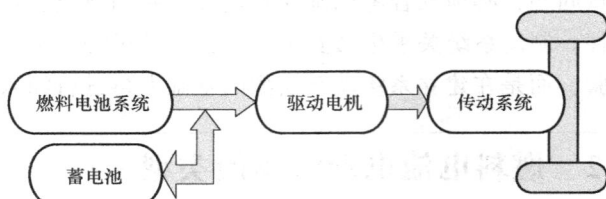

1. 系统的优点

1）由于增加了比功率价格相对低廉的蓄电池组，系统对燃料电池的功率要求较纯燃料电池结构形式有很大的降低，从而大大降低了整车成本。

2）燃料电池可以在比较好的设定工作条件下工作，工作时燃料电池的效率较高。

3）系统对燃料电池的动态响应性能要求较低。

4）汽车的冷起动性能较好。

5）制动能量回收的采用可以回收汽车制动时的部分动能，该措施可能会增加整车的能量效率。

2. 系统的缺点

1）蓄电池的使用使得整车的质量增加，动力性和经济性受到影响，这一点在能量复合型混合动力电动汽车上的表现更为明显。

2）电池充放电过程会有能量损耗。

3）系统变得复杂，系统控制和整体布置难度增加。

6.2.3　燃料电池与超级电容器联合驱动（FC+C）的 FCEV

这种结构形式与燃料电池+蓄电池的结构相似，只是把蓄电池换成了超级电容器。相对于蓄电池，超级电容器的充放电效率高，能量损失小，比蓄电池功率密度大，在回收制动能量方面比蓄电池有优势，循环寿命长，但是超级电容器的能量密度较小。随着超级电容器技术的不断进步，这种结构将成为重要的研究课题及发展方向。

6.2.4　燃料电池与辅助蓄电池和超级电容器联合驱动（FC+B+C）的 FCEV

燃料电池与蓄电池和超级电容器联合驱动的 FCEV 的动力系统结构如图 6-4 所示，该结

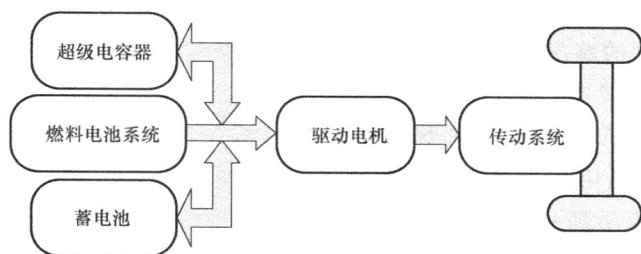

图 6-4　燃料电池与蓄电池和超级电容器联合驱动形式的动力系统结构

构也为串联式混合动力结构。在该动力系统结构中，燃料电池、蓄电池和超级电容器一起为驱动电机提供能量，电机将电能转换成机械能传给传动系统，从而驱动汽车前进；在汽车制动时，驱动电机又转换成发电机状态，蓄电池和超级电容器将储存回收的制动能量。在采用燃料电池、蓄电池和超级电容器联合供能时，燃料电池的能量输出较为平缓，随时间变化波动较小，而能量需求变化的低频部分由蓄电池承担，能量需求变化的高频部分由超级电容器承担。在这种结构中，各动力源的分工更加明细，因此它们的优势也得到了更好的发挥。

这种结构的优点相比燃料电池＋蓄电池驱动的结构形式更加明显，尤其是在部件效率、动态特性及制动能量回收等方面更有优势。而其缺点也很明显：

1）增加了超级电容器，整个系统的质量将可能增加。

2）系统更加复杂，系统控制和整体布置的难度也随之增大。

总而言之，如果能够对系统进行很好的匹配和优化，这种结构在给汽车带来良好性能方面具有很大的潜力。

在上面讨论的3种混合驱动形式中，FC+B+C组合被认为是能够最大限度地满足整车的起动、加速、制动的动力和效率需求，但成本最高，结构和控制也最复杂。目前燃料电池电动汽车动力系统的一般结构是FC+B组合，这是因为它具有以下特点：

1）燃料电池单独或与蓄电池共同提供持续功率，而且在车辆起动、爬坡和加速等峰值功率需求时，蓄电池提供峰值功率。

2）在车辆起步和功率需求量不大时，蓄电池可以单独输出能量。

3）蓄电池技术比较成熟，可以在一定程度上弥补燃料电池技术上的不足。

6.3　燃料电池电动汽车的基本结构与能量管理

6.3.1　燃料电池特性分析

燃料电池带负荷后的输出电压-电流特性曲线如图6-5所示。

由特性曲线可以看出，燃料电池在加负荷的起始阶段，电压 V 下降很快，并且随着负荷的增加，电流（功率）增大，输出电压也随着斜率 R 比普通电池大得多的曲线下降，即燃料电池的输出特性相对较软。

同时，燃料电池电动汽车必须具有较强的机动性，以适应不同的路况正常行驶，如爬坡、下坡、加速、减速、转弯、起停和制动等。这样燃料电池电动汽车的驱动功率就不可避免地会产生波动，这与燃料电池的输出特性相矛盾。当行驶工况需要系统增加功率时，燃料电池输出功率应该增加，而功率的增加是要通过电流的增加来实现的，由燃料电池特性曲线可见，当燃料电池输出电流增加时，系统母线电压会以较快的斜率下降，因此燃料电池的输出特性难以满足汽车加速或爬坡工况的要求。另一方面，若输出功率频繁地波动，也会较大幅度地

图 6-5　燃料电池带负荷后的输出电压-电流特性曲线

降低燃料电池的效率，反过来又影响其动力性能。因此，燃料电池不太适合作为单一的直接驱动电源，需要在燃料电池与汽车驱动之间加入稳压装置，一般使用 DC-DC 变换器，使燃料电池和 DC-DC 变换器共同组成供电装置对外供电，从而稳定输出电压。此外，还有必要引入辅助能量共同供电，适应功率波动，提高峰值功率，以改善燃料电池输出功率的瞬态特性，从而降低燃料电池成本。

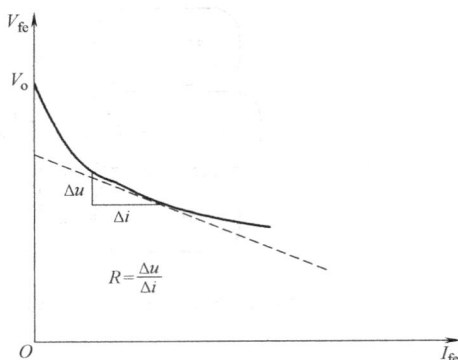

6.3.2　燃料电池电动汽车的基本结构与方案

燃料电池由于其特性曲线较软的特点，不适宜作为电动汽车的唯一驱动能源，必须采取辅助能源与之配合，才能构成整个燃料电池电动汽车的动力系统。目前燃料电池电动汽车绝大多数采用的是混合式燃料电池驱动系统，将燃料电池与辅助动力源相结合，燃料电池可以只满足持续恒定功率需求，借助辅助动力源提供加速、爬坡等所需的峰值功率，并且在制动时可以将回收的能量存储于辅助动力源之中。目前，作为辅助能源选择的主要有动力铅酸蓄电池、镍氢蓄电池、超级电容器以及超高速飞轮等。

由于燃料电池和辅助动力电源提供的都是电功率，它们将各自的功率输出到直流母线上，然后通过电动机带动传动系统。两种动力源组成一个并联系统，在并联方案上也有很多不同的拓扑结构。

1. 辅助动力蓄电池组并联直连混合方案

燃料电池经单向 DC-DC 变换器后与辅助动力蓄电池组并联，并通过电机控制器为电机提供能量，如图 6-6 所示。

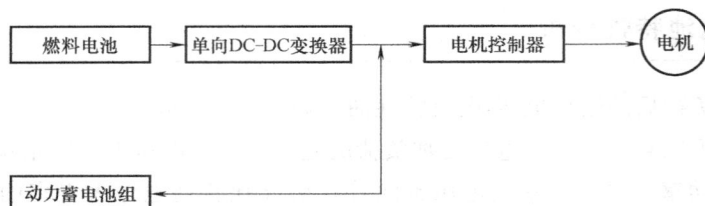

图 6-6　辅助动力蓄电池组并联直连混合方案

控制方案一般采用功率取电方式，通过相应工况下的踏板信号给定负荷的功率需求，使单向的 DC-DC 斩波控制燃料电池的输出功率，并与辅助动力蓄电池组并联，共同向电机供电。引入单向 DC-DC 变换器，将燃料电池的输出电压和系统电压分开，功率母线上的电压可以设定较高，一方面在固定输出功率下可以降低驱动系统的电流值，有利于延长各功率器件的寿命；另一方面更高的系统电压可以充分满足动力蓄电池的充电需要。更重要的是单向 DC-DC 变换器的引入可以有效地解决燃料电池输出电压受功率变化影响较大的问题。

2. 并联混合方案

该方案在前一方案的基础上，在辅助动力蓄电池组与直流母线间也增加了一个双向 DC-DC 变换器，对辅助能源的输出加以控制，这是考虑了辅助动力蓄电池组特性后为使其安全稳定工作的改进方案，如图 6-7 所示。

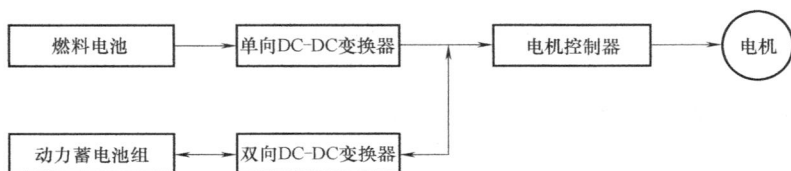

图 6-7　主辅能量均经过 DC-DC 变换器的并联混合方案

此方案仍采用功率取电方式工作，因此并未对上一方案的缺点有实质的改进，并且增加了一套双向 DC-DC 变换器，降低了辅助动力蓄电池组的能量转换效率，同时也增加了系统开发的成本。

3. 燃料电池并联直连混合方案

该方案的燃料电池与电机控制器之间的能量是单向流动的，辅助动力蓄电池组的输出能量可以通过能量管理单元输送到母线上。电机回收能量通过能量管理单元后由动力蓄电池组吸收，如图 6-8 所示。

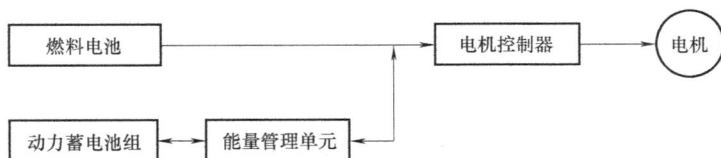

图 6-8　燃料电池并联直连混合方案

这种方案利用能量管理单元中的主要部件——双向功率变换器来实现控制，从成本、拓扑结构的复杂程度以及工程实现上来说，不如辅助动力蓄电池组并联直连混合方案对控制策略的修改更加方便、对系统的设计及改造更加高效。

图 6-9 所示为某燃料电池电动汽车混合动力的实际布置示例。

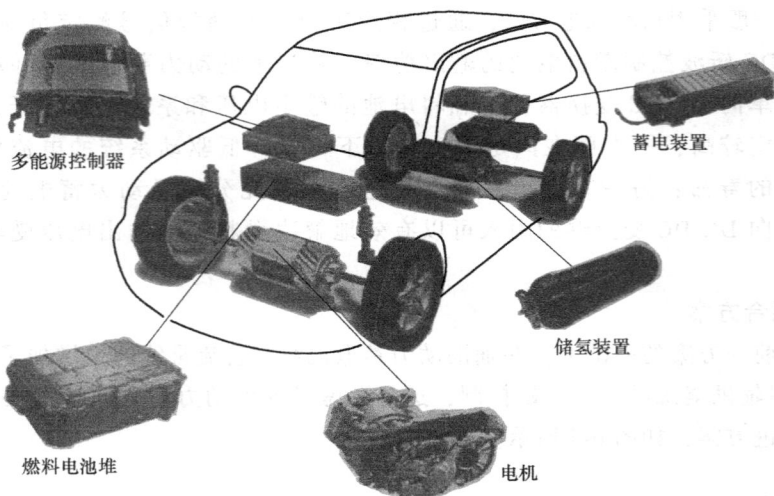

图 6-9　某燃料电池电动汽车混合动力的实际布置示例

6.3.3　燃料电池电动汽车能量管理分析

1. 能量控制系统组成

由于燃料电池混合动力电动汽车运行的实际情况，在控制方面有一些特殊的要求，从能量（功率）流的角度出发，燃料电池混合动力电动汽车能量流控制系统的工作原理框图如图 6-10 所示。

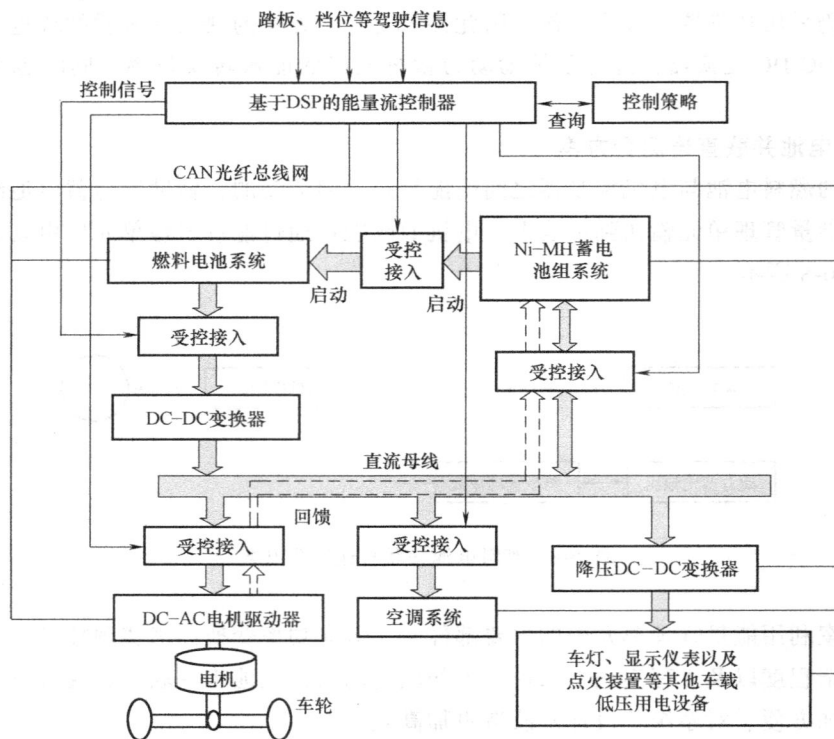

图 6-10　燃料电池混合动力电动汽车能量流控制系统的工作原理框图

能量管理系统主要由能量流控制器、燃料电池、蓄电池组、DC-DC 变换器和 CAN 总线等几个主要部分组成。图 6-10 中粗箭头表示能量流动的方向，实线为 CAN 总线通信网络，实线箭头表示控制信号及输入信号流向，虚线箭头表示再生制动时的能量回馈方向。燃料电池和蓄电池组采取这种并联的组合结构，既可以让燃料电池长时间、高效、稳定地向外供电，又能发挥蓄电池组响应快、能量回馈容易的特点，以弥补燃料电池由于成本和体积等因素导致最大功率难以提高的不足和无法实现再生能量回收的缺陷。同时也使系统结构简单明了，有利于进一步开发和利用。

2. 燃料电池混合动力电动汽车能量策略

（1）基于工况的控制策略　如果针对单一的道路类型进行策略的设计和研究，就会形成单一的控制规则，这种控制思想忽略了道路类型、拥堵情况以及驾驶状况等给车辆能量管理带来的影响。在这种控制规则下，车辆的能量管理系统不可能对能量分配和消耗进行最优的控制管理，从而影响整车的燃料消耗水平、续驶里程以及车辆在不同道路条件下的动态性能。因此，提出了基于道路类型、拥堵水平以及行车趋势等多个模糊控制规则子集下的控制思路，从而使车辆在不同道路状态下以及不同驾驶趋势下都能够有良好的表现。

例如，在高速路上，由于行车阻力矩较小，所需的驱动力矩也比较小，因此加、减速时所需调整的驱动力矩也是比较小的。如果一味地采取与普通道路上相同的策略，势必造成车辆提速、减速过猛（这是由于转矩的模糊控制领域等级不变、控制规则不变造成的），同时也会无谓地增加更多的燃料消耗。而采取上面提出的控制思路，就会根据高速路上的行车特点和驾驶趋势判断，给出合适的转矩变化的领域等级，同时在与其相适应的控制规则下进行能量的控制和管理，以降低燃料的消耗、提升乘坐舒适感，使车辆行驶更加安全可靠。

（2）基于控制对象的控制策略　通过对车辆的控制目标进行分析，可以知道燃料电池混合动力电动汽车是通过对两个能量源匹配进行能量流动的。因此，以哪个能量源为主进行控制就成为一个问题。目前，按照燃料电池和蓄电池之间分配的控制策略不同，可分为功率跟随式和开关式两种控制模式。

功率跟随式的基本思想：当蓄电池的荷电状态在容许范围内时，燃料电池应在某一设定的范围内输出功率，输出功率不仅要满足车辆驱动的要求，还要为蓄电池组充电，该功率称为均衡功率（对蓄电池进行了补充，使蓄电池在最佳荷电状态）。

开关式的基本思路：对燃料电池氢气的消耗量进行最优控制，即以最低氢气消耗为目标调节燃料电池在某一工作点工作，该工作点是整个燃料电池组的最佳效率点。

6.4　燃料电池电动汽车动力系统的主要组成

燃料电池电动汽车的动力系统主要由燃料电池发动机、辅助动力源、DC-DC 变换器、DC-AC 逆变器以及电机等部分组成，下面分别进行介绍。

6.4.1　燃料电池发动机

在 FCEV 所采用的燃料电池发动机中，为保证 PEMFC 组的正常工作，除以 PEMFC 组为核心外，还装有氢气供给系统、氧气供给系统、气体加湿系统、反应生成物的处理系统、冷

却系统和电能转换系统等。只有这些辅助系统匹配恰当并正常运转，才能保证燃料电池发动机正常运转。

1. 以氢为燃料的燃料电池发动机系统

图 6-11 所示为以氢为燃料的燃料电池发动机系统。图 6-12 所示为以氢气为燃料的 FCEV 的总布置基本模型。

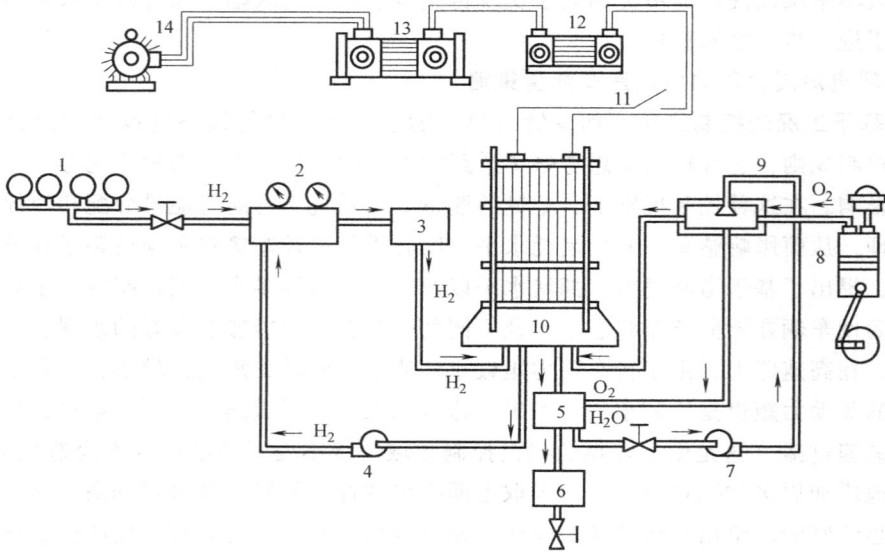

图 6-11　以氢为燃料的燃料电池发动机系统

1—氢储存罐　2—氢气压力调节仪表　3—热交换器　4—氢气循环泵　5—冷凝器及气水分离器　6—水箱　7—水泵
8—空气压缩机（或氧气罐）　9—加湿器及去离子过滤装置　10—燃料电池组　11—电源开关
12—DC-DC 变换器　13—DC-AC 逆变器　14—驱动电机

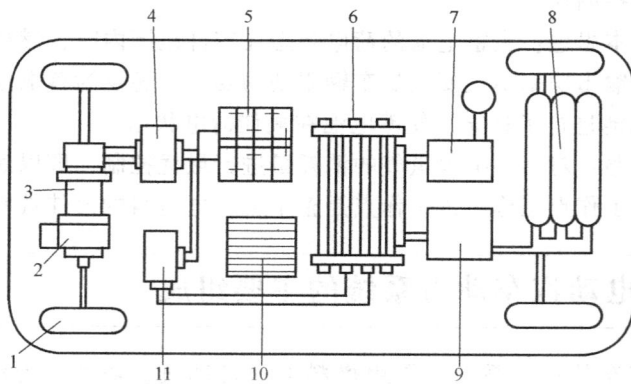

图 6-12　以氢气为燃料的 FCEV 的总布置基本模型

1—驱动轮　2—驱动系统　3—驱动电机　4—DC—AC 逆变器　5—辅助电源装置
（动力蓄电池组+飞轮储能器或动力蓄电池组+超级电容器）　6—燃料电池发动机
7—空气压缩机及空气供应系统辅助装置　8—氢储存罐　9—氢气供应
系统辅助装置　10—中央控制器　11—动力 DC-DC 变换器

（1）**氢气供应、管理和回收系统** 气态氢通常用高压储气瓶来装载，对高压储气瓶的品质要求很高，为保证燃料电池电动汽车一次充气有足够的行驶里程，就需要多个高压储气瓶来储存气态氢。一般轿车需要 2~4 个高压储气瓶，大客车需要 5~10 个高压储气瓶。

液态氢虽然比能量高于气态氢，但由于液态氢是处于高压状态的，不仅需要用高压储气瓶储存，还要用低温保温装置来保持低温。低温保温装置是一套复杂的系统。

在使用不同压力的氢（高压气态氢和高压低温液态氢）时，需要用不同的氢气储存容器，并用不同的减压阀、调压阀、安全阀、压力表、流量表、热交换器和传感器等进行控制，对各种管道、阀和仪表等的接头也要采取严格的防泄漏措施。从燃料电池中排出的水，含有未发生反应的少量氢气。正常情况下，从燃料电池排出的氢气量应低于 1%，利用氢气循环泵将少量的氢气回收。

（2）**氧气供应和管理系统** 氧气的来源有从空气中获取氧气或从氧气罐中获取氧气两种方式。空气需要用压缩机来提高压力，以增加燃料电池反应的速度。在燃料电池系统中，配套压缩机的性能有特定的要求，压缩机质量和体积会增加燃料电池发动机系统的质量、体积和成本，压缩机所消耗的功率会使燃料电池的效率降低。空气供应系统的各种阀、压力表、流量表等的接头也要采取防泄漏措施。在空气供应系统中还要对空气进行加湿处理，保证空气有一定的湿度。

（3）**水循环系统** 在燃料电池发动机中，燃料电池在反应过程中会产生水和热量，在水循环系统中要用冷凝器、气水分离器和水泵等对反应生成的水和热量进行处理，其中一部分水可以用于空气的加湿。另外还需要一套冷却系统，以保证燃料电池的正常运转。

（4）**电力管理系统** 燃料电池所产生的是直流电，需要经过 DC-DC 变换器进行调压，在采用交流电动机的驱动系统中，还需要用 DC-AC 逆变器将直流电转换为三相交流电。

以氢气为燃料的燃料电池发动机，其各种外围装置的体积和质量占燃料电池发动机总体积和质量的 $\frac{1}{3} \sim \frac{1}{2}$。

2. 以甲醇为燃料的燃料电池发动机

图 6-13 所示为以甲醇为燃料的燃料电池发动机系统。在以甲醇为燃料的燃料电池发动机系统中，用甲醇供应系统代替上述氢气供应系统，其包括甲醇储存装置和甲醇供应系统的泵、管道、阀门、加热器及控制装置等。

图 6-14 所示为以甲醇为燃料的 FCEV 的总布置基本模型。

（1）**甲醇储存装置** 甲醇可以用容器储存，不需要加压或冷藏，可以部分利用内燃机汽车的供应系统，有利于降低 FCEV 的使用费用。

（2）**燃烧器、加热器和蒸发器** 甲醇进改质器之前，要用加热器加热甲醇和纯水的混合物，使甲醇和纯水的混合物一起受高温（621℃）的作用，蒸发成甲醇和纯水的混合气体，然后进入改质器。

（3）**重整器** 重整器是将甲醇用改质技术转化为氢气的关键设备。不同的碳氢化合物采用不同的重整技术，在重整过程中的温度、压力会有所不同。例如，甲醇用水蒸气重整法的温度为 621℃，用部分氧化重整法的温度为 985℃，用废气重整法的第一阶段温度为 985℃、第二阶段温度为 250℃。当 FCEV 用甲醇经过重整产生的氢气作为燃料时，就需要对

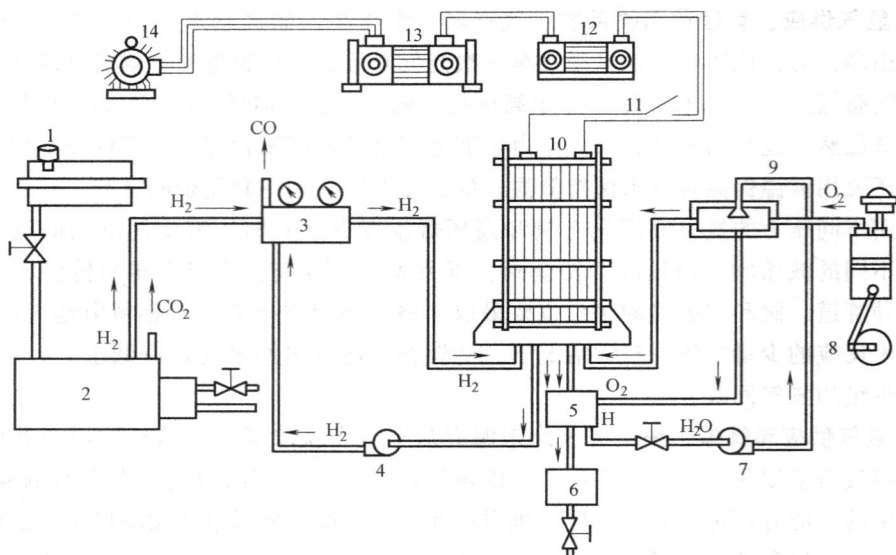

图 6-13 以甲醇为燃料的燃料电池发动机系统

1—甲醇储存罐 2—带燃烧器的重整器 3—氢气净化装置 4—氢气循环泵 5—冷凝器及气水分离器
6—水箱 7—水泵 8—空气压缩机（或氧气罐） 9—加湿器及去离子过滤装置 10—燃料电池组
11—电源开关 12—DC-DC 变换器 13—DC-AC 逆变器 14—驱动电机

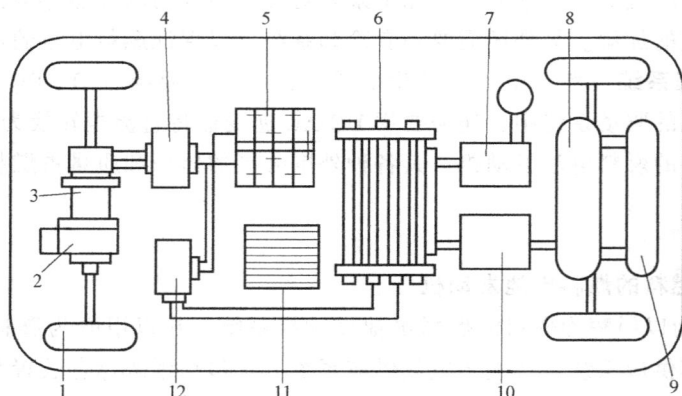

图 6-14 以甲醇为燃料的 FCEV 的总布置基本模型

1—驱动轮 2—驱动系统 3—驱动电机 4—DC-AC 逆变器 5—辅助电源装置（动力蓄电池组+飞轮储
能器或动力蓄电池组+超级电容器） 6—燃料电池发动机 7—空气压缩机及空气供应系统辅助装置
8—重整器 9—甲醇储存罐 10—氢气供应系统辅助装置 11—中央控制器 12—动力 DC-DC 变换器

各种重整方法进行分析，选择最佳重整技术和最适合 FCEV 配套的重整器。

（4）氢气净化器 改质器所产生的氢气因为含有少量的 CO，因此必须对其进行净化处理。净化器中用催化剂来控制，使氢气中所含的 CO 被氧化成 CO_2 后排出，最终进入 PEM-FC 的氢气中的 CO 的含量不超过 10^{-5}。甲醇经过改质后所获得的氢气作为燃料时，燃料电池的效率为 40% ~ 42%。以甲醇为燃料的燃料电池系统中的氧气供应和管理系统，反应生成的水和热量的处理系统以及电力管理系统，与以氢为燃料的燃料电池系统基本相同。

燃料电池发动机的运转一般采用计算机进行控制，根据 FCEV 的运行工况，通过 CAN 总线系统进行信息传递和反馈，并经过计算机的处理，以保证燃料电池正常运行。

6.4.2 辅助动力源

在 FCEV 上燃料电池发动机是主要动力源，另外还配备有辅助动力源。根据 FCEV 的设计方案不同，其所采用的辅助动力源也有所不同，可以用蓄电池组、飞轮储能器或超大容量电容器等共同组成双动力源系统。在具有双动力源系统的 FCEV 上，驱动电机的动力源可以出现以下驱动模式：

1）在 FCEV 起动时，由辅助动力源提供电能带动燃料电池发动机起动，或带动车辆起步。

2）车辆行驶时，由燃料电池发动机提供驱动所需的全部电能，剩余的电能储存到辅助动力源装置中。

3）在加速和爬坡时，若燃料电池发动机提供的电能不足以满足 FCEV 驱动功率的要求，则由辅助动力源提供额外的电能，使驱动电机的功率或转矩达到最大，形成燃料电池发动机与辅助动力源同时供电的双电源供电模式。

4）辅助动力源能储存制动时反馈的电能，以及向车辆的各种电子、电气设备提供所需要的电能。

由于燃料电池发动机的比功率和比能量在不断改进和提高，现代燃料电池电动汽车逐步向加大燃料电池发动机功率的方向发展，最终实现由燃料电池发动机提供驱动所需的全部电能。另外有些燃料电池电动汽车采用 42V 蓄电池来储存制动时反馈的电能，并为车载电子电器系统提供电能。因此就可以取消用于辅助驱动的动力蓄电池组，减轻辅助蓄电池组和整车的质量。

6.4.3 DC-DC 变换器

1. 装置 DC-DC 变换器的必要性

FCEV 采用的电源有各自的特性，燃料电池只提供直流电，电压和电流随输出电流的变化而变化。燃料电池不可能接受外电源的充电，电流的方向是单向的。

FCEV 采用的辅助电源（蓄电池和超级电容器）在充电和放电时，也是采用直流电的形式，但电流的方向是可逆的。

FCEV 上的各种电源的电压和电流受工况变化的影响呈不稳定状态。为了满足驱动电机对电压和电流的要求及对多电源电力系统的控制，在电源与驱动电机之间用计算机控制，实现对 FCEV 的多电源的综合控制，保证 FCEV 的正常运行。FCEV 的燃料电池需要装置单向 DC-DC 变换器，蓄电池和超级电容器需要装置双向 DC-DC 变换器。

2. DC-DC 变换器的基本功能

DC-DC 变换器具有以下基本功能：

1）当输入直流电压在一定范围内变化时，能输出负载要求的变化范围的直流电压。例如，输入电压最低时也能达到最高输出电压，输入电压最高时也能达到最低输出电压等。

2）输出负载要求的直流电流（范围）。能够输出足够的直负载电流，并且能够允许在

足够宽的负载变化范围内（如从空载到满载，即电流从零到最大），保证设备正常运行（如电压稳定、不损坏器件）。

3. FCEV 车载 DC-DC 变换器的功能

燃料电池电动汽车中的 DC-DC 变换器的主要功能，概括起来主要包括以下 3 点：

1）调节燃料电池的输出电压。由于燃料电池的输出特性较软，输出电压随负载的变化而变化，轻载时输出电压偏高，重载时输出电压偏低，难以满足驱动电机控制器的需求，因而借助 DC-DC 变换器对燃料电池的输出电压进行调节。

2）调节整车能量分配。燃料电池电动汽车是一种混合动力电动汽车，配有燃料电池和动力蓄电池两种能源，控制燃料电池的输出能量就可以控制整车能量的分配。如果燃料电池的输出能量不足以驱动电机，缺口能量就由动力蓄电池来补充；当燃料电池输出的能量超出电机的需求时，多余的能量可以进入蓄电池中，补充蓄电池的能量。而 DC-DC 变换器就是用于控制燃料电池的能量输出。

3）稳定整车直流母线电压。燃料电池的输出电压经过 DC-DC 变换器后能稳定整车直流母线电压。

4. FCEV 车载 DC-DC 变换器的要求

DC-DC 变换器在 FCEV 中起着重要的作用，它的性能必须满足以下要求：

1）DC-DC 变换器是能量传递部件，因此要求转换效率高，以便提高能源的利用率。

2）为了降低对燃料电池输出电压的要求，DC-DC 变换器应具有升压功能。

3）由于燃料电池存在输出不稳定的问题，需要 DC-DC 变换器闭环运行进行稳压，为了给驱动器以稳定的输入，需要 DC-DC 变换器具有较好的动态调节能力。

4）体积小，重量轻。

6.4.4　驱动电机

燃料电池电动汽车用驱动电机主要有直流电机、交流电机、永磁电机和开关磁阻电机等。

直流电机驱动系统采用换向器和电刷，保证了励磁磁动势与电枢磁动势的严格正交，易于控制。但直流电机结构复杂，其高速性能和可靠性受换向器和电刷的影响较大。随着交流调速理论及电力电子器件技术的发展，它在燃料电池电动汽车上的应用已逐步减少。

交流电机坚固耐用、结构简单、技术成熟、免维护、成本低，尤其适合恶劣的工作环境。其缺点在于损耗大、效率低、功率因数低，进而导致控制器容量增加，成本上升。美国制造的燃料电池电动汽车较为广泛地使用交流异步电机系统，如通用汽车公司开发的燃料电池电动汽车 Sequel 采用的是 60kW 的异步电机。

永磁电机驱动系统，通常可分为方波供电的无刷直流电机和正弦波供电的永磁同步电机。该电机的转子采用永磁体，不需要励磁，因此功率因数大，电机具有较高的功率密度和效率。但受永磁材料性能的影响，目前仍然存在成本高、可靠性较低以及使用寿命较短的缺点。另外，永磁电机的控制器在电机发生故障而起保护作用时，由于永磁体的原因电机会产生与转速成正比的反电动势并通过反向二极管加在高压母线两端，造成潜在的安全问题。与异步电机相比，永磁电机安全性稍差。目前，日本汽车公司较多采用永磁电机驱动系统，如

本田推出的燃料电池电动汽车 FCX，其前轮驱动电机即为 80kW 的永磁电机。

开关磁阻电机驱动系统作为一种基于"磁阻最小原理"设计的新型电机，其定子、转子均采用凸极结构，具有结构简单、可靠性高、控制简便及功率/转矩特性优越的特点。但存在噪声大、转矩和母线电流脉动严重的不足。因此，在燃料电池电动汽车上应用较少。

燃料电池电动汽车驱动电机的选型必须结合整车开发目标，综合考虑电机的特点。驱动电机的详细内容见第 3 章。

6.4.5 动力电控系统

燃料电池电动汽车的动力电控系统，主要由燃料电池发动机管理系统（FCE-ECU）、蓄电池管理系统（BMS）、动力控制系统（PCU）及整车（或车辆）管理系统（VMS）组成，而原型车的变速器系统会简化很多。其系统结构框图如图 6-15 所示。

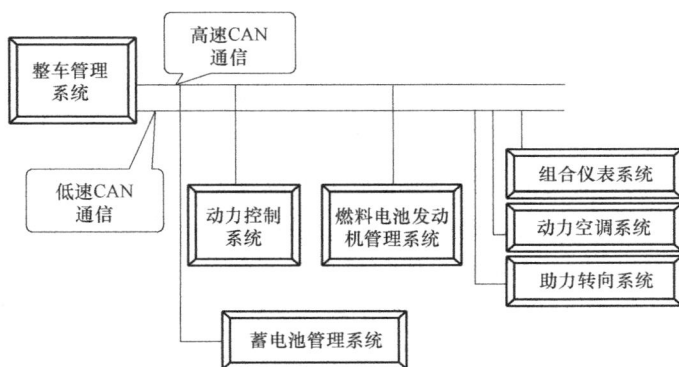

图 6-15 燃料电池电动汽车动力电控系统结构框图

1. 燃料电池发动机管理系统

燃料电池发动机管理系统，按整车控制器的功率设定值控制燃料电池发动机的功率输出，监测发动机的工作状态，保证发动机稳定可靠运行的同时进行故障诊断及管理。其具体组成包括供氢系统、供氧系统、水循环及冷却系统，详见 6.4.1。

2. 蓄电池管理系统

蓄电池管理系统分上下两级：下级负责蓄电池组电压、温度等物理参数的测量，进行过充、过放保护及组内、组间均衡；上级负责动力蓄电池组的电流检测及 SOC 估算，以及相关的故障诊断，同时运行高压漏电保护策略。

3. 动力控制系统

动力控制系统包含 DC-DC 变换器、DC-AC 逆变器、DCL 和空调控制器及空调压缩机变频器，以及电机冷却系统控制器。DC-DC 变换器和 DC-AC 逆变器的作用如前所述，DCL 负责将高压电源转换为系统零部件所需的 12V/24V 低压电源，电机冷却系统控制器负责电机及 PCU 的水冷却系统控制。

4. 整车控制系统

整车控制系统的核心是多能源控制策略（包括制动能量回收功能），它一方面接收来自驾驶人的需求信息（如点火开关、加速踏板、制动踏板、档位信息等）实现整车工况控制；

另一方面基于反馈的实际工况（如车速、制动、电动机转速）以及动力系统的状况（燃料电池及动力蓄电池的电压、电流等），根据预先匹配好的多能源控制策略进行能量分配调节控制。当然，整车的故障诊断及管理也由它负责。

上述各系统均通过高速 CAN 总线进行信息交换。在上述基本动力系统架构的基础上，可以根据混合度的不同，把燃料电池混合动力电动汽车分为电量消耗型和电量维持型。所谓混合度，是指燃料电池额定输出功率与驱动电机的额定功率之比。电量消耗型的混合度较低，蓄电池是主要的能量源，燃料电池只作为行驶里程延长装置来使用；电量维持型的混合度较高，在行驶过程中蓄电池的荷电状态基本保持在一个合理的范围。目前，国外大部分及国内全部都采用第二种方案。

6.5　燃料电池电动汽车传动系统参数设计

6.5.1　驱动电机设计

1. 电动机的选型

受有限的车内空间、恶劣的工作环境及频繁的运行工况切换影响，燃料电池电动汽车用电动机必须具有以下特性：高功率密度，以满足布置要求；瞬时过载能力强，以满足加速和爬坡要求；宽的调速范围（包括恒转矩区和恒功率区）；转矩动态响应快，在运行的整个转矩-转速范围内具有高效率，以提高能量利用率；四象限运行，状态切换平滑；高可靠性及容错控制；成本合理。

燃料电池电动汽车用电动机的选型必须结合整车开发目标，综合考虑驱动电机系统的特点，具体可参考表 6-1 所示的驱动电机系统综合性能评价指标。由表 6-1 可知，异步电动机及永磁同步电动机得分较高，与世界范围内燃料电池电动汽车用驱动电机系统的发展趋势相一致。由于空间布置以及功率需求的原因，通常燃料电池电动客车较多采用异步电动机驱动系统，而燃料电池电动轿车较多采用永磁电动机驱动系统。

表 6-1　驱动电机系统综合性能评价

项目	直流电动机	异步电动机	永磁同步电动机	开关磁阻电动机
功率密度	2	3	5	3
效率	2	3	5	3
成本	4	5	3	4
可靠性	3	5	4	5
控制性	5	4	5	3
成熟度	5	5	4	3
安全性	4	5	3	5
总计	25	30	29	26

注：表中数字均代表分数。

2. 电动机参数的确定

与传统汽车相类似，为保证各种行驶工况需要，满足汽车动力性要求，必须根据车辆动力性指标来研究驱动电机系统的性能参数，即由最高车速、加速时间和最大爬坡度 3 个指标来评定。电动机参数主要包括额定功率、最大功率、最大转矩、额定转速、最高转速以及扩大恒功率区系数。

定义扩大恒功率区系数 β 为电动机的最高转速 n_{max} 与额定转速 n_e 之比，即

$$\beta = \frac{n_{max}}{n_e} \tag{6-1}$$

（1）电动机的最高转速　电动机的最高转速由最高车速和机械传动系统传动比来确定。增大电动机的最高转速有利于降低体积、减小质量，最高转速的增大导致传动比增大，从而会加大传动系统的体积、质量和传动损耗。因此应综合考虑各方面因素决定电动机的最高转速，即

$$n_{max} = \frac{30 v_{max} i}{3.6 \pi r} \tag{6-2}$$

式中　n_{max}——电动机最高转速；

　　　v_{max}——汽车最高车速；

　　　i——传动系统传动比，对于电动汽车来讲，由于电动机转速较高，传动比较大，一般传动比为 8~15；

　　　r——车轮滚动半径。

（2）最大转矩、最大功率、额定转速　电动机的最大转矩由最大爬坡度确定，汽车爬坡时车速很低，可忽略空气阻力，则有

$$T_{gmax} = \frac{r}{\eta i}(mgf\cos\alpha_{max} + mg\sin\alpha_{max}) \tag{6-3}$$

式中　T_{gmax}——根据最大爬坡度确定的最大转矩；

　　　m——整车质量；

　　　f——滚动阻力系数；

　　　η——机械传动系统效率；

　　　α_{max}——最大坡道角。

电动机的最大功率取决于加速时间，并与扩大恒功率区系数有关。在最高转速一定，并保证同等加速能力的情况下，电动机的扩大恒功率区系数越大，其最大功率越小，并随着扩大恒功率区系数的增大，最大功率趋于饱和。因此，扩大恒功率区系数的取值，对于降低驱动电机系统功率需求、减小驱动电机系统质量与体积、提高整车效率，有着非常重要的意义。扩大恒功率区系数的取值取决于驱动电机系统的类型及控制算法，通常取为 2~4。

水平路面上，车辆从 0 到目标车速 v_a 的加速时间为

$$t = \int_0^{v_a} \frac{\delta m}{F_t - F_f - F_w} dv \tag{6-4}$$

式中　δ——旋转质量换算系数；

F_t——车辆行驶驱动力；

F_f——滚动阻力；

F_w——空气阻力。

车辆行驶驱动力与电动机峰值功率、最大转矩之间的关系为

$$F_t = \begin{cases} 9550i\dfrac{P_{max}\eta}{n_e r} = \dfrac{T_{\alpha max}\eta i}{r} & (n \leqslant n_e) \\[3mm] 9550i\dfrac{P_{max}\eta}{nr} & (n > n_e) \end{cases} \tag{6-5}$$

式中 $T_{\alpha max}$——根据峰值功率 P_{max} 折算的恒转矩区电动机最大转矩。

当给定汽车加速时间后，可根据式（6-4）和式（6-5）求得电动机峰值功率。

一般峰值功率 P_{max} 满足加速性能指标要求，其折算后的最大转矩 $T_{\alpha max}$ 也可以满足汽车爬坡性能指标要求，即 $T_{\alpha max} > T_{gmax}$，因此，电动机最大转矩可设计为 $T_{max} = T_{\alpha max}$。如果车辆爬坡度有特殊要求，则取 $T_{max} = T_{gmax}$，并通过调整最大功率和扩大恒功率区系数重新匹配。

（3）**额定功率和额定转矩** 电动机额定功率主要克服滚动阻力和空气阻力，可由下式确定：

$$P_e = (F_f + F_w)\frac{v}{3600\eta} \tag{6-6}$$

式中 v——可按车辆最高设计车速的 90% 或我国高速公路最高限速 120km/h 取值。

电动机的额定转矩为

$$T_e = 9550\frac{P_e}{n_e} \tag{6-7}$$

（4）**工作电压** 工作电压的选择涉及用电安全、元器件的工作条件等问题。工作电压过低，导致电流过大，从而导致系统电阻损耗增大；而工作电压过高，会对逆变器的安全性造成威胁。一般燃料电池电动汽车的工作电压为 280~400V，但目前工作电压的设计有增高的趋势。

6.5.2 传动系统传动比

传动系统的总传动比是传动系统中各部件传动比的乘积，主要是变速器和主减速器传动比的乘积。

电动机的机械特性对驱动车辆十分有利，因此，当传动系统有多个档位时，驱动力图与内燃机汽车相比也有其特殊性，所以在选择档位数和传动比、确定最高车速时也与内燃机汽车不同。下面对可能出现的几种情况进行分析：

1）电动机从额定转速向上调速的范围足够大，即满足 $n_{max}/n_e \geqslant 2.5$ 时，选择一个档位即可，即采用固定传动比。这是一种理想情况。

2）电动机从额定转速向上调速的范围不够宽，即电动机最高转速不能满足 $n_{max}/n_e \geqslant 2.5$ 时，应考虑再增加一个档位。

3）电动机从额定转速向上调速的范围较窄，满足 $n_{max}/n_e \leqslant 1.8$，此时增加一个档位后

车速无法衔接，可考虑再增加档位或说明电动机参数与整车性能要求不匹配，应考虑重新选择电动机的参数。

由于燃料电池电动汽车的动力全部由电动机提供，通过控制电动机能够在较大的范围内满足车速要求。最大传动比根据电动机的最大转矩和最大爬坡度对应的行驶阻力确定，即

$$i_{\max} \geqslant \frac{F_{\alpha\max}r}{\eta T_{\max}} \tag{6-8}$$

式中　$F_{\alpha\max}$——最大爬坡度对应的行驶阻力。

汽车大多数时间是以最高档行驶的，即用最小传动比的档位行驶。因此，最小传动比的选择是很重要的，应考虑满足最高车速的要求和行驶在最高车速时的动力性要求。

1) 由最高车速和电动机的最高转速确定传动系统最小传动比的上限，即

$$i_{\min} \leqslant \frac{0.377 n_{\max}r}{v_{\max}} \tag{6-9}$$

2) 由电动机最高转速对应的最大输出转矩和最高车速对应的行驶阻力，确定传动系统最小传动比的下限，即

$$i_{\min} \geqslant \frac{F_{v\max}r}{\eta T_{v\max}} \tag{6-10}$$

式中　$F_{v\max}$——最高车速对应的行驶阻力；

　　　$T_{v\max}$——电动机最高转速对应的最大输出转矩。

6.5.3　燃料电池功率的选择

燃料电池功率的选择，对燃料电池电动汽车动力系统的结构设计非常重要。燃料电池功率偏大，车辆的成本增加；燃料电池功率偏小，在某些大负荷行驶工况（如加速、爬坡等）下需要辅助能源提供的动力增加，这使得辅助动力蓄电池数量增加，整车质量、成本上升，系统效率下降，整车布置难度增加，燃料电池均衡控制难度增加等。

燃料电池电动汽车由燃料电池提供平均行驶功率，在加速、爬坡、高速等大负荷工况下由蓄电池输出电能辅助驱动，因而燃料电池功率选择的依据是平均行驶阻力功率。

平均行驶阻力功率由车辆整车参数和行驶工况决定，可用下式表达：

$$P_{av} = \frac{1}{T} \sum_{i=1}^{n} P_i t_i \tag{6-11}$$

式中　P_{av}——平均行驶阻力功率；

　　　P_i——第 i 个区间的平均行驶阻力功率；

　　　t_i——第 i 个功率区间行驶时间；

　　　t——总的行驶时间。

对于燃料电池城市客车，平均行驶阻力功率也可以选取我国典型城市循环工况来确定，如图 6-16 所示。

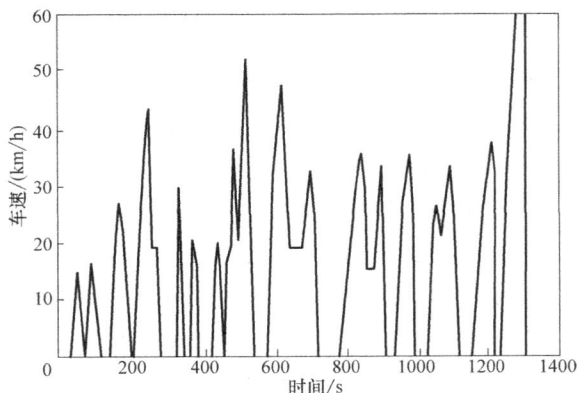

图 6-16　我国典型城市循环工况

平均行驶阻力功率可由加速和匀速行驶过程中消耗的能量来计算，即

$$P_{av} = \frac{1}{t_a + t_v}\left[\sum_{i=1}^{m} \int_0^{t_{ai}} F_t v dt + \sum_{j=1}^{n} \int_0^{t_{vj}} F_t v dt \right] \tag{6-12}$$

式中　$t_a = \sum_{i=1}^{m} t_{ai}$，$t_v = \sum_{j=1}^{n} t_{vj}$，其中 t_{ai} 为第 i 个加速行驶时间，t_{vj} 为第 j 个匀速行驶时间；

v——车速。

实际计算中，燃料电池电动汽车的燃料电池应能单独提供汽车最大速度稳定运行所要求的功率，并留有一定的富裕功率对蓄电池充电，因此按汽车在最高车速下的平均行驶阻力功率计算燃料电池的需求功率，即

$$P_{fc} = \frac{1}{\eta_T \eta_m \eta_c}\left(\frac{Gfv_{max}}{3600} + \frac{C_D A v_{max}^3}{76140} \right) \tag{6-13}$$

式中　P_{fc}——汽车最高车速下的平均行驶阻力功率；

η_T——汽车机械传动效率；

η_m——驱动电机系统效率；

η_c——DC-DC 变换器的效率。

燃料电池输出功率大部分转化为驱动能量，剩余部分用于满足辅助系统的功率需求。在纯燃料电池驱动的情况下，输出功率为

$$P_{fc\text{-}out} = P_{fc} + P_{fc\text{-}par} \tag{6-14}$$

式中　$P_{fc\text{-}out}$——燃料电池的输出功率；

$P_{fc\text{-}par}$——辅助系统的功率需求。

在实际运行时，为了保证对电动机的电力供应以及对蓄电池进行充电，燃料电池应留有一定的后备功率。

由此可见，燃料电池功率的选择应遵循以下原则：

1）SOC 值在循环工况前后维持不变，从而确保燃料电池是整个行驶过程中功率消耗的唯一来源，因此燃料电池的功率应大于平均行驶阻力功率。

2）燃料电池的最大功率应不高于车辆以最高车速稳定行驶时的需求功率，避免燃料电池单独驱动状态下有过多的富裕功率。

6.5.4　辅助动力源

燃料电池电动汽车的辅助动力源为蓄电池组，在汽车起步的工况下，完全由辅助动力源提供动力；当汽车在加速或爬坡等工况时，为主动力源提供能源补充；同时在汽车制动时吸收制动回馈的能量。

1. 蓄电池类型的选择

辅助动力源用的蓄电池要在整车有较大功率需求时，可以对其进行大电流的放电，待燃料电池响应跟上后放电电流再大幅降低，大电流放电的持续时间不长；在整车进行再生制动时，又可以在短时间内接受较大电流的充电，即蓄电池要具有瞬间大电流充放电的能力。虽然充放电电流很大，但由于持续时间较短，蓄电池的充电或放电深度都不大，电池的荷电状态波动范围也不大。不同类型的辅助动力源蓄电池主要性能比较见表 6-2。

表 6-2　不同类型的辅助动力源蓄电池主要性能比较

电池类型	比能量/ （W·h/kg）	比功率/ （W/kg）	适用类型	其他描述
铅酸蓄电池	30~45	200~300	辅助动力	现有生产维护设备完善，回收利用率高，但低温性能差
镍镉蓄电池	40~60	150~350	辅助动力	现有生产维护设备完善，但高温性能差，需要有散热系统，回收困难且费用高，对人体有害
金属氢化物镍蓄电池	60~70	150~300	两者皆可	高温时电压变化大，自放电率高，需要有散热系统，制造成本较高
锂离子蓄电池	90~130	250~450	两者皆可	高温时周期寿命下降，低温放电时电压特性软，使用时要严禁过充及过放，安全性要求高

由表 6-2 的分析可知，蓄电池的选型存在诸多方案，但目前的主流是金属氢化物镍蓄电池和锂离子蓄电池。其中，金属氢化物镍蓄电池已在电动工具、电动车辆和混合动力电动汽车中逐步得到应用，如日本丰田汽车公司生产的混合动力电动汽车普锐斯采用的就是金属氢化物镍蓄电池。而锂离子蓄电池的诸多优点也引起了世界各国极大的研究兴趣。日本、美国、加拿大、法国、德国等都已经在电动车用锂离子蓄电池的开发方面取得了很大进展，如通用汽车公司为了在其新版的 Hy-Wire 上提高效率，配备了法国 SAFT 公司生产的锂离子蓄电池。

对于燃料电池电动客车，超级电容器作为辅助动力源是一个新选择。超级电容器主要依靠电解质与电极间形成特有的电双层结构和电极表面的氧化还原反应来存储能量。其能量密度是普通电容的 10~100 倍，循环使用寿命为 500000 次。

超级电容器在充放电的整个过程中，没有任何化学反应和无高速旋转等机械运动，不存在对环境的污染，也没有任何噪声，结构简单，重量轻，体积小，是一种较为理想的储能器。超级电容器极低的比能量使得它不可能单独用作电动客车的能量源，但作为辅助能量源使用具有显著优点：在汽车起动和爬坡时快速提供大功率电流，在正常行驶时由主动力源快速充电，在制动时快速存储发电机产生的大电流，这可减少电动客车对辅助动力源蓄电池大电流充电的限制，提高电动客车的实用性。

2. 蓄电池参数的确定

蓄电池的参数由以下因素确定：

1）能回收大部分制动能量。

2）在混合驱动模式下，能满足车辆驱动和辅助电器系统的功率需求。

蓄电池的功率需求包括最大放电功率需求和最大充电功率需求。对于燃料电池电动汽车，蓄电池的首要作用是提供瞬时功率。根据整车的动力性能要求，分析各个工况，如汽车起步、爬坡、超车等的功率需求，再除以机械效率，可以得到对动力源的最大功率需求。该功率由蓄电池和燃料电池共同提供。

当汽车长时间匀速行驶时，可以认为此时功率仅由燃料电池提供，由此可以计算出燃料电池的功率，则系统对蓄电池的放电功率需求为总功率需求减去燃料电池的功率。

另外，汽车在紧急制动时产生的制动功率很大，但以此功率来设计蓄电池的最大充电功率是不合理的。实际上，制动能量回收效益最明显的是在城市循环工况下，应根据城市循环工况的统计特性来选择最大充电功率。

根据上述分析，蓄电池的额定功率可由下式确定：

$$P_{bat\text{-}rat} = \frac{P_{max}}{\eta_m} + P_{aux} - P_{fc\text{-}out} + P_{fc\text{-}par} \tag{6-15}$$

式中　$P_{bat\text{-}rat}$——动力蓄电池的额定功率；

　　　　P_{aux}——车辆辅助电器系统的功率需求。

　　蓄电池的质量为

$$m_{bat} = \frac{P_{bat\text{-}rat}}{\sigma_{bat\text{-}pow}} \tag{6-16}$$

式中　m_{bat}——蓄电池的质量（kg）；

　　　　$\sigma_{bat\text{-}pow}$——蓄电池的比功率。

　　蓄电池的额定容量为

$$Q_{bat} = \frac{m_{bat}\sigma_{bat\text{-}en}}{U_{bat\text{-}rat}\eta_{bat\text{-}dis}} \tag{6-17}$$

式中　Q_{bat}——蓄电池的额定容量；

　　　　$\sigma_{bat\text{-}en}$——蓄电池的比能量；

　　　　$U_{bat\text{-}rat}$——蓄电池的额定电压；

　　　　$\eta_{bat\text{-}dis}$——蓄电池的放电效率。

思 考 题

1. 燃料电池电动汽车有哪些类型？其特点是什么？
2. 燃料电池电动汽车对燃料电池的基本要求是什么？
3. 燃料电池电动汽车由哪些部分组成？其作用是什么？
4. 在燃料电池电动汽车的设计中，如何确定燃料电池、电动机和蓄电池的参数？

第7章

增程式电动汽车

7.1 增程式电动汽车的概念与分类

7.1.1 增程式电动汽车的概念

根据 GB/T 19596—2017《电动汽车术语》规定，增程式电动汽车（Range Extended Electric Vehicle，REEV）是一种在纯电动模式下可以达到其所有动力性能，而当车载可充电储能系统无法满足续驶里程要求时，打开车载辅助供电装置（增程器）为动力系统提供电能，以延长续驶里程的电动汽车，且该车载辅助供电装置与驱动系统没有传动轴（带）等传动连接。

发动机、发电机和发电机驱动控制装置共同组成一个增程器系统，增程器在功能上相当于一个车载充电系统，它是增程式电动汽车驱动系统的关键组件。发动机、发电机系统与驱动轮在机械上是分离的，发动机的转速和转矩与车速和牵引转矩的需求无关，因此可控制发动机运行在最佳工况区，此时发动机的油耗和排放降到最低程度，可以实现最佳的发动机运行状态。

发动机、发电机系统的运行状态只与电动系统的运行模式和控制策略密切相关，增程器只提供电能，电能用来驱动电机或者为动力蓄电池充电，从而增加电动汽车的行驶里程。增程式电动汽车在动力蓄电池电能充足的情况下，保持在纯电动工作模式，将有害物质排放降到最低，这种模式下的控制策略与纯电动汽车类似；在增程模式下还可以将电能直接用于驱动车辆，不经过蓄电池的充放电过程，降低了从增程系统到动力蓄电池的能量传递损失。因此，通过保证增程器和动力蓄电池实现最佳的匹配，就能获得最优的整车系统效率。

7.1.2 增程器的分类

增程器（Range Extender，RE），是增程式电动汽车最重要的组件之一，它与车辆的性能、油耗、燃油替代、原始成本和运行成本密切相关。增程器可以按以下方式进行分类。

1. 按布置位置分类

增程器包括发电装置和辅助能量存储装置，根据增程器与汽车的安装关系，即增程器的安装位置可以分为挂车式、插拔式和车载式三种。

（1）挂车式增程器 挂车式增程器安装在拖车上，根据行驶距离的不同来决定是否用增程器，出行前需要对出行距离做出预估，长距离行驶时需要拖挂增程器适时提供能量；市

区矩途行驶时取下拖车，此时完全变为一辆纯电动汽车使用。这种形式由于其结构的特殊性，实用性不高，更多的是应用于室内场馆车辆，其优点是增程器输出功率能够根据需要设计，可以使用多种辅助燃料，但是缺乏使用的灵活性，拖车质量和体积都较大，不易倒车。在不确定是否需要长距离行驶时，或者有突发性事件的时候，都为驾乘者造成了很大的不便，限制了随意驾驶的自由度。

（2）**插拔式增程器**　插拔式增程器将增程器设置为可插拔的模块，考虑到短途行驶时，不需要携带增程器行驶，提出了这种方案。这种增程器需要将增程器系统模块，包控制器和DC-DC变换器集中在一起，做成一个方便拆卸的独立单元，在日常短途行驶时将增程器系统整体从车上拆下，此时只用蓄电池的电能驱动车辆行驶，完全变为纯电动汽车，减小车辆的整备质量，提高能量利用率；长途行驶时，将增程器模块通过机械及电气接口与整车动力系统相连，增加续驶里程。这种形式的增程器对设计要求较高，并需要与动力部件及传动系统合理匹配，在匹配的基础上要求的控制策略非常复杂，还要解决振动噪声等附加问题，因此这种增程式电动汽车价格偏高。

（3）**车载式增程器**　车载式增程器与纯电动汽车的动力系统固定在一起，结构形式简单，动力系统可以方便地实现结构布置，提高了整车的空间利用率，与插拔式增程器相比，不需要在出行前对出行距离进行预估，也不需要频繁地对增程器进行拆卸和安装，是目前应用最多的增程器系统。

2. 按结构组成分类

按照增程器的结构组成将目前已有的增程器分为以下3种。

（1）**大容量蓄电池增程器**　大容量蓄电池增程器的优点是便于统一标准和规格，研发周期短，成本低，容易实现量产。但是由于这种增程器基于传统的蓄电池，所以不可避免地存在能量密度较低、体积偏大、成本高等缺点。短距离行驶时的优势明显不足。

（2）**燃料电池增程器**　为了达到尽量避免使用燃油、实现零排放的目标，燃料电池增程器成为一种新的选择。可以采用功率为5~10kW的小型燃料电池作为增程器，与车载三动力蓄电池协同工作，延长电动汽车的续驶里程，燃料电池增程器的动力结构如图7-1所示。

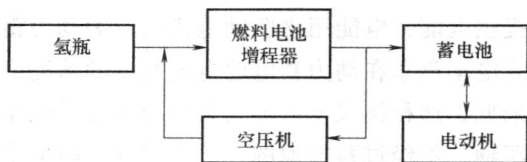

图7-1　燃料电池增程器动力结构

以用氢燃料电池的增程器为例，把燃料电池增程器分成电源及其管理系统、氢气系统、燃料电池及其控制系统三个模块。其中电源及其管理系统子模块主要由压力传感器、电压传感器、电流传感器、DC-DC变换器、继电器、控制器铝盒和控制器接插件集合而成；氢气系统子模块主要由氢瓶、氢传感器、氢气管路和减压阀集成；燃料电池及其控制系统子模块由电堆、电堆控制器、电池阀、单片检测接头、电堆输出端导线及燃料电池风扇DC-DC组成，可以很方便地实现拆装。采用模块化布置法的氢燃料电池增程器系统整体结构如图7-2所示。

目前燃料电池增程器处于开发阶段，从整车集成方面的要求来讲，需要克服的技术问题较多，如要求空压机体积小、重量轻，并需要良好的散热装置；要求压缩机有较大的空气压缩比，同时保证输出的空气流量相对较小。因而要使燃料电池增程器能够成熟地运用于增程

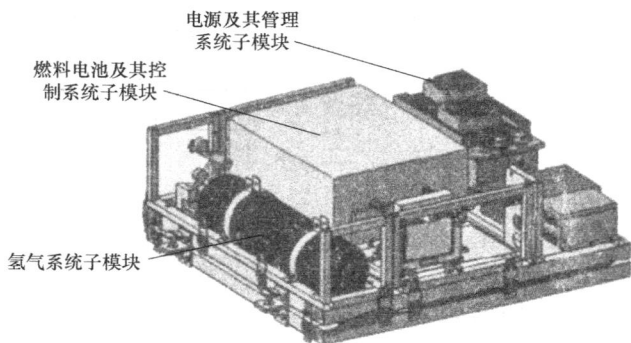

图 7-2 氢燃料电池增程器系统整体结构

式电动汽车，仍需要时间。

（3）发动机/发电机组增程器 发动机/发电机组增程器可以采用多种发动机与发电机进行组合成为增程系统，可供选择的发动机有传统的活塞式发动机、转子发动机、小型燃气轮机等。由于这种增程系统的电能由发动机提供，经历了发动机到发电机的能量转换过程，导致发电机的功率要大于增程系统的功率，又因为发动机到发电机之间存在能量损失，所以要求发动机的功率大于发电机的功率。在满足以上结构和配置的基础上，保证发动机和发电机都工作在转矩/转速高效率区内。发动机/发电机组的增程系统是目前应用最多和技术最成熟的增程系统。

7.2 增程式电动汽车的原理与特点

7.2.1 增程式电动汽车的原理

增程式电动汽车的动力系统在组成上与串联插电式混合动力电动汽车的动力系统相似，不同之处在于增程式电动汽车的能量传递路线体现出两种动力系统，但是只有一种驱动方式，即电动机驱动，故不需要非常复杂的电能与化学能的耦合。在结构上，增程式电动汽车是在纯电动汽车的基础上开发的电动汽车，增程器的布置对原有车辆的动力系统结构影响较小。之所以称之为增程式电动汽车是因为车辆追加了增程器，而为车辆追加增程器的目的是进一步提升纯电动汽车的续驶里程，使其能够尽量避免频繁地停车充电。

第一种工作模式为纯电动模式，其能量传递路线如图 7-3 所示。与发动机和发电机无关，蓄电池是唯一的动力源，这种工作模式与纯电动汽车一样，相当于一辆纯电动汽车。不同之处是，增程式的纯电动行驶里程可以设置得相对较小，不必装备大量的蓄电池组，电池的电量能够满足车辆起步、加速、爬坡、怠速以及驱动汽车空调等附件。

第二种工作模式为增程模式，其能量传递路线如图 7-4 所示。在电池的电量达到预设的 SOC 最低值时，增程器系统启动，发动机运行在最佳工况，使发电机发电，一部分用于驱动车辆行驶，多余的电量为蓄电池充电。当车辆停止时，可以利用市电为蓄电池充电。

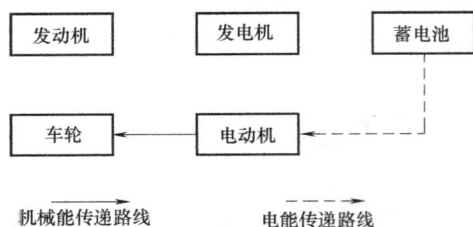

图 7-3　纯电动模式能量传递路线

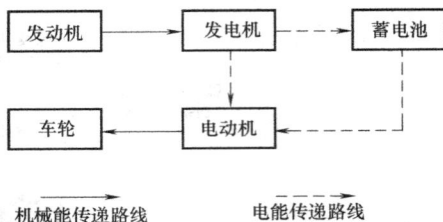

图 7-4　增程模式能量传递路线

7.2.2　增程式电动汽车的特点

增程式电动汽车与普通燃油驱动汽车相比，短距离行驶时不起动发动机，不排放污染物；长距离行驶时油耗比较低，在大部分情况下发动机不起动，噪声小。而且增程式电动汽车的发动机/发电机起动时，工作在最佳工作范围内，这大大提高了发动机的工作效率。

1. 增程式电动汽车与纯电动汽车相比

增程式电动汽车最大的优点是行驶里程得到了很大提高。纯电动汽车由于完全使用价格高昂的动力蓄电池，附加成本高，而且，即便电动汽车采用最新的电池技术，行驶里程仍然有限。一旦电池能量耗尽，汽车就无法行驶，只能停车等待充电。增程式电动汽车的提出使这个问题有了很好的解决办法，因为增程式电动汽车可以随时在加油站加油。在相同行驶里程条件下增程式电动汽车的蓄电池组比较小，电池容量只是纯电动汽车的 30%～40%，无需配备大容量的动力蓄电池，制造成本大幅降低。当蓄电池组的 SOC 值降低到一定限值时，转为增程模式运行，避免了蓄电池组的过放电，电池寿命得到延长。不需要周转电池，可在停车场进行市电充电，不需要建立充电站，也不需要大量的换电设施和工作人员，降低了成本。

2. 增程式电动汽车与插电式混合动力电动汽车相比

两者最大的区别在于，由于动力蓄电池容量的增大以及驱动系统设计的不同，增程式电动汽车在电能充足条件下行驶时发动机不参与工作。因此，这种类型的车辆并不需要像插电式混合动力电动汽车那样对其工作模式进行特定的说明。

增程式电动汽车所使用的动力蓄电池、驱动电机以及动力系统的用电功率都必须以满足整车性能要求为目的而设计，车辆搭载的动力蓄电池组及其容量也必须从能够满足纯电动汽车整车性能需要的角度考虑。增程式电动汽车的工作模式看上去与早期的纯电动型插电式混合动力电动汽车相似，然而在电池电量充足的情况下，增程式电动汽车必须在所有的工作模式下维持纯电动模式。增程式电动汽车不需要为了驾驶速度和功率的需求而起动发动机，因此在电池电量充足的情况下不需要像早期的纯电动型插电式混合动力电动汽车那样转变成混合驱动模式运行。

在增程器设计方面，增程式电动汽车允许将发动机的功率显著降低，发动机所提供的动力不需要达到车辆动力性能所需的峰值功率，仅满足车辆行驶所需要的持续动力需求即可。

3. 增程式电动汽车与混合动力电动汽车相比

由于混合动力电动汽车采用复杂的机械动力混合结构，发动机和电动机复合驱动，电池能量很小，只起到辅助驱动和制动能量回收的作用。增程式电动汽车采取电池扩容的方式解决了电池驱动的续驶能力问题。虽然车辆成本略有提高，但是在正常的运行工况下，有了电能补充装置的作用，电池处于良性平台充放电，保证了电池的使用寿命，减少了维护成本。而电能补充装置在补充电量时一直处于最佳工作状态，保证了发动机的最佳工作状态。而且增程式电动汽车能外接充电，尽可能利用晚间低谷电或午间驾乘人员的休整间隙充电，进一步提高了能源利用率。

增程式电动汽车能够有效节约燃油消耗量，这主要是因为：①由于发动机不直接与机械系统相连，发动机的工作状态相对独立，可将发动机设定于最佳效率点工作。②在电量保持模式下，主要由发动机驱动整车行驶；当需求功率较小时，发动机关闭，由动力蓄电池驱动整车行驶；当需求功率较大时，动力蓄电池提供发动机功率不足的部分，这样可避免发动机的工作点波动，保证发动机工作于最佳效率点。③当车辆制动时，电池组能有效回收制动能量。

综上所述，增程式电动汽车是一种可增加续驶里程的纯电动汽车，兼有混合动力电动汽车和纯电动汽车的特征，是现阶段解决新能源汽车技术问题最切实可行的方案之一。增程式纯电动汽车的特点如下：

1）在电量消耗模式下，发动机不起动，由动力蓄电池驱动整车行驶，这样可减少整车对石油的依赖，缓解石油危机。

2）在电池电量不足时，为了保证车辆性能和蓄电池组的安全性，进入电量保持模式，由动力蓄电池和发动机联合驱动整车行驶。

3）整车纯电动续驶里程满足大部分人员每天行驶里程的需要，动力蓄电池可利用晚间低谷电充电，缓解供电压力。

4）整车大部分情况下在电量消耗模式下行驶，能达到零排放和低噪声的效果。

5）发动机与机械系统不直接相连，发动机可工作于最佳效率点，大大提高整车燃油效率。

鉴于增程器工作条件的特殊性，对电动汽车的增程系统提出了以下要求：

1）增程系统要稳定可靠，可以立刻启动并进入正常工作状态。当长时间不用的时候要定期开启发动机运转，以使各个部件得到良好的润滑和维护。

2）由于工况复杂，为了实现高效率和低排放的要求，要求系统处在最优工作点工作，因此控制器非常关键，通过控制策略和优化措施，在保证整车动力性的前提下提高经济性和效率。

7.3 增程式电动汽车动力传动系统参数匹配

增程式电动汽车参数匹配的原则是根据整车动力总成的结构特点和整车设计指标（动力性、经济性、续驶里程等），对整车动力总成的参数进行匹配。这里主要对驱动电机的参数、蓄电池的参数和增程器的参数进行匹配。

7.3.1 驱动电机参数匹配

增程式电动汽车对电力驱动系统的要求更加严格，因此选取的驱动电机应具备更高的功率密度，而且在较宽的转速和转矩范围内具备更好的效率特性，同时驱动电机控制器能实现双向控制，以实现制动能量回收。

驱动电机是增程式电动汽车行驶的动力源，增程式电动汽车要求驱动电机在爬坡或低速行驶时提供较大的转矩，在加速时提供较大的功率，同时需要比较大的调速范围。其中电机峰值转矩应满足整车爬坡度需求，在减速比、车轮半径等参数固定的情况下，电机转矩决定爬坡性能。

驱动电机的转矩（功率）-转速特性如图 7-5 所示，需要确定的特性参数主要包括电机的最高转速和额定转速、峰值功率和额定功率等。

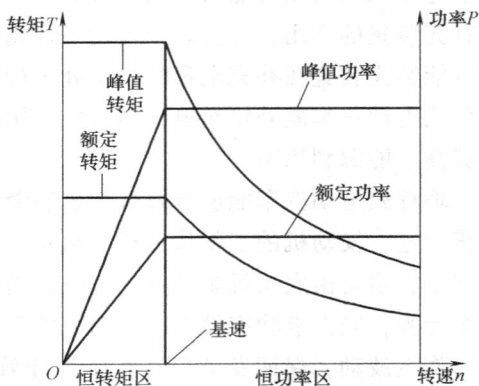

图 7-5　驱动电机的转矩（功率）-转速特性

1. 最高转速和额定转速

电动汽车最高行驶车速与电机最高转速之间的关系为

$$n_{\max}=\frac{v_{\max}i_0}{0.377r} \tag{7-1}$$

式中　$n_{\max}$——电机的最高转速（r/min）；

　　　$v_{\max}$——电动汽车的最高行驶车速（km/h）；

　　　i_0——主减速器传动比；

　　　r——车轮半径（m）。

电机的最高转速与额定转速之比称为扩大恒功率区系数，一般用 β 来表示。β 值越大，额定转速越低，转矩越高，有利于提高车辆的加速和爬坡性能，稳定运行性能越好，但同时功率变换器尺寸也会增大，因此 β 值不宜过高，通常取为 2~4。

2. 功率匹配

驱动电机的功率直接影响整车的动力性，电机功率越大，整车运行时的后备功率也越大，加速以及爬坡能力越强，但同时也会增加电机本身的体积和质量，进而影响整车的质量。驱动电机的额定功率一般由最高车速确定，峰值功率由整车的设计目标确定，峰值功率应该达到最高车速、加速时间以及爬坡性能分别对应的最大功率需求。

（1）根据最高车速确定电机功率　最高车速对应的电机功率需求为平坦路面满载运行时所需的电机功率，其表达式为

$$P_{\mathrm{m1}}=\frac{v_{\max}}{3600\eta_{\mathrm{t}}}\left(mgf+\frac{C_{\mathrm{D}}Av_{\max}^2}{21.15}\right) \tag{7-2}$$

式中　P_{m1}——最高车速所需的电机功率；

　　　m——整车质量（kg）；

f——滚动阻力系数；

C_D——迎风阻力系数；

A——迎风面积（m^2）；

v_{max}——最高行驶车速（km/h）；

η_t——机械传动系统效率。

（2）根据最大爬坡度确定电机功率　最大爬坡度所需的电机功率的表达式为

$$P_{m2}=\frac{v_p}{3600\eta_t}\left(mgf\cos\alpha_{max}+mg\sin\alpha_{max}+\frac{C_DAv_p^2}{21.15}\right) \tag{7-3}$$

式中　P_{m2}——最大爬坡度所需的电机功率；

α_{max}——最大坡度角；

v_p——电动汽车爬坡时的行驶速度（km/h），可以取 30km/h。

（3）根据加速时间确定电机功率　加速时间所需的电机功率完全由车辆的加速性能、电机特性和传输特性来确定，即

$$P_{m3}=\frac{1}{1000\eta_t}\left[\frac{2}{3}mgfv_f+\frac{1}{5}\rho_aC_DAv_f^3+\frac{\delta m}{2t_a}(v_f^2+v_b^2)\right] \tag{7-4}$$

式中　P_{m3}——加速时间所需的电机功率；

v_f——电动汽车加速后达到的速度（m/s）；

ρ_a——单位转换系数，其值为 $\frac{1}{21.15}$；

v_b——电动汽车加速前的车速（m/s）；

t_a——预期的加速时间（s）；

δ——汽车旋转质量换算系数。

式（7-4）中括号内的第一、二项分别代表克服轮胎的滚动阻力和空气阻力的平均功率，第三项代表单位质量车辆加速能力的功率。

综合考虑动力性各项指标，电机的额定功率和峰值功率分别为

$$P_e\geq P_{m1} \tag{7-5}$$

$$P_{emax}\geq\max\{P_{m1},P_{m2},P_{m3}\} \tag{7-6}$$

电机的峰值功率与额定功率的关系为

$$P_{emax}=\lambda P_e \tag{7-7}$$

式中　P_{emax}——电机的峰值功率；

P_e——电机的额定功率；

λ——电机的过载系数。

电机的额定转矩和峰值转矩分别为

$$T_e=\frac{9550P_e}{n_e} \tag{7-8}$$

$$T_{emax}=\frac{9550P_{emax}}{n_e} \tag{7-9}$$

式中　T_{emax}——电机的峰值转矩；

T_e——电机的额定转矩；

n_e——电机的额定转速。

驱动电机参数初步确定之后，还须验证是否满足一定车速下的最大爬坡度和汽车行驶最高车速的要求，即

$$\frac{mg}{T_{emax}\eta_t}\left(f\cos\alpha_{max}+\sin\alpha_{max}+\frac{C_D Av_p^2}{21.15mg}\right)\geq\frac{i_0}{r} \tag{7-10}$$

和

$$\frac{0.377n_{max}}{v_{max}}\geq\frac{i_0}{r} \tag{7-11}$$

7.3.2 蓄电池参数匹配

增程式电动汽车用蓄电池是整车的主要能量源，蓄电池的参数匹配包括电池类型的选择、电池组电压、单体电池的个数和能量的匹配。增程式电动汽车由于其增程系统的特殊性，电池的电压等级要与电动机电压等级相一致，且符合电动机电压变化的要求。

1. 能量需求

能量方面，要求蓄电池在现有技术条件下，具有较高的比能量和比功率，以及足够的充放电循环使用寿命、良好的安全性和稳定性。

蓄电池能量为

$$E_B=\frac{U_m C_E}{1000} \tag{7-12}$$

式中 E_B——蓄电池组能量（kW·h）；

U_m——蓄电池组电压（V）；

C_E——蓄电池组容量（A·h）。

蓄电池能量应满足以下条件：

$$E_B\geq\frac{mgf+\frac{C_D Av_a^2}{21.15}}{3.6\times DOD\eta_t\eta_{mc}\eta_{dis}(1-\eta_a)}\times s_1 \tag{7-13}$$

式中 η_{mc}——电动机效率；

η_{dis}——蓄电池放电效率；

η_a——汽车附件能量消耗比例系数；

DOD——蓄电池放电深度；

s_1——纯电动行驶里程（km）。

或者蓄电池容量满足以下条件：

$$C_E\geq\frac{mgf+\frac{C_D Av_a^2}{21.15}}{3.6\times DOD\eta_t\eta_{mc}\eta_{dis}(1-\eta_a)U_m}\times s_1 \tag{7-14}$$

2. 功率要求

蓄电池最大放电功率需满足

$$P_{\text{bat-max}} \geq \frac{P_{\max}}{\eta_{\text{mc}}} + P_A \tag{7-15}$$

式中 $P_{\text{bat-max}}$——蓄电池最大放电功率（kW）；

       P_A——车辆附件功率。

蓄电池容量取值规则为

$$C = \min_{k^* = \max(k)} \{ \max[C_P(k), C_E(k)] \} \tag{7-16}$$

式中 k^*——蓄电池最大放电率；

    C_P——最大放电功率时的容量。

7.3.3 增程器参数匹配

增程器采用车载式，与纯电动汽车的动力系统固定在一起，这样的系统结构形式简单，系统作用是为驱动电机提供冗余功率，在蓄电池 SOC 值低于设定值或蓄电池出现故障时，应能保证车辆以平均行驶车速匀速行驶。在增程模式下，发动机提供源动力，要求具有相当的动力性，故需要匹配发动机/发电机组的参数。

发动机功率的选择对增程式电动汽车动力系统的设计至关重要。发动机选型设计中常按照汽车的最高车速来初步选择发动机功率，这是因为汽车的加速性能和爬坡性能可以由汽车的最高车速来体现，即

$$P_{\text{RE}} = \frac{1}{3600\eta_t} \left(mgfv_{\max} + \frac{C_D A v_{\max}^3}{21.15} \right) \tag{7-17}$$

发动机额定功率的选择应大于上述计算的理论值，以承载连续的非牵引负载，如灯光、娱乐、空调、助力转向装置和制动增压等。

根据所选发动机的燃油消耗图，可以计算满足增程式电动汽车增程续驶里程所需要的油箱容积，即

$$V = \frac{s_2 f_c}{v_a} \tag{7-18}$$

式中 s_2——增程续驶里程（km）；

    v_a——增程时的平均车速（km/h）；

    f_c——发动机高效工作点处油耗（L/h）。

永磁同步电机的转子为永磁体，效率高，功率密度大，一般发电机选择永磁同步电机。

发电机的工作电压应与蓄电池组相匹配，发电机的功率应与发动机功率的选择相协调匹配。要求所选的发动机在发电机工作转速时具有较低的燃油消耗率和较好的排放性能。

7.3.4 设计示例

增程式电动汽车动力系统的参数设计和系统零部件之间参数的匹配是按照设计初期的目标来完成的。某纯电动汽车整备质量为 1430kg，满载质量为 1700kg，空气阻力系数为 0.29，主减速比为 6.058，滚动阻力系数为 0.015，滚动半径为 0.334m，迎风面积为 1.97m²，传动

系效率为 0.95。

增程式电动汽车的设计目标如下：

1）最高车速为 120km/h。

2）0~100km/h 的加速时间为 14s。

3）最大爬坡度为 30%。

4）纯电动行驶里程在城市工况大于 60km；90km/h 纯电动续驶里程大于 60km。

5）总续驶里程不小于 300km。

据统计，国内 55% 的用户的平均日行驶里程不超过 42km，因此将增程式电动汽车纯电动模式下的行驶里程的设计目标定为 60km。这样将有大于 67% 的用户日常出行中仅靠纯电动模式就可以满足每天的行驶需求，对于日行驶里程大于 60km 的用户，也能节省大部分的油耗，仅有超出 60km 的行驶里程以增程模式行驶。

根据式（7-1）~式（7-18）就可以对增程式电动汽车动力传动系统的参数进行匹配，下面给出计算结果。

1. 驱动电机参数

驱动电机类型选择永磁同步电机，峰值功率为 103kW，额定功率为 42kW，最高转速为 7000r/min，额定转速为 3000r/min，峰值转矩为 328N·m，额定转矩为 134N·m。

2. 蓄电池参数

蓄电池类型选择磷酸铁锂电池，单体个数为 90，额定电压为 288V，容量为 63A·h，SOC 使用范围为 30%~100%，最大放电率为 5C，最大充电率为 3C。

3. 增程器参数

发动机选择直列四缸汽油发动机，功率为 43kW，转速为 4000r/min，排量为 1.3L。

满足增程续驶里程所需的油箱容积为 14L。

发电机选择永磁同步电机，标定输出功率为 32kW，标定工作转速为 4000r/min，额定电压为 288V。

7.4 增程式电动汽车控制策略

7.4.1 增程式电动汽车控制策略概述

增程式电动汽车的控制策略是服务于车辆控制器的一种算法，车辆控制器接收来自驾驶人的指令，并采集当前车辆行驶工况信息，以当前车辆状态作为反馈条件，如电池 SOC 值，并根据预设的算法指令，确定发动机/发电机组和动力蓄电池的能量分配关系，从而通过控制器来决定车辆的运行状态。

基于增程式电动汽车的结构，将增程式电动汽车的工作模式分为纯电动工作模式和增程工作模式，两种工作模式的切换采用基于逻辑门限值的控制策略。增程模式下采用将恒功率和功率跟随控制策略结合起来的控制方法，在不同的工作模式下能分别体现出两种控制方式的优点。

基于增程式电动汽车的特殊运行模式，在纯电动模式下仅靠蓄电池的能量驱动车辆行

驶，而在增程模式下则先由发动机/发电机组为驱动电机提供驱动电能，多余的电量为蓄电池充电，因此增程模式下能量管理控制策略的好坏不仅直接影响整车的动力性和经济性，也对新车型的设计研发具有直接影响。

图 7-6 所示纵、横坐标分别为蓄电池 SOC 值和行驶距离。增程式电动汽车运行按照蓄电池的状态（Energy Storage System，ESS）分为两种模式，一种是电量消耗（Charge Depleting，CD）状态，即纯电动工作模式；另一种是电量保持（Charge Sustain，CS）状态，即增程工作模式。最初运行时，蓄电池 SOC 处于最高值状态。车辆运行过程中，发动机/发电机组完全关闭，蓄电池是唯一动力源，驱动电机的功率也完全由蓄电池提供，因此蓄电池的 SOC 值不断降低，该状态为纯电动运行模式。为了保证纯电动运行模式的时间足够长，一般希望最初运行时蓄电池系统的 SOC 越高越好。但最初的蓄电池 SOC 也不能太高，因为如果将 SOC 设定过高，充电时就有可能

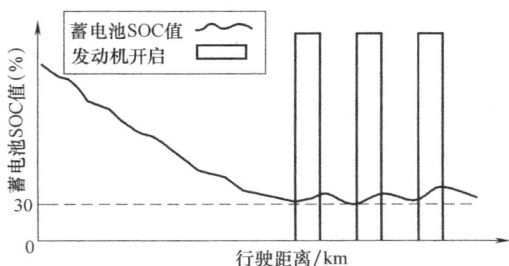

图 7-6 增程式电动汽车的运行模式

发生过充电，对电池造成的损害，所以一般将最大 SOC 值设定为 0.9。当蓄电池的 SOC 降到最低限值的时候，发动机/发电机组开始工作，进入增程模式。此时切换到电量保持阶段，此阶段的 SOC 并不是一个固定的值，而是在某一个范围内。但这个范围也不能过低，以免发生过放电。因此为了有效防止对蓄电池过充电和过放电，应设置蓄电池 SOC 的最高值和最低值。

7.4.2 增程式电动汽车控制策略要求

增程式电动汽车主要利用电能作为驱动能源，增加一个发动机/发电机组作为增程器，在蓄电池 SOC 值达到最低值时，启动增程器，在最佳的状况下工作，多余的电能用来为蓄电池充电，实现低排放甚至零排放，当车辆运行在日常的城市上下班道路时，几乎不需要起动发动机，电能足够满足驾驶人的出行需求。因此，增程式电动汽车的控制策略可以分为两部分，一部分与纯电动汽车一样为纯电动行驶时的控制策略；另一部分是增程模式下的控制策略，此时的控制策略要最大限度地降低能量转换带来的能量损耗，在保证动力性的前提下，达到燃油经济性最佳目标，提高能量利用率，同时兼顾蓄电池的充放电和循环使用寿命，提高整车的工作效率。

为了使两种能源得到最佳的组合和协调运行，应在保证动力性和驾驶性的基础上，使燃油经济性最好且排放最低，故应采用合适的能源管理控制策略。在汽车行驶过程中，工况是多变和不可预测的，因此控制策略应可以根据不同的路况以及车辆的运行需求，适时合理地分配其能量流并做出合理的反应。对增程式电动汽车控制策略的要求如下：

1）纯电动模式和增程模式的切换控制要合理，充分利用蓄电池驱动，实现零排放。

2）防止对蓄电池的过充电和过放电，避免频繁的充放电，延长蓄电池的使用寿命。

3）在启动增程模式运行后，发动机的起停控制要合理。当发动机为蓄电池充电电量达到一定值时，才可关闭发动机/发电机组，继续用电能驱动，这样能量多级转换的损失非常

大。但是如果发动机起动后提供给蓄电池的电量比较小，就切换到纯电动运行模式，则需要频繁地起动发动机，必然使发动机的寿命受到影响，也不利于降低排放的设计要求。

4）发动机长期不用的时候，要设置蓄电池 SOC 值最低的时候也能运行的特殊控制模式，以使长期不用的发动机/发电机组得到维护保养。

7.4.3 增程模式下的两种控制策略

1. 恒功率控制策略

恒功率控制策略又称为单点控制策略，增程器启动后，发动机在预设的工作点按恒定功率输出，输出功率不随工况的变化而变化，该工作点可以是最佳功率点，也可以是保证动力性前提下的最低油耗点，工作点的选取应兼顾发动机的燃油消耗、功率及转速。该控制策略下发动机的输出功率优先用来驱动车轮行驶，当车辆驱动需求功率较小时，剩余的发动机输出功率将用来为蓄电池充电。此外，为了在蓄电池 SOC 值最低的情况下也能提供足够的电能，满足各种行驶工况的需要，就要求发动机能够在较高转速下工作，发动机恒功率运行的工作过程应持续到使蓄电池组充电的 SOC 值达到最大，之后再关闭增程器或使发动机怠速运行。

恒功率控制策略的优点是发动机可以工作在低油耗或者高效率区，可以提高整车的燃油经济性，缺点在于蓄电池放电电流会随着工况的频繁变化而产生较大波动，使蓄电池经常处于深度充放电循环状态，因此这种控制模式虽然控制策略简单，但会降低蓄电池的使用寿命。

2. 功率跟随控制策略

功率跟随控制策略分为发动机在三个功率点运行的三点功率跟随控制策略和发动机沿固定曲线运行的曲线功率跟随控制策略。

（1）三点功率跟随控制策略　预先选定三个最优工作区域的发动机功率值，可以根据不同的工况环境及驾驶人驾驶意图来确定相应的工作点，这样发动机的工作点增加。与恒功率控制策略相比，该控制策略有两个优点：第一，大部分的发动机功率可以经过动力传递路线，传给驱动电机，驱动汽车行驶，降低了能量由化学能—电能—化学能—电能的多级转换，降低了电机功率损失，提高了整车的效率；第二，蓄电池的充放电波动小，有效地避免了蓄电池过放电，提高了蓄电池的寿命和使用稳定性。

（2）曲线功率跟随控制策略　即发动机的运行沿着固定曲线变化，可以连续地改变发动机的功率值，一般选择最佳燃油经济性时的发动机功率曲线为目标跟随曲线。该控制策略是由车辆行驶工况决定的，发动机的特性已知，车辆在某一时刻工况下的需求功率，决定了在这一功率下的最低燃油消耗率点的数值。因此当蓄电池的 SOC 值达到最低限制时，发动机/发电机组开启，并沿着最低燃油消耗率曲线运行。在这种控制模式下，发动机能够提供给蓄电池充电的功率很少，降低了化学能和电能之间的二级转换，极大地提高了动力性和燃油经济性。但是这种控制方法的发动机工作区间变大，怠速时发动机的能量利用率降低。

7.4.4 增程式电动汽车控制策略设计

通过对各种控制策略的分析，得出恒功率模式具有较高的工作效率，而功率跟随模式具

有更好的燃油经济性和动力性，因此在不同的车辆运行模式下，分别选择更加适合当前情况的控制策略，两者之间进行切换，会使两种控制策略的优势得以充分发挥。

增程模式下的控制策略是将恒功率定点控制策略和最佳燃油消耗曲线的功率跟随控制策略结合起来使用，充分利用增程器和蓄电池的相对高效工作区域。当车辆行驶需求功率高于一定值时，采用功率跟随模式的控制策略，避免蓄电池的频繁启停和过放电；当车辆行驶需求功率较小时，则根据 SOC 值划分出不同的工作模式，如恒功率模式、恒功率和功率跟随结合模式、优化算法模式及智能控制模式等。

思 考 题

1. 增程式电动汽车由哪些部分组成？
2. 增程式电动汽车有何特点？
3. 在增程式电动汽车设计中，如何匹配驱动电机、蓄电池和增程器的参数？
4. 增程式电动汽车的控制策略主要有哪些？

第8章

新能源汽车制动能量回收系统

新能源汽车制动能量回收，即能量再生制动（简称再生制动），是指在车辆减速或制动时，使驱动电机工作于发电机工况，将车辆的一部分惯性动能转变为电能并回馈至电源的过程。目前电动汽车产业化的最大障碍是电动汽车续驶里程短，而再生制动系统能充分发挥电动汽车的优点，将汽车制动时的部分动能转化为电能送回蓄电池，从而有效利用能量，提高电动汽车的续驶里程。再生制动可以同时实现节能与电气制动两个目的，在新能源汽车中一般都装有制动能量回收系统。

8.1 新能源汽车制动能量回收概述

8.1.1 城市公交车工况

纯电动汽车和混合动力电动汽车最重要的特性之一是显著回收制动能量的能力。纯电动汽车和混合动力电动汽车中的电机可被控制作为发电机运行，从而将车辆的动能或位能转变为电能，并储存在能量存储装置（各种蓄电池、超级电容器、超高速飞轮或者它们之间的组合）之中，得以再次利用，以延长电动汽车的续驶里程。有关研究表明，在存在较频繁制动与起动的城市工况运行条件下，有效地回收制动能量，可使电动汽车的续驶里程延长10%~30%。因此，对于城市公交车而言，制动能量回收有更加重要的意义。城市公交车工况参考数据见表8-1。

表 8-1　城市公交车工况参考数据

工　况	时间比（%）	功率范围/kW
加　　速	25	80~150
减　　速	24	−100~−50
匀　　速	26	15~25
怠　　速	25	0
最大功率	<10	150
平均功率	—	30
最高速度（50km/h）	—	60
平均速度（18km/h）	—	

由表 8-1 可知，车辆减速的功率较大，达到−100~−50kW（这也是因为纯电动汽车或混合动力电动汽车本身装备了一个较大功率的电机，使得回收制动能量可行），所占的时间比

约为 24%，制动消耗的能量在牵引能量中的比重较大。同时，由表 8-1 也可以看出，城市制动功率很大，单一蓄电池如果吸收如此大的电流，对于蓄电池的使用寿命不利，因此提出了蓄电池+超级电容器等组合，用以吸收制动时的大电流。

8.1.2　制动中的能量损耗

汽车在制动期间，消耗了较多的能量。例如，将 1500kg 的车辆从 100km/h 车速制动减速到零，在几十米距离内消耗了 0.16kW·h 左右的能量。如果能量消耗在仅克服阻力（滚动阻力和空气阻力）而没有制动的惯性滑行中，则该车辆将行驶约 2km，如图 8-1 所示。

当车辆在市区内以停车-起动形式行驶时，大量能量消耗在频繁的制动上，导致大量的燃油消耗。图 8-2 所示为一辆质量为 1500kg 的客车，其驱动轮上总牵引能量、阻力能量（滚动阻力和空气阻力）和制动所消耗的能量。由图可以看出，制动能量占了较大的比例。

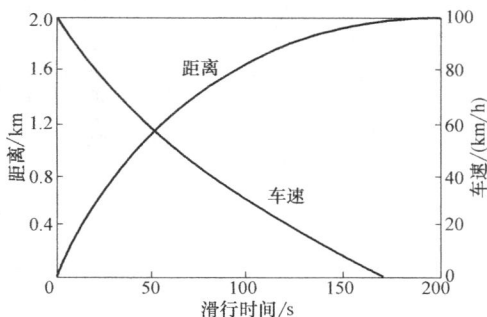

图 8-1　惯性滑行的车速和距离

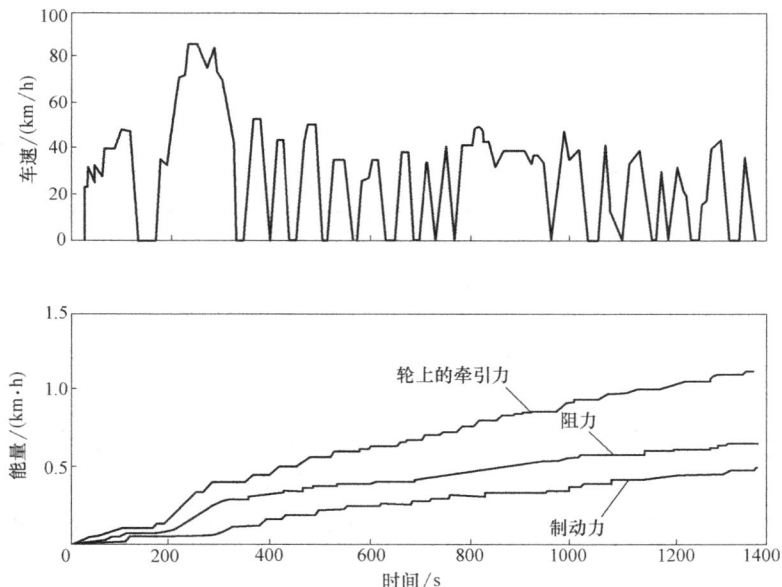

图 8-2　按 FTP75 市区循环运行的总牵引力、滚动和空气阻力与制动所消耗的能量

图 8-3 所示为不同城市公交车工况的比例。例如，在我国因有城区公交车快速通道很好地解决了公交车的拥堵问题，故匀速比例最高，而制动比例较小；而在其他地区城市道路行驶的公交车则匀速比例较低，制动比例较高。从图中也可以看出，无论在哪个地区，公交车消耗于制动的能量都占了较大比例。表 8-2 列出了在不同行驶工况下，1500kg 客车的最高车速、平均车速、驱动轮上的总牵引能量以及每行驶 100km 滚动和空气阻力和制动所消耗的总能量。

由图 8-3 和表 8-2 可知，在典型的市区中，制动能量最高可达到总牵引能量的 25% 以

上。在如纽约这样的大城市中，制动能量最高可达70%。因而可以断定，有效的再生制动能显著改善电动汽车和混合动力电动汽车的经济性。

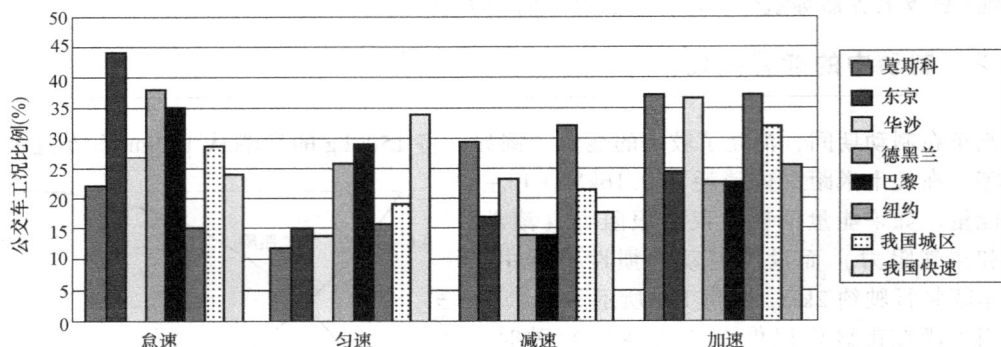

图 8-3　不同城市公交车行驶模式的比较

表 8-2　不同行驶工况下消耗的能量

车速与能量	FTP75 市区	FTP75 高速公路	US06	ECE-1	纽约城市
最高车速/(km/h)	86.4	97.7	128	120	44.6
平均车速/(km/h)	27.9	79.3	77.5	49.9	12.2
在驱动轮上的总牵引能量/(kW·h)	10.47	10.45	17.03	11.79	15.51
在驱动轮上阻力所消耗的总能量/(kW·h)	5.95	9.47	11.73	8.74	4.69
在驱动轮上制动所消耗的总能量/(kW·h)	4.52	0.98	5.30	3.05	10.82
制动动能量占总牵引能量的比例/(%)	43.17	9.38	31.12	25.87	69.76

8.1.3　新能源汽车制动能量回收方法

根据储能方式，车辆制动能量回收方法可分为飞轮储能、液压储能和电化学储能等。

1. 飞轮储能

飞轮储能是利用高速旋转的飞轮来储存和释放能量，其基本工作原理是：当车辆制动或减速时，先将车辆在制动或减速过程中的动能转换为飞轮高速旋转的动能；当车辆再次起动或加速时，高速旋转的飞轮又将存储的动能通过传动装置转化为车辆行驶的驱动力。其能量转换过程如图 8-4 所示。

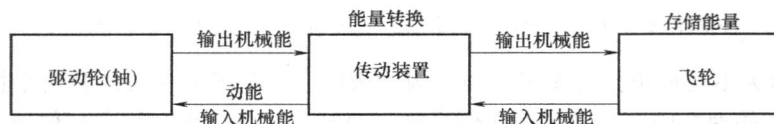

图 8-4　飞轮储能的制动能量转换过程

飞轮储能式制动能量再生系统的构成如图 8-5 所示，其主要由发动机、高速储能飞轮、增速齿轮、飞轮离合器和驱动桥组成。发动机用来提供驱动车辆的主要动力，高速储能飞轮用来回收制动能量以及作为负荷平衡装置，为发动机提供辅助的功率以满足峰值功率要求。由于市区公共

车辆具有很大的惯性，在正常行驶时又具有很高的可逆能量——动能，可用高速储能飞轮将其回收，再在起步或加速过程中释放出去，这样既可减少能源的浪费又能提高车辆的性能。

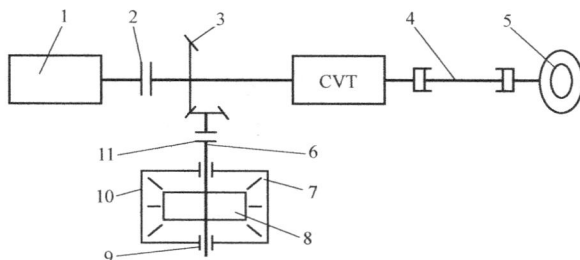

图 8-5　飞轮储能式制动能量再生系统的构造

1—发动机　2—主离合器　3—增速齿轮　4—传动轴　5—驱动桥　6—飞轮轴

7—空气流　8—高速储能飞轮　9—轴承　10—飞轮箱　11—飞轮离合器

2. 液压储能

液压储能的工作原理是：先将车辆在制动或减速过程中的动能转换为液压能，并将液压能储存在液压储能器中；当车辆再次起动或加速时，储能系统将储能器中的液压能以机械能的形式反作用于车辆，以增加车辆的驱动力。其能量转换过程如图 8-6 所示。

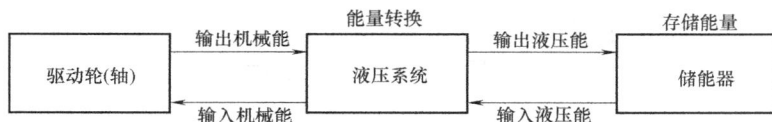

图 8-6　液压储能的制动能量转换过程

图 8-7 所示为利用液压储能原理设计的一种制动能量再生系统。该系统由发动机、液压泵、液压储能器、联动变速器、驱动桥、液控离合器和液压控制系统组成。在起动、加速或爬坡时，液控离合器接合，液压储能器与联动变速器连接，液压储能器中的液压能通过液压

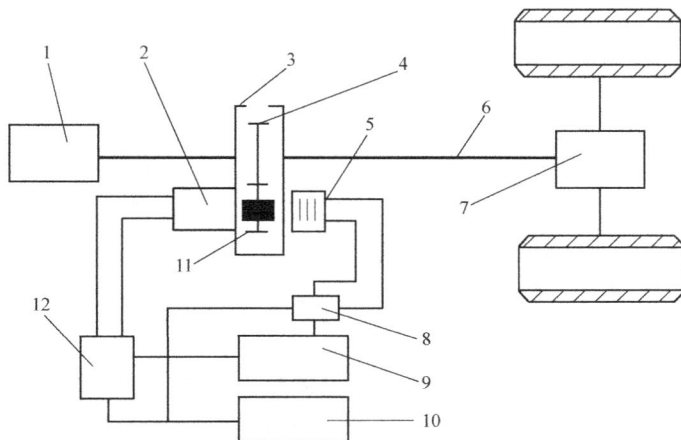

图 8-7　液压储能式制动能量再生系统

1—发动机　2—液压泵　3—联合变速器　4—大齿轮　5—液控离合器　6—传动轴

7—驱动桥　8—离合器控制阀　9—液压油箱　10—液压储能器　11—小齿轮　12—液压控制系统

泵转化为驱动车辆的动能，用来辅助发动机满足驱动车辆所需要的峰值功率。而在减速时，电控元器件发出信号，使系统处于储能状态，将动能转化为液压能储存在液压储能器中。

3. 电化学储能

电化学储能的工作原理是：先将车辆在制动或减速过程中的动能，通过发电机转化为电能并以化学能的形式存储在储能器中；当车辆需要起动或加速时，再将储能器中的化学能通过电动机转化为车辆行驶的动能。其工作转换过程如图 8-8 所示。

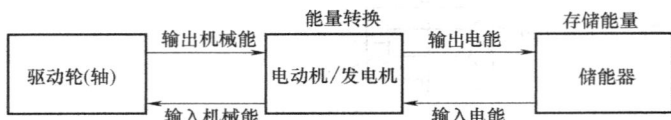

图 8-8　电化学储能的制动能量转换过程

储能器可采用蓄电池或超级电容器，由发电机/电动机实现机械能和电能之间的转换。系统还包括一个控制单元，用来控制蓄电池或超级电容器的充放电状态，并保证蓄电池剩余电量在规定的范围内。

一种用于前轮驱动轿车的电化学储能式制动能量再生系统如图 8-9 所示。

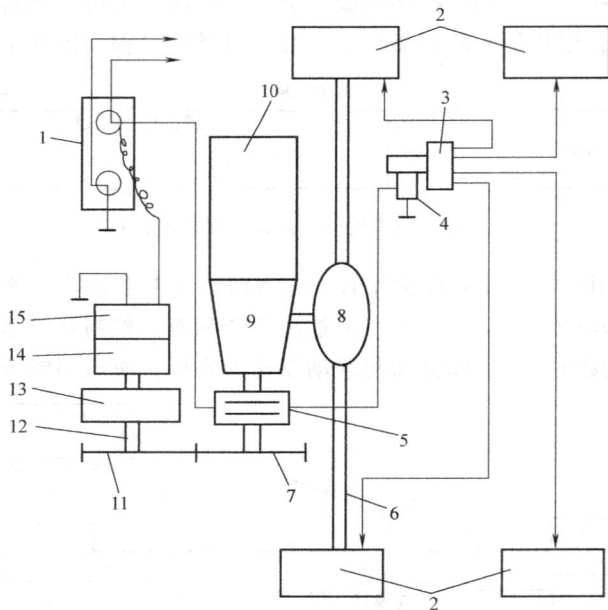

图 8-9　电化学储能式制动能量再生系统
1—蓄电池　2—车轮　3—制动系统　4—制动踏板　5—电磁离合器　6—半轴　7—驱动轮　8—驱动桥
9—变速器　10—发动机　11—从动齿轮　12—从动齿轮轴　13—飞轮　14—发电机　15—整流器

该系统工作过程是：当车辆以恒定速度或加速度行驶时，电磁离合器脱开。当车辆制动时，行车制动系统开始工作，车辆减速制动，电磁离合器接合，从而接通驱动轴和变速器的输出轴。这样，车辆的动能由输出轴、离合器、驱动轴、主动齿轮和从动齿轮传到发电机和飞轮上。制动时的机械能由发电机转换为电能，存入蓄电池。在发电机和飞轮回收能量的同时产生负荷作用，作为前轮驱动的阻力。

8.2　电动汽车制动模式

8.2.1　汽车的制动要求及电动汽车的复合制动

1. 汽车的制动要求

汽车制动性能无疑是影响车辆安全性的最重要的因素之一。一般来说，汽车的制动系统必须至少满足两个要求：一是在紧急制动状态下，必须有足够的制动力，能使汽车在可能的最短距离内停止；二是必须满足汽车的操控稳定性要求，即要保证驾驶人对汽车方向的控制，不能失控。前者要求在所有的车轮上制动系统能供给足够的制动力矩；后者要求车轮不能抱死，并在所有的车轮上平均分配制动力。一般而言，当纯电动汽车或混合动力电动汽车减速、在公路上放松加速踏板巡航或踩下制动踏板停车时，再生制动系统就开始启动。正常减速时，再生制动的力矩通常保持在最大负荷状态；纯电动汽车或混合动力电动汽车高速巡航时，其电机一般是在恒功率状态下运行的，驱动转矩与驱动电机的转速或者车速成反比。

2. 电动汽车的复合制动

从电动机的角度来看，电动机在切断电源后，不可能立即完全停止转动，总是在其本身及所带负荷的惯性作用下转动一段时间后才能停止，这部分能量是可回收的。同时，电动机制动的方法可分为机械制动和电气制动两大类。电气制动又可分为反接制动、能耗制动和回馈发电制动三种形式，其中回馈发电制动（即再生制动）就是制动能量回收的最有效方法。但是回馈发电制动只能起到限制电动机转子速度过高的作用，即不让转子的速度比同步速度高出很多，也无法使其小于同步转速，即回馈制度系统仅能起到稳定运行的作用而不能使电动机完全停止下来。因此，有必要考虑把机械制动和回馈发电制动结合起来。

另一方面，从电动汽车的角度来看，再生制动产生的制动力矩通常不能像传统燃油车中的制动系统一样提供足够的制动减速度，因此，在电动汽车中，再生制动和机械摩擦制动通常共同存在。不过应该注意，只有当再生制动已经达到最大制动能力却还不能满足制动要求时，机械摩擦制动才起作用。图 8-10 所示为再生制动和机械摩擦制动结合的复合制动系统情况。

图 8-10　再生制动和机械摩擦制动结合的复合制动

通常，电动汽车所要求的制动力矩比电动机/发电机在回收能量时所能接受的制动力矩大得多。因此，在纯电动汽车和混合动力电动汽车中，机械摩擦制动系统应该与再生制动同时存在，机械与电制动系统两者的特定设计和控制是重要的关注点。

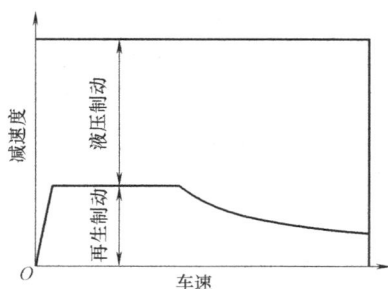

8.2.2　电动汽车的制动模式

一般来讲，电动汽车制动可分为紧急制动、中轻度制动和下长坡时的制动三种模式。

1. 紧急制动

紧急制动对应于制动减速度大于 $2m/s^2$ 的过程。出于安全性方面的考虑，紧急制动应以

机械为主，电制动同时作用。在紧急制动时，可根据初始速度的不同，由车上防抱死制动系统控制提供相应的机械制动力。

2．中轻度制动

中轻度制动对应于汽车在正常工况下的制动过程，可分为减速过程和停止过程。电制动负责减速过程，停止过程由机械制动完成。两种制动的切换点由电机发电特性确定。

3．汽车下长坡时的制动

汽车下长坡一般发生在盘山公路下缓坡时。在制动力要求不大时，可完全由电制动提供。其充电特点表现为回馈电流较小但充电时间较长。限制因素主要为电池的荷电状态和接受能力。

由于制动能量回收主要工作在城市工况下有较大意义，而城市工况车辆的最高车速不会太高，且紧急制动的概率较小，因此应将研究重点放在中轻度制动能量回收上。

8.2.3　电动汽车制动能量回收要求

电动汽车制动能量回收应满足以下要求：

1）满足制动的安全要求，符合驾驶时的制动习惯。在制动过程中，对安全的要求是第一位的。需要找到电制动和机械制动的最佳结合点，在确保安全的前提下，尽可能多地回收能量。应充分考虑电动汽车驾驶人和乘客的感受，具有制动能量回收系统的电动汽车的制动过程，应尽可能地与传统的制动过程近似，从而保证在实际应用中电制动系统可以为大众所接受。

2）考虑驱动电机的发电工作特性和输出能力。电动汽车中常用的是永磁直流电机和感应异步电机，应针对不同电机的发电效率特性，采取相应的控制手段。

3）确保蓄电池组在充电过程中的安全，防止过充。电动汽车常用的蓄电池为镍氢蓄电池、锂离子蓄电池和铅酸蓄电池。应根据不同电池的充放电特性，避免充电电流过大或充电时间过长。

由以上分析可发现电动汽车制动能量的回收约束条件是：①基于电池放电深度，即电池荷电状态的不同，电池可接受的最大充电电流；②电池可接受的最大充电时间；③能量回收停止时的电机转速，以及与此相对应的充电电流值。

8.3　永磁电机再生制动

8.3.1　制动能量回收基本原理

再生制动系统的发电电压总是低于蓄电池的电压，为了使再生制动产生的电能存储在储能装置中，必须采用电子制动控制系统使电机工作于发电状态，并使其感应电动势大于蓄电池的端电压，实现对蓄电池的充电。制动能量回收的基本原理如图8-11所示。

设 R_1 为总回路中的限流电阻，R_2 为制动限流电阻，R_3 为电机回路的电阻；U 为蓄电池的电压；E 为电机的感应电动势；电机电枢的电感为 L。制动时将电机电枢驱动电流断

开，电枢两端接入开关电路，并由控制单元控制其开关。因为电机为感性器件，感应电动势 E 与感应电流 i 随时间 t 的变化有以下关系：

$$E = -L\frac{\mathrm{d}i}{\mathrm{d}t} \qquad (8\text{-}1)$$

当开关 S 闭合后，电机感应电动势引起的感应电流经过开关 S 形成回路，感应电流 i_1 为制动电流，其大小为

$$i_1 = -\frac{E}{R_2 + R_3} \qquad (8\text{-}2)$$

图 8-11　制动能量回收的基本原理

当开关 S 断开后，$\frac{\mathrm{d}i}{\mathrm{d}t}$ 的绝对值迅速增大，由式（8-1）可知，感应电动势 E 会相应地快速增大，当感应电动势大于蓄电池的电压，即 $E>U$ 时，能量实现回收，则能量回收时的电流 i_2 为

$$i_2 = \frac{E - U}{R_1 + R_3} \qquad (8\text{-}3)$$

因此，电机在再生制动过程中产生的电能便充入存储装置中。

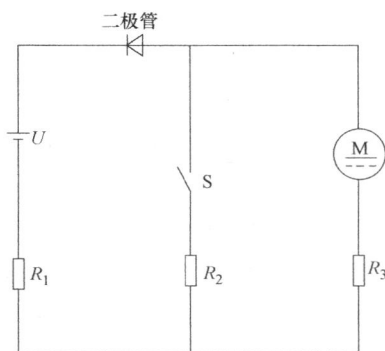

8.3.2　永磁电机再生制动电路

电动汽车所用的永磁电机一般为永磁直流电机和永磁交流电机。永磁直流电机和永磁交流电机本质统一，永磁交流电机常等效成相应的直流电机进行分析。由于 PWM 频率远大于电机换相频率，永磁交流电机的每一相可近似看作一台直流电机。因此，通常以半桥电路驱动、四象限工作的永磁直流电机为模型来简化分析，对永磁电机进行理论分析和实验研究。

永磁直流电机再生制动电路的原理图如图 8-12 所示。

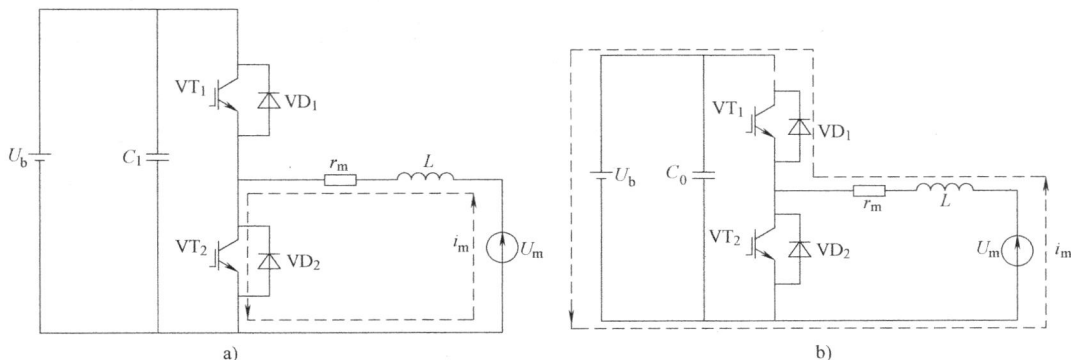

图 8-12　永磁直流电机再生制动电路的原理图
a）VT$_2$ 导通时的电流方向　b）VT$_2$ 关断时的电流方向图

其驱动器为二象限型 DC-DC 直流变换器，即由 VT$_1$、VT$_2$ 组成的驱动半桥电路。车辆由蓄电池驱动正常行驶时，VT$_2$ 截止，VT$_1$ 工作于 PWM 模式，实现减压驱动。再生制动中，

VT_1 截止，VT_2 工作于 PWM 模式，在每个 PWM 周期内，VT_2 导通时的回路电流方向如图 8-12a 所示，在此期间电感储能；VT_2 关断后，如图 8-12b 所示，电枢电流 i_m 经 VT_1 的续流二极管 VD_1 向蓄电池充电，实现制动能量的回收。

8.3.3　IGBT 缓冲吸收电路的设计因素

1. 过电压产生的原因

大功率 IGBT 使用的驱动电路板上一般提供 IGBT 的驱动电路、过电流保护、软降栅压和软关断驱动保护电路，这些保护措施是一种逐个脉冲保护。在实际使用过程中，IGBT 在关断时的集电极电流 I_c 下降率较大，IGBT 的开关时间一般为 $1\mu s$ 左右。当 IGBT 在接通状态迅速关断时，尤其是在短路和有故障的情况下会有很大的 $-\dfrac{\mathrm{d}i}{\mathrm{d}t}$ 产生。该 $-\dfrac{\mathrm{d}i}{\mathrm{d}t}$ 在主回路的布线上引起较大的 $-L\dfrac{\mathrm{d}i}{\mathrm{d}t}$，如图 8-13 所示。

这个尖峰电压与直流电源电压叠加后加在关断的 IGBT 的 C-E 极之间。如果尖峰电压很大，可能引起叠加后的总电压 V_{CESP} 超出 IGBT 的反向安全工作区，或者由于 $\dfrac{\mathrm{d}v}{\mathrm{d}t}$ 太大而引起误导导通，两者都会对 IGBT 造成损害。

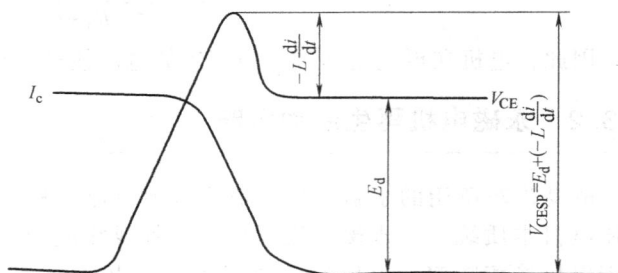

图 8-13　IGBT 关断时的电路波形图

2. 缓冲吸收电路的工作原理

抑制过电压的有效方法是采用缓冲吸收电路。IGBT 的关断缓冲吸收电路分为充放电型和放电阻止型两类。充放电型吸收电路由于功率较大，当运行频率较高时会严重影响装置的运行效率。而对于频率为 20kHz 左右的 IGBT 开关，采用放电阻止型吸收电路更为合适。

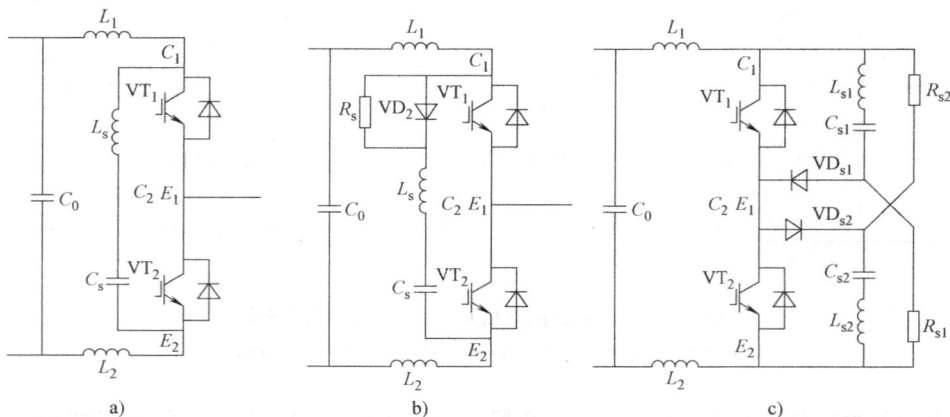

图 8-14　IGBT 放电阻止型缓冲吸收回路原理图

a）C 型放电阻止型　b）RCD 型放电阻止型　c）双 RCD 型放电阻止型

阻止型高效缓冲吸收电路有三种类型：C 型放电阻止型、RCD 型放电阻止型和双 RCD型放电阻止型吸收电路，如图 8-14 所示。

如图 8-14a 所示，L_1、L_2 为主电路导线的寄生电感与滤波电容 C_0 的寄生电感之和，C_s 为吸收电容，L_s 为 C_s 的寄生电感，吸收电容 C_s 应采用无感（低感）专用吸收电容。图 8-14b 所示为高效 RCD 型放电阻止型吸收电路，R_s 为放电电阻，适用于中等容量的装置（<200A）。图 8-14c中的每个 IGBT 均有一个 RCD 型放电阻止型缓冲吸收电路，具有更好的吸收效果，用于大容量的装置（>200A）。

3. 缓冲吸收电路的设计要点

首先要合理布置电动汽车蓄电池，尽量减小主电路的布线电感。其次，吸收电容采用无感电容，为了减小吸收电容的寄生电感，它的引线应尽量短，吸收二极管应选用快开通和快恢复二极管。为保证每次关断前吸收电容的过电压放完，R_s 应满足：

$$R_s < \frac{1}{6C_s f} \tag{8-4}$$

式中　f——开关器件的工作频率。同时，为防止 C_s 的放电引起振荡，R_s 还应满足：

$$R_s > \frac{1}{2\sqrt{\frac{L_s}{C_s}}} \tag{8-5}$$

8.3.4　永磁电机再生制动策略

1. 最大回馈功率制动方式

最大回馈功率制动方式以在制动中尽可能多地回收能量为目的，其控制对象为电机绕组电流，而不考虑蓄电池允许充电电流的限制，一般用于电力机车上，这是因为电力机车直接从电网取电，而回馈电流大小对电网的影响不是很大。

当制动电流 $I_m = \frac{V_m}{2r_m}$ 时（其中，r_m为电枢电阻，V_m 为电机反电动势），电机系统处于最大回馈功率再生制动状态，并将最大回馈功率制动方式应用于电机车上。电动汽车采用的电机功率大，对电机效率要求高，因此电机电阻都比较小。以XJTUEV-1 电动汽车为例，采用最大回馈功率制动策略时电机反电动势和电枢电流的对应关系如图 8-15 所示。

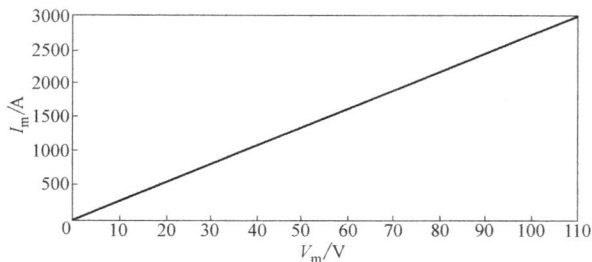

图 8-15　最大回馈功率制动方式下的电机反电动势与电枢电流关系

显而易见，最大回馈功率制动方式即使在电机低速情况下也会产生很大的电枢电流，无论电机本身，还是蓄电池和功率器都难以承受。因此，这种制动方式实现起来有很大难度。

2. 最大回馈效率制动方式

最大回馈效率制动方式中定义的回馈效率为

$$\eta_{\mathrm{p}} = \frac{V_{\mathrm{b}}i_{\mathrm{b}}}{(T_{\mathrm{L}}+K_{\mathrm{e}}i_{\mathrm{m}})\Omega} = \frac{K_{\mathrm{e}}i_{\mathrm{m}}\Omega - i_{\mathrm{m}}^2 r_{\mathrm{m}}}{(T_{\mathrm{L}}+K_{\mathrm{e}}i_{\mathrm{m}})\Omega} \tag{8-6}$$

式中　　T_{L}——负荷力矩；

　　　　V_{b}——电源电压；

　　　　i_{b}——蓄电池充电电流；

　　　　K_{e}——涡流损耗系数；

　　　　i_{m}——电枢电流；

　　　　r_{m}——电枢电阻；

　　　　Ω——平均转速。

以 i_{m} 为自变量，对式（8-6）求导，并令其等于零，即

$$\frac{\mathrm{d}\eta_{\mathrm{p}}}{\mathrm{d}i_{\mathrm{m}}} = 0 \tag{8-7}$$

得到最大回馈效率再生制动时的电机电枢电流为

$$i_{\mathrm{m}} = \frac{\sqrt{r_{\mathrm{m}}^2 T_{\mathrm{L}}^2 + K_{\mathrm{e}}^2 \Omega r_{\mathrm{m}}\, T_{\mathrm{L}} - i_{\mathrm{m}}\, T_{\mathrm{L}}}}{K_{\mathrm{e}}\, i_{\mathrm{m}}} \tag{8-8}$$

再生制动过程中，由式（8-8）计算出电枢电流，并将其作为指令值，控制器通过调节 VT$_2$ 的占空比使电枢电流跟踪此指令值，即可实现最大回馈效率制动。最大回馈效率制动方式需要实时检测车辆阻力，这在实际应用中存在较大的难度。

3. 恒定力矩制动方式

对于永磁直流电机，恒定力矩制动等效于恒定电枢电流制功，在这种控制方式中，控制对象为电机的电枢电流，制动踏板的位移与电枢电流（即制动力矩）成正比。电动汽车恒定力矩制动过程中的电枢电流 i_{m} 和蓄电池充电电流 i_{b} 的关系如图 8-16 所示，其中电机初始反电动势为 110V，蓄电池端电压为 120V，电枢电流为 50A。

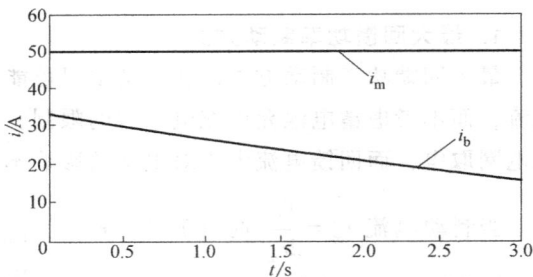

图 8-16　电动汽车恒定力矩制动方式下的电流关系

在制动力矩（电枢电流）不变的情况下，回馈到蓄电池的电流将随电机反电动势的降低而减小，其初始值（也是最大值）不应超过蓄电池允许充电电流，否则在制动过程中能量不能得到有效的回收。

4. 恒定充电电流制动方式

为避免过大的回馈电流对蓄电池造成损坏，提出了恒定充电电流制动方式，即以蓄电池充电电流为控制对象，兼顾能量回收与系统保护，是一种更实用的控制策略。在车辆控制过程中，控制系统维持蓄电池充电电流不变，而随着车速的降低，电机的反电动势也在不断降低，根据电机回馈功率和蓄电池充电功率相等的关系，电枢电流不断增加。

图 8-17 所示为电动汽车恒定充电电流制动过程中蓄电池充电电流 i_{b} 和电机电枢电流 i_{m} 的关系。其中，电机初始反电动势为 100V，蓄电池电压为 120V，蓄电池充电电流为 40A。

由图可知，控制系统在车辆制动过程中维持蓄电池充电电流为40A，而随着车辆减速，电机反电动势持续下降，电枢电流持续上升，其峰值达到130A左右。

恒定充电电流制动方式适用于采用蓄电池单电源系统的电动汽车，由于蓄电池电压在再生制动过程中不会发生明显的变化，电枢电流的上升不会太大。而在超级电容器+蓄电池复合电源系统中，由于超级电容器端电压在单次再生制动过程中就会发生很大的改变，随着制动过程中超级电容器端电压的上升和电机反电动势的下降，电枢电流将急剧上升，有可能对功率器件，甚至电机造成损坏。

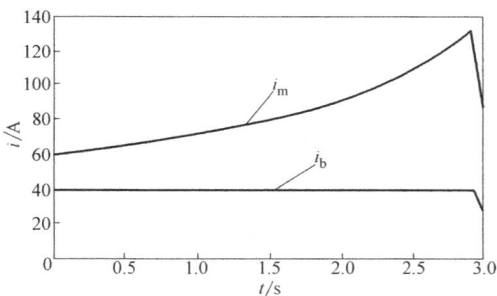

图 8-17　恒定充电电流制动方式下的电流关系

5. 恒定充电功率制动方式

基于上述分析，提出了一种适合超级电容器+蓄电池复合电源系统的再生制动控制策略，即恒定充电功率制动方式——对再生制动过程中储能部件的充电功率进行控制。在超级电容器电压低的时候采用大电流充电，当电容器电压上升时，充电电流指令值下降，兼顾能量回收与系统器件保护。

图 8-18 所示为复合电源系统分别采用恒定充电电流和恒定充电功率制动方式时的超级电容器充电电流和电枢电流实测结果。由试验结果可知，当超级电容器的充电电流控制在45A 时（图 8-18a），在车辆制动末期，电枢电流峰值达到 260A，不但超过电机额定电流200A 的限制，还接近功率器件额定电流 300A 的限制，会对系统造成严重威胁。而采用恒定充电功率方式（图 8-18b），当充电功率维持在 9.5kW 左右时，制动初始时刻电容器的充电电流为 60A，而制动末期电容器的充电电流降至 35A，此时电枢电流峰值约为 200A，电机和功率器件都是安全的。

因此，与恒定充电电流制动方式相比，恒定充电功率制动方式更实用，而且由于蓄电池端电压变化缓慢，其充电电流恒等效于充电功率恒定，因此可以说恒定充电电流制动方式是恒定充电功率制动方式在以蓄电池作为电机回馈能量储存器件的系统中的一个示例。

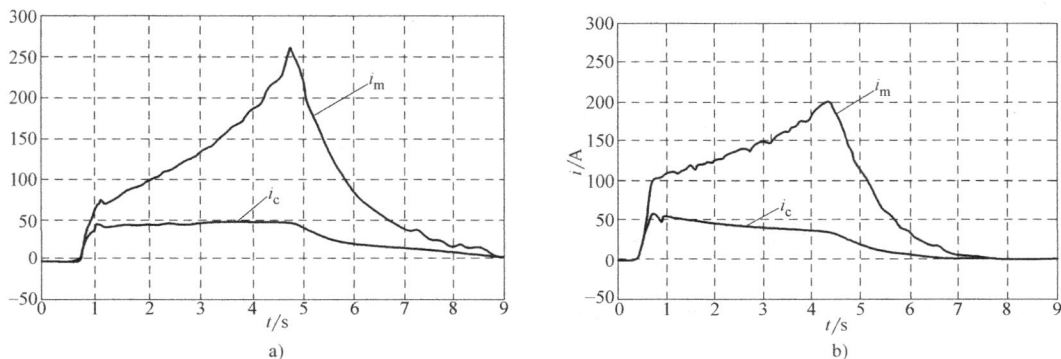

图 8-18　恒定充电电流和恒定充电功率制动方式对比

a）恒定充电电流制动方式　b）恒定充电功率制动方式

8.4 前后轮再生制动的功率和制动能量

8.4.1 电动汽车制动力的分类

通常有再生制动的电动汽车还存在机械制动系统，其制动系统是机械和再生制动（电制动）的复合。由前后轮所消耗的制动功率和制动能量与施加在前后轮上的制动力密切相关。充分了解典型行驶循环中的制动力，以及由前后轮所消耗的制动功率和制动能量，对于再生制动系统的设计是有益的。

再生制动力矩与机械摩擦制动力矩的分配比例关系可以用图 8-19 来表示，这只是一种三者之间的分配关系，其目的是保持最大的再生制动力矩的同时为驾驶人提供与燃油车辆相同的制动感。

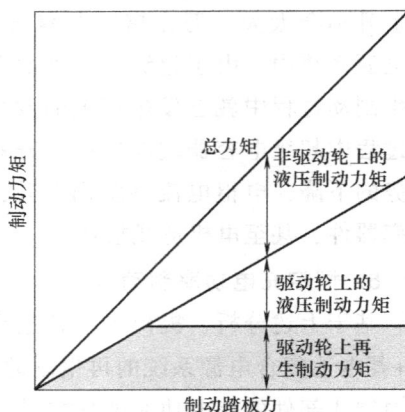

图 8-19　再生制动力矩与机械摩擦制动力矩的分配

8.4.2 理想的前后轮制动力分配

由汽车设计理论可知，前、后轮同时抱死拖滑时附着条件利用得最好。当汽车前、后车轮同时抱死时，前、后轴车轮的制动器制动力 $F_{\mu1}$ 和 $F_{\mu2}$ 是理想的前、后轮制动器制动力，并且是轮胎与地面间的附着系数 φ 的函数。以理想的前、后轮制动器制动力 $F_{\mu1}$ 和 $F_{\mu2}$ 为坐标绘制 $F_{\mu1}$ 和 $F_{\mu2}$ 的关系曲线，即为理想的前、后轮制动器制动力分配曲线，简称 I 曲线，如图 8-20 所示。如果汽车前、后制动器的制动力能按 I 曲线的规律分配，则能保证汽车在任何附着系数的路面上制动时，都能使前、后车轮同时抱死，对附着条件的利用、制动时汽车的方向稳定性较为有利。图中 β 线代表前、后轮制动力为固定比例时的情况。

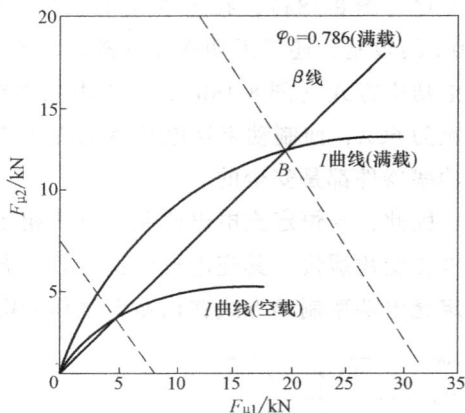

图 8-20　制动力分配曲线

8.4.3 前后轮的制动功率和能量

假定最初在前、后轮上的制动力分布遵循 I 曲线，并忽略阻力，则施加于前、后轮上的制动力可表达为

$$F_{\mu1} = \frac{jm}{L}\left(L_b + \frac{h_g}{g}j\right) \tag{8-9}$$

$$F_{\mu 2} = \frac{jm}{L}\left(L_a - \frac{h_g}{g}j\right) \tag{8-10}$$

式中　j——车辆的负加速度（m/s²）；

$\qquad L$——车辆的轮距；

L_a 和 L_b——车辆重心至前、后轮中心之间的水平距离；

$\qquad h_g$——车辆重心至地面的高度；

$\qquad m$——电动汽车的质量。

图 8-21 所示为车辆按 FTP75 市区循环运行的车速及其加/减速度。

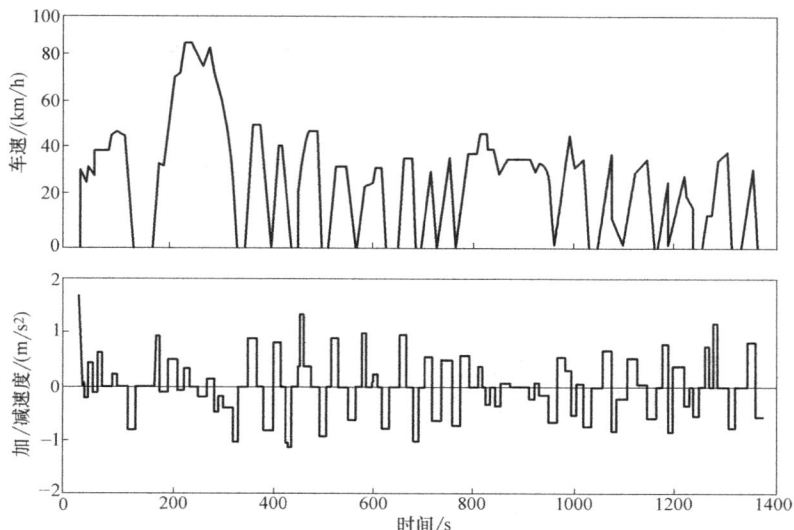

图 8-21　按 FTP75 市区循环的车速及其加/减速度

图 8-22～图 8-24 所示为 1500kg 客车按 FTP75 市区循环运行时的制动力、制动能量和制动功率。这一示例的参数为 $L=2.7\text{m}$，$L_a=0.4L$，$L_b=0.6L$ 和 $h_g=0.55\text{m}$。从图中可以看出：

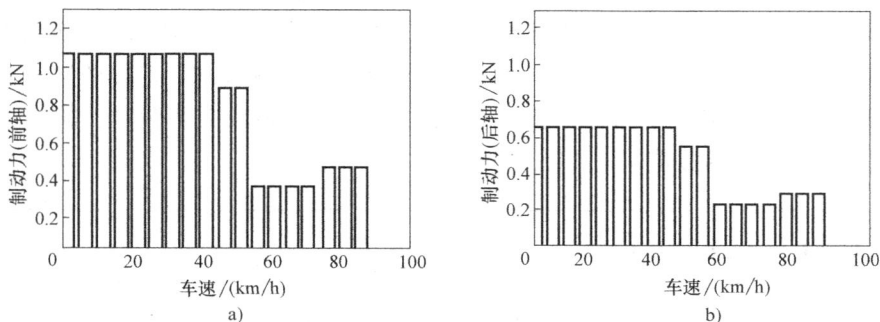

图 8-22　按 FTP75 市区循环运行时制动力随车速变化的关系

1）前轮消耗约 65% 的总制动功率和能量，因此，若仅在一个轴上实施再生制动，则在前轮上的再生制动比后轮上的再生制动更为有效。

2）在车速小于 50km/h 的范围内，制动力几乎为一恒值，且当车速大于 40km/h 时，其

值减小。这一特性与电机在低转速区域中的恒转矩特性和在高转速区域中的恒功率特性自然匹配。此外，图 8-23 还表明大部分制动能量消耗在 50km/h 的车速范围内。

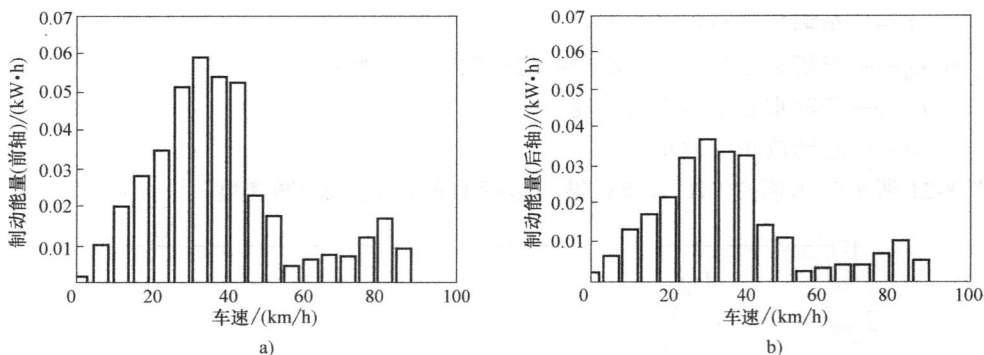

图 8-23　按 FTP75 市区循环运行时制动能量随车速变化的关系

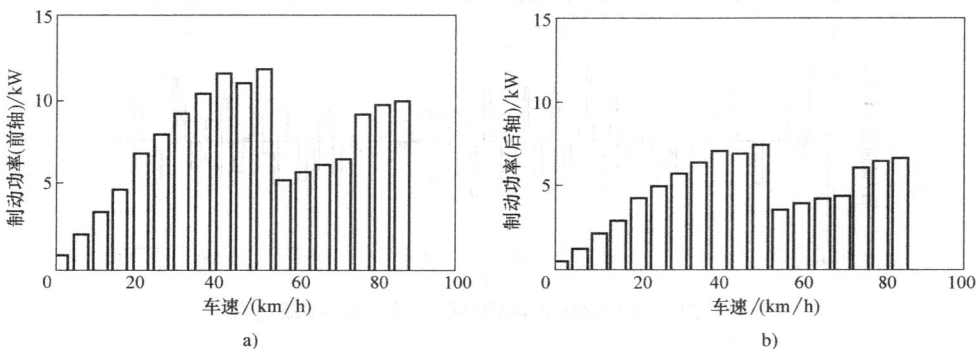

图 8-24　按 FIP75 市区循环运行时制动功率随车速变化的关系

3）由汽车理论知识可知，如果前轮先于后轮抱死，虽然失去了转向能力，但整车还是稳定的；如果后轮先于前轮抱死，将导致整车失去控制，极易发生严重的交通事故。因此，为了防止后轮在前轮之前抱死，从而导致不稳定的制动，实际施加于前轮的制动力通常大于理想分布曲线 I 曲线所确定的制动力值。因此，在前轮上的制动功率和制动能量实际要大于图 8-23 和图 8-24 所示的数值。

8.5　电动汽车的制动系统

　　电动汽车的再生制动给制动系统的设计增加了一些复杂性，呈现出两个基本问题：一是如何在再生制动和机械摩擦制动之间分配所需的总制动力，以回收尽可能多的车辆的动能；二是如何在前、后轮轴上分配总制动力，以实现稳定的制动状态。通常，再生制动只对驱动轴有效，为回收尽可能多的动能，必须控制牵引电机产生特定量的制动力，而同时应控制机械制动系统满足由驾驶人给出的制动力指令。

8.5.1　电动汽车制动能量回收系统的结构

电动汽车制动能量回收系统主要由两部分组成：电机再生制动部分和传统液压摩擦制动部分。因此，该制动系统可以视为机电复合制动系统。

再生制动虽然可以回收制动能量并向车轮提供部分制动力，但是其无法使车轮完全停止转动，制动效果受到电机、电池和车速等诸多条件的限制，在紧急制动和高强度制动条件下不能独立完成制动要求。因此，为了保证汽车的制动安全性能，在采用电机再生制动的同时，必须使用传统的液压摩擦制动作为辅助，从而达到既保证了汽车的制动安全性，又可回收可观能量的目的。

电动汽车再生制动是利用电机的电动机/发电机可逆性原理来实现的。在电动汽车需要减速或者滑行时，可以利用驱动电机的控制电路实现电机的发电运行，使减速制动时的能量转换成对蓄电池充电的电流，从而得到再生利用。由于摩擦制动一般采用液压形式，前面所提到的机电复合制动系统也可以称为再生-液压混合制动系统。从保证制动安全和提高能量利用率的角度来考虑，再生-液压混合制动系统是最适合电动汽车的综合制动系统。

电动汽车的制动系统为双回路液压制动系统+电动真空助力+电机再生制动。

电动汽车的制动助力采用电动真空助力，保证踏板力符合习惯大小，同时具有一定的制动脚感。同时，由于前、后轮均采用盘式制动器，需要加装驻车制动器部分。

在制动过程中，制动控制器根据制动踏板的开度（实际为主缸压力），判断整车的制动强度，确定相应的摩擦制动和再生制动的分配关系。前、后轴的摩擦制动分配关系由液压系统对前、后轮的分配关系实现；制动控制器根据制动强度和蓄电池的 SOC 值确定可以输出的制动力矩并对前、后轴进行分配，然后通过电机控制器控制电机进行再生制动。在整个制动过程中，要保证电动汽车的制动稳定性、平稳性，并尽可能多地回收制动能量，延长汽车行驶里程。

8.5.2　电动汽车制动能量回收系统的原理

电动汽车制动能量回收系统的结构原理如图 8-25 所示。电动汽车的制动过程是由液压摩擦制动与电机再生制动协调作用完成的。再生制动系统主要是由轮毂电机、电机控制器、逆变器、制动控制器和动力蓄电池等主要部件组成。汽车进行制动时，制动控制器根据不同的制动工况发出不同的指令，通过电机控制器控制轮毂电机，进行再生制动。制动能量回收的实现过程如下：

1）在制动开始时，能量管理系统将动力蓄电池 SOC 值发送给制动控制器，当 SOC>0.8 时，取消能量回收；当 $0.7 \leqslant SOC \leqslant 0.8$ 时，制动能量回收受蓄电池允许的最大充电电流制约；当 SOC<0.7 时，制动能量回收不受蓄电池允许的最大充电电流制约。

2）制动控制器接收由压力传感器传送的主缸压力信号，并计算出需求的电机再生制动强度上限。

3）制动控制器根据电机转速，计算电机实际能够提供的制动强度。

4）比较需求的电机再生制动强度上限和电机实际能够提供的制动强度，并将结果作为

电信号发送给电机控制器。

5）此时的电机工作在发电机状态下，可以提供直流电，再通过逆变器限制电机产生的最高电压和对电压进行升压，以便满足电流输出要求，充入动力蓄电池组中。

6）为了保护蓄电池，能量管理系统需要时刻监测电池温度，温度过高则停止制动能量回收。

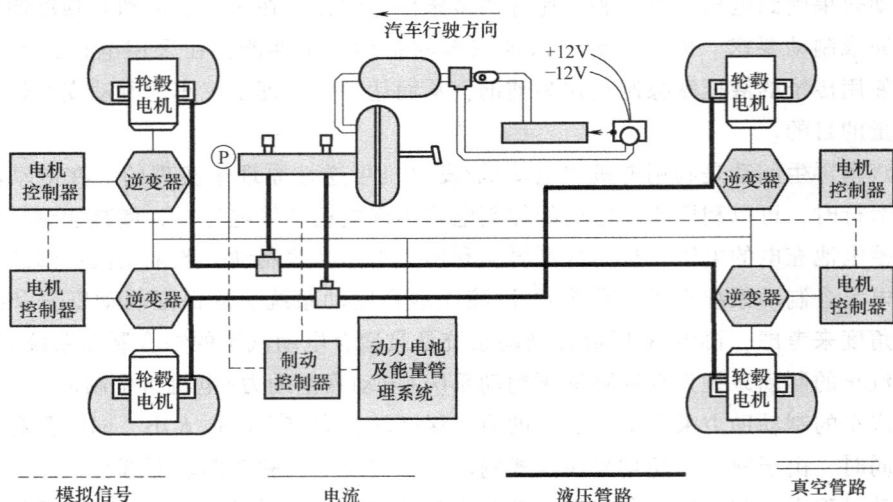

图 8-25　电动汽车制动能量回收系统的结构原理图

8.5.3　电动汽车制动能量回收控制策略

常见的电动汽车主要采取前轮驱动的形式，因此相应的制动能量回收控制策略主要关注前、后轮制动器提供的制动力和前轮电机提供的再生制动力三者之间的关系。由此得到的基于电机再生制动的能量回收控制策略主要有以下三种：前后轴制动力理想分配时的控制策略（具有最佳制动感觉的串联制动）、前后轴制动力比例分配时的控制策略（并联制动）和最优能量回收控制策略（具有最佳能量回收率的串联制动）。

1. 前后轴制动力理想分配时的控制策略

如图 8-26 所示，当给出的减速指令（由制动踏板提供）小于 $0.2g$ 设定值时，仅电机再生制动系统工作，它模拟了传动车辆中发动机延迟点火的作用。随着制动减速度逐渐增大，前、后轴制动力将被控制在理想制动力分配曲线（I 曲线）附近，其中前轴制动力等于再生制动力和机械制动力之和。当控制系统得到驾驶人的减速度要求时，将根据制动电机的特性和车载能量存储系统的 SOC 值来决定驱动轴制动力是由再生制动系统单独提供，还是由机械制动系统和再生制动系统共同提供。

2. 前后轴制动力比例分配时的控制策略

对轿车来说，空载和满载的 I 曲线很接近，只用比例阀就可以满足制动稳定性和附着系数利用率高的要求。如何才能在对原有制动系统进行小的改动情况下，从驱动轮中分离出再生制动力？答案是采用一种新的分配控制策略——并联制动。再生制动力在前轮机械制动力的基础上添加了附加制动力，形成了总的制动力分布曲线（如图 6-27 中的粗实线所示）。

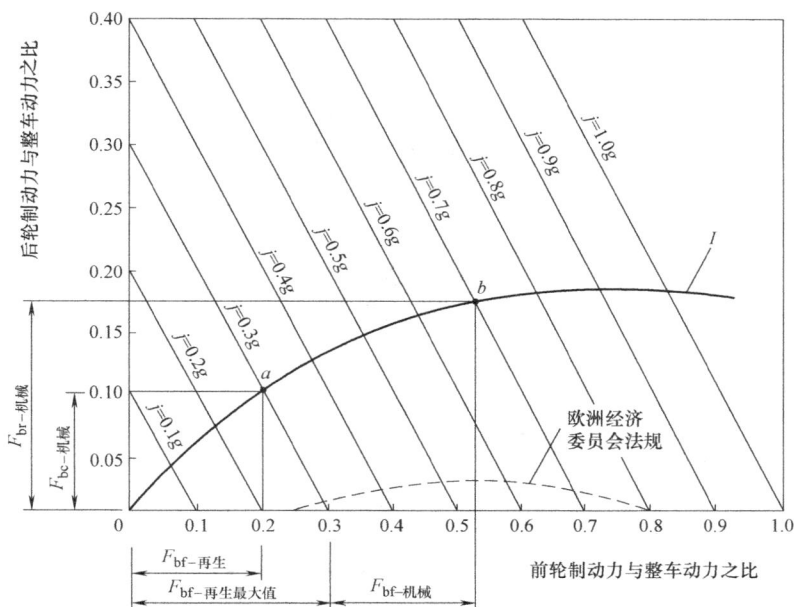

图 8-26　前后轴制动力理想分配时的控制策略

并联制动控制策略如图 8-27 所示。当需要的总制动力较小时，全部由机械制动提供，以保证制动平衡；当需要的减速度增大时，机械制动力所占的比例逐渐减小，再生制动开始起作用；当总制动力大于一定值时，意味着这是一个紧急制动，再生制动力减小到零，机械制动提供所有的制动力；当所需的制动减速度在两者之间时，再生制动与机械制动共同作用。

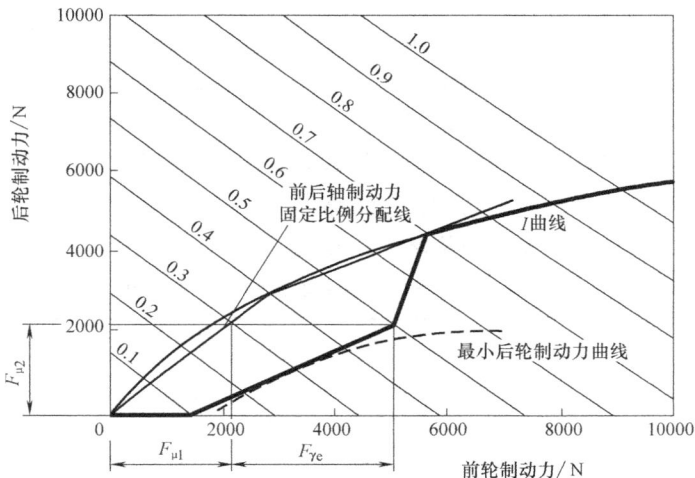

图 8-27　前后轴制动力比例分配时的控制策略

$F_{\mu 1}$—前轴机械制动力　$F_{\mu 2}$—后轴机械制动力　$F_{\gamma e}$—再生制动力

3. 最优能量回收控制策略

如图 8-28 所示，在对应于给定减速度指令的总制动力情况下，尽可能多地回收制动能量。当给出的减速度率指令 j/g 比路面附着系数 φ 小得多，且再生制动力满足要求时，只应

用再生制动，而无需在前后轮施加机械制动。

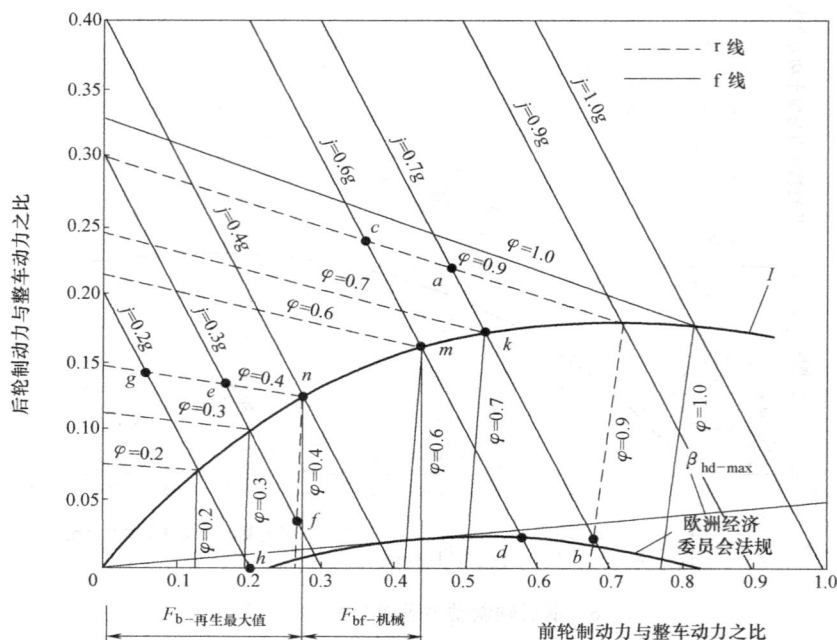

图 8-28　最优能量回收控制策略

当给出的减速度率指令 j/g 等于路面附着系数 φ 时，前、后轮上的制动力工作点必在曲线 I 上。在高附着系数的路面上应用最大再生制动力时，剩余的部分由机械制动供给；在附着系数较低的路面上，单独应用再生制动力，以产生施加于前轮的制动力。

当给出的减速度率指令 j/g 大于路面附着系数 φ 时，归因于路面附着力的极限，该减速度率指令不可能到达。车辆能获得的最大减速度率为 $(j/g)_{max}=\varphi$，此时车轮抱死，前、后轮的制动力工作点还在曲线 I 上，与 φ 相对。

综上所述，控制策略对能量回收和制动是具有决定性意义的，在实际应用中应该适度把握，尽量选择经济实惠的能量再生制动控制策略。

电动汽车三种常见再生制动控制策略的比较见表 8-3。

表 8-3　三种常见再生制动控制策略的比较

控制策略	硬件组成的复杂程度	制动稳定性	制动能量回收效率
前后轴制动力理想分配时的控制策略	较复杂，需专门的制动力控制系统	较高	较高
前后轴制动力比例分配时的控制策略	一般，改动较小	中等	中等
最优能量回收控制策略	较复杂，需专门的制动力控制系统	较低	最高

可以看出，三种回收策略各有特点，其中，前后轴制动力比例分配时的控制策略既能保证一定的能量回收效率，又有较理想的制动稳定性，而且结构较简单，是目前技术条件下一种比较好的选择。

思　考　题

1. 新能源汽车制动能量回收方法有哪些？
2. 电动汽车的制动模式有几种？
3. 永磁电机再生制动原理是什么？
4. 电动汽车制动能量回收策略有哪些？

第9章

新能源汽车的充电原理和装置

充电装置是电动汽车能源供给的基础,是电动汽车进入商业化运营的保障,直接关系到电动汽车的产业化及推广应用。动力蓄电池的能量补给形式除了直接充电外,还可以采用机械式更换与充电相结合的方式。本章重点介绍充电原理、充电装置及其应用方法。

9.1 蓄电池的充电原理

无论是蓄电池电动汽车,还是燃料电池和蓄电池或内燃机和蓄电池组成的混合动力电动汽车,都存在着提高蓄电池的充电效率、缩短充电时间等问题。因此,了解蓄电池的充电原理和充电过程的基本知识就非常重要了。

由于蓄电池容量的限制,需要根据具体情况选择不同的充电方式对其进行充电。研究发现,蓄电池充电过程对蓄电池的寿命影响很大,放电过程的影响相对较小。即大多数蓄电池不是"用坏"的,而是"充坏"的。由此可见,采用正确的充电方式对延长蓄电池的使用寿命具有举足轻重的作用。下面以铅酸蓄电池为例讨论充电方法和原理。

9.1.1 恒压充电

恒压充电是指充电过程中电源电压保持恒定的充电方法。汽车蓄电池采用的就是这种充电方法。在恒压充电开始时,充电电流很大,根据 $I_c = (U_m - E)/R$,随着蓄电池电动势 E 的增加,充电电流 I_c 逐渐减小,至充电终止时,I_c 降到最小值,如果充电电压 U_m 调节适当,当充足电时,I_c 降为零。由于恒压充电过程充电时间短、能耗低,一般充电 4~5h 后蓄电池即可达到额定容量的 90%~95%,如果 U_m 选择得当,8h 即可完成整个充电过程,并且在整个充电期间不需要专人看管和调整充电电流,如图 9-1 所示。

由于充电电流不可调节,恒压充电不适于初次充电和去硫化充电,只适合蓄电池的补充充电。

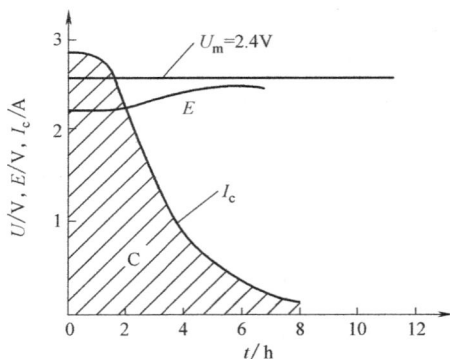

图 9-1 恒压充电特性曲线

9.1.2 恒流充电

恒流充电是指蓄电池充电时,充电电流保持恒定的充电方法。它是一种标准的充电方法,常用的有以下 4 种。

1．涓流充电

即维持电池的满充电状态，恰好能抵消电池自放电的一种充电方法。其充电速率对满充电的电池长期充电无害，但对完全放电的电池充电则电流太小。

2．最小电流充电

即在能使深度放电的电池有效恢复电池容量的前提下，把充电电流尽可能地调整到最小的方法。

3．标准充电

即采用标准速率充电，充电时间为14h。

4．高速率（快速）充电

即在3h内就给蓄电池充满电的方法，这种充电法需要自动控制电路保护电池不损坏。

由于充电电流 $I_c = (U_m - E)/R$，随着蓄电池电动势 E 的升高，要保持充电电流 I_c 一定，就必须逐步提高充电电压 U_m。为了缩短充电时间，充电过程分为两个阶段：第一阶段采用较大的充电电流，使蓄电池的容量得到迅速恢复；当蓄电池电量基本充足、单体电池的端电压升到2.4V、电解液开始产生气泡时，转入第二阶段，即将充电电流减半后保持恒定，直到电解液密度和蓄电池端电压达到最大值，且在2~3h内不再上升以及蓄电池内部剧烈冒气泡为止。

恒流充电时，被充蓄电池串联。每个单体电池充足电时为2.7V，故串联的单体电池数等于充电器的额度电压/2.7V。充电电流应按小容量电池选择，待其充足电后应及时摘除，再继续给大容量电池充电。

此充电方法有较大的适应性，可以任意选择和调整充电电流，有利于保持蓄电池的技术性能和延长蓄电池的使用寿命。因此，可以对各种不同情况及状态的蓄电池充电（如新电池的初充电、使用过的蓄电池的补充充电以及去硫化充电等），特别适用于小电流长时间的活化充电模式及有多个电池串联的电池组充电，并且有利于容量恢复较慢的蓄电池的充电。其缺点是整个充电过程时间长、析出气体多、对极板的冲击大、能耗高、效率低（不超过65%），且整个充电过程必须有专人看管，需经常调节充电电流。

9.1.3　脉冲快速充电

采用小电流充电，电池内产生的热量可以自然散去，因而温度不会过高，电池内也不会产生过多的气体。其缺点是充电时间过长，无法满足电动汽车的使用要求，特别是临时补充充电的要求。因而可缩短时间的快速充电方法就成了研究和开发的热点之一。作为电动汽车的快速充电方法，应能缩短充电时间，可避免充电过程中电解液大量分解析气和温度过高，同时有较高的充电效率。

如前所述，在充电过程的后期，蓄电池两极板间的电位差会高于两极板活性物质的平衡电极电位（单体蓄电池为2.1V），这种现象称为极化。极化阻碍了在蓄电池充电过程中化学反应的正常进行，是造成充电效率低及充电时间长的主要因素。

为了能最大限度地加快蓄电池的化学反应速度，缩短蓄电池达到满充状态的时间，同时也要保持蓄电池正、负极板的极化现象尽量少或轻，提高蓄电池的使用效率，近年来快速充

电技术已得到迅速发展。

脉冲快速充电可克服充电过程中所产生的极化现象，有效提高充电效率。它是指在大电流充电过程中，自动进行短暂停充电并在停充电中自动加入放电脉冲的充电方式。在快速充电时，既不产生大量的气体也不发热，从而达到缩短充电时间的目的。

脉冲快速充电首先利用充电初期极化现象不明显、蓄电池可以接受大电流充电的特点，在初期采用（0.8~1）C_{20}的大电流对蓄电池进行恒流充电，使蓄电池容量在短时间内达到 60% 左右的额定容量；当单体蓄电池端电压达 2.4V、电解液开始冒气泡时，控制电路使充电转入脉冲快速充电，即停止充电 25ms（前停）左右，接着反向脉冲快速充电，反向充电电流的脉宽一般为 150~1000μs，脉幅为（1.5~3）C_{20}，再停止充电 25ms（后停），然后利用正向脉冲再次进行充电。如此反复，直至蓄电池充足电为止。其充电电流波形如图 9-2 所示。

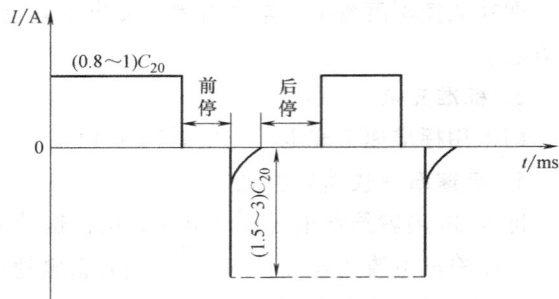

图 9-2　脉冲快速充电的电流波形

脉冲快速充电具有充电时间短（一般新电池初充电不超过 5h，补充充电只需 0.5~1.0h）、空气污染小、省电节能以及不需要专人看管等优点，同时由于脉冲快速充电时化学反应充分，使蓄电池的容量有所增加。因而一般在电池集中、充电频率高或应急部门中使用快速充电。但是这种充电方法由于充电速度快，析出的气体总量虽然少，但出气率高，对极板活性物质的冲刷力强，使活性物质易脱落；还有其输出能量较低，能量转换效率也较低，对蓄电池的寿命影响很大。因此，在正常情况下不宜采用此充电方法对新启用的蓄电池进行初充电。

9.1.4　蓄电池间歇充电方法

蓄电池间歇充电方法是指在充电过程中增加一段停歇时间，消除极化作用。间歇充电方法是建立在恒流充电和脉冲充电基础上的一种快速充电方法。它分为变电流间歇充电法和变电压间歇充电法。变电流间歇充电法的特点是将恒流充电段改为限压变电流间歇充电段。充电前期的各段采用间歇恒流充电的方法，保证加大充电电流，获得绝大部分充电量；充电后期采用定电压充电段，获得过充电量，将电池恢复至完全充电状态。通过间歇停充，使蓄电池经化学反应产生的氧气和氢气有时间重新化合而被吸收，使浓差极化和欧姆极化自然得到消除，从而减小了蓄电池的内压，使下一轮的恒流充电能够更加顺利地进行，使蓄电池可以吸收更多的能量。

变电压间歇充电方法，与变电流间歇充电方法的不同之处在于第一阶段不是间歇恒流，而是间歇恒压。变电压间歇充电方法更加符合最佳充电的充电曲线。在每个恒压充电阶段，由于是恒压充电，充电电流自然按照指数规律下降，符合电池电流可接受率随着充电的进行逐步下降的特点。

9.1.5　智能充电方法

智能蓄电池充电是集充电、在线监测于一体的一项技术，主要适用于对蓄电池组进行充电和容量检测、深度放电后对蓄电池补充充电以及对蓄电池组日常维护等方面。

采用蓄电池智能化充电方案，能较好地解决普通蓄电池或蓄电池组在充电过程中存在的问题，实现正常模式充电或快速充电。在正常充电模式下，解决串联蓄电池组在充电过程中存在的过充电或充电不足的问题；在快速充电过程中，较好地解决了蓄电池的发热、能量回收等问题。充电过程无须人工干预，严格按照蓄电池充电特性曲线进行充电，采用"恒流—恒压限流—涓流浮充"三阶段智能充电模式，使每个单体电池都能够较快地充满电，完全做到全自动化状态。

其原理是：在整个充电过程中，动态跟踪蓄电池可接受的充电电流，应用 $\dfrac{du}{dt}$ 技术，即充电电源根据蓄电池的状态自动确定充电工艺参数，使充电电流自始至终保持在蓄电池可以接受的充电电流曲线附近，保持蓄电池几乎在无气体析出的状态下充电，从而保护蓄电池。该方法适用于对各种状态及类型的蓄电池充电，可以做到安全、可靠、省时、节能。

智能充电技术的应用，不仅要考虑多种充电电压、多种充电电流、多种充电时间的选择，而且要具有温度检测、电压和电流检测功能，尤其要具备自动判断停止充电功能、自动判断过度充电并报警功能，这样才能有效地提高蓄电池的使用效率。常用充电方法的比较见表9-1。

表 9-1　常用充电方法的比较

充电方法		优点	缺点
常规充电方法	恒流充电	可以任意选择和调整充电电流,适应性较慢,特别适合蓄电池容量恢复的小电流长时间充电	初始充电电流过小,充电后期电流过大,充电时间长,析出气体多,能耗较高,效率较低
	恒压充电	充电过程较接近于最佳充电曲线,电解水很少,避免了蓄电池过充,控制装置简单	充电初期电流过大,对蓄电池寿命造成很大影响,并且容易使蓄电池极板弯曲,造成电池报废
	阶段充电	析气量小,较以上两种常规充电方法快	不容易控制,前后两端都包含恒流和恒压充电的缺点
脉冲式充电方法		充电过程不产生大量的析气,并且不发热,从而可以缩短充电时间	快速充电的能量转换效率低,易造成极板活性物质脱落
间歇式充电方法		充电过程析气量少,能量效率高,速度快	控制硬件复杂,难以精确控制
智能充电方法		适用各种状态及类型的蓄电池,充电安全、可靠、节能、省时	实现比较困难

9.1.6　电池的充电过程

理想充电器的实际充电过程应分为预充电、快速充电、补足充电和涓流充电4个阶段。对于长期不用的电池或新电池，一开始就采用快速充电，会影响电池的寿命。因此，这种电池应先用小电流充电，使其满足一定的充电条件，这个阶段称为预充电。快速充电就是用大电流充电，迅速恢复电池能量。快速充电速率一般在 $1C$ 以上，快速充电时间由电池容量和

充电速率决定。快速充电结束后，电池并未充足电，为了保证电池充入足够的电量，在快速充电终止后，还应增加补足充电过程。补足充电的速率为 $0.2C$ 左右，在补足充电过程中，当电池温度上升到设定值时，应使充电器自动转入涓流充电过程。

在补足充电结束后，充电器自动转入涓流充电过程。涓流充电可以使电池温度降低，还可以补偿电池因自放电而损失的电量。涓流充电速率可根据电池的自放电特性选择，一般为 $C/10$、$C/20$、$C/30$ 或 $C/40$ 等，涓流充电时间约为 8h，这样可以保证电池一直处于充足电状态。

9.2 新能源汽车充电装置

新能源汽车的充电装置相当于传统燃油汽车的加油站，泛指将公共电网或发电装置的电能转变为车载动力蓄电池组中的化学能的各种形式的变流装置的总称。充电机、充电桩、充电站、车载充电机，以及驱动电机系统中的能量回收装置、燃料电池电动汽车动力系统中双向 DC-DC 变换器的充电部分等都应纳入电动汽车充电装置的范畴。

9.2.1 充电装置的分类

电动汽车充电装置的分类有不同的方法。按电路结构进行划分，可以分为工频相控类和高频开关电源类；按用途进行划分，可分为车载充电装置和地面充电装置两大类，如图 9-3 所示。

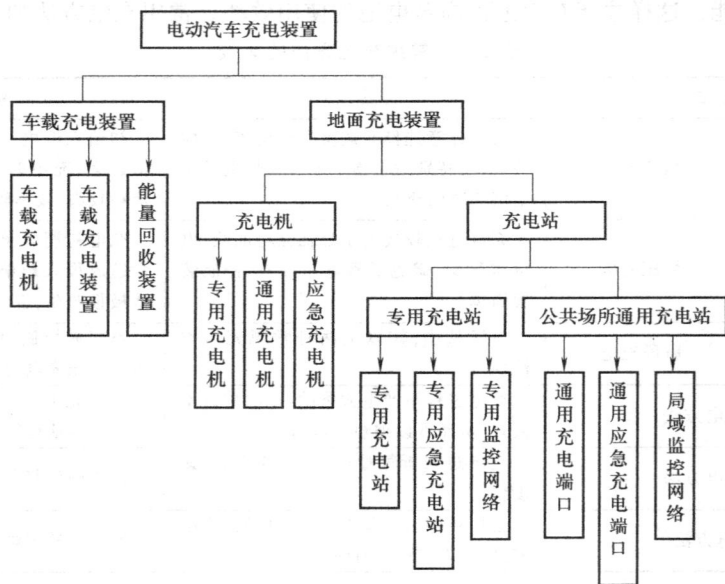

图 9-3 电动汽车充电装置的分类

1. 车载充电装置

车载充电装置是指安装在电动汽车上的，可采用地面交流电网电源对车载蓄电池组进充电的装置。其主要特点如下：

1）体积和质量受到严格限制，因而功率不允许过大，一般在 5kW 以下，通常都是根据目标应用电动汽车的特点，为其量身定做专用机。

2）受到充电电压（一般是非动力电源）的限制，我国大多数地区非动力用交流电的输入额定电压为 220V，最大输入电流在 16A 以内。

3）为了保证充电安全，充电机必须与电池检测系统建立良好的信息交换通道，并具有适应特定电动车用电池特点的充电控制策略。

4）操作简单，一般仅需正确连接和接通电源即可自动完成安全充电过程。

2. 地面充电装置

地面充电装置主要包括专用充电机、专用充电站和公共场所通用充电机及充电站等。专用充电机、专用充电站是指专门根据特定目标的电动汽车、蓄电池系统和车队充电需求而设计的，具有控制功能相对简单、适用范围单一、监控系统独立并且自成体系的充电系统。

在地面充电设施中一般都配备应急充电装置，主要是为了电动汽车在行驶过程中由于种种原因导致蓄电池组电量不足，需要短时间内补充一定电量而设置的。其特点是充电装置输出功率大，可大电流充电，在短时间内（一般不超过 30min）补充蓄电池组 40%~60% 的容量。

公共场所通用充电站及监控网络主要用于社会化电动汽车群的公共充电网络系统。此类充电装置与专用充电装置比较，有以下特点。

（1）能适应多种类型的电池系统　电动汽车的动力蓄电池不但有传统的铅酸类蓄电池，还有 Ni-MH 和锂离子蓄电池，而且根据车辆的不同，电池组的容量、电压等级也不完全统一。公共场所的充电装置必须具有适应多种类型电池系统的能力，具有多种类型电池的控制算法，可与各类电动汽车上的不同电池系统实现充电特性匹配。

（2）能适应多种电压等级的电池系统　公共场所的充电装置，必须能适应进入市场的各种电压等级的电动汽车。从技术范畴考虑，充电装置可以设计出能适应任何电压等级的产品，但电压等级过宽将增加充电装置设计的复杂性，由于复杂性的增加必将影响产品的价格和可靠性，由此影响充电系统运行的经济性。因此，从电动汽车行业发展全局考虑，应该从标准上尽可能规范动力蓄电池的电压等级，以便于公共充电系统的建设。

（3）具备与各种电动汽车电池管理系统信息交换的接口和多种充电控制算法　国家已经颁布了系列标准 GB/T 20234—2015《电动汽车传导充电用连接装置》等规范，这就为公共充电装置的建设奠定了基础。

（4）具有自动实现充电装置个性化设置的功能　公共充电装置必须具有能根据特定电动汽车自动进行个性化设置的功能。即对于进入充电系统的每一辆电动汽车，充电机都能根据制造商提供的充电技术要求或电动汽车蓄电池组当前技术状态对充电的特殊要求，自动完成充电装置系统的设置。

（5）具有方便的电量计量收费装置和智能化安全保障措施　准确的电量计量是实现商业化运作计费收费的基础。为此，充电装置必须设置满足商业计费要求的电量计量收费装置，包括可对峰谷电价计费的系统。

9.2.2　充电模式选择

电动汽车充电一般分为普通充电、快速充电和电池组快速更换三种方式。

1. 普通充电（常规充电或慢速充电）

这种充电模式为交流充电方式，由外部电网提供 220V（或 380V）交流电源给电动汽车

车载充电机，由车载充电机给动力蓄电池充电，充满电一般需要 5~8h。

常规充电的优点：充电桩成本低、安装方便；可利用电网晚间的低谷电进行充电，降低充电成本；充电时段充电电流较小、电压相对稳定，保证动力蓄电池组安全和延长使用寿命。

常规充电的缺点：充电时间过长，难以满足车辆紧急运行的需求。

2. 快速充电（即应急充电）

快速充电的充电电流要大一些，这就需要建设快速充电站，它并不要求把电池完全充满，只满足继续行驶的需要就可以了。在这种充电模式下，在 20~30min 的时间内，只为电池充电 50%~80%。这种充电方式为直流充电，地面充电机直接输出直流电能给车载动力蓄电池充电，电动汽车只需提供充电接口及相关通信接口。

快速充电的优点：充电时间短，充电站场地更换快，节省停车场面积。

快速充电的缺点：充电效率较低，充电机制造、安装和工作成本较高；充电电流大，对充电的技术和方法要求高，对电池的寿命有负面影响；易造成电池异常，存在安全隐患，且大电流充电会对公用电网产生冲击，会影响电网的供电质量和安全。

3. 电池组快速更换

通过直接更换电动汽车的电池组来达到充电的目的。由于电池组质量较大，更换电池的专业化要求较高，须配备专业人员并借助专业机械来快速完成电池的更换、充电和维护。

电池组快速更换的优点：解决了充电时间长、续驶里程短的难题；提高了车辆的使用效率，方便用户的使用；更换下来的蓄电池可以在低谷时段进行充电，降低了充电成本，提高了车辆运行的经济性；便于电池的维护、管理，提高了电池的使用寿命；有利于废旧电池的集中回收和再利用。

电池组快速更换的缺点：建设换电站和购买备用电池组成本较高，对于电池与电动汽车的标准化、电动汽车的设计改进、充电站的建设和管理以及电池的流通管理等有严格的要求。

9.3 充电机

充电机是与交流电网连接、为动力蓄电池等可充电的储能系统提供电能的设备，一般由功率单元、控制单元、计量单元、充电接口、供电接口及人机交互界面等部分组成，实现充电、计量等功能，并扩展具有反接、过载、短路、过热等多重保护功能及延时启动、软启动、断电记忆自启动等功能。

9.3.1 充电机的类型

电动汽车充电机根据不同的分类方式，可分成多种类型，见表 9-2。

表 9-2　电动汽车充电机的类型

分类方式	充电机类型	
安装位置	车载充电机	非车载充电机
输入电源	单相充电机	三相充电机
连接方式	传导式充电机(接触式)	感应式充电机(非接触式)

1. 车载充电机

如图 9-4 所示，车载充电机安装于电动汽车上，通过插头和电缆与交流插座连接。车载

充电机的优点是在动力蓄电池需要充电的
时候，只要有可用的供电插座，就可以进
行充电。其缺点是受车上安装空间和重量
限制，功率小，只能提供小电流慢速充电，
充电时间一般较长。

　　按照连接方式的不同，车载充电机可
分为传导式充电机和感应式充电机两种。
其中传导式充电机的供电部分与受电部分
有机械式的连接，即输出电能通过电力电
缆直接连接到电动汽车的充电接口上，电
动汽车上不装备电力电子电路。这种充电

图 9-4　电动轿车的车载充电机

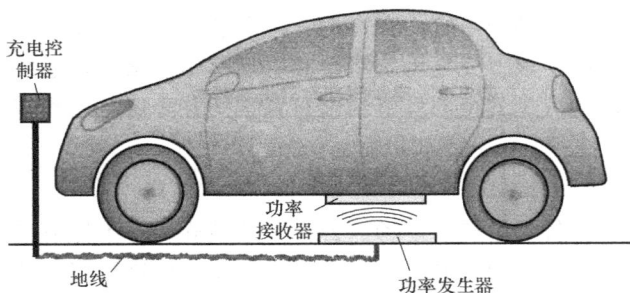

机结构相对简单，容易实现，但操作人员不可避免地要接触到强电，容易发生危险。

　　感应式充电机（图9-5）利用电磁能量传递原理，采用电磁感应耦合方式向电动汽车传输
电能，供电部分和受电部分之间没有直接的机械连接，二者的能量传递只是依靠电磁能量的转
换。这种充电方式结构设计比较复杂，受电部分安装在电动汽车上，受到车辆安装空间的限
制，因此功率受到一定的限制，但由于不需要充电人员直接接触高压部件，其安全性高。

　　2．非车载充电机

　　非车载充电机一般安装于固定的地点，与交流输入电源连接，直流输出端与需要充电的
电动汽车充电接口相连接，如图9-6所示。非车载充电机可以提供大功率电流输出，不受车
辆安装空间的限制，可以满足电动汽车大功率快速充电的要求。

图 9-5　感应式充电机示意图

图 9-6　电动轿车直流非车载充电机

9.3.2　充电机的性能要求

　　为实现安全、可靠、高效的动力蓄电池组充电，充电机需要达到下述基本性能要求。

1. 安全性

保证电动汽车充电时操作人员的人身安全和动力蓄电池组的充电安全。

2. 易用性

充电机应具有较高的智能性，不需要操作人员对充电过程进行过多的干预。

3. 经济性

降低充电机的成本，对降低整个电动汽车使用成本、提高运行效益、促进电动汽车的商业化推广具有重要的意义。

4. 高效性

保证充电机在充电全功率范围内效率高，在长期使用中可以节约大量的电能。提高充电机能量的转换效率对电动汽车全寿命和经济性有重要的意义。

5. 对电网的影响低

由于充电机是一种高度非线性设备，应减少其在使用中对电网的影响。

9.3.3 充电技术发展趋势

随着电动汽车技术的不断发展，对充电系统的要求也越来越高，为了适应电动汽车的快速发展，充电系统需要尽量向下述目标靠近。

1. 快速化

在当前动力蓄电池比能量不能大幅提高、续驶里程有限的情况下，提高充电速度，从某种意义上可以缓解电动汽车续驶里程短导致的使用不方便的问题。

2. 通用性

电动汽车应用的动力蓄电池具有多样性，在同种类电池中由于材料、加工工艺的差异也存在各自的特点。为了节约充电设备的投入，增加设备应用的方便性，就需要充电机具有充电运用的广泛性和通用性，能够对不同种类的动力蓄电池组进行充电。

3. 智能化

充电系统应该能够自动识别电池类型、充电方式及电池故障信息，以降低充电人员的工作强度，提高充电安全性和充电工作效率。

4. 集成化

目前电动汽车充电系统是作为一个独立的辅助子系统而存在的，但是随着电动汽车技术的不断成熟，本着子系统小型化和多功能化的要求，充电系统将会和电动汽车能量管理系统以及其他子系统集成为一个整体，从而为电动汽车其余部件节约出布置空间并降低电动汽车的生产成本。

5. 网络化

对于一些公共场合，如大型购物中心及办公场所的停车场、公交车总站等，为了适应数量巨大的电动汽车充电需求，就必须配备相当数量的充电机，如何对这些充电机进行有效的协调管理是一个不可忽视的问题。基于网络化的管理体制可以使用中央控制主机来监控分散的充电机，从而实现集中管理、统一标准、降低成本的目的。

9.3.4 充电桩

充电桩可以分为直流充电桩和交流充电桩，一般电动汽车充满电需要 6~8h。智能交流

充电桩和直流充电桩作为电动汽车充电的辅助设备,实现提供充电接口、人机接口等功能,对电动汽车的充电进行控制。充电桩以经二次开发后的嵌入式单片机作为主控制器,包括IC卡管理、充电接口管理、凭据打印及联网监控等功能,并具有充电操作人员进行操作的人机界面。充电桩实物如图9-7所示。

图 9-7　充电桩实物图

充电桩包含下述几个方面的主要功能。

1. 界面显示

显示提示信息、用户IC卡信息、充电相关信息等内容,是充电装置提供给用户和管理员的唯一可视内容。

2. 身份识别

读取IC卡内信息,识别用户身份及相关信息。

3. 充电操作

提供操作按钮,用于用户充电操作和管理员管理操作。

4. 控制输出接触器

管理输出接触器,实现对充电输出的控制。

5. 与充电机交互

向充电机发送控制指令、开关量信号,控制充电机启动与停止,获取充电机工作状态信息。

6. 管理电能表

与电能表通信,获取充电电量信息。

7. 费用收取

收取充电费用,进行卡内余额信息的读写操作。

8. 票据打印

打印用户充电费用的票据。

9. 数据管理

管理各项数据,保护数据的完整性、安全性,提供管理员查询、拷贝、删除等功能。

10. 系统配置

管理员进行系统配置,实现不同充电装置的相关设置。

11. 远程监控

接收远程监控主机的指令，传送相关数据信息，执行控制指令。

9.4 充电接口

充电接口是指用于连接活动电缆和电动汽车的充电部件，由充电插座和充电插头两部分构成。由于是连接电缆使用，充电接口是传导式充电机的必备设备。充电插头在充电过程中与充电插座结构进行耦合，从而实现电能的传输。

9.4.1 传导式充电接口的要求

在电动汽车产业化的过程中，充电接口的标准化至关重要。充电接口应该满足以下要求：

1）能够实现较大电流的传输和传导，避免因电流过大引起插座发热和故障。

2）插头和插座能够充分耦合，接触电阻小，避免接触不良引起火花烧蚀或虚接。

3）能够实现必要的通信功能，便于电动汽车 CAN 通信或者电池管理系统与充电机对接。

4）具备防误插能力。由于电动汽车使用的充电设备或者动力蓄电池的型号和性能不同，所需要的电源就不一样，同时，由于插头的电极不能插错，要求不同的电源插头要有一定的识别能力。

5）具备合理的外形，便于执行插拔作业。

9.4.2 充电接口形式

充电接口的种类有三种，分别是单相交流充电接口、三相交流充电接口和直流充电接口。

单相交流充电接口主要用于家庭用户充电设施和一些标准的公共充电设施，这类充电插头比较简单，供单相交流充电使用。一般插头有三个端子，分别是交流火线、交流零线和接地线。它与传统的电源插座类似，只是外形和额定电流较大。

图 9-8 常见的充电枪

三相交流充电接口和直流充电接口相对于单相交流充电接口要复杂得多，这类充电接口一般用于较大的充电站，为较大型的电动汽车进行充电服务，而且充电电流相对较大，

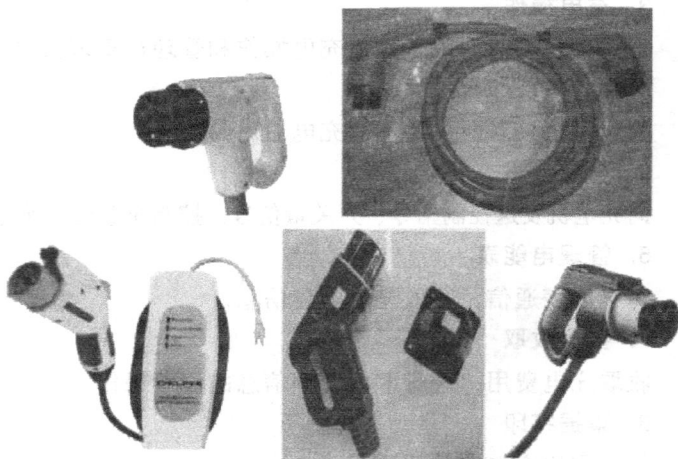

外形也较大，功能复杂。由于这类插头较大，设计的形状类似于加油枪，一般被称为充电枪（图9-8）。

我国常用的充电接口包括交流和直流充电接口两大类。

1. 交流充电接口

图9-9所示为交流充电接口，其端子的功能定义见表9-3。

表9-3　交流充电接口端子功能定义

触电编号/功能	功能定义	触电编号/功能	功能定义
1/交流电源（L）	交流电源	5/保护接地（PE）	连接供电设备地线和车辆底盘地线
2/交流电源（NC1）	备用触头		
3/交流电源（NC2）	备用触头	6/控制确认1（CC）	充电连接确认
4/中线（N）	中线	7/控制确认2（CP）	控制确认

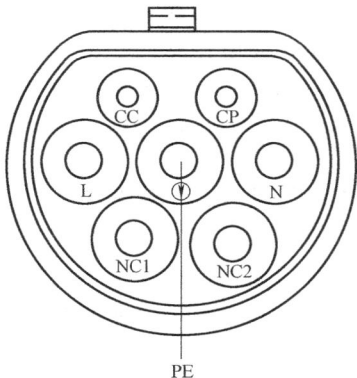

2. 直流充电接口

图9-10所示为直流充电接口，其端子的功能定义见表9-4。

表9-4　直流充电接口端子功能定义

触电编号/功能	功能定义
1/直流电源正（DC+）	连接直流电源正与电池正极
2/直流电源负（DC−）	连接直流电源负与电源负极
3/保护接地（PE）	连接供电设备地线与车辆车身地线
4/充电通信 CAN-H（S+）	连接非车载充电机与电动汽车的通信线
5/充电通信 CAN-L（S−）	连接非车载充电机与电动汽车的通信线
6/控制确认（CC1）	充电连接确认1
7/控制确认（CC2）	充电连接确认2
8/低压辅助电源正（A+）	连接非车载充电机为电动汽车提供低压辅助电源正
9/低压辅助电源负（A−）	连接非车载充电机为电动汽车提供低压辅助电源负

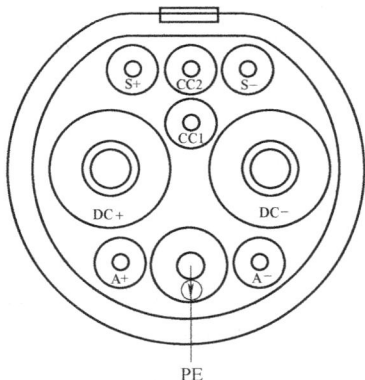

图9-9　交流充电插头接口

图9-10　直流充电插头接口

9.5　常用充电设施建设和应用形式

9.5.1　家用充电设施

在家对电动汽车进行充电时普遍采用车载充电机。因为只需将车载充电机的插头插到停车场或其附近的电源插座上即可进行充电，所以对于需要为电动汽车充电的用户而言，在家里充电是最可取的方式，一个晚上即可将动力蓄电池充满，汽车便可行驶超过100km的里程。由于充电速度较慢，而且需要几千瓦的功率，充电时间通常为5~8h。总而言之，由于在家充电通常是在晚上或用电低谷期，有利于电能的有效利用。因此，电力部门也愿意采取打折等措施以吸引电动汽车用户在用电低谷期充电。

家用充电设施的基本要求是要有一个配有电源的车库或停车场地，有两种不同的方式：

1）对于拥有私人车库的家庭来说，只需安装一个专用的充电接口。

2）对带有停车场的公寓或多层住宅来说，可安装带保护回路的室外电源插座，保证它能够独立运行，而且应保证居民不得随意靠近电源插座。

家用充电设施的计费方案相当简单，电动汽车可以视为一种用电设备，因此现有的计价表和收费方法可以直接采用。很明显，由于不需要额外的装置和其他贵重的仪表，家用充电方式相应的初始成本比较低。

9.5.2　公共充电设施

公共充电设施基本上就是一些公共充电站或充电桩。公共充电站或充电桩应分布广泛，以保证电动汽车用户能够随时为电动汽车充电。

1. 常规充电站

常规充电站是为带车载充电机的电动汽车设计的，采用常规充电电流充电。这类充电站一般分布在居民区或工作场所附近，在这些场所电动汽车一般要停放 5~8h。这类充电站的设计规模一般比较大，以便能够同时为很多电动汽车用常规充电电流充电。相应的充电电极通常是模块化设计，包括控制端和输电端。实际应用时，电动汽车驾驶人只需将车停放在充电站指定的位置，接上电缆即可开始充电。

常规充电站的充电接口是由国家规定并专门设计的，在充电过程中插头应具有锁止保护功能。

2. 快速充电站

快速充电也称为迅速充电或应急充电，其目的是在短时间内给电动汽车充电，充电时间应与燃油汽车的加油时间接近。很明显，快速充电站是为电动汽车提供快速充电设施的场所。当然，快速充电的效果会受到动力蓄电池充电特性的影响，普通动力蓄电池不能进行快速充电，因为在短时间内接受大量的电量会导致动力蓄电池过热。快速充电时使电池容量快速达到 80% 所需要的时间为 20min，这意味着每充电 1min，就可使电动汽车的行驶里程增加 8km。如果沿途有足够多的快速充电站，电动汽车总的行驶里程就会大大增加。

快速充电站使用的关键是能否在短时间内给电动汽车补充高能量，因而对充电机的要求比较高，一般应输出大于 50kW 的功率，甚至更高的功率，相应的额定充电电压和电流分别为 200~750V 和 65~250A，保证电动车辆在充电 20min 内达到行驶 50km 的能量需求。由于功率和电流的额定值都很高，应该把这种充电设施建设在检测站或服务中心。为了避免动力蓄电池出现过充电和过热，充电站的快速充电组件和电动汽车上的电池监控回路之间应有信息交流，这样可以实时检测动力蓄电池的状态，同时可以实时调整充电电流的大小。

9.5.3　动力蓄电池更换站

除了实时给动力蓄电池充电外，还可以采用更换蓄电池组的方式，即在动力蓄电池电量耗尽时，用充满电的蓄电池组更换电量过低的蓄电池组。将电池箱从汽车上换下的机械装置，目前主要有纯手动、半自动和机器人换电三种模式，如图 9-11 所示。

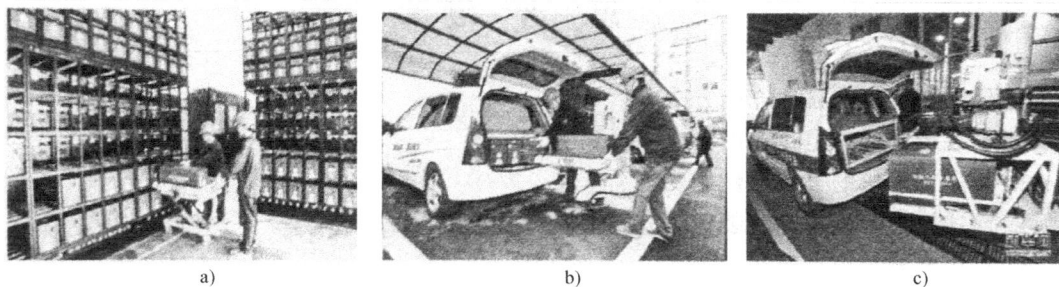

图 9-11　电池更换模式
a) 纯手动　b) 半自动　c) 机器人换电

　　更换蓄电池组的工作过程如图 9-12 所示，电动汽车用户把车停在一个特定的区域，然后用更换蓄电池组的设备将耗尽的动力蓄电池取下，换上已充满电的蓄电池组。这种设备可以选叉式升降装卸车，工作时该设备从原地伸出悬臂，同时保证有足够的前后伸展空间，以便适应电动汽车所在的位置。更换蓄电池组时，它将叉子伸入电池组底部的槽内，然后把蓄电池组放到正确的位置上。对于更换下来的电量较低的动力蓄电池，可以在服务站充电，也可以集中收集起来以后再充电。由于电池更换过程包括机械更换和动力蓄电池充电，有时也称为机械"加油"或机械充电。动力蓄电池更换站同时具备常规充电站和快速充电站的优点，也就是说可以用低谷电给动力蓄电池充电，同时又能在很短的时间内完成"加油"过程。通过使用机械设备，整个电池更换过程花费的时间与现有的燃油车加油时间大致相当。

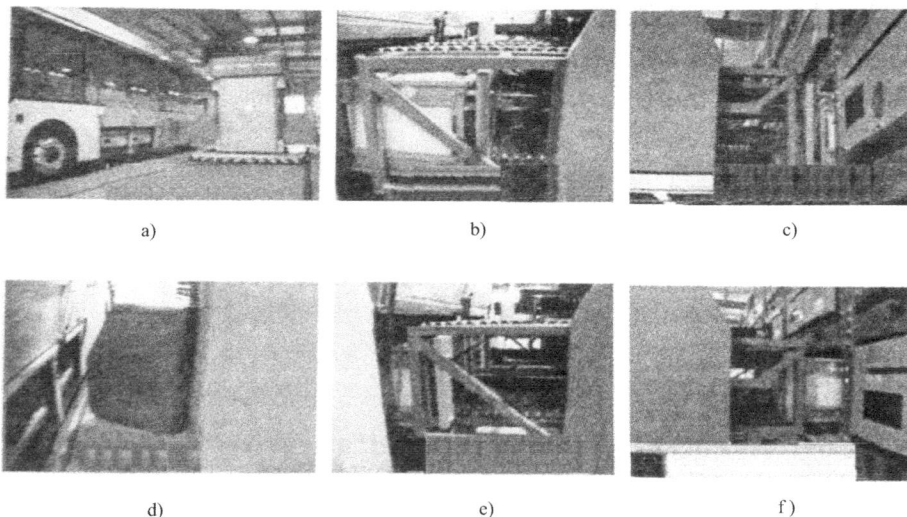

图 9-12　更换蓄电池组的工作过程
a) 停车定位　b) 取车上电池　c) 取架上电池
d) 回转换拉　e) 推入车上电池　f) 推入架上电池

思 考 题

1. 铅酸蓄电池有哪些充电方法？
2. 简述传导式充电接口的要求和形式。
3. 简述充电机的类型和性能要求。
4. 简述新能源汽车充电装置的分类和模式选择。
5. 常用充电设施有哪些？

附 录

新能源汽车相关标准汇总一览表

序号	标准号	标准名称	实施日期
1	GB 22757.2—2017	轻型汽车能源消耗量标识 第2部分:可外接充电式混合动力电动汽车和纯电动汽车	2018/1/1
2	GB/T 31465.6—2017	道路车辆 熔断器 第6部分:螺栓式高压熔断器	2017/12/1
3	GB/T 31465.7—2017	道路车辆 熔断器 第7部分:短引脚式熔断器	2017/12/1
4	GB/T 33598—2017	车用动力电池回收利用 拆解规范	2017/12/1
5	GB/T 33594—2017	电动汽车充电用电缆	2017/12/1
6	GB/T 34013—2017	电动汽车用动力蓄电池产品规格尺寸	2018/2/1
7	GB/T 34014—2017	汽车动力蓄电池编码规则	2018/2/1
8	GB/T 34015—2017	车用动力电池回收利用—余能检测	2018/2/1
9		电动汽车用锂离子动力蓄电池安全要求	修订中
10		电动汽车安全要求	修订中
11	工信部装〔2016〕377号	电动客车安全技术条件	2017/7/1
12	GB/T 4094.2—2017	电动汽车 操纵件、指示器及信号装置的标志	2019/7/1
13	GB/T 34657.1—2017	电动汽车传导充电互操作性测试规范 第1部分:供电设备	2018/5/1
14	GB/T 34657.2—2017	电动汽车传导充电互操作性测试规范 第2部分:车辆	2018/5/1
15	GB/T 34658—2017	电动汽车非车载传导式充电机与电池管理系统之间的通信协议一致性测试	2018/5/1
16	GB/T 34585—2017	纯电动货车 技术条件	2018/7/1
17	GB/T 34598—2017	插电式混合动力电动商用车 技术条件	2018/5/1
18	GB/T 18333.1—2001	电动道路车辆用锂离子蓄电池	2001/9/1
19	GB/T 18333.2—2015	电动汽车用锌空气电池	2015/9/1
20	GB/T 18384.1—2015	电动汽车 安全要求 第1部分:车载可充电储能系统（REESS）	2015/10/1
21	GB/T 18384.2—2015	电动汽车 安全要求 第2部分:操作安全和故障防护	2015/10/1
22	GB/T 18384.3—2015	电动汽车 安全要求 第3部分:人员触电防护	2015/10/1
23	GB/T 18384.3—2015	电动汽车 安全要求 第3部分:人员触电防护	2015/10/1
24	GB/T 18385—2005	电动汽车 动力性能 试验方法	2005/2/1
25	GB/T 18386—2017	电动汽车 能量消耗率和续驶里程 试验方法	2018/5/1
26	GB/T 18387—2017	电动车辆的电磁场发射强度的限值和测量方法	2017/12/1
27	GB/T 18388—2005	电动汽车 定型试验规程	2005/10/1
28	GB/T 18487.1—2015	电动汽车传导充电系统 第1部分:通用要求	2016/1/1
29	GB/T 18487.2—2017	电动汽车传导充电系统 第2部分:非车载传导供电设备电磁兼容要求	2018/7/1
30	GB/T 18487.3—2001	电动汽车传导充电系统 电动车辆交流/直流充电机(站)	2002/5/1
31	GB/T 18488.1—2015	电动汽车用驱动电机系统 第1部分:技术条件	2015/9/1

（续）

序号	标准号	标准名称	实施日期
32	GB/T 18488.2—2015	电动汽车用驱动电机系统 第2部分:试验方法	2015/9/1
33	GB/T 19596—2017	电动汽车术语	2018/5/1
34	GB/T 19750—2005	混合动力电动汽车 定型试验规程	2005/10/1
35	GB/T 19752—2005	混合动力电动汽车 动力性能 试验方法	2005/10/1
36	GB/T 19753—2013	轻型混合动力电动汽车能量消耗量试验方法	2014/6/1
37	GB/T 19754—2015	重型混合动力电动汽车能量消耗量试验方法	2015/10/1
38	GB/T 19755—2016	轻型混合动力电动汽车污染物排放控制要求及测量方法	2016/9/1
39	GB/T 19836—2005	电动汽车用仪表	2006/2/1
40	GB/T 20234.1—2015	电动汽车传导充电用连接装置 第1部分:通用要求	2016/1/1
41	GB/T 20234.2—2015	电动汽车传导充电用连接装置 第2部分:交流充电接口	2016/1/1
42	GB/T 20234.3—2015	电动汽车传导充电用连接装置 第3部分:直流充电接口	2016/1/1
43	GB/T 24347—2009	电动汽车 DC/DC 变换器	2010/2/1
44	GB/T 24548—2009	燃料电池电动汽车 术语	2010/7/1
45	GB/T 24549—2009	燃料电池电动汽车 安全要求	2010/7/1
46	GB/T 24552—2009	电动汽车风窗玻璃除霜除雾系统的性能要求及试验方法	2010/7/1
47	GB/T 24554—2009	燃料电池发动机性能试验方法	2010/7/1
48	GB/T 26779—2011	燃料电池电动汽车 加氢口	2012/1/1
49	GB/T 26990—2011	燃料电池电动汽车 车载氢系统 技术条件	2012/3/1
50	GB/T 26991—2011	燃料电池电动汽车 最高车速试验方法	2012/3/1
51	GB/T 27930—2015	电动汽车非车载传导式充电机与电池管理系统之间的通信协议	2016/1/1
52	GB/T 28183—2011	客车用燃料电池发电系统测试方法	2012/6/1
53	GB/T 28382—2012	纯电动乘用车 技术条件	2012/7/1
54	GB/T 28569—2012	电动汽车交流充电桩电能计量	2012/11/1
55	GB/T 29123—2012	示范运行氢燃料电池电动汽车技术规范	2013/7/1
56	GB/T 29124—2012	氢燃料电池电动汽车示范运行配套设施规范	2013/7/1
57	GB/T 29126—2012	燃料电池电动汽车 车载氢系统 试验方法	2013/7/1
58	GB 29303—2012	用于I类和电池供电车辆的可开闭保护接地移动式剩余电流装置(SPE-PRCD)	2013/12/1
59	GB/T 29307—2012	电动汽车用驱动电机系统可靠性试验方法	2013/6/1
60	GB/T 29316—2012	电动汽车充换电设施电能质量技术要求	2013/6/1
61	GB/T 29317—2012	电动汽车充换电设施术语	2013/6/1
62	GB/T 29318—2012	电动汽车非车载充电机电能计量	2013/6/1
63	GB/T 29772—2013	电动汽车电池更换站通用技术要求	2014/2/1
64	GB/T 29781—2013	电动汽车充电站通用要求	2014/2/1
65	GB/T 31466—2015	电动汽车高压系统电压等级	2015/12/1
66	GB/T 31467.1—2015	电动汽车用锂离子动力蓄电池包和系统 第1部分:高功率应用测试规程	2015/5/15

（续）

序号	标准号	标准名称	实施日期
67	GB/T 31467.2—2015	电动汽车用锂离子动力蓄电池包和系统　第2部分:高能量应用测试规程	2015/5/15
68	GB/T 31467.3—2015	电动汽车用锂离子动力蓄电池包和系统　第3部分:安全性要求与测试方法	2015/5/15
69	GB/T 31467.3—2015	电动汽车用锂离子动力蓄电池包和系统　第3部分:安全性要求与测试方法	2015/5/15
70	GB/T 31484—2015	电动汽车用动力蓄电池循环寿命要求及试验方法	2015/5/15
71	GB/T 31485—2015	电动汽车用动力蓄电池安全要求及试验方法	2015/5/15
72	GB/T 31486—2015	电动汽车用动力蓄电池电性能要求及试验方法	2015/5/15
73	GB/T 31498—2015	电动汽车碰撞后安全要求	2015/10/1
74	GB/T 31525—2015	图形标志　电动汽车充换电设施标志	2015/12/1
75	GB 50966—2014	电动汽车充电站设计规范	2014/10/1
76	GB/T 51077—2018	电动汽车电池更换站设计规范	2015/9/1
77	NB/T 33001—2018	电动汽车非车载传导式充电机技术条件	2018/7/1
78	NB/T 33002—2018	电动汽车交流充电桩技术条件	2019/5/1
79	NB/T 33003—2010	电动汽车非车载充电机监控单元与电池管理系统通信协议	2010/10/1
80	NB/T 33004—2013	电动汽车充换电设施工程施工和竣工验收规范	2014/4/1
81	NB/T 33005—2013	电动汽车充电站及电池更换站监控系统技术规范	2014/4/1
82	NB/T 33006—2013	电动汽车电池箱更换设备通用技术要求	2014/4/1
83	NB/T 33007—2013	电动汽车充电站/电池更换站监控系统与充换电设备通信协议	2014/4/1
84	NB/T 33008.1—2018	电动汽车充电设备检验试验规范　第1部分　非车载充电机	2019/5/1
85	NB/T 33008.2—2018	电动汽车充电设备检验试验规范　第2部分:交流充电桩	2019/5/1
86	NB/T 33009—2013	电动汽车充换电设施建设技术导则	2014/4/1
87	NB/T 33017—2015	电动汽车智能充换电服务网络运营监控系统技术规范	2015/9/1
88	NB/T 33018—2015	电动汽车充换电设施供电系统技术规范	2015/9/1
89	NB/T 33019—2015	电动汽车充换电设施运行管理规范	2015/9/1
90	NB/T 33020—2015	电动汽车动力蓄电池箱用充电机技术条件	2015/9/1
91	NB/T 33021—2015	电动汽车非车载充放电装置技术条件	2015/9/1
92	NB/T 33022—2015	电动汽车充电站初步设计内容深度规定	2015/9/1
93	NB/T 33023—2015	电动汽车充换电设施规划导则	2015/9/1
94	NB/T 33024—2016	电动汽车用动力锂离子蓄电池检测规范	2016/7/1
95	NB/T 33025—2016	电动汽车快速更换电池箱通用要求	2016/7/1
96	NB/T 33026—2016	电动汽车模块化电池仓技术要求	2016/7/1
97	NB/T 33027—2016	电动汽车模块化充电仓技术要求	2016/7/1
98	JT/T 1011—2015	纯电动汽车日常检查方法	2016/1/1
99	JT/T 1029—2016	混合动力电动汽车维护技术规范	2016/4/10
100	YS/T 914—2013	动力锂电池用铝壳	2014/3/1
101	SJ/T 11614—2016	电动汽车驱动电机系统用金属化薄膜电容器规范	2016/6/1

（续）

序号	标准号	标准名称	实施日期
102	QC/T 741—2014	车用超级电容器	2015/4/1
103	QC/T 742—2006	电动汽车用铅酸蓄电池	2006/8/1
104	QC/T 743—2006	电动汽车用锂离子蓄电池	2006/8/1
105	QC/T 744—2006	电动汽车用金属氢化物镍蓄电池	2006/8/1
106	QC/T 816—2009	加氢车技术条件	2010/4/1
107	QC/T 837—2010	混合动力电动汽车类型	2011/3/1
108	QC/T 838—2010	超级电容电动城市客车	2011/3/1
109	QC/T 840—2010	电动汽车用动力蓄电池产品规格尺寸	2011/3/1
110	QC/T 893—2011	电动汽车用驱动电机系统故障分类及判断	2012/7/1
111	QC/T 894—2011	重型混合动力电动汽车污染物排放车载测量方法	2012/7/1
112	QC/T 895—2011	电动汽车用传导式车载充电机	2012/7/1
113	QC/T 896—2011	电动汽车用驱动电机系统接口	2012/7/1
114	QC/T 897—2011	电动汽车用电池管理系统技术条件	2012/7/1
115	QC/T 925—2013	超级电容电动城市客车　定型试验规程	2013/9/1
116	QC/T 926—2013	轻型混合动力电动汽车（ISG型）用动力单元可靠性试验方法	2013/9/1
117	QC/T 989—2014	电动汽车用动力蓄电池箱通用要求	2015/4/1
118	GB/T 18333.2—2015	电动汽车用锌空气电池	2015/9/1
119	QC/T 1022—2015	纯电动乘用车用减速器总成技术条件	2016/3/1
120	QC/T 1023—2015	电动汽车用动力蓄电池系统通用要求	2016/3/1
121	GB/T 32960.1—2016	电动汽车远程服务与管理系统技术规范　第1部分:总则	2016/10/1
122	GB/T 32960.2—2016	电动汽车远程服务与管理系统技术规范　第2部分:车载终端	2016/10/1
123	GB/T 32960.3—2016	电动汽车远程服务与管理系统技术规范　第3部分:通讯协议及数据格式	2016/10/1
124	QC/T 1037—2016	道路车辆用高压电缆	2016/9/1
125	GB/T 34582—2017	固体氧化物燃料电池单电池和电池堆性能试验方法	2018/4/1
126	GB/T 34425—2017	燃料电池电动汽车　加氢枪	2018/5/1
127	GB/T 34583—2017	加氢站用储氢装置安全技术要求	2018/5/1
128	GB/T 34584—2017	加氢站安全技术规范	2018/5/1
129	GB/T 34593—2017	燃料电池发动机氢气排放测试方法	2018/5/1
130	GB/Z 34541—2017	氢能车辆加氢设施安全运行管理规程	2018/5/1
131	GB/T 34542.1—2017	氢气储存输送系统　第1部分:通用要求	2018/5/1
132	GB/T 34544—2017	小型燃料电池车用低压储氢装置安全试验方法	2018/5/1

参 考 文 献

[1] 崔胜民. 新能源汽车技术 [M]. 2版. 北京：北京大学出版社，2014.

[2] 李瑞明. 新能源汽车技术 [M]. 北京：电子工业出版社，2014.

[3] 邹政耀，王若平. 新能源汽车技术 [M]. 北京：国防工业出版社，2012.

[4] 王震坡，孙逢春，刘鹏. 电动汽车原理与应用技术 [M]. 2版. 北京：机械工业出版社，2016.

[5] 张凯. 电动汽车应用技术 [M]. 北京：清华大学出版社，2016.

[6] 方晓汾，钟文浩. 新能源汽车 [M]. 北京：中国水利水电出版社，2017.

[7] 石川宪二. 新能源汽车技术及未来 [M]. 康龙云，余开江，译. 北京：科学出版社，2012.

[8] 陈媛玉. 新能源汽车小百科 [M]. 北京：机械工业出版社，2016.

[9] 田锐. 混合动力电动汽车用铅酸蓄电池均衡控制策略研究 [D]. 重庆：重庆大学，2005.

[10] 张玉龙. 镍氢动力蓄电池智能管理系统的研究 [D]. 哈尔滨：哈尔滨工业大学，2007.

[11] 曲荣利. 混合动力电动汽车镍氢蓄电池充放电特性研究 [D]. 大连：大连理工大学，2007.

[12] 覃宇夏. 锂离子蓄电池大电流放电影响因素的研究 [D]. 长沙：湖南大学，2008.

[13] 黄学杰. 浅谈混合电动汽车用锂离子蓄电池 [J]. 电池工业，2008，13（3）：187-190.

[14] 杨妙梁. 国外车用锂离子蓄电池的应用与发展动向（一）[J]. 新能源汽车，2008（3）：30-33.

[15] 杨妙梁. 国外车用锂离子蓄电池的应用与发展动向（二）[J]. 新能源汽车，2008（4）：46-48.

[16] 孙逢春，张承宁，祝嘉光. 电动汽车 [M]. 北京：北京理工大学出版社，1997.

[17] 马爱华. 锂离子蓄电池智能管理系统设计 [D]. 北京：北京交通大学，2008.

[18] 任东华. 质子交换膜燃料电池性能影响研究 [D]. 南京：南京理工大学，2007.

[19] 王益全. 电动机原理与实用技术 [M]. 北京：科学出版社，2007.

[20] 曾成碧，赵莉华. 电机学 [M]. 北京：机械工业出版社，2009.

[21] 毕明. 直流电动机驱动控制器硬件的设计与实现 [D]. 成都：电子科技大学，2007.

[22] 双纪文. 混合动力电动汽车的无位置传感器无刷直流电机控制系统研究 [D]. 成都：西南交通大学，2008.

[23] 秦岭. 基于无刷直流电机的电动汽车驱动控制器的研制 [D]. 合肥：合肥工业大学，2007.

[24] 董昭. 无刷直流电动机控制系统的研究 [D]. 西安：西安理工大学，2007.

[25] 孙振川. 异步电机直接转矩控制理论和技术的研究 [D]. 济南：山东大学，2008.

[26] 姚海兰. 永磁同步电机直接转矩控制系统 [D]. 上海：同济大学，2008.

[27] 郝亚川. 基于永磁同步电机的电动汽车驱动系统研究 [D]. 北京：北京工业大学，2008.

[28] 张金柱. 永磁同步电动机在混合动力电动汽车上的应用 [J]. 上海汽车，2005（6）：33-35，41.

[29] 石小波. 电动车用开关磁阻电机低转矩脉动控制系统研究及实现 [D]. 长沙：湖南大学，2008.

[30] 李时伟. 开关磁阻电动机参数分析及控制系统研究 [D]. 哈尔滨：哈尔滨工业大学，2007.

[31] 电气学会 电动汽车驱动系统调查专门委员会. 电动汽车最新技术 [M]. 康龙云，译. 北京：机械工业出版社，2008.

[32] EHSANI M，GAO Y M，EMADI A. 现代电动汽车、混合动力电动汽车和燃料电池车——基本原理、理论和设计 [M]. 倪光正，等. 译. 北京：机械工业出版社，2008.

[33] 姜辉. 电动汽车传动系统的匹配及优化 [D]. 哈尔滨：哈尔滨工业大学，2006.

[34] 夏青松. 电动汽车动力系统设计及仿真研究 [D]. 武汉：武汉理工大学，2007.

[35] 张巍. 纯电动汽车电池管理系统的研究 [D]. 北京：北京交通大学，2008.

[36] 刘博. 基于纯电动汽车的制动能量回收系统的研究与实现 [D]. 北京：清华大学，2004.

[37] 王秀玲. 电动汽车驱动系统的研究 [D]. 长春：吉林大学，2007.

[38] 陈全世，信继欣，孙力. 中国电动车辆研究与开发 [M]. 北京：北京理工大学出版社，2005.

[39] 王凤麟. 并联式混合动力电动汽车动力传动系的研究 [D]. 哈尔滨：哈尔滨工业大学，2005.

[40] 李建兴. 铅酸蓄电池电动汽车续驶里程的研究 [D]. 哈尔滨：哈尔滨工业大学，2004.

[41] 崔智全. 混合动力电动汽车动力源功率分配研究 [D]. 哈尔滨：哈尔滨工业大学，2004.

[42] 孙刚. 混合动力车辆制动能量回收系统的控制研究 [D]. 哈尔滨：哈尔滨工业大学，2006.

[43] 胡骅，宋慧. 燃料电池电动汽车（Ⅰ）[J]. 汽车电器，2007（1）：51-55.

[44] 胡骅，宋慧. 燃料电池电动汽车（Ⅱ）[J]. 汽车电器，2007（2）：49-55.

[45] 胡骅，宋慧. 燃料电池电动汽车（Ⅲ）[J]. 汽车电器，2007（3）：46-54.

[46] 胡骅，宋慧. 燃料电池电动汽车（续完）[J]. 汽车电器，2007（4）：51-59.

[47] 尹安东，于霞. 燃料电池电动汽车驱动系统及其控制技术 [J]. 农业装备与车辆工程，2007（4）：36-38.

[48] 陈家昌，王菊，伦景光. 国际燃料电池汽车技术研发动态和发展趋势 [J]. 汽车工程，2008，30（5）：380-385.

[49] 熊伟铭，张觉慧，任纪良，等. 燃料电池汽车整车集成的关键技术 [J]. 上海汽车，2007（8）：3-6，13.

[50] 朱可. 燃料电池城市客车动力系统关键技术研究 [D]. 合肥：合肥工业大学，2007.

[51] 程伟，欧阳启，张晓辉. 燃料电池汽车用电机驱动系统选型及性能参数研究 [J]. 上海汽车，2008（3）：4-7.

[52] 魏学哲，戴海峰，孙泽昌. 燃料电池汽车辅助动力蓄电池选型设计 [J]. 电源技术，2007（10）：13-17.

[53] 赵云峰，陈俊，朱自萍，等. 混合动力电动汽车和新能源汽车数据分析 [J]. 农业装备与车辆工程，2012，50（5）：26-33.

[54] 温有东. 电动汽车用永磁同步电机的研究 [D]. 哈尔滨：哈尔滨工业大学，2012.

[55] 张鹏. 电动汽车制动能量回收系统的研究与实现 [D]. 哈尔滨：哈尔滨工业大学，2010.

[56] 秦韵. 增程式电动汽车动力传动系统参数匹配及性能仿真 [D]. 哈尔滨：哈尔滨工业大学，2012.